NAVER 카페 굿잡하지영 직업상담사

2025

최신개정 적용

전체 무료강의 제공!

굿잡! 하지영쌤

직업상담사 2급

필기 기출문제

하지영 저자

INDEX
목차

PART 1 기출 문제

PART 2 복원 기출 문제

PART 3

모의고사

PART I

2020 ~ 2022년 기출

구분된 과목은 기존의 양식일 뿐입니다.
25년 출제기준에 맞추어 범위와 개정 내용을 모두 반영하였으니
차례차례 기출문제 자체를 익히시기를 바랍니다!

기출 문제

2022년 1회차 기출 문제

제1과목 직업상담

<실존주의> 출제 확률이 낮은 문제

01 실존주의 상담에 관한 설명으로 틀린 것은?

① 정형화된 상담 모형과 상담자 훈련 프로그램이 마련되어 있지 않은 것이 한계점이다.
② 인간을 자기인식 능력을 지닌 존재로 본다.
③ 상담자는 내담자가 스스로 삶의 의미와 목적을 발견하고, 삶을 주체적으로 선택하고 책임지도록 돕는 것을 목표로 한다.
④ 실존주의 상담에서 가정하는 인간의 궁극적 관심사는 무의식의 자각이다.

답 ④

해 무의식의 자각은 '프로이드'의 정신분석적 상담이다.
실존주의 상담의 관심사
-자유와 책임, 삶의 의미성, 죽음과 비존재, 진실성

02 상담의 초기면접 단계에서 일반적으로 고려할 사항이 아닌 것은?

① 통찰의 확대
② 목표의 설정
③ 상담의 구조화
④ 문제의 평가

답 ①

해 통찰의 확대는 '상담중기' 단계에서 이루어진다.

03 Gysbers가 제시한 직업상담의 목적에 관한 설명으로 옳은 것은?

① 생애진로 발달에 관심을 두고, 효과적인 사람이 되는데 필요한 지식과 기능을 습득하게 된다.
② 직업선택, 의사결정 기술의 습득 등이 주요한 목적이고, 직업상담 과정에는 진단, 문제분류, 문제 구체화 등이 들어가야 한다.
③ 자기관리 상담모드가 주요한 목적이고, 직업정보 탐색과 직업결정, 상담만족 등에 효과가 있다.
④ 직업정보를 스스로 탐색하게 하고 자신을 사정하게 하는 능력을 갖추도록 돕는다.

답 ①

해 생애진로발달을 통해 효과적인 사람이 되는데 필요한 지식과 기능을 습득한다.
Gysbers가 제시한 직업상담의 목표
- 예언과 발달
- 처치와 자극
- 결함과 유능

04 인간중심 상담이론에 관한 설명으로 틀린 것은?

① 실현화 경향성은 자기를 보전, 유지하고 향상시키고자 하는 선천적 성향이다.
② 자아는 성격의 조화와 통합을 위해 노력하는 원형이다.
③ 가치의 조건화는 주요 타자로부터 긍정적 존중을 받기 위해 그들의 원하는 가치와 기준을 내면화하는 것이다.
④ 현상학적 장은 경험적 세계 또는 주관적 경험으로 특정 순간에 개인이 지각하고 경험하는 모든 것을 뜻한다.

답 ②

해 ② 융의 분석심리 이론의 내용이다.

05 **자기인식이 부족한 내담자를 사정할 때 인지에 대한 통찰을 재구조화 하거나 발달시키는데 적합한 방법은?**

① 직면이나 논리적 분석을 해준다.
② 불안에 대처하도록 심호흡을 시킨다.
③ 은유나 비유를 사용한다.
④ 사고를 재구조화 한다.

답 ③

해 자기인식이 부족한 내담자를 사정할 때에는 '은유나 비유를 사용'한다.

25년~27년 출제기준에서 '내담자의 문제유형' 제외

06 **직업상담의 문제유형에 대한 Crites의 분류 중 '부적응형'에 관한 설명으로 옳은 것은?**

① 적성에 따라 직업을 선택했지만 그 직업에 흥미를 느끼지 못하는 사람
② 흥미를 느끼는 분야는 있지만 그 분야에 필요한 적성을 가지고 있지 못하는 사람
③ 흥미나 적성의 유형이나 수준과는 상관없이 어떤 분야를 선택할지 결정하지 못하는 사람
④ 흥미를 느끼는 분야도 없고 적성에 맞는 분야도 없는 사람

답 ④

해 흥미를 느끼는 분야도 없고 적성에 맞는 분야도 없는 사람은 '부적응형'에 해당한다.
① 강압형
② 비현실형
③ 우유부단형

07 **직업상담 시 한계의 오류를 가진 내담자들이 자신의 견해를 제한하는 방법에 해당하지 않는 것은?**

① 예외를 인정하지 않는 것
② 불가능을 가정하는 것
③ 왜곡되게 판단하는 것
④ 어쩔 수 없음을 가정하는 것

답 ③

해 자신의 견해를 제한하는 것이 한계를 짓는 것으로 전이된 오류 중 '한계의 오류'에 해당하지 않는 것을 찾는 문제로 '왜곡되게 판단하는 것'은 한계의 오류에 해당하지 않는다.

한계의 오류
- 예외를 인정하지 않는 것
- 불가능을 가정하는 것
- 어쩔 수 없음을 가정하는 것

<흥미사정> 출제 확률이 낮은 문제

08 **직업상담 시 흥미사정의 목적과 가장 거리가 먼 것은?**

① 여가선호와 직업선호 구별하기
② 직업탐색 조장하기
③ 직업, 교육상 불만족 원인 규명하기
④ 기술과 능력 범위 탐색하기

답 ④

해 '기술과 능력 범위 탐색하기'는 적성과 관련된 내용으로 흥미 사정의 목적과 관계가 없다.

흥미 사정의 목적
- 여가선호와 직업선호 구별하기
- 직업탐색 조장하기
- 직업·교육상 불만족 원인 규명하기
- 자기인식 발전시키기
- 직업대안 규명하기

09 **특성-요인 직업상담의 과정을 순서대로 바르게 나열한 것은?**

ㄱ. 분석	ㄹ. 예측	ㄴ. 종합
ㅁ. 상담	ㄷ. 진단	

① ㄱ - ㄴ - ㄷ - ㄹ - ㅁ
② ㄱ - ㄴ - ㄷ - ㅁ - ㄹ
③ ㄱ - ㅁ - ㄷ - ㄹ - ㄴ
④ ㄷ - ㄱ - ㄴ - ㄹ - ㅁ

답 ①

해 특성-요인 직업상담의 과정
- 분석 - 종합 - 진단 - 예측 - 상담

10 **행동주의적 접근의 상담기법 중 공포와 불안이 원인이 되는 부적응 행동이나 회피행동을 치료하는데 가장 효과적인 기법은?**

① 타임아웃 기법
② 모델링 기법
③ 체계적 둔감법
④ 행동조성법

답 ③

해 공포와 불안의 대표적인 행동주의적 기법은 '체계적 둔감법'이다.

11 **레빈슨의 성인발달이론에 관한 설명으로 틀린 것은?**

① 인생주기를 네 개의 계절로 구분한다.
② 성인 초기의 주요 과업은 꿈의 형성과 멘토관계의 형성이다.
③ 안정기는 삶을 침체시키거나 새롭게 만드는 시기이다.
④ 인생 구조에는 직업, 가족, 결혼, 종교와 같은 요소들이 포함된다.

답 ③

해 삶을 침체시키거나 새롭게 만드는 시기는 '안정기'가 아닌 '전환기'이다.

12 **직업상담에서 내담자의 생애진로주제를 확인하는 가장 중요한 이유는?**

① 내담자의 사고과정을 이해하고 행동을 통찰하도록 도와주기 때문이다.
② 상담을 상담자 입장에서 원만하게 이끌 수 있도록 해주기 때문이다.
③ 작업자, 지도자, 개인역할이 고려되어야 하기 때문이다.
④ 내담자의 생각을 읽을 수 있게 해주기 때문이다.

답 ①

해 생애진로주제를 파악함으로서 내담자의 사고과정을 이해하고 행동을 통찰하는데 도움이 된다.

13 **내담자에 대한 상담목표의 특성이 아닌 것은?**

① 구체적이어야 한다.
② 내담자가 원하고 바라는 것이어야 한다.
③ 실현 가능해야 한다.
④ 인격성장을 도와야 한다.

답 ④

해 '인격성장을 도와주는 것'은 내담자에 대한 상담목표의 특성이 아니다.

상담목표의 특성
- 구체적이어야 한다.
- 내담자가 원하고 바라는 것이어야 한다.
- 실현 가능해야 한다.
- 상담자의 기술과 양립하여야 한다.

14 **크럼볼츠의 사회학습 진로이론에 관한 설명으로 틀린 것은?**

① 진로의사결정 과정에서 자기효능감과 결과기대를 중요시한다.
② 개인이 환경과의 상호작용을 통해 무엇을 학습했는가를 중요시한다.
③ 개인은 학습경험을 통해 세계를 바라보는 관점이나 신념을 형성한다고 본다.
④ 우연한 사건을 다루는데 도움이 되는 기술은 호기심, 낙관성, 위험감수 등이다.

답 ①

해 ① 반두라의 '사회인지적 진로이론'에 대한 내용이다.

15 **타이드만(Tiedman)은 어떤 발달단계를 기초로 진로발달이론을 설명하였는가?**

① 피아제의 인지발달단계
② 에릭슨의 심리사회발달단계
③ 콜버그의 도덕발달단계
④ 반두라의 인지사회발달단계

답 ②

해 타이드만은 에릭슨의 심리사회발달단계를 기초로 진로발달이론을 설명하였다.
- 에릭슨의 발달이론의 주요기본내용
  성인은 연령에 따라 안정과 변화의 계속적인 과정을 거쳐 발달하게 된다고 봄
- 타이드만의 발달이론 주요 기본내용
  의사결정을 연속적인 과정이라고 보았으며, 개인은 이 과정을 통해 자신의 진로행동을 변경하며 성장한다고 봄

16 **상담 윤리강령의 역할과 기능을 모두 고른 것은?**

ㄱ. 내담자의 복리 증진
ㄴ. 지역사회의 도덕적 기대 존중
ㄷ. 전문직으로서의 상담 기능 보장
ㄹ. 상담자 자신의 사생활과 인격 보호
ㅁ. 직무수행 중의 갈등 해결 지침 제공

① ㄱ, ㄴ, ㄷ
② ㄴ, ㄷ, ㄹ
③ ㄱ, ㄴ, ㄹ, ㅁ
④ ㄱ, ㄴ, ㄷ, ㄹ, ㅁ

답 ④

해 ㄱ, ㄴ, ㄷ, ㄹ, ㅁ 모두 해당된다.

17 **인지적·정서적 상담에 관한 설명으로 틀린 것은?**

① Ellis에 의해 개발되었다.
② 모든 내담자의 행동적·정서적 문제는 비논리적이고 비합리적인 사고에서 발생한다.
③ 성격 자아상태 분석을 실시한다.
④ A-B-C 이론을 적용한다.

답 ③

해 ③ 에릭 번의 '교류분석 상담'의 내용이다.

18 **Harren이 제시한 진로의사결정 유형 중 의사결정에 대한 개인적 책임을 부정하고 외부로 책임을 돌리는 경향이 높은 유형은?**

① 유동적 유형 ② 투사적 유형
③ 직관적 유형 ④ 의존적 유형

답 ④

해

합리적 유형	의존적 유형	직관적 유형
• 정보를 수집 단계별로 체계적인 의사결정 • 시간을 가지고 주의깊게 생각	• 개인적 책임을 부정 • 외부로 책임을 돌리는 경향	• 욕구에 따른 빠른 의사결정 • 즉각적인 느낌과 감정에 따름

19 **다음 중 효과적인 적극적 경청을 위한 지침과 가장 거리가 먼 것은?**

① 내담자의 음조를 경청한다.
② 사실 중심적으로 경청한다.
③ 내담자의 표현의 불일치를 인식한다.
④ 내담자가 보이는 일반화, 빠뜨린 내용, 왜곡을 경청한다.

답 ②

해 '사실 중심적' 보다 '수용과 공감'을 바탕으로 경청한다.

25년~27년 출제기준에서 '진로시간전망' 제외

20 **진로시간전망 검사지를 사용하는 주요 목적과 가장 거리가 먼 것은?**

① 목표설정 촉구 ② 계획기술 연습
③ 진로계획 수정 ④ 진로의식 고취

답 ③

해 진로계획 수정은 거리가 멀다.

진로시간전망 검사지를 사용하는 목적(용도)
- 목표설정 촉구
- 계획기술 연습
- 진로의식 고취

제2과목 직업심리

21 다음은 로(Roe)가 제안한 8가지 직업 군집 중 어디에 해당하는가?

> -상품과 재화의 생산·유지·운송과 관련된 직업을 포함하는 군집이다.
> -운송과 정보통신에 관련된 직업뿐만 아니라 공학, 기능, 기계무역에 관계된 직업들도 이 영역에 속한다.
> -대인관계는 상대적으로 덜 중요하며 사물을 다루는데 관심을 둔다.

① 기술직(Technology)
② 서비스직(Service)
③ 비즈니스직(Business Contact)
④ 옥외활동직(Outdoor)

답 ①

해 '기계'와 관련되어 사물을 다루는 직업군은 기술직이다.

22 직업적성검사인 GATB에서 측정하는 적성요인에 해당하지 않는 것은?

① 기계적성 ② 공간적성
③ 사무지각 ④ 손의 기교도

답 ①

해 '기계적성'과 '과학적성'은 적성요인은 없다.
직업적성검사 GATB 9개 영역 적성

- 지능
- 언어적성
- 수리능력
- 사무지각
- 공간적성
- 형태지각
- 운동반응
- 손가락 정교성(기교도)
- 손의 정교성

23 직무특성 양식 중 개인이 환경과의 상호작용에 있어 반응을 계속하는 시간의 길이는?

① 신속성 ② 속도
③ 인내심 ④ 리듬

답 ③

해 직무특성 양식 중 개인이 환경과의 상호작용에 있어 '반응을 계속하는 시간의 길이'는 인내심이다.

24 직무 스트레스에 관한 설명으로 틀린 것은?

① 직장 내 소음, 온도와 같은 물리적 요인이 직무 스트레스를 유발할 수 있다.
② 직무 스트레스를 일으키는 심리사회적 요인으로 역할 갈등, 역할 과부화, 역할 모호성 등이 있다.
③ 사회적 지지가 제공되면 우울이나 불안 같은 직무 스트레스 반응이 감소한다.
④ 직무 스트레스는 직무만족과 부정적 관계에 있으며, 모든 스트레스는 항상 직무수행 성과를 떨어뜨린다.

답 ④

해 적정수준의 직무스트레스는 오히려 업무능률을 향상시킬 수 있다.

25 진로 심리검사 결과 해석에 관한 설명으로 틀린 것은?

① 검사결과는 가능성보다 확실성의 관점에서 제시되어야 한다.
② 내담자가 검사결과를 잘 이해할 수 있도록 안내하고 격려해야 한다.
③ 검사결과로 나타난 강점과 약점 모두를 객관적으로 검토해야 한다.
④ 검사결과는 내담자가 이용 가능한 다른 정보와 관련하여 제시되어야 한다.

답 ①

해 검사결과는 확실성보다는 '가능성의 관점'에서 제시되어야 한다.

25년~27년 출제기준에서 '직무분석이론' 제외

26 작업자 중심 직무분석의 특징과 가장 거리가 먼 것은?

① 표준화된 분석도구의 개발이 어렵다.
② 직무들에서 요구되는 인간특성의 유사정도를 양적으로 비교할 수 있다.
③ 대표적인 예로서 직위분석질문지(PAQ)가 있다.
④ 과제 중심 직무분석에 비해 보다 폭넓게 활용될 수 있다.

답 ①

해 작업자 중심 직무분석의 대표적 예는 직무명세서이다. 직무명세서는 '표준화된 분석도구'에 의해 이루어진다.

- 작업자 중심 직무분석
  - 직무를 수행하는데 요구되는 지식, 기술, 능력, 경험 등 작업자에 초점을 둔다.
  - 표준화된 분석도구의 개발이 가능하다.
  - 직무들에서 요구되는 인간특성의 유사정도를 양적으로 비교할 수 있다.
  - 과제 중심 직무분석에 비해 보다 폭넓게 활용될 수 있다.
  - 직위분석질문지(PAQ)
    직무수행에 요구되는 지식, 기술, 능력 등의 인가적 요건들을 밝히는 데 목적을 둔 표준화된 분석도구이다.
- 과제 중심 직무분석
  - 직무에서 수행하는 과제나 활동이 어떤 것들인지 파악하는데 초점을 둔다.
  - 직무 자체의 내용을 중점적으로 다루는 직무기술서 작성에 중요 정보를 제공한다.
  - 직무 각각에 대해 표준화된 분석도구를 만들 수 없다.
  - 직무 정보를 자료, 사람, 사물 기능으로 분석한다.

27 수퍼(Super)의 진로발달이론의 설명으로 틀린 것은?

① 이론의 핵심기저는 직업적 자아개념이다.
② 직업선택은 타협과 선택이 상호작용하는 일련의 적응과정이다.
③ 진로발달은 유아기에 시작하여 성인초기에 완성된다.
④ 직업발달과정은 본질적으로 자아개념을 발달시키고 실천해 나가는 과정이다.

답 ③

해 수퍼는 생애진로발달과정은 전생에 걸쳐 계속된다고 한다.

28 조직에 영향을 미치는 직무 스트레스의 결과와 가장 거리가 먼 것은?

① 직무수행 감소
② 직무 불만족
③ 상사의 부당한 지시
④ 결근 및 이직

답 ③

해 상사의 부당한 지시는 스트레스의 원인이 된다.

29 스트레스의 원인 중 역할갈등과 가장 관련이 높은 것은?

① 직무관련 스트레스원
② 개인관련 스트레스원
③ 조직관련 스트레스원
④ 물리적 환경관련 스트레스원

답 ①

해 역할갈등은 직무관련 스트레스 원인이다.

- 직무관련 스트레스 원인
  역할갈등, 역할모호성, 역할과다, 역할축소, 과제특성, 조직의 문화 등
- 개인관련 스트레스 원인
  성격유형(A형유형 또는 B형유형), 통제소재(외적통제 또는 내적통제), 사회적 지원
- 물리적 환경관련 스트레스 원인
  외부환경적 요인(조명, 소음, 온도 등)

30 파슨스의 특성요인이론에 관한 설명으로 옳은 것은?

① 개인의 특성과 직업의 요구가 일치할수록 직업적 성공 가능성이 크다.
② 특성은 특정 직무의 수행에서 요구하는 조건을 의미한다.
③ 개인의 진로발달 과정을 설명하고 있다.
④ 심리검사를 통해 가변적인 특성을 측정한다.

답 ①

해 과학적 조언을 통한 매칭(matching)

- 개인의 특성과 직업의 요구가 일치할수록 직업적 성공 가능성이 크다.
- '직업과 사람을 연결'시키기
- 직업의 선택은 직선적인 과정이며 연결이 가능하다.

31 다음에 해당하는 규준은?

학교에서 실시하는 성취도검사나 적성검사의 점수를 정해진 범주에 집어넣어 학생들 간의 점수 차가 작을 때 생길 수 있는 지나친 확대해석을 미연에 방지할 수 있다.

① 백분위 점수　② 표준점수
③ 표준등급　④ 학년규준

답 ③

해 스테나인이라고도 불리는 표준등급은 학교에서 실시하는 것으로 학생들의 점수를 정해진 9등급 범주로 평가하는 것이다.

32 "어떤 흥미검사(A)의 신뢰도가 높다"고 하는 말의 의미는?

① 어떤 사람이 흥미검사(A)를 처음 치렀을 때 받은 점수가 얼마 후 다시 치렀을 때의 점수와 비슷하다.
② 흥미검사(A)가 원래 재고자 했던 흥미영역을 재고 있다.
③ 그 흥미검사(A)와 그와 유사한 목적을 가진 다른 종류의 흥미검사(B)의 점수가 유사하다.
④ 흥미검사(A)가 흥미에 대해 가장 포괄적으로 측정하고 있다.

답 ①

해 신뢰도
- 일관성 있게 측정하는 능력
- 피검자가 동일한 검사를 반복하여 실시하였을 때 유사한 점수를 받을 때 신뢰도가 높음

33 직업선택 문제들 중 '비현실성의 문제'와 가장 거리가 먼 것은?

① 흥미나 적성의 유형이나 수준과 관계없이 어떤 직업을 선택해야 할지 결정하지 못한다.
② 자신의 적성수준보다 높은 적성을 요구하는 직업을 선택한다.
③ 자신의 흥미와는 일치하지만, 자신의 적성수준보다는 낮은 적성을 요구하는 직업을 선택한다.
④ 자신의 적성수준에서 선택을 하지만, 자신의 흥미와는 일치하지 않는 직업을 선택한다.

답 ①

해 우유부단형이다.

34 소외 양상의 개념에 관한 설명 중 틀린 것은?

① 무기력감(powerlessness) : 자유와 통제의 결핍상태
② 무의미감(meaning lessness) : 경영정책이나 생산목적 등의 목적으로부터의 단절
③ 자기소원감(self-estrangment) : 직무에 자신이 몰두할 수 없는 상태
④ 고립감(isolation) : 지루함이나 단조로움을 느끼는 심리적 상태

답 ④

해 시남(Seeman)의 소외

소외양상	상태
무기력감	자유와 통제의 결핍상태
무의미감	목적으로부터의 단절
자기 소원감	직무에 자신이 몰두할 수 없는 상태
고립감	사회적 협동의 결핍상태

35 다음은 어떤 학자와 가장 관련이 있는가?

- 학습경험을 강조하는 동시에 개인의 타고난 재능의 영향을 강조하였다.
- 이 이론에 따라 개발된 진로신념검사는 개인의 진로를 방해하는 사고를 평가하는데 목적이 있다.

① 오하라(R. O'Hara)
② 스키너(B. Skinner)
③ 반두라(A. Bandura)
④ 크럼볼츠(J. Krumboltz)

답 ④

해 크럼볼츠의 '사회학습이론'에 대한 설명이다.

36 홀랜드(Holland)가 제시한 육각형 모델과 대표적인 직업유형을 바르게 짝지은 것은?

① 현실적(R) 유형 - 비행기 조종사
② 탐구적(I) 유형 - 종교 지도자
③ 관습적(C) 유형 - 정치가
④ 사회적(S) 유형 - 배우

답 ①

해 Holland의 육각형 모델(RIASEC)
- 현실적(R) : 기술자, 비행기조종사, 엔지니어, 농부
- 탐구적(I) : 과학자, 심리학자, 의사
- 예술적(A) : 문학가, 미술가, 디자이너
- 사회적(S) : 상담사, 교사, 간호사
- 설득적(E) : 정치가, 사업가, 사회자
- 관습적(C) : 사서, 은행원, 회계사

37 다음은 무엇에 관한 설명인가?

> 한 검사가 그 준거로 사용된 현재의 어떤 행동이나 특성과 관련된 정도를 나타내는 타당도

① 공인타당도 ② 구성타당도
③ 내용타당도 ④ 예언타당도

답 ①

해 공인타당도에 대한 설명이다.

- 타당도의 종류
  - **안면타당도**: 일반인이 문항을 읽고 얼마나 타당해 보이는지를 평가
  - **내용타당도**: 전문가가 판단하는 주관적인 타당도
- **준거타당도**: 검사와 준거간의 상관관계를 분석해서 검사의 타당도를 평가하는 방법
  - 공인타당도(동시타당도)
  - 예언타당도
- **구성타당도**: 측정하고자 하는 추상적 개념들이 실제 측정도구에 의해 제대로 측정되었는지의 정도를 파악하는 방법
  - 변별타당도
  - 수렴타당도
  - 요인분석

38 진로나 적성을 측정하는 검사로 적합하지 않은 것은?

① 진로사고검사 ② 자기탐색검사
③ 안전운전검사 ④ 주제통각검사

답 ④

해 주제통각검사는 피험자의 갈등, 욕구 등을 확인하는데 적합한 투사적 검사로 적성을 측정하는 검사는 아니다.

25년~27년 출제기준에서 '직무분석이론' 제외

39 직무분석 자료의 분석시 고려해야 할 사항으로 가장 거리가 먼 것은?

① 논리적으로 체계화되어야 한다.
② 여러 가지 목적으로 활용될 수 있어야 한다.
③ 필요에 따라 가공된 정보로 구성해야 한다.
④ 가장 최신의 정보를 반영하고 있어야 한다.

답 ③

해 가공하지 않은 원상태의 자료이어야 한다.

25년~27년 출제기준에서 '조직에서의 경력개발' 제외

40 경력개발을 위한 교육훈련을 실시할 때 가장 먼저 고려해야 하는 사항은?

① 사용 가능한 훈련방법에는 어떤 것들이 있는지에 대한 고찰
② 현 시점에서 어떤 훈련이 필요한지에 대한 요구분석
③ 훈련프로그램의 효과를 평가하고 개선할 수 있는 방안을 계획하고 수립
④ 훈련방법에 따른 구체적인 프로그램 개발

답 ②

해 경력개발을 위한 교육훈련을 실시할 때 가장 먼저 고려해야하는 것은 '요구분석 또는 니즈평가'을 통한 현시점에서 필요한 교육을 파악하는 것이다.

제3과목 직업정보

41 고용노동통계조사의 각 항목별 조사대상의 연결이 틀린 것은?

① 시도별 임금 및 근로시간조사 : 상용 5인 이상 사업체
② 임금체계, 정년제, 임금피크 제조사 : 상용 1인 이상 사업체
③ 직종별사업체 노동력조사 : 근로자 1인 이상 33천개 사업체
④ 지역별사업체 노동력조사 : 종사자 1인 이상 200천개 사업체

답 ③

해 직종별 사업체 노동력 조사
근로자 1인이상 사업체 약 72천개

42 한국표준직업분류의 특정 직종의 분류요령에 관한 설명으로 틀린 것은?

① 행정 관리 및 입법기능을 수행하는 자는 '대분류 1 관리자'에 분류된다.
② 자영업주 및 고용주는 수행되는 일의 형태나 직무내용에 따라 정의된 개념이다.
③ 연구 및 개발업무 종사자는 '대분류 2 전문가 및 관련 종사자'에서 그 전문 분야에 따라 분류된다.
④ 군인은 별도로 '대분류 A 군인'에 분류된다.

답 ②

해 자영업주 및 고용주는 '수행되는 일의 형태나 직무내용'이 아닌 '고용형태 또는 종사상의 지위'에 따라 정의된 개념이다.

43 직업정보에 대한 설명으로 틀린 것은?

① 직업정보는 경험이 부족한 내담자들에게 다양한 직업을 접할 기회를 제공한다.
② 직업정보는 수집 - 체계화 - 분석 - 가공 - 제공 - 축적 - 평가 등의 단계를 거쳐 처리된다.
③ 직업정보를 수집할 때는 항상 최신의 자료인지 확인한다.
④ 동일한 정보라 할지라도 다각적인 분석을 시도하여 해석을 풍부히 한다.

답 ②

해 직업정보처리과정은 '수집 → 분석 → 가공 → 체계화 → 제공 → 축적 → 평가'의 7단계를 거쳐 처리된다.

44 민간직업정보의 일반적인 특징과 가장 거리가 먼 것은?

① 한시적으로 정보가 수집 및 가공되어 제공된다.
② 객관적인 기준을 가지고 전체 직업에 관한 일반적인 정보를 제공한다.
③ 직업정보 제공자의 특정한 목적에 따라 직업을 분류한다.
④ 통상적으로 직업정보를 유료로 제공한다.

답 ②

해 객관적인 기준을 가지고 전체 직업에 관한 일반적인 정보를 제공하는 것은 공공직업정보의 특징이다.

45 다음은 한국표준산업분류의 분류 정의 중 무엇에 관한 설명인가?

각 생산단위가 노동, 자본, 원료 등 자원을 투입하여, 재화 또는 서비스를 생산 또는 제공하는 일련의 활동과정

① 산업 ② 산업활동
③ 생산활동 ④ 산업분류

답 ②

해 산업활동에 대한 정의 중 정답 키워드는 '일련의 활동과정'이다.

46 국가직무능력표준(NCS)에 관한 설명으로 틀린 것은?

① 산업현장에서 직무를 수행하기 위해 요구되는 지식·기술·태도 등의 내용을 국가가 표준화한 것이다.
② 한국고용직업분류 등을 참고하여 분류하였으며, 대분류 - 중분류 - 소분류 - 세분류 순으로 구성되어 있다.
③ 능력단위는 NCS분류의 하위 단위로서 능력단위요소, 직업기초능력 등으로 구성되어 있다.
④ 직무는 NCS분류의 중분류를 의미하고, 원칙상 중분류 단위에서 표준이 개발된다.

답 ④

해 '중분류'가 아닌 '세분류'이다.

47 **한국표준산업분류의 적용 원칙으로 틀린 것은?**

① 생산단위는 산출물뿐만 아니라 투입물과 생산공정 등을 함께 고려하여 그들의 활동을 가장 정확하게 설명된 항목에 분류해야 한다.
② 산업활동이 결합되어 있는 경우에는 그 활동단위의 주된 활동에 따라서 분류해야 한다.
③ 수수료 또는 계약에 의하여 활동을 수행하는 단위는 동일한 산업활동을 자기계정과 자기책임 하에서 생산하는 단위와 같은 항목에 분류해야 한다.
④ 공식적 생산물과 비공식적 생산물, 합법적 생산물과 불법적인 생산물을 달리 분류해야 한다.

답 ④

해 공식적 생산물과 비공식적 생산물, 합법적 생산물과 불법적인 생산물을 달리 분류하지 않는다.

48 **국가기술자격 중 한국산업인력공단에서 시행하지 않는 것은?**

① 3D프린터개발산업기사
② 빅데이터분석기사
③ 로봇기구개발기사
④ 반도체설계산업기사

답 ②

해 빅데이터분석기사는 '한국데이터산업진흥원'에서 시행한다.

49 **직업정보를 제공하는 유형별 방식의 설명이다. (　　)에 가장 알맞은 것은?**

종류	비용	학습자 참여도	접근성
인쇄물	(A)	수동	용이
면접	저	(B)	제한적
직업경험	고	적극	(C)

① A : 고, B : 적극, C : 용이
② A : 고, B : 수동, C : 제한적
③ A : 저, B : 적극, C : 제한적
④ A : 저, B : 수동, C : 용이

답 ③

해 인쇄물의 비용(A) : 저
면접의 학습자 참여도(B) : 적극
직업경험 접근성(C) : 제한적

50 **경제활동인구조사의 주요산식으로 틀린 것은?**

① 잠재경제활동인구 = 잠재취업가능자 + 잠재구직자
② 경제활동참가율 = (경제활동인구 ÷ 15세 이상 인구) × 100
③ 고용률 = (취업자 ÷ 15세 이상 인구) × 100
④ 실업률 = (실업자 ÷ 15세 이상 인구) × 100

답 ④

해 '15세 이상 인구'인 생산가능인구가 아닌 '경제활동인구'이다.

$$\text{실업률} = \frac{\text{실업자}}{\text{경제활동인구}} \times 100$$

51 **고용24(워크넷)에서 제공하는 직업선호도검사 L형의 하위검사가 아닌 것은?**

① 흥미검사
② 성격검사
③ 생활사검사
④ 문제해결능력검사

답 ④

해 '문제해결능력검사'는 포함되지 않는다.

L형	S형
흥미검사 성격검사 생활사 검사	흥미검사

52 **질문지를 사용한 조사를 통해 직업정보를 수집하고자 한다. 질문지 문항 작성방법에 대한 설명으로 틀린 것은?**

① 객관식 문항의 응답 항목은 상호배타적이어야 한다.
② 응답하기 쉬운 문항일수록 설문지의 앞에 배치하는 것이 좋다.
③ 신뢰도 측정을 위해 짝(pair)으로 된 문항들을 함께 배치하는 것이 좋다.
④ 이중(double-barreled)질문과 유도질문은 피하는 것이 좋다.

답 ③

해 신뢰도 측정을 위해 짝으로 된 문항들은 '분리'해서 배치해야 한다.

53 **한국표준산업분류의 분류구조 및 부호체계에 대한 설명으로 틀린 것은?**

① 분류구조는 대분류(알파벳 문자 사용), 중분류(2자리 숫자 사용), 소분류(3자리 숫자 사용), 세분류(4자리 숫자 사용)의 4단계로 구성된다.
② 부호처리를 할 경우에는 아라비아 숫사만을 사용토록 했다.
③ 권고된 국제분류 ISIC Rev.4를 기본체계로 하였으나, 국내실정을 고려하여 국제분류의 각 단계 항목을 분할, 통합 또는 재그룹화하여 독자적으로 분류 항목과 분류 부호를 설정하였다.
④ 중분류의 번호는 01부터 99까지 부여하였으며, 대분류별 중분류 추가여지를 남겨좋기 위하여 대분류 사이에 번호 여백을 두었다.

답 ①

해 분류구조는 대분류(알파벳 문자 사용), 중분류(2자리 숫자 사용), 소분류(3자리 숫자 사용), 세분류(4자리 숫자 사용), 세세분류(5자리숫자 사용)의 5단계로 구성된다.

54 **국민내일배움카드의 적용을 받는 자에 해당하는 것은?**

① 「공무원연금법」을 적용받고 현재 재직중인 사람
② 만 75세인 사람
③ HRD-Net을 통하여 직업능력개발훈련 동영상 교육을 이수하지 아니하는 사람
④ 대학교 4학년에 재학중인 졸업예정자

답 ④

해 국민내일배움카드를 발급받을 수 없는 자
- 만 75세인 사람
- 「공무원연금법」을 적용받고 현재 재직 중인 사람
- HRD-Net을 통하여 직업능력개발훈련 동영상 교육을 이수하지 아니하는 사람
- 연매출 1억 5천만원 이상 자영업자
- 월 임금 300만원 이상인 대규모 기업 종사자
- 특수형태근로종사자

55 **국가기술자격 산업기사 등급의 응시자격 기준으로 틀린 것은?**

① 고용노동부령으로 정하는 기능경기대회 입상자
② 동일 및 유사 직무분야의 산업기사 수준기술훈련과정 이수자 또는 기이수 예정자
③ 응시하려는 종목이 속하는 동일 및 유사 직무분야의 다른 종목의 산업기사 등급
④ 응시하려는 종목이 속하는 동일 및 유사직무분야에서 1년 이상 실무에 종사한 사람

답 ④

해 응시하려는 종목이 속하는 동일 및 유사 직무분야에서 '2년' 이상 실무에 종사한 사람

국가기술자격 산업기사 등급의 응시자격 기준

산업기사
• 기능사 자격 + 1년 이상 실무종사
• 관련학과 2·3년제 전문대학졸업자 또는 예정자
• 유사 직무 분야에서 2년 이상 실무종사자

향후 다시 출제될 가능성이 매우 희박한 문제입니다.

56 **2022년도에 신설되어 시행되는 국가기술자격종목은?**

① 방재기사 ② 신발산업기사
③ 보석감정산업기사 ④ 정밀화학기사

답 ④

해 2022년 ~ 2023년 신설·폐지·통합과목
- 정밀화학기사(신설)
- 반도체설계기사(폐지)
- 메카트로닉스기사(폐지)
- 철도토목산업기사(폐지)
- 농림토양평가관리산업기사(폐지)
- 한복산업기사(폐지)
- 연삭기능사(폐지)
- 치공구설계산업기사→기계설계산업기사(통합)

8차 개정으로 향후 다시 출제될 가능성이 희박한 문제입니다.

57 **한국표준직업분류(제7차)의 대분류별 주요 개정 내용으로 틀린 것은?**

① 대분류 1 : '방송·출판 및 영상 관련 관리자'를 '영상관련 관리자'로 항목명을 변경
② 대분류 2 : '한의사'를 '전문 한의사'와 '일반 한의사'로 세분
③ 대분류 4 : '문화 관광 및 숲·자연환경 해설사'를 신설
④ 대분류 5 : '자동차 영업원'을 신차와 중고차 영업원으로 세분

답 ①

해 대분류 1 : '영상관련 관리자'를 '방송·출판 및 영상 관련 관리자'로 항목명을 변경하였다.

58 **한국직업사전의 부가 직업정보 중 정규교육에 관한 설명으로 틀린 것은?**

① 우리나라 정규교육과정의 연한을 고려하여 6단계로 분류하였다.
② 4수준은 12년 초과~14년 이하(전문대졸정도)이다.
③ 독학, 검정고시 등을 통해 정규교육과정을 이수하였다고 판단되는 기간도 포함된다.
④ 해당 직업 종사자의 평균 학력을 나타내는 것이다.

답 ④

해 해당 직업 종사자의 평균 학력을 나타내거나 의미하는 것은 아니다.

59 **고용24(워크넷)에서 제공하는 학과정보 중 공학계열에 해당하는 학과가 아닌 것은?**

① 생명공학과 ② 건축학과
③ 안경광학과 ④ 해양공학과

답 ①

해 생명공학과는 '자연계열'이다.
'임산공학', '생명공학', '식품공학', '바이오산업공학'은 공학계열이 아닌 '자연계열'이다.

60 **고용24(워크넷)에서 채용정보 상세검색 시 선택할 수 있는 기업형태가 아닌 것은?**

① 대기업
② 일학습병행기업
③ 가족친화인증기업
④ 다문화가정지원기업

답 ④

해
- 기업형태별 검색에 해당하지 않는 것
  중소기업, 금융권, 환경친화기업, 다문화가정지원기업
- 고용24 채용정보 상세검색 시 선택가능한 기업형태
  대기업, 공무원·공기업·공공기관, 강소기업, 코스피·코스닥, 중견기업, 외국계기업, 일학습병행기업, 벤처기업, 청년친화강소기업, 가족친화인증기업

제4과목 노동시장

61 경기적 실업에 대한 대책으로 가장 적합한 것은?

① 지역 간 이동촉진
② 총수요의 증대
③ 퇴직자 취업알선
④ 구인·구직에 대한 전산망 확대

답 ②

해 • 경기적 실업
경기침체시 총수요 부족으로 인해 발생하는 실업
• 경기적 실업 대책
총수요의 증대, 유효수요 확대
(재정지출 확대와 조세감면 및 금리 인하 등의 정책을 통해 통화량을 증가시킴으로써 총수요를 증대시킴)

62 마찰적 실업의 원인에 해당하는 것을 모두 고른 것은?

ㄱ. 노동자들이 자신에게 가장 잘 맞는 직장을 찾는데 시간이 걸리기 때문이다.
ㄴ. 기업이 생산성을 제고하기 위해 시장 균형 임금보다 높은 수준의 임금을 지불하는 경우가 있기 때문이다.
ㄷ. 노동조합의 존재로 인해 조합원의 임금이 생산성보다 높게 설정되기 때문이다.

① ㄱ　　② ㄴ
③ ㄱ, ㄴ　　④ ㄴ, ㄷ

답 ①

해 • 마찰적 실업이 원인 - ㄱ
• 구조적 실업이 원인 - ㄴ(효율성 임금을 지불한 경우)
ㄷ(노동조합의 존재로 인한 경우)

63 노동시장에 관한 설명으로 틀린 것은?

① 재화시장은 불완전경쟁이더라도 노동시장이 완전경쟁이면 개별기업의 한계요소비용은 일정하다.
② 재화시장과 노동시장이 모두 완전경쟁일 때 재화가격이 상승하면 노동수요곡선이 오른쪽으로 이동한다.
③ 재화시장과 노동시장이 모두 완전경쟁일 때 임금이 하락하면 노동수요량은 장기에 더 크게 증가한다.
④ 재화시장이 불완전경쟁이고 노동시장이 완전경쟁일 때 임금은 한계수입생산보다 낮은 수준으로 결정된다.

답 ④

해 재화시장이 불완전경쟁이고 노동시장이 완전경쟁일 때 임금은 한계수입생산과 '동일한 수준'에서 결정된다.

64 실업에 관한 설명으로 옳은 것은?

① 정부는 경기적 실업을 줄이기 위하여 기업의 설비투자를 억제시켜야 한다.
② 취업자가 존재하는 상황에서 구직포기자의 증가는 실업률을 감소시킨다.
③ 전업주부가 직장을 가지면 실업률과 경제활동참가율은 모두 낮아진다.
④ 실업급여의 확대는 탐색적 실업을 감소시킨다.

답 ②

해 취업자가 존재하는 상황에서 구직포기자의 증가는 실업률을 감소시킨다.
① 정부는 경기적 실업을 줄이기 위하여 기업의 설비투자를 활성화, 증대시켜야 한다.
③ 전업주부가 직장을 가지면 실업률은 낮아지고 경제활동참가율은 높아진다.
④ 실업급여의 확대는 탐색적 실업을 증가시킨다.

65 A국가의 경제활동참가율은 50%이고, 생산가능인구와 취업자가 각각 100만명, 40만명이라고 할 때, 이 국가의 실업률은?

① 5%　　② 10%
③ 15%　　④ 20%

답 ④

해

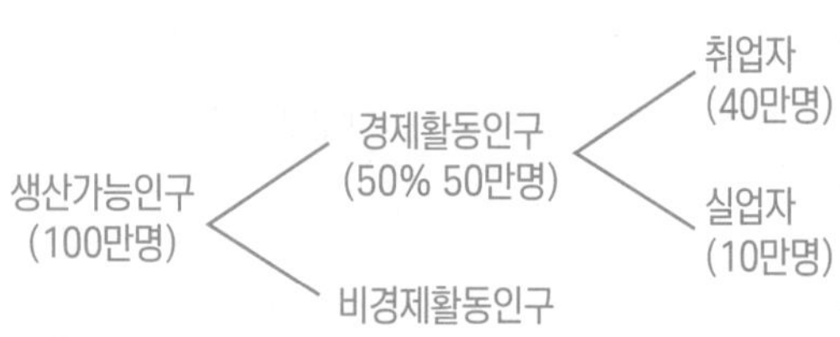

$$실업률 = \frac{실업자}{경제활동인구} \times 100 = \frac{10만}{50만} \times 100 = 20\%$$

66 임금의 보상격차에 관한 설명으로 틀린 것은?

① 근무조건이 열악한 곳으로 전출되면 임금이 상승한다.
② 성별격차도 일종의 보상격차이다.
③ 물가가 높은 곳에서 근무하면 임금이 상승한다.
④ 더 높은 비용이 소요되는 훈련을 요구하는 직종의 임금이 상대적으로 높다.

답 ②

해 성별격차는 차별에 해당한다.

25년~27년 출제기준에서 '노사관계이론' 제외

67 단체교섭에 관한 설명으로 틀린 것은?

① 단체협약은 노동조합과 사용자단체가 단체교섭 후 협의된 사항을 문서로 남긴 것으로 강제적 효력이 있다.
② 경영자가 정당한 사유 없이 단체교섭을 거부하는 행위는 불법행위에 해당된다.
③ 이익분쟁은 임금 및 근로조건 등에 합의하지 못해 발생하는 분쟁이다.
④ 노동자들이 하는 쟁의행위에는 파업, 태업, 직장폐쇄 등의 방법이 있다.

답 ④

해 직장폐쇄는 사용자의 쟁의행위이다.

노동자의 쟁위행위	사용자의 쟁위행위
파업, 태업, 시위(피케팅), 불매운동 등	직장폐쇄

25년~27년 출제기준에서 '노사관계이론' 제외

68 유니언숍(union shop)에 대한 설명으로 옳은 것은?

① 조합원이 아닌 근로자는 채용 후 일정기간 내에 조합에 가입해야 한다.
② 조합원이 아닌 자는 채용이 안된다.
③ 노동조합의 노동공급원이 독점되며, 관련 노동시장에 강력한 영향을 미친다.
④ 채용전후 근로자의 조합 가입이 완전히 자유롭다.

답 ①

해 조합원이 아닌 근로자는 채용 후 일정기간 내에 조합에 가입해야 한다.
② 조합원에 관계없이 채용이 가능하다.
③ 클로즈드숍에 대한 설명이다.
④ 채용된 근로자는 일정 기간 내에 노동조합에 가입해야 한다.

69 다음 중 직무급 임금체계의 장점이 아닌 것은?

① 개인별 임금격차에 대한 불만 해소
② 연공급에 비해 실시가 용이
③ 인건비의 효율적 관리
④ 능력위주의 인사풍토 조성

답 ②

해 직무급 임금체계는 연공급에 비해 실시가 어렵다.

- 직무급
  직무분석과 직무평가를 기초로 직무의 상대적 가치에 따라 임금을 결정하는 체계

∴ 직무급의 실시는 직무분석과 직무평가가 어려워 실시가 쉽지 않다.

70 노동수요곡선이 이동하는 이유가 아닌 것은?

① 임금수준의 변화
② 생산방법의 변화
③ 자본의 가격변화
④ 생산물에 대한 수요의 변화

답 ①

해 임금은 '노동수요량'의 변화로 노동수요곡선상의 수요점만 이동하며 노동수요곡선 자체가 좌우로 이동하지는 않는다.

25년~27년 출제기준에서 '노사관계이론' 제외

71 이원적 노사관계론의 구조를 바르게 나타낸 것은?

① 제1차 관계 : 경영 대 노동조합관계 / 제2차 관계 : 경영 대 정부기관관계
② 제1차 관계 : 경영 대 노동조합관계 / 제2차 관계 : 경영 대 종업원관계
③ 제1차 관계 : 경영 대 종업원관계 / 제2차 관계 : 경영 대 노동조합관계
④ 제1차 관계 : 경영 대 종업원관계 / 제2차 관계 : 정부기관 대 노동조합관계

답 ③

해 이원적 노사관계론의 구조

제 1차 관계	제 2차 관계
경영 vs 종업원	경영 vs 노동조합

72 산업별 노동조합의 특성과 가장 거리가 먼 것은?

① 기업별 특수성을 고려하기 어려워진다.
② 임시직, 일용직 근로자를 조직하기 용이해진다.
③ 해당 산업분야의 정보자료 수집·분석이 용이해진다.
④ 숙련공만의 이익옹호단체가 되기 쉽다.

답 ④

해 숙련공만의 이익옹호단체가 되기 쉬운 것은 '직업별' 노동조합의 특징이다.

73 노동의 수요탄력성이 0.5이고 다른 조건이 일정할 때 임금이 5% 상승한다면 고용량의 변화는?

① 0.5% 감소한다. ② 2.5% 감소한다.
③ 5% 감소한다. ④ 5.5% 감소한다.

답 ②

해 노동수요변화율
→ 임금이 상승하면 노동수요(일자리)는 감소한다.

$$\text{노동수요탄력성} = \frac{\text{노동수요 변화율}}{\text{임금의 변화율}}$$

노동수요변화율 = 노동수요탄력성 × 임금의변화율
= 0.5 × 5(%)
= 2.5(%)

74 구인처에서 요구하는 기술을 갖춘 근로자가 없어서 발생하는 실업은?

① 구조적 실업 ② 잠재적 실업
③ 마찰적 실업 ④ 자발적 실업

답 ①

해 구조적 실업에 대한 설명이다.

구조적 실업
산업구조의 변화로 지역 간 또는 산업 간 노동력 수급 불균형으로 발생

75 다음 중 최저임금제가 고용에 미치는 부정적 효과가 가장 큰 상황은?

① 노동수요곡선과 노동공급곡선이 모두 탄력적일 때
② 노동수요곡선과 노동공급곡선이 모두 비탄력적일 때
③ 노동수요곡선이 탄력적이고 노동공급곡선이 비탄력적일 때
④ 노동수요곡선이 비탄력적이고 노동공급곡선이 탄력적일 때

답 ①

해 노동수요곡선과 노동공급곡선이 모두 탄력적일 때 부정적 효과가 가장 커진다.

최저임금제도의 부작용
- 고용 감소
- 실업 증가(특히 비숙련 근로자)

76 유보임금(reservation wage)에 관한 설명으로 옳은 것을 모두 고른 것은?

ㄱ. 유보임금의 상승은 실업기간을 연장한다.
ㄴ. 유보임금의 상승은 기대임금을 하락시킨다.
ㄷ. 유보임금은 기업이 근로자에게 제시한 최고의 임금이다.
ㄹ. 유보임금은 근로자가 받고자 하는 최저의 임금이다.

① ㄱ, ㄷ ② ㄱ, ㄹ
③ ㄴ, ㄷ ④ ㄴ, ㄹ

답 ②

해 ㄱ, ㄹ이다.
ㄴ. 유보임금의 상승은 기대임금을 상승시킨다.
ㄷ. 유보임금은 노동자가 요구하는 최저한의 주관적 요구 임금이다.

77 완전경쟁적인 노동시장에서 노동의 한계생산을 증가시키는 기술진보와 함께 보다 많은 노동자들이 노동시장에 참여하는 변화가 발생할 때 노동시장에서 발생하는 변화로 옳은 것은? (단, 다른 조건들은 일정하다고 가정한다.)

① 균형노동고용량은 반드시 증가하지만 균형임금의 변화는 불명확하다.
② 균형임금은 반드시 상승하지만 균형노동고용량는 불명확하다.
③ 임금과 균형노동고용량 모두 반드시 증가한다.
④ 임금과 균형노동고용량의 변화는 모두 불명확하다.

답 ①

해 기술 진보로 인해 제품에 대한 수요 증가로 노동 수요 증가하고, 보다 많은 노동자들의 참여로 노동 공급 또한 증가하게 되게 되어 균형노동고용량은 증가하지만 이에 따른 균형임금의 변화는 불명확하다.

78 **연봉제의 장점과 가장 거리가 먼 것은?**

① 전문성의 촉진
② 개인의 능력에 기초한 생산성 향상
③ 구성원 상호간의 친밀감 증진
④ 임금 관리 용이

답 ③

해 연봉제는 구성원간의 경쟁, 위화감 조성의 단점이 있다.

25년~27년 출제기준에서 '노사관계이론' 제외

79 **경제적 조합주의(economic unionism)에 대한 설명으로 틀린 것은?**

① 노동조합운동과 정치와의 연합을 특징으로 한다.
② 경영전권을 인정하며 경영참여를 회피해 온 노선이다.
③ 노동조합운동의 목적은 노동자들의 근로조건을 포함한 생활조건의 개선과 유지에 있다.
④ 노사관계를 기본적으로 이해대립의 관계로 보고 있으나 이해조정이 가능한 비적대적 관계로 이해한다.

답 ①

해 노동조합운동은 정치로부터 '독립'을 특징으로 한다.

80 **개인의 후방굴절형(상단부분에서 좌상향으로 굽어짐) 노동공급곡선에 대한 설명으로 옳은 것은?**

① 임금이 상승함에 따라 노동시간을 증가시키려고 한다.
② 소득-여가간의 선호체계분석에서 소득효과가 대체효과를 압도한 결과이다.
③ 소득-여가간의 선호체계분석에서 대체효과가 소득효과를 압도한 결과이다.
④ 임금이 하락함에 따라 노동시간을 줄이려는 의지를 강력하게 표현하고 있다.

답 ②

해 소득-여가간의 선호체계분석에서 소득효과가 대체효과를 압도한 결과이다.(소득효과 〉 대체효과)

제5과목 고용노동관계법규

법 개정 반영 <2025.01.01. 시행>

81 **고용보험법령상 (　　)안에 들어갈 숫자의 연결이 옳은 것은?**

> 육아휴직 급여는 육아휴직 시작일을 기준으로 한 월 통상임금의 100분의 (ㄱ)에 해당하는 금액을 월별 지급액으로 한다.
> 다만 해당 금액이 (ㄴ)만원을 넘는 경우에는 (ㄴ)만원으로 하고, 해당 금액이 (ㄷ)만원보다 적은 경우에는 (ㄷ)만원으로 한다.

① ㄱ:80, ㄴ:150, ㄷ:70
② ㄱ:80, ㄴ:120, ㄷ:50
③ ㄱ:50, ㄴ:150, ㄷ:50
④ ㄱ:50, ㄴ:150, ㄷ:70

답 답없음

해 25년 01월 01일부터 시행되는 육아휴직 급여는 월 통상임금의 100분의 100에 해당하는 금액을 월별 지급액으로 한다.
해당 급액의 상한선은 육아휴직 시작일부터 종료일까지는 아래와 같고 해당금액이 70만원 보다 적은 경우에는 70만원으로 한다.

1. 육아휴직 시작일~3개월 : 250만원
2. 육아휴직 4개월~6개월 : 200만원
3. 육아휴직 7개월~육아휴직 종료일 : 160만원

82 **국민 평생 직업능력 개발법령에 관한 설명으로 틀린 것은?**

①「제대군인지원에 관한 법률」에 따른 제대군인 및 전역예정자의 직업능력 개발훈련은 중요시되어야 한다.
②「산업재해보상보험법」에 따른 근로복지공단은 직업능력개발훈련시설을 설치할 수 없다.
③ 이 법에 "근로자"란 사업주에게 고용된 사람과 취업할 의사가 있는 사람을 말한다.
④ 직업능력개발훈련은 훈련의 목적에 따라 양성훈련, 향상훈련, 전직훈련으로 구분한다.

답 ②

해「산업재해보상보험법」에 따른 근로복지공단은 직업능력개발훈련시설을 설치할 수 있다.
직업능력개발훈련시설을 설치 할 수있는 공공기업훈련시설
• 한국산업인력공단
• 한국장애인고용공단
• 근로복지공단

83 근로기준법령상 용어의 정의로 틀린 것은?

① "근로"란 정신노동과 육체노동을 말한다.
② "근로계약"이란 근로자가 사용자에게 근로를 제공하고 사용자는 이에 대하여 임금을 지급하는 것을 목적으로 체결된 계약을 말한다.
③ "단시간근로자"란 1일의 소정근로시간이 통상 근로자의 1일의 소정근로시간에 비하여 짧은 근로자를 말한다.
④ "사용자"란 사업주 또는 사업 경영 담당자, 그 밖에 근로자에 관한 사항에 대하여 사업주를 위하여 행위하는 자를 말한다.

답 ③

해 "단시간근로자"란 '1일'이 아닌 '1주 동안'의 소정근로시간이 통상 근로자의 '1주 동안'의 소정근로시간에 비하여 짧은 근로자를 말한다.

84 근로기준법령상 여성의 보호에 관한 설명으로 옳은 것은?

① 사용자는 임신 중의 여성이 명시적으로 청구하는 경우 고용노동부장관의 인가를 받으면 휴일에 근로를 시킬 수 있다.
② 여성은 보건·의료, 보도·취재 등의 일시적 사유가 있더라도 갱내(坑內)에서 근로를 할 수 없다.
③ 사용자는 여성 근로자가 청구하면 월 3일의 유급 생리휴가를 주어야 한다.
④ 사용자는 여성을 휴일에 근로시키려면 근로자대표의 서면 동의를 받아야 한다.

답 ①

해 사용자는 임신 중의 여성이 명시적으로 청구하는 경우 고용노동부장관의 인가를 받으면 휴일에 근로를 시킬 수 있다.

'명시적'이란 내용이나 뜻을 분명하게 드러내 보이는 것으로 임신 중의 여성의 '명시적 청구'란 임신 중인 여성이 야간근로와 휴일근로를 하고 싶다는 뜻을 사용자에게 명확하게 전달하는 것을 의미한다.

85 국민 평생 직업능력 개발법상 원칙적으로 직업능력개발 훈련의 대상 연령은?

① 13세 이상　② 15세 이상
③ 18세 이상　④ 20세 이상

답 ②

해 국민 평생 직업능력 개발법상 원칙적으로 직업능력개발 훈련의 대상 연령은 15세 이상(생산가능인구)이다.

25년~27년 출제기준에서 '근로자퇴직급여 보장법' 제외

86 근로자퇴직급여보장법령상 퇴직금의 중간정산 사유에 해당하지 않는 것은?

① 무주택자인 근로자가 본인 명의로 주택을 구입하는 경우
② 중간정산 신청일부터 거꾸로 계산하여 10년 이내에 근로자가 「민법」에 따라 파산선고를 받은 경우
③ 사용자가 기존의 정년을 보장하는 조건으로 단체협약 등을 통하여 근속시점을 기준으로 임금을 줄이는 제도를 시행하는 경우
④ 재난으로 피해를 입은 경우로서 고용노동부장관이 정하여 고시하는 사유에 해당하는 경우

답 ②

해 중간정산 신청일부터 거꾸로 계산하여 '5년' 이내에 근로자가 「민법」에 따라 파산선고를 받은 경우

★ 법 개정 반영 <2025.01.01. 시행>

87 남녀고용평등과 일·가정양립지원에 관한 법령상 육아기 근로시간 단축에 관한 설명으로 틀린 것은?

① 사업주는 육아기 근로시간 단축을 하고 있는 근로자의 명시적 청구가 있으면 단축된 근로시간 외에 주 15시간 이내에서 연장근로를 시킬 수 있다.
② 원칙적으로 사업주는 근로자가 초등학교 6학년 이하의 자녀를 양육하기 위하여 근로시간의 단축을 신청하는 경우에 이를 허용하여야 한다.
③ 사업주가 근로자에게 육아기 근로시간 단축을 허용하는 경우 단축 후 근로시간은 주당 15시간 이상이어야 하고 35시간을 넘어서는 아니 된다.
④ 육아기 근로시간 단축을 한 근로자에 대하여 평균임금을 산정하는 경우에는 그 근로자의 육아기 근로시간 단축 기간을 평균임금 산정기간에서 제외한다.

답 ①

해 사업주는 육아기 근로시간 단축을 하고 있는 근로자의 근로시간은 주당 '15시간 이상 35시간'을 넘어서는 안된다. 단, 근로자가 명시적으로 청구할 경우 사업주는 '12시간 이내'에서 연장근로를 시킬 수 있다.

25년 01월 01일부터 시행되는 육아기 근로시간 단축 대상은 만 12세 이하 또는 초등학교 6학년 이하의 자녀를 양육하기 위하여 근로자가 신청하는 경우 이를 허용하여야 한다. 육아기 근로시간 단축의 기간은 1년 이내이다.

88 **채용절차의 공정화에 관한 법령상 500만원 이하의 과태료 부과행위에 해당하는 것은?**

① 채용서류 보관의무를 이행하지 아니한 구인자
② 구직자에 대한 고지의무를 이행하지 아니한 구인자
③ 시정명령을 이행하지 아니한 구인자
④ 지식재산권을 자신에게 귀속하도록 강요한 구인자

답 ④

해 300만원 이하 과태료
- 채용서류 보관의무를 이행하지 아니한 구인자
- 구직자에 대한 고지의무를 이행하지 아니한 구인자
- 채용심사비용 등 시정명령을 이행하지 아니한 구인자

89 **근로기준법의 기본원리와 가장 거리가 먼 것은?**

① 강제 근로의 금지
② 근로자단결의 보장
③ 균등한 처우
④ 공민권 행사의 보장

답 ②

해 근로자 '단결권'은 근로3권에 해당한다.

25년~27년 출제기준에서
'기간제 및 단시간근로자 보호 등에 관한 법률' 제외

90 **기간제 및 단시간근로자 보호 등에 관한 법령상 2년을 초과하여 기간제 근로자로 사용할 수 있는 경우가 아닌 것은?**

① 휴직 등으로 결원이 발생하여 해당 근로자가 복귀할 때까지 그 업무를 대신할 필요가 있는 경우
② 근로자가 학업 등을 이수함에 따라 그 이수에 필요한 기간을 정한 경우
③ 특정한 업무의 완성에 필요한 기간을 정한 경우
④ 「의료법」에 따른 간호사 자격을 소지하고 해당분야에 종사한 경우

답 ④

해 「의료법」에 따른 간호사 자격을 소지하고 해당분야에 종사한 경우는 해당하지 않는다.

91 **남녀고용평등과 일·가정 양립 지원에 관한 법령상 근로자의 가족 돌봄 등을 위한 지원에 관한 설명으로 틀린 것은?**

① 사업주는 대체인력 채용이 불가능한 경우 근로자가 신청한 가족돌봄휴직을 허용하지 않을 수 있다.
② 원칙적으로 가족돌봄휴가 기간은 연간 최장 10일로 하며, 일단위로 사용할 수 있다.
③ 가족돌봄휴직 기간은 연간 최장 90일로하며, 이를 나누어 사용할 수 있다.
④ 가족돌봄휴직 및 가족돌봄휴가 기간은 근속기간에서 제외한다.

답 ④

해 가족돌봄휴직 및 가족돌봄휴가 기간은 근속기간에 포함한다.

92 **직업안정법에 관한 설명으로 틀린 것은?**

① 국외 무료직업소개사업을 하려는 자는 고용노동부장관의 허가를 받아야 한다.
② 국외 유료직업소개사업을 하려는 자는 고용노동부장관에게 등록하여야 한다.
③ 구인자가 직업안정기관에서 구직자를 소개받은 때에는 그 채용여부를 직업안정기관의 장에게 통보하여야 한다.
④ 누구든지 국외에 취업할 근로자를 모집한 경우에는 고용노동부장관에게 신고하여야 한다.

답 ①

해 국외 무료직업소개사업을 하려는 자는 고용노동부장관에게 '허가'가 아닌 '신고'를 하여야 한다.
- 무료 - 신고
- 유료 - 등록
- 허가 - 근로자 파견사업과 근로자 공급사업

93 **고용보험법령상 고용보험기금의 용도에 해당하지 않는 것은?**

① 일시 차입금의 상환금과 이자
② 실업급여의 지급
③ 보험료의 반환
④ 국민건강 보험료의 지원

답 ④

해 고용보험기금의 용도
'국민건강 보험료'가 아닌 '국민연금 보험료'의 지원은 해당된다.

94 **고용보험법령상 자영업자인 피보험자의 실업급여의 종류에 해당하지 않는 것은?**

① 이주비
② 광역 구직활동비
③ 직업능력개발 수당
④ 조기재취업 수당

답 ④

해 자영업자는 조기재취업 수당에 해당하지 않는다.
(자영업자는 취업한 사람이 아니여서 재취업이 해당되지 않는다.)
실업급여 = 구직급여 + 취업촉진수당

취업촉진수당
= 이주비
• 광역 구직활동비
• 직업능력개발 수당
• 조기재취업 수당

95 **헌법 제32조에 명시된 내용이 아닌 것은?**

① 연소자의 근로는 특별한 보호를 받는다.
② 근로조건의 기준은 인간의 존엄성을 보장하도록 법률로 정한다.
③ 여자의 근로는 특별한 보호를 받으며, 고용·임금 및 근로조건에 있어서 부당한 차별을 받지 아니한다.
④ 국가는 사회적·경제적 방법으로 근로자의 고용 증진과 최저임금의 보장에 노력하여야 한다.

답 ④

해 '최저임금'이 아니라 '적정임금'의 보장에 노력하여야 한다.
또한 법률이 정하는 바에 의하여 '최저임금제를 시행'하여야 한다.

96 **직업안정법령상 근로자공급사업의 허가를 받을 수 있는 자는?**

① 파산선고를 받고 복권되지 아니한 자
② 미성년자, 피성년후견인 및 피한정후견인
③ 이 법을 위반한 자로서, 벌금형이 확정된 후 2년이 지나지 아니한 자
④ 근로자공급사업의 허가가 취소된 후 7년이 지난 자

답 ④

해 근로자공급사업의 허가가 취소된 후 5년이 지나지 아니한 자는 근로자공급사업의 허가를 받을 수 없다.
5년이 지나면 허가를 받을 수 있다.

25년 ~ 27년 출제기준에서
'고용상 연령차별금지 및 고령자고용촉진에 관한 법률' 제외

97 **고용상 연령차별금지 및 고령자고용촉진에 관한 법률상 (   )안에 알맞은 것은?**

> 상시 (   )명 이상의 근로자를 사용하는 사업장의 사업주는 기준고용률 이상의 고령자를 고용하도록 노력하여야 한다.

① 50　② 100
③ 200　④ 300

답 ④

해 상시 300명 이상의 근로자를 사용하는 사업장의 사업주는 기준고용률 이상의 고령자를 고용하도록 노력하여야 한다.

25년 ~ 27년 출제기준에서 '고용정책 기본법' 제외

98 **고용정책기본법령상 지역고용심의회에 관한 설명으로 틀린 것은?**

① 지역고용심의회는 위원장 1명을 포함한 30명 이내의 위원으로 구성한다.
② 위원장은 시·도지사가 된다.
③ 시·도의 고용촉진, 직업능력개발 및 실업대책에 관한 중요사항을 심의한다.
④ 지역고용심의회 전문위원회의 위원은 시·도지사가 임명하거나 위촉한다.

답 ①

해 지역고용심의회는 위원장 1명을 포함한 '20명' 이내의 위원으로 구성한다.

법 개정 반영 <2025.01.01. 시행>

99 남녀고용평등과 일·가정 양립 지원에 관한 법령상 모성 보호에 관한 설명으로 옳은 것은?

① 국가는 출산전후휴가를 사용한 근로자에게 그 휴가기간에 대하여 평균임금에 상당하는 금액을 지급할 수 있다.
② 근로자가 사용한 배우자 출산휴가는 유급으로 한다.
③ 배우자 출산휴가는 근로자의 배우자가 출산한 날부터 90일이 지나면 청구할 수 없다.
④ 원칙적으로 사업주는 근로자가 난임치료휴가를 청구하는 경우에 연간 3일 이내의 휴가를 주어야 한다.

답 ②

해 ① 국가는 출산전후휴가를 사용한 근로자 중 일정한 요건에 해당하는 자에게 휴가기간에 대하여 '통상임금'에 상당하는 출산전후휴가 급여를 '지급하여야' 한다.
③ 배우자 출산휴가는 근로자의 배우자가 출산한 날부터 120일이 지나면 사용할 수 없다.
④ 원칙적으로 사업주는 근로자가 난임치료휴가를 청구하는 경우에 연간 6일 이내의 휴가를 주어야 한다.

25년~27년 출제기준에서 '고용정책 기본법' 제외

100 고용정책 기본법령상 고용정책심의회의 전문위원회에 명시되지 않은 것은?

① 지역고용전문위원회
② 고용보험전문위원회
③ 장애인고용촉진전문위원회
④ 건설근로자고용개선전문위원회

답 ②

해 고용'보험'전문위원회
고용정책심의회의 전문위원회에 명시되어 있지 않다.
- 고용서비스전문위원회가 해당

2022년 2회차 기출 문제

제1과목 직업상담

01 하렌(V. Harren)의 진로의사결정 유형에 해당하는 것은?

① 운명론적 - 계획적 - 지연적
② 합리적 - 의존적 - 직관적
③ 주장적 - 소극적 - 공격적
④ 계획적 - 직관적 - 순응적

답 ②

해 하렌(V. Harren)의 진로의사결정 유형

합리적 유형	의존적 유형	직관적 유형
• 정보를 수집 단계별로 체계적인 의사결정 • 시간을 가지고 주의깊게 생각	• 개인적 책임을 부정 • 외부로 책임을 돌리는 경향	• 욕구에 따른 빠른 의사결정 • 즉각적인 느낌과 감정에 따름

<행동주의> 출제 확률이 낮은 문제

02 행동주의적 상담기법 중 학습촉진기법이 아닌 것은?

① 강화 ② 변별학습
③ 대리학습 ④ 체계적 둔감화

답 ④

해 행동주의적 대표적인 상담기법의 구분

학습촉진기법	불안감소기법
• 강화 • 대리학습 • 변별학습	• 체계적 둔감법 • 자기주장 • 홍수법(노출법)

03 진로수첩이 내담자에게 미치는 유용성이 아닌 것은?

① 자기평가를 통해 자신감과 자기 인식을 증진시킨다.
② 일 관련 태도 및 흥미에 대한 지식을 증진시킨다.
③ 다양한 경험들이 어떻게 직무관련 태도나 기술로 전환될 수 있는지에 대해 이해를 발전시킨다.
④ 진로, 교육, 훈련 계획을 개발하기 위한 상담도구를 제공한다.

답 ④

해 진로수첩은 교육과 훈련 계획을 개발하기 위한 상담도구로 활용되지 않는다.

진로수첩
진로와 관련된 정보와 자료를 스스로 정리할 수 있도록 제작된 소책자로 내담자의 진로발달을 촉진시키는데 도움을 준다.

04 다음 상황에 가장 적합한 상담기법은?

> 상담사 : 다른 회사들이 사용해 본 결과 많은 효과가 입증된 그런 투쟁 해결방법을 써보도록 하지요.
> 내담자 : 매우 흥미로운 일이군요. 그러나 그 방법은 K주식회사에서는 효과가 있었는지 몰라도 우리 회사에서는 안 될 것입니다.

① 가정 사용하기
② 전이된 오류 정정하기
③ 분류 및 재구성 기법 활용하기
④ 저항감 재인식 및 다루기

답 ④

해 저항감 재인식 다루기 기법이 필요하다.
현재 내담자가 자신만의 독특한 대응방법 및 방어기제를 사용하여 의도적으로 의사소통을 방해하는 경우에 해당한다.

내담자의 저항감을 다루는 기법
① 변형된 오류 수정하기
② 은유 사용하기
③ 내담자와 친숙해지기
④ 대결하기

05 생애진로사정의 구조에서 중요주제에 해당하지 <u>않는</u> 것은?

① 요약 ② 평가
③ 강점과 장애 ④ 전형적인 하루

답 ②

해 평가는 해당하지 않는다.

생애진로사정 구조
- 진로사정
- 전형적인 하루
- 강점과 장애
- 요약

06 집단상담의 특징에 관한 설명으로 <u>틀린</u> 것은?

① 집단상담은 상담사들이 제한된 시간 내에 적은 비용으로 보다 많은 내담자들에게 접근하는 것을 가능하게 한다.
② 효과적인 집단에는 언제나 직접적인 대인적 교류가 있으며 이것이 개인적 탐색을 도와 개인의 성장과 발달을 촉진 시킨다.
③ 집단은 집단과정의 다양한 문제에 많은 시간을 사용하게 되어 내담자의 개인적인 문제를 등한시할 수 있다.
④ 집단에서는 구성원 각자의 사적인 경험을 구성원 모두가 공유하지 않기 때문에 비밀 유지가 쉽다.

답 ④

해 집단상담의 최대 단점이 '비밀 유지가 어렵다'이다.

25년~27년 출제기준에서 '내담자의 문제유형' 제외

07 Williamson의 직업문제 분류범주에 포함되지 <u>않는</u> 것은?

① 진로 무선택
② 흥미와 적성의 차이
③ 진로선택에 대한 불안
④ 진로선택 불확실

답 ③

해 진로선택에 대한 불안은 '보딘'의 문제 유형이다.

월리엄슨(Williamson)의 내담자의 직업선택의 문제분류
- 직업 무선택(진로 무선택)
- 직업선택의 확신 부족(불확실한 선택)
- 현명하지 못한 직업선택(어리석은 선택)
- 흥미와 적성의 불일치(흥미와 적성의 모순)

08 다음에서 사용된 상담기법은?

> A는 저조한 성적으로 인해 학교생활에 어려움을 겪고 있다. 상담사는 A가 평소 PC게임 하는 것을 매우 좋아한다는 사실을 알고 A가 계획한 일일 학습량을 달성하는 경우, PC게임을 1시간 동안 하도록 개입하였다.

① 프리맥의 원리, 정적강화
② 정적강화, 자기교수훈련
③ 체계적 둔감법, 자기교수훈련
④ 부적강화, 자극통제

답 ①

해 프리맥의 원리, 정적강화 기법이다.

- 프리맥의 원리
  발생빈도가 높은 행동과 낮은 행동을 결합하여 효과적인 결과를 만들어 냄
- 정적강화
  유쾌자극을 부여하여 바람직한 반응의 확률을 높이는 것
- 부적강화
  불쾌자극을 제거하여 바람직한 반응의 확률을 높이는 것

09 직업상담사가 지켜야 할 윤리사항으로 <u>옳은</u> 것은?

① 습득된 직업정보를 가지고 다니면서 직업을 찾아준다.
② 습득된 직업정보를 먼저 가까운 사람들에 알려준다.
③ 상담에 대한 이론적 지식보다는 경험적 훈련과 직관을 앞세워 구직활동을 도와준다.
④ 내담자가 자기로부터 도움을 받지 못하고 있음이 분명한 경우에는 상담을 종결하려고 노력한다.

답 ④

해 내담자가 자기로부터 도움을 받지 못하고 있음이 분명한 경우에는 상담을 종결하려고 노력한다.

상담자 자신의 개인문제 및 능력의 한계 때문에 도움을 주지 못하리라고 판단될 경우에는 다른 전문직 동료 및 기관에게 의뢰한다.

10 직업상담사의 직무내용과 가장 거리가 <u>먼</u> 것은?

① 직업문제에 대한 심리치료
② 직업관련 임금평가
③ 직업상담 프로그램의 개발과 운영
④ 구인·구직상담, 직업적응, 직업전환, 은퇴 후 등의 직업상담

답 ②

해 '임금평가'는 직업상담사의 직무가 아니다.

11 **발달적 직업상담에서 직업정보가 갖추어야 할 조건이 아닌 것은?**

① 부모와 개인의 직업적 수준과 그 차이, 그리고 그들의 적성, 흥미, 가치들 간의 관계
② 사회경제적 측면에서 수준별 직업의 유형 및 그러한 직업들의 특성
③ 근로자의 이직 시 직업의 이동 방향과 비율을 결정하는 요인에 대한 정보
④ 특정 직업분야의 접근 가능성과 개인의 적성, 가치관, 성격특성 등의 요인들 간의 관계

답 ③

해 발달적 직업상담은 내담자의 발달과정에서 일어나는 관계와 특성에 관한 상담을 진행하는 것으로 '직업의 이동 방향과 비율을 결정하는 요인'과 같이 직업 세계에 대한 정보는 갖추어야 하는 조건이 아니다.

- 근로자 개인의 이직에 한정
- 직업이동의 일반적인 현상은 아님

12 **인지적 명확성 문제의 원인 중 경미한 정신건강 문제의 특성으로 옳은 것은?**

① 심각한 약물남용 장애
② 잘못된 결정방식이 진지한 결정 방해
③ 경험 부족에서 오는 고정관념
④ 심한 가치관 고착에 따른 고정성

답 ②

해 잘못된 결정 방식이 진지한 결정을 방해하는 것은 경미한 정신건강 문제이다.

① 심각한 약물남용 장애 - 심각한 정신건강문제
② 잘못된 결정방식이 진지한 결정 방해 - 경미한 정신건강문제
③ 경험 부족에서 오는 고정관념 - 고정관념
④ 심한 가치관 고착에 따른 고정성 - 심각한 정신건강문제

인지적 명확성의 원인

- 정보결핍
- 고정관념
- 경미한 정신건강문제
- 심각한 정신건강문제
- 외적 요인(예-일시적 위기, 사건·사고 등)

13 **상담 시 상담사의 질문으로 바람직하지 않은 것은?**

① "당신이 선호하는 직업이 있다면 무엇인가요? 그런 이유를 말씀해 주시겠어요?"
② "당신이 특별히 좋아하는 것이 있다면 말씀해 주시겠어요?"
③ "직업상담을 해야겠다고 결정했나요?"
④ "어떻게 생각해야 할지 이해가 잘 가지 않는군요. 잘 모르겠어요. 제가 좀 더 확실하게 이해할 수 있도록 도와주시겠어요?"

답 ③

해 단답이 나오는 폐쇄형 질문보다 개방형 질문이 바람직하다. "직업상담을 해야겠다고 결정했나요?"는 '예 또는 아니오'로 대답되는 폐쇄형 질문으로 가정 사용하기 기법과 덧붙여 '직업상담을 해야겠다고 결정한 이유를 말씀해 주시겠어요?'로 질문하는 것이 바람직하다.

14 **왜곡된 사고체계나 신념체계를 가진 내담자에게 실시하면 효과적인 상담기법은?**

① 내담자 중심 상담
② 인지치료
③ 정신분석
④ 행동요법

답 ②

해 왜곡된 사고체계나 신념체계를 가지고 있는 즉 인지오류를 가지고 있는 내담자에게는 '인지치료'가 효과적이다.

15 **상담을 효과적으로 진행하는데 장애가 되는 면담 태도는?**

① 내담자와 유사한 언어를 사용하는 태도
② 분석하고 충고하는 태도
③ 비방어적 태도로 내담자를 편안하게 만드는 태도
④ 경청하는 태도

답 ②

해 상담자가 내담자를 분석하고 충고하는 태도는 내담자와 관계형성을 맺기가 어렵고 내담자의 방어를 증가시킴으로 비효과적이다.

16 직업상담에서 특성-요인이론에 관한 설명으로 옳은 것은?

① 대부분의 사람들은 여섯 가지 유형으로 성격 특성을 분류할 수 있다.
② 각각의 개인은 신뢰할 만하고 타당하게 측정될 수 있는 고유한 특성의 집합이다.
③ 개인은 일을 통해 개인적 욕구를 성취하도록 동기화되어 있다.
④ 직업적 선택은 개인의 발달적 특성이다.

답 ②

해 특성요인이론을 제안한 파슨스(Parsons)는 각각의 개인은 신뢰할 만하고 타당하게 측정될 수 있는 고유한 특성의 집합이다.
① 홀랜드의 진로발달이론
③ 맥클리랜드의 성취동기이론

17 아들러(Adler)의 개인심리학적 상담의 목표로 옳지 않은 것은?

① 사회적 관심을 갖도록 돕는다.
② 내담자의 잘못된 목표를 수정하도록 돕는다.
③ 패배감을 극복하고 열등감을 감소시킬 수 있도록 돕는다.
④ 전이해석을 통해 중요한 타인과의 관계 패턴을 알아차리도록 돕는다.

답 ④

해 전이해석은 '프로이드'의 정신분적 상담기법이다.

아들러의 개인심리학적 상담목표
- 패배감(열등감)을 극복
- 우월성의 추구
- 사회적 관심을 갖도록 돕는다.
- 행동수정보다는 동기수정에 관심을 두고 잘못된 동기와 목표를 수정하도록 돕는다.

18 직업카드 분류법에 관한 설명으로 틀린 것은?

① 내담자의 흥미, 가치, 능력 등을 탐색하는 방법으로 활용된다.
② 내담자의 흥미나 능력 수준이 다른 사람에 비하여 얼마나 높은지 알 수 없다.
③ 다른 심리검사에 비하여 내담자가 자신을 탐색하는 과정에 보다 능동적으로 참여하게 하는 방법이다.
④ 표준화되어 있는 객관적 검사방법의 일종이다.

답 ④

해 직업카드 분류법은 직업카드를 선호군과 혐오군, 미결정군으로 분류하여 즉각적인 피드백이 가능한 흥미사정기법 중 하나로 '객관적 검사방법'이 아닌 비표준화된 질적평가기법 중 하나이다.

19 정신분석적 상담에서 훈습의 단계에 해당하지 않는 것은?

① 환자의 저항
② 분석의 시작
③ 분석자의 저항에 대한 해석
④ 환자의 해석에 대한 반응

답 ②

해 훈습의 단계에 '분석의 시작'은 해당되지 않는다. 정신분석 상담초기 '분석의 시작'으로 내담자의 불안을 탐색한다.

훈습의 3단계
- 환자의 저항
- 분석자의 저항에 대한 해석
- 환자의 해석에 대한 반응

20 내담자 중심 상담에서 사용되는 상담기법이 아닌 것은?

① 적극적 경청 ② 역할연기
③ 감정의 반영 ④ 공감적 이해

답 ②

해 '역할연기'는 형태주의의 상담기법이다.

제2과목 직업심리

25년~27년 출제기준에서 '직무분석이론' 제외

21 직무분석에 관한 설명으로 옳은 것은?

① 직무 관련 정보를 수집하는 절차이다.
② 직무의 내용과 성질을 고려하여 직무들 간의 상대적 가치를 결정하는 절차이다.
③ 작업자의 직무수행 수준을 평가하는 절차이다.
④ 작업자의 직무기술과 지식을 개선하는 공식적 절차이다.

답 ①

해 직무분석은 직무관련 정보를 수집하는 절차를 말한다.
① 직무분석
② 직무평가
③ 직무수행평가
④ 교육훈련

22 Maslow의 욕구단계 이론 중 자아실현과 존중의 욕구 수준에 상응하는 내용으로 적합한 것은?

① Alderfer의 ERG 이론 중 존재욕구
② Herzberg의 2요인 이론 중 위생요인
③ McClelland의 성취동기 이론 중 성취동기
④ Adams의 공정성 이론 중 인정동기

답 ③

해 McClelland(맥클리랜드)의 성취동기 이론 중 성취동기와 상응한다.

23 직업적성 검사의 측정에 관한 설명으로 옳은 것은?

① 개인이 맡은 특정 직무를 성공적으로 수행할 수 있는지를 측정한다.
② 일반적인 지적 능력을 알아내어 광범위한 분야에서 그 사람이 성공적으로 수행할 수 있는지를 측정한다.
③ 직업과 관련된 흥미를 알아내어 직업에 관한 의사결정에 도움을 주기 위한 것이다.
④ 개인이 가지고 있는 기질이라든지 성향 등을 측정하는 것으로 개인에게 습관적으로 나타날 수 있는 어떤 특징을 측정한다.

답 ①

해 직업적성 검사의 측정은 개인이 특정 직무를 성공적으로 수행할 수 있는지를 측정할 수 있다. (수행능력=적성)

24 솔직하고, 성실하며, 말이 적고, 고집이 세면서 직선적인 사람들은 홀랜드(Holland)의 어떤 작업환경에 잘 어울리는가?

① 탐구적(I) ② 예술적(A)
③ 현실적(R) ④ 관습적(C)

답 ③

해 솔직하고, 성실하며, 말이 적은 유형은 현실형이다.

25 수퍼(D. Super)의 진로발달이론에 관한 설명으로 틀린 것은?

① 개인은 능력이나 흥미, 성격에 있어서 각각 차이점을갖고 있다.
② 진로발달이란 진로에 관한 자아개념의 발달이다.
③ 진로발달 단계의 과정에서 재순환은 일어날 수 없다.
④ 진로성숙도는 가설적인 구인이며 단일한 특질이 아니다.

답 ③

해 진로발달 단계는 재순환이 이루어지며 전생애에 걸쳐 계속되는 '성장기→탐색기→확립기→유지기→쇠퇴기'의 대주기 내 소주기 활동이 함께 나타난다.

26 파슨스(Parsons)의 특성·요인이론에 관한 설명으로 틀린 것은?

① 개인의 특성과 직업의 요구가 일치할수록 직업적 성공 가능성이 크다.
② 사람들은 신뢰할 수 있고 타당하게 측정될 수 있는 특성을 지니고 있다.
③ 특성은 특정 직무의 수행에서 요구하는 조건을 의미한다.
④ 직업선택은 직접적인 인지과정이기 때문에 개인은 자신의 특성과 직업이 요구하는 특성을 연결할 수 있다.

답 ③

해 ③ 특성-요인 중 '요인(fator)'에 대한 설명이다.

27 **데이비스(Dawis)와 롭퀴스트(Lofquist)의 직업적응이론에 관한 설명으로 틀린 것은?**

① 개인과 직업 환경의 조화를 6가지 유형으로 제안한다.
② 성격은 성격양식과 성격구조로 설명된다.
③ 개인이 직업 환경과의 조화를 이루기 위해 역동적 적응과정을 경험한다.
④ 지속성은 환경과의 상호작용을 얼마나 오랫동안 유지하는지를 의미한다.

답 ①

해 ① '홀랜드'의 이론에 대한 내용이다.

28 **스트레스에 관한 설명으로 옳은 것은?**

① 스트레스에 대한 일반적응증후는 경계, 저항, 탈진 단계로 진행된다.
② 1년간 생활변동 단위(life change unit)의 합이 90인 사람은 대단히 심한 스트레스를 겪는 사람이다.
③ A유형의 사람은 B유형의 사람보다 스트레스에 더 인내력이 있다.
④ 사회적 지지가 스트레스의 대처와 극복에 미치는 영향력은 거의 없다.

답 ①

해 스트레스에 대한 일반적응증후는 경계, 저항, 탈진 단계로 진행된다.
② 300이 넘는 사람이 대단히 심한 스트레스를 겪는 사람이다.
③ B유형의 사람이 A유형의 사람보다 스트레스에 더 인내력이 있다.

29 **신뢰도 계수에 관한 설명으로 틀린 것은?**

① 신뢰도 계수는 점수 분포의 분산에 의해 영향을 받는다.
② 측정오차가 크면 신뢰도 계수는 작아진다.
③ 수검자들 간의 개인차가 크면 신뢰도 계수는 작아진다.
④ 추측해서 우연히 맞을 수 있는 문항이 많으면 신뢰도 계수가 작아진다.

답 ③

해 수검자들 간의 개인차가 크면 신뢰도 계수는 커진다.

30 **규준점수에 관한 설명으로 틀린 것은?**

① Z점수 0에 해당하는 웩슬러(Wechsler) 지능검사 편차 IQ는 100이다.
② 백분위 50과 59인 두 사람의 원점수 차이는 백분위 90과 99인 두 사람의 원점수 차이와 같다.
③ 평균과 표준편차가 60, 15인 규준집단에서 원점수 90의 T 점수는 70이다.
④ 백분위 50에 해당하는 스테나인(stanine)의 점수는 5이다.

답 ②

해 ② 백분위 점수는 상대적인 위치일 뿐 원점수의 차이를 의미하는 것이 아니므로 백분위 50과 59, 백분위 90과 99인 두 사람의 같은 백분위 차이가 원점수 차이까지 같은지는 알 수 없다.
③ Z점수 = 원점수 - 평균/표준편차
T 점수 = 10 × Z점수 + 50
→ Z점수 : 90 - 60/15 = 2
T점수 : 10 × 2 + 50 = 70

31 **크롬볼츠(J. Krumboltz)의 사회학습 진로이론에 관한 설명으로 틀린 것은?**

① 도구적 학습경험이란 행동과 결과의 관계를 학습하게 되는 것을 의미한다.
② 과제접근기술이란 개인이 어떤 과제를 성취하기 위해 동원하는 기술이다.
③ 우연히 일어난 일들을 개인의 진로에 긍정적으로 활용하는 것이 중요하다.
④ 개인의 진로선택에 영향을 미치는 요인에서 유전적 재능이나 체력 등의 요소를 간과했다.

답 ④

해 개인의 진로선택에 영향을 미치는 요인 중 유전적 재능이나 체력 등의 요소를 중요시 하였다.
크롬볼츠의 사회학습진로이론에서 진로결정에 영향을 미치는 4요인
① **유전적 요인**
타고나는 특질을 의미함(인종, 성별, 신체적 특징 등)
② **환경조건과 사건**
사회적·문화적·정치적·경제적 사항에서의 특정한 사건을 의미함(문제해결기술, 업무습관, 정보수집능력 등)
③ **학습경험**
개인이 과거에 학습한 경험으로 직업적 의사결정에 영향을 미침
④ **과제접근기술**
개인이 어떤 과제를 성취하기 위해 동원하는 기술(교육훈련가능 분야 정책, 법 등)

32 스트레스에 대처하기 위한 포괄적인 노력과 가장 거리가 먼 것은?

① 과정 중심적 사고방식에서 목표 지향적 초고속 사고로 전환해야 한다.
② 가치관을 전환해야 한다.
③ 스트레스에 정면으로 도전하는 마음가짐이 있어야 한다.
④ 균형 있는 생활을 해야 한다.

답 ①

해 목표 지향적 사고방식에서 과정 중심적 사고방식으로 전환해야 한다.

33 갓프레드슨(L. Gottfredson)의 진로발달이론에서 제시한 진로포부발달 단계가 아닌 것은?

① 내적 자아 확립단계
② 서열 획득단계
③ 안정성 확립단계
④ 사회적 가치 획득단계

답 ③

해 안정성 확립단계는 없다.

갓프레드슨의 진로포부발달 단계
① 힘과 크기의 지향성(3~5세) - 서열 획득단계
② 성역할 지향성(6~8세)
③ 사회적 가치 지향성(9~13세) - 사회적 가치 획득단계
④ 내적 고유한 가치 지향성(14세~) - 내적 자아 확립단계

34 적성검사에서 높은 점수를 받은 사람이 입사 후 업무수행이 우수한 것으로 나타났다면, 이 검사는 어떠한 타당도가 높은 것인가?

① 구성타당도(construct validity)
② 내용타당도(content validity)
③ 예언타당도(predictive validity)
④ 공인타당도(concurrent validity)

답 ③

해 적성검사 점수가 높은 사람이 업무수행이 우수하다고 나타났다면 적성검사를 통해 상관관계를 잘 예언하였기 때문에 예언타당도가 높은 것이다.

35 심리검사에 관한 설명으로 틀린 것은?

① 행동 표본을 측정할 수 있다.
② 개인 간 비교가 가능하다.
③ 심리적 속성을 직접적으로 측정한다.
④ 심리평가의 근거자료 중 하나이다.

해 심리적 속성을 '직접적'으로 측정할 수 없다.

25년~27년 출제기준에서 '직무분석이론' 제외

36 작업자 중심 직무분석에 관한 설명으로 틀린 것은?

① 직무를 수행하는데 요구되는 인간의 재능들에 초점을 두어서 지식, 기술, 능력, 경험과 같은 작업자의 개인적 요건들에 의해 직무가 표현된다.
② 직책분석설문지(PAQ)를 통해 직무분석을 실시할 수 있다.
③ 각 직무에서 이루어지는 과제나 활동들이 서로 다르기 때문에 분석하고자 하는 직무 각각에 대해 표준화된 분석도구를 만들 수 없다.
④ 직무분석으로부터 얻어진 결과는 작업자 명세서를 작성할 때 중요한 정보를 제공한다.

해 작업자 중심 직무분석은 표준화된 분석도구를 만들 수 있다.

작업자 중심 직무분석
- 직무를 수행하는데 요구되는 지식, 기술, 능력, 경험 등 작업자에 초점을 둔다.
- 표준화된 분석도구의 개발이 가능하다.
- 직무들에서 요구되는 인간특성의 유사정도를 양적으로 비교할 수 있다.
- 과제 중심 직무분석에 비해 보다 폭넓게 활용될 수 있다.

직위분석질문지(PAQ)
직무수행에 요구되는 지식, 기술, 능력 등의 인가적 요건들을 밝히는 데 목적을 둔 표준화된 분석도구이다.

25년~27년 출제기준에서 '조직에서의 경력개발' 제외

37 경력개발 단계를 성장, 탐색, 확립, 유지, 쇠퇴의 5단계로 구분한 학자는?

① Bordin ② Colby
③ Super ④ Parsons

해 경력개발 단계를 성장, 탐색, 확립, 유지, 쇠퇴의 5단계로 구분한 학자는 Super(수퍼)다.

38 **조직에서의 스트레스를 매개하거나 조절하는 요인들 중 개인 속성이 아닌 것은?**

① Type A형과 같은 성격유형
② 친구나 부모와 같은 주변인의 사회적 지지
③ 상황을 개인이 통제할 수 있느냐에 대한 신념
④ 부정적인 사건들에서 빨리 벗어나는 능력

답 ②

해 친구나 부모와 같은 주변인의 사회적 지지 정도는 '개인속성'이 아니라 '상황속성'에 해당한다.

39 **직업지도 프로그램 선정 시 고려해야 할 사항과 가장 거리가 먼 것은?**

① 활용하고자 하는 목적에 부합하여야 한다.
② 실시가 어렵더라도 효과가 뚜렷한 프로그램이어야 한다.
③ 프로그램의 효과를 평가할 수 있어야 한다.
④ 활용할 프로그램은 비용이 적게 드는 경제성을 지녀야 한다.

답 ②

해 실시가 어려운 프로그램은 적합하지 않다.

40 **Strong 검사에 관한 설명으로 옳은 것은?**

① 기본흥미척도(BIS)는 Holland의 6가지 유형을 제공한다.
② Strong 진로탐색검사는 진로성숙도 검사와 직업흥미검사로 구성되어 있다.
③ 업무, 학습, 리더십, 모험심을 알아보는 기본흥미척도(BIS)가 포함되어 있다.
④ 개인특성척도(PSS)는 일반직업분류(GOT)의 하위척도로서 특정흥미분야를 파악하는데 도움이 된다.

답 ②

해 Strong 진로탐색검사는 진로성숙도 검사와 직업흥미검사로 구성되어 있다.
① 일반직업분류(GOT)에 해당하는 내용이다.
③ 개인특성척도(PSS)에 해당하는 내용이다.
④ 기본흥미척도(BIS)에 해당하는 내용이다.

제3과목 직업정보

41 **고용24(워크넷)에서 제공하는 성인용 직업적성검사의 적성요인과 하위검사의 연결로 틀린 것은?**

① 언어력 - 어휘력 검사, 문장독해력 검사
② 수리력 - 계산능력 검사, 자료해석력 검사
③ 추리력 - 수열추리력 1, 2검사, 도형추리력 검사
④ 사물지각력 - 조각맞추기 검사, 그림맞추기 검사

답 ④

해 사물지각력 적성요인을 알아보기 위한 검사는 '사물지각력 검사'이다.

42 **한국직업사전의 작업강도 중 무엇에 관한 설명인가?**

> 최고 20kg의 물건을 들어 올리고 10kg 정도의 물건을 빈번히 들어 올리거나 운반한다.

① 가벼운 작업
② 보통 작업
③ 힘든 작업
④ 아주 힘든 작업

답 ②

해 보통 작업에 해당한다.

구분	내용
아주 가벼운 작업	최고 4kg의 물건을 들어 올리고, 때때로 장부, 대장, 소도구 등을 들어 올리거나 운반
가벼운 작업	최고 8kg의 물건을 들어 올리고, 4kg 정도의 물건을 빈번히 들어 올리거나 운반
보통 작업	최고 20kg의 물건을 들어 올리고, 10kg 정도의 물건을 빈번히 들어 올리거나 운반
힘든 작업	최고 40kg의 물건을 들어 올리고, 20kg 정도의 물건을 빈번히 들어 올리거나 운반
아주 힘든 작업	40kg 이상의 물건을 들어 올리고, 20kg 이상의 물건을 빈번히 들어올리거나 운반

43 **고용24에서 채용정보 상세검색에 관한 설명으로 틀린 것은?**

① 최대 10개의 직종 선택이 가능하다.
② 연령별 채용정보를 검색할 수 있다.
③ 재택근무 가능 여부를 검색할 수 있다.
④ 희망임금은 연봉, 월급, 일급, 시급별로 입력할 수 있다.

답 ②

해 연령별 채용정보를 검색할 수 없다.
'고용상 연령차별금지 및 고령자고용촉진에 관한 법률'상 채용정보 검색조건에서 '연령'은 삭제되었다.

44 **다음은 한국직업사전에 수록된 어떤 직업에 관한 설명인가?**

> 직무개요 : 기업을 구성하는 여러 요소(재무, 회계, 인사, 미래비전, 유통 등)에 대한 분석을 통하여 기업이 당면한 문제점과 해결방안을 제시한다.
> 직무기능 : 자료(분석)/사람(자문)/사물(관련 없음)

① 직무분석가 ② 시장조사분석가
③ 환경영향평가원 ④ 경영컨설턴트

답 ④

해 경영컨설턴트에 대한 설명이다.
'기업이 당면한 문제점과 해결방안을 제시'가 정답 키워드이다.

개정 반영

45 **2025년 적용 최저임금은 얼마인가?**

① 9,620원 ② 9,830원
③ 10,020원 ④ 10,030원

답 ④

해 2025년 최저임금 : 10,030원
년도별 최저임금

2020	2021	2022	2023	2024
8,590	8,720	9,160	9,620	9,860

46 **국민내일배움카드 제도를 지원받을 수 있는 자는?**

① 만 65세인 사람
② 「사립학교교직원 연금법」을 적용받고 현재 재직 중인 사람
③ 「군인연금법」을 적용받고 현재 재직 중인 사람
④ 지방자치단체로부터 훈련비를 지원받는 훈련에 참여하는 사람

답 ①

해 국민내일배움카드를 지원받을 수 없는 사람
- 만 75세 이상인 사람
- 군인 연금법을 적용받는 사람
- 현직 공무원, 교직원
- 졸업예정자 이외의 재학생
- HRD-Net을 통하여 직업능력개발훈련 동영상 교육을 이수하지 아니하는 사람
- 연매출 1억 5천만원 이상 자영업자
- 월 임금 300만원 이상인 대규모 기업 종사자
- 특수형태근로종사자
- 지방자치단체로부터 훈련비를 지원받는 훈련에 참여하는 사람

47 **직업정보관리에 관한 설명으로 틀린 것은?**

① 직업정보의 범위는 개인, 직업, 미래에 대한 정보 등으로 구성되어 있다.
② 직업정보원은 정부부처, 정부투자출연기관, 단체 및 협회, 연구소, 기업과 개인 등이 있다.
③ 직업정보 가공 시 전문적인 지식이 없어도 이해할 수 있도록 가급적 평이한 언어로 제공하여야 한다.
④ 개인의 정보는 보호되어야 하기 때문에 구직 시 연령, 학력 및 경력 등의 취업과 관련된 정보는 제한적으로 제공되어야 한다.

답 ④

해 취업과 관련된 정보를 '제한적'으로 제공하면 안된다.
특히 구직시 '경력'은 필수적으로 제공 한다.

48 **질문지를 활용한 면접조사를 통해 직업정보를 수집할 때, 면접자가 지켜야 할 일반적 원칙으로 틀린 것은?**

① 질문지를 숙지하고 있어야 한다.
② 응답자와 친숙한 분위기를 형성해야 한다.
③ 개방형 질문인 경우에는 응답 내용을 해석·요약하여 기록해야 한다.
④ 면접자는 응답자가 이질감을 느끼지 않도록 복장이나 언어사용에 유의해야 한다.

답 ③

해 개방형 질문인 경우에는 응답내용을 해석하고 요약하여 기록하는 것이 아니라 응답자의 '응답 내용 그대로 기록'하여야 한다.

49 **고용24(워크넷)에서 제공하는 학과정보 중 사회계열에 해당하지 않는 학과는?**

① 경찰행정학과　② 국제학부
③ 문헌정보학과　④ 지리학과

답 ③

해 문헌정보학과는 '인문계열'에 해당한다.

향후 다시 출제될 가능성이 매우 희박한 문제입니다.

50 **2022년 신규 정기검정으로 시행되는 국가기술자격 종목은?**

① 방재기사　② 떡제조기능사
③ 가구제작산업기사　④ 정밀화학기사

답 ④

해 2022년 신규 정기검정 : 정밀화학기사
2023년 신규 정기검정 : 이러닝운영관리사

2024년 정기검정

<table>
<tr><td rowspan="3">통합</td><td>일반기계기사
기계설계기사</td><td>일반기계기사</td></tr>
<tr><td>항곡기체정비기능사
항공기관정비기능사</td><td>항공기정비기능사</td></tr>
<tr><td>항공장비정비기능사
항공전자정비기능사</td><td>항공전기전자정비기능사</td></tr>
<tr><td>분할</td><td>임산가공 기능사</td><td>목재가공기능사
펌프종이제조기능사</td></tr>
<tr><td rowspan="2">폐지</td><td colspan="2">임산가공 산업기사</td></tr>
<tr><td colspan="2">온실가스관리 산업기사</td></tr>
</table>

51 **다음은 국가기술자격 검정의 기준 중 어떤 등급에 관한 설명인가?**

> 해당 국가기술자격의 종목에 관한 고도의 전문지식과 실무경험에 입각한 계획, 연구, 설계, 분석, 조사, 시험, 시공, 감리, 평가, 진단, 사업관리, 기술관리 등의 업무를 수행할 수 있는 능력 보유

① 기술사　② 기사
③ 산업기사　④ 기능장

답 ①

해 '고도'의 전문지식은 '기술사'의 검정기준에서 요구하는 핵심능력이다.

국가기술자격 등급의 검정기준의 핵심능력
- **기술사** : '고도'의 전문가 능력
- **기능장** : '최상급' 숙련기능 능력
- **기사** : '공학'적 기술 이론 지식
- **산업기사** : '기술기초이론' 및 '숙련기능능력'
- **기능사** : '숙련'기능의 능력

52 **직업정보로서 갖추어야 할 요건에 대한 설명으로 틀린 것은?**

① 직업정보는 객관성이 담보되어야 한다.
② 직업정보 활용의 효율성 측면에서 이용 대상자의 진로발달단계나 수준, 이용 목적에 적합한 직업정보를 개발하여 제공되는 것이 바람직하다.
③ 우연히 획득되거나 출처가 불명확한 직업정보라도 내용이 풍부하다면 직업정보로서 가치가 있다고 판단한다.
④ 직업정보는 개발년도를 명시하여 부적절한 과거의 직업세계나 노동시장 정보가 구직자나 청소년에게 제공되지 않도록 하는 것이 바람직하다.

답 ③

해 모든 자료가 정보로서 가치를 가지는 것은 아니며 직업정보는 조직적이며 체계적으로 수집하여야 한다. 즉 직업정보는 명확한 목표를 세우고 계획적으로 수집하여야 하며, 직업정보 제공원을 분명하게 제공해야 정보로서의 가치가 인정된다.

53 **다음은 한국표준산업분류에서 산업분류 결정방법이다. ( )에 알맞은 것은?**

> 계절에 따라 정기적으로 산업을 달리하는 사업체의 경우에는 조사시점에서 경영하는 사업과 관계없이 조사대상 기간 중 ( )이 많았던 활동에 의하여 분류

① 급여액
② 근로소득세액
③ 산출액
④ 부가가치액

답 ③

해 계절에 따라 정기적으로 산업을 달리하는 사업체의 경우에는 조사시점에서 경영하는 사업과 관계없이 '조사대상 기간' 중 '산출액'이 많았던 활동에 의하여 분류

54 **분야별 고용정책 중 일자리창출 정책과 가장 거리가 먼 것은?**

① 고용유지지원금
② 실업크레딧 지원
③ 일자리함께하기 지원
④ 사회적기업 육성

답 ②

해 실업크레딧 지원은 일자리 창출 정책이 아니다.
실업크레딧
지원 대상자의 국민연금 수급기회를 확대하고 노후소득보장 강화하기 위한 정책지원금으로 구직급여를 받는 동안 국가에서 국민연금의 75%를 지원 하는 '고용안정망 확충을 위한 정책'이다.

55 **다음은 한국표준직업분류에서 직업분류의 일반 원칙이다. ( )에 알맞은 것은?**

> 동일하거나 유사한 직무는 어느 경우에든 같은 단위직업으로 분류되어야 한다는 점이다.
> 하나의 직무가 동일한 직업단위 수준에서 2개 혹은 그 이상의 직업으로 분류될 수 있다면 ( )의 원칙을 위반한 것이라 할 수 있다.

① 단일성 ② 배타성
③ 포괄성 ④ 경제성

답 ②

해 직업분류의 일반 원칙
① 배타성의 원칙
하나의 직무가 동일한 직업단위수준에서 2개 혹은 그 이상의 직업으로 분류될 수 없다.(예를 들어 한사람이 중국집에서 조리업과 배달업을 함께할 경우 2개의 직업으로 보아서는 안된다는 원칙이다.)
② 포괄성의 원칙
우리나라에서 존재하는 모든 직무는 어떤 수준에서든지 직업분류에 포괄되어야 한다. 특정한 직무가 누락 시에는 포괄성의 원칙에 위배된다.

11차 개정으로 향후 다시 출제될 가능성이 매우 희박한 문제입니다.

56 **한국표준산업분류(제 10차)의 주요 개정내용으로 틀린 것은?**

① 채소작물 재배업에 마늘, 딸기 작물 재배업을 포함
② 안경 및 안경렌즈 제조업을 의료용기기 제조업에서 사진장비 및 기타 광학기기 제조업으로 이동
③ 산업용 기계 및 장비 수리업은 국제표준산업분류(ISIC)에 맞춰 수리업에서 제조업 중 중분류를 신설하여 이동
④ 어업에서 해면은 해수면으로, 수산 종묘는 수산 종자로 명칭을 변경

답 ②

해 안경 및 안경렌즈 제조업을 사진장비 및 기타 광학기기 제조업에서 '의료용기기 제조업'으로 이동

57 **한국표준산업분류 산업분류 적용원칙으로 틀린 것은?**

① 자본재로 주로 사용되는 산업용 기계 및 장비의 전문적인 수리활동은 경상적인 유지·수리를 포함하여 "95 개인 및 소비용품 수리업"으로 분류
② 생산단위는 산출물 뿐만 아니라 투입물과 생산공정 등을 함께 고려하여 그들의 활동을 가장 정확하게 설명한 항목에 분류
③ 산업활동이 결합되어 있는 경우에는 그 활동단위의 주된 활동에 따라 분류
④ 공식적인 생산물과 비공식적 생산물, 합법적 생산물과 불법적인 생산물을 달리 분류하지 않음

답 ①

해 자본재로 주로 사용되는 산업용 기계 및 장비의 전문적인 수리활동은 경상적인 유지·수리를 포함하여 '34 산업용기계 및 장비 수리업'으로 분류

58 **한국표준직업분류의 대분류 항목과 직능 수준과의 관계가 올바르게 연결된 것은?**

① 전문가 및 관련 종사자 - 제4직능 수준 혹은 제3직능 수준 필요
② 사무 종사자 - 제3직능 수준 필요
③ 단순노무 종사자 - 제2직능 수준 필요
④ 군인 - 제1직능 수준 필요

답 ①

해 전문가 및 관련 종사자 - 제4직능수준 혹은 제3직능 수준 필요

59 **직업정보의 처리에 대한 설명으로 틀린 것은?**

① 직업정보는 전문가가 분석해야 한다.
② 직업정보 제공 시에는 이용자의 수준에 맞게 한다.
③ 직업정보 수집 시에는 명확한 목표를 세운다.
④ 직업정보 제공 시에는 직업의 장점만을 최대한 부각해서 제공한다.

답 ④

해 직업의 장단점을 편견 없이 객관적으로 제공하여야 한다.

60 **Q-net(www.q-net.or.kr)에서 제공하는 국가별 자격제도 정보가 아닌 것은?**

① 영국의 자격제도
② 프랑스의 자격제도
③ 호주의 자격제도
④ 스위스의 자격제도

답 ④

해 Q-net에서 제공하는 국가별 자격제도 정보(6개국)
-영국, 미국, 호주, 프랑스, 독일, 일본

제4과목 노동시장

61 **다음 중 사회적 비용이 상대적으로 가장 적게 유발되는 실업은?**

① 경기적 실업 ② 계절적 실업
③ 마찰적 실업 ④ 구조적 실업

답 ③

해 마찰적 실업
정보부족으로 인한 자발적, 단기적 실업으로 사회적 비용이 가장 적게 든다.

62 **불경기에 발생하는 부가노동자효과(added worker effect)와 실망실업자효과(discouraged worker effect)에 따라 실업률이 변화한다. 실업률에 미치는 효과의 방향성이 옳은 것은? (단, + :상승효과, - : 감소효과)**

① 부가노동자효과: +, 실망실업자효과: -
② 부가노동자효과: -, 실망실업자효과: -
③ 부가노동자효과: +, 실망실업자효과: +
④ 부가노동자효과: -, 실망실업자효과: +

답 ①

해 부가노동자효과는 실업률을 상승(+)시키고
실망노동자효과는 실업률을 감소(-)시키는
효과를 나타낸다.

- 부가노동자효과
경기가 하강할 때 주 노동자가 실직하게 됨에 따라 가족 중 비경제활동인구에 머물러 있던 이차적 노동력이 가계의 소득을 유지하기 위하여 노동시장에 참가하여 실업률을 높이는 것
- 실망실업자효과
경기침체로 실업자가 직장을 구하는 것이 더욱 어렵게 되어 구직활동을 단념함으로써 비경제활동인구가 늘어나 경제활동인구가 감소하는 것
이때 나타나는 실업자 수는 실제에 비해 과소평가 됨

63 **개별기업수준에서 노동에 대한 수요곡선을 이동시키는 요인을 모두 고른 것은?**

ㄱ. 기술의 변화
ㄴ. 임금의 변화
ㄷ. 최종생산물가격의 변화
ㄹ. 자본의 가격 변화

① ㄱ, ㄴ, ㄷ　　② ㄱ, ㄴ, ㄹ
③ ㄱ, ㄷ, ㄹ　　④ ㄴ, ㄷ, ㄹ

답 ③

해 '임금'은 노동수요량의 변화로 노동수요곡선상의 수요점만 이동하며 노동수요곡선 자체가 좌우로 이동하지는 않는다.

64 **노조가 임금인상 투쟁을 벌일 때, 고용량 감소효과가 가장 적게 나타나는 경우는?**

① 노동수요의 임금탄력성이 0.1일 때
② 노동수요의 임금탄력성이 1일 때
③ 노동수요의 임금탄력성이 2일 때
④ 노동수요의 임금탄력성이 5일 때

답 ①

해 고용량 감소효과가 가장 적게 나타나는 경우는 '0'일 때(완전비탄력)이므로 보기에서 0과 가장 가까운 0.1일 때가 가장 효과가 적게 나타난다.

65 **일부 사람들이 실업급여를 계속 받기 위해 채용될 가능성이 매우 낮은 곳에서만 일자리를 탐색하며 실업상태를 유지하고 있다. 다음 중 이러한 사람들이 실업자가 아니라 일할 의사가 없다는 이유로 비경제활동인구로 분류될 때 나타나는 현상으로 옳은 것은?**

① 실업률과 경제활동참가율 모두 높아진다.
② 실업률과 경제활동참가율 모두 낮아진다.
③ 실업률은 낮아지는 반면, 경제활동참가율은 높아진다.
④ 실업률은 높아지는 반면, 경제활동참가율은 낮아진다.

답 ②

해 실업률과 경제활동참가율 모두 낮아진다.

25년 ~ 27년 출제기준에서 '노사관계이론' 제외

66 **노동조합측 쟁의수단에 해당하지 않는 것은?**

① 태업　　② 보이콧
③ 피케팅　　④ 직장폐쇄

답 ④

해 직장폐쇄는 사용자의 쟁의행위이다.

노동자의 쟁위행위	사용자의 쟁위행위
파업, 태업, 시위(피케팅), 불매운동 등	직장폐쇄

67 **임금에 대한 설명으로 틀린 것은?**

① 산업사회에서 사회적 신분의 기준이 되기도 한다.
② 임금수준은 인적 자원의 효율적 배분과는 무관하다.
③ 가장 중요한 소득원천 중의 하나이다.
④ 유효수요에 영향을 미쳐 경제의 안정과 성장에 밀접한 관련이 있다.

답 ②

해 임금수준은 인적 자원의 효율적 배분과 관련이 있다.

68 **2차 노동시장의 특징에 해당되는 것은?**

① 높은 임금　　② 높은 안정성
③ 높은 이직률　　④ 높은 승진률

답 ③

해 2차 노동시장
- 저임금, 단순노무
- 높은 이직률(짧은 고용기간)
- 승진기회 부족(낮은 승진률)

1차 노동시장	2차 노동시장
• 고용의 안정성 • 승진 기회의 평등 • 고임금	• 고용의 불안정성(잦은 이동) • 열악한 근로조건 • 높은 이직률(고용기간이 짧음)

69 **연공급의 특징과 가장 거리가 먼 것은?**

① 기업에 대한 귀속의식 제고
② 전문기술인력 확보 곤란
③ 근로자에 대한 교육훈련의 효과 제고
④ 인건비 부담의 감소

답 ④

해 연공급은 인건비 부담이 증가한다.

연공급
연령, 근속, 학력에 따라 임금을 결정하는 체계

70 **A국의 취업자가 200만명, 실업자가 10만명, 비경제활동인구가 100만명이라고 할 때, A국의 경제활동참가율은?**

① 약 66.7% ② 약 67.7%
③ 약 69.2% ④ 약 70.4%

답 ②

해

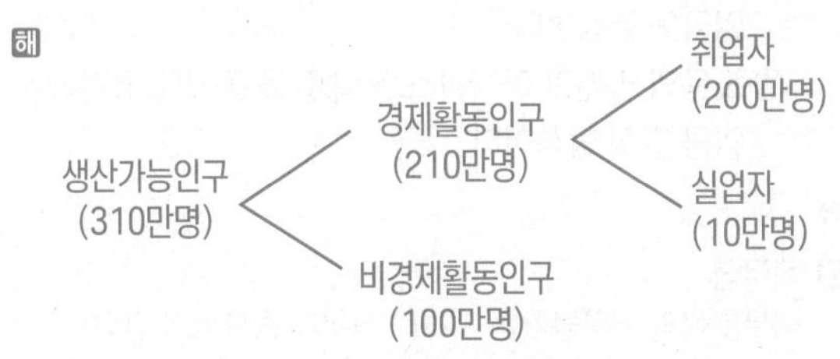

$$\text{경제활동참가율} = \frac{\text{경제활동인구수}}{\text{생산가능인구}} \times 100 = \frac{210\text{만}}{310\text{만}} \times 100 = 67.7\%$$

25년~27년 출제기준에서 '노사관계이론' 제외

71 **조합원 자격이 있는 노동자만을 채용하고 일단 고용된 노동자라도 조합원 자격을 상실하면 종업원이 될 수 없는 숍 제도는?**

① 오픈숍 ② 유니온숍
③ 에이젼시숍 ④ 클로즈드숍

답 ④

해 조합원 자격이 있는 노동자만을 채용하고 일단 고용된 노동자라도 조합원 자격을 상실하면 종업원이 될 수 없는 숍 제도는 클로즈드숍 제도이다.

숍제도
- **오픈숍**: 조합원, 비조합원 모두 고용할 수 있는 제도
- **유니온숍**: 조합원, 비조합원 관계없이 신규채용가능하나 채용후 일정기간 내 반드시 노동조합에 가입해야 하는 제도
- **에이젼시숍**: 노동조합의 단체교섭 결과가 비조합원에게도 혜택이 돌아가고 노동조합의 조합원이 아닌 비조합원에게도 단체교섭의 당사자인 노동조합이 회비를 징수하는 숍(shop)
- **클로즈드숍**: 노동조합에 가입한 노동자만 채용할 수 있는 제도

25년~27년 출제기준에서 '노사관계이론' 제외

72 **기업별 노동조합에 관한 설명으로 틀린 것은?**

① 노동자들의 횡단적 연대가 뚜렷하지 않고, 동종, 동일산업이라도 기업 간의 시설규모, 지불능력의 차이가 큰 곳에서 조직된다.
② 노동조합이 회사의 사정에 정통하여 무리한 요구로 인한 노사분규의 가능성이 낮다.
③ 사용자와의 밀접한 관계로 공동체 의식을 통한 노사협력 관계를 유지할 수 있어 어용화의 가능성이 낮다.
④ 각 직종 간의 구체적 요구조건을 공평하게 처리하기 곤란하여 직종 간에 반목과 대립이 발생할 수 있다.

답 ③

해 기업별 노동조합은 사용자와 밀접한 관계로 어용화 가능성이 '높다.'

73 **최저임금제도의 기대효과로 가장 거리가 먼 것은?**

① 소득분배의 개선
② 기업 간 공정경쟁의 확보
③ 산업평화의 유지
④ 실업의 해소

답 ④

해 최저임금제도는 실업의 해소가 아니라 실업의 증가를 가져온다. 임금이 오르니 사업주가 일자리를 줄이려 함으로 실업자가 증가한다.

최저임금제의 기대효과	
• 유효수요의 확대 • 복지국가 실현 • 경기 활성화 • 노동의 질적 향상	• 기업의 근대화(산업구조의 고도화) • 산업 평화유지 • 소득분배 개선 • 직업(직종) 간 임금 격차 해소

최저임금제의 부정적 효과
• 실업의 증가(실업자가 증가함) • 부가급여의 축소 • 경기 활성화 • 노동의 암시장형성(불법 고용 계약이 늘어남)

74 **임금격차의 원인을 모두 고른 것은?**

ㄱ. 인적자본 투자의 차이로 인한 생산성 격차
ㄴ. 보상적 격차
ㄷ. 차별

① ㄱ, ㄴ　② ㄱ, ㄷ
③ ㄴ, ㄷ　④ ㄱ, ㄴ, ㄷ

답 ④

해 ㄱ, ㄴ, ㄷ 모두 해당된다.

25년~27년 출제기준에서 '노사관계이론' 제외

75 **다음 중 가장 적극적인 근로자의 경영참가 형태는?**

① 단체교섭에 의한 참가
② 단체행동에 의한 참가
③ 노사협의회에 의한 참가
④ 근로자중역, 감사역제에 의한 참가

답 ④

해 가장 적극적인 근로자의 경영참가형태는 근로자 중역, 감사역제에 의한 참가이다.

76 **선별가설(screening hypothesis)에 대한 설명과 가장 거리가 먼 것은?**

① 교육훈련이 생산성을 직접 높이는 것은 아니고 유망한 근로자를 식별해 주는 역할을 한다.
② 빈곤문제 해결을 위해서는 교육훈련 기회를 확대하는 것이 중요하다.
③ 학력이 높은 사람이 소득이 높은 것은 교육 때문이 아니고 원래 능력이 우수하기 때문이다.
④ 근로자들은 자신의 능력과 재능을 보여주기 위해 교육에 투자한다.

답 ②

해 선별가설이론에 빈곤 문제해결을 위한 내용은 없다.

77 **직무급 임금체계에 관한 설명으로 가장 적합한 것은?**

① 정기승급에 의한 생활안정으로 근로자의 기업에 대한 귀속의식을 고양시킨다.
② 기업풍토, 업무내용 등에서 보수성이 강한 기업에 적합하다.
③ 근로자의 능력을 직능고과의 평가결과에 따라 임금을 결정한다.
④ 노동의 양뿐만 아니라 노동의 질을 동시에 평가하는 임금 결정 방식이다.

답 ④

해 직무급
직무분석과 직무평가를 기초로 직무의 중요성과 난이도, 직무의 상대적 가치에 따라 개별임금을 결정하는 임금체계로서 노동의 양뿐만 아니라 노동의 질을 동시에 평가하는 임금결정방식이다.

25년~27년 출제기준에서 '노사관계이론' 제외

78 **단체교섭에서 사용자의 교섭력에 관한 설명으로 가장 거리가 먼 것은?**

① 기업의 재정능력이 좋으면 사용자의 교섭력이 높아진다.
② 사용자 교섭력의 원천 중 하나는 직장폐쇄(lockout)를 할 수 있는 권리이다.
③ 사용자는 쟁의행위기간 중 그 쟁의행위로 중단된 업무를 원칙적으로 도급 또는 하도급을 줄 수 있다.
④ 비조합원이 조합원의 일을 대신할 수 있는 여지가 크다면, 그만큼 사용자의 교섭력이 높아진다.

답 ③

해 사용자는 쟁의행위 기간 중 그 쟁의행위로 중단된 업무는 '도급 또는 하도급을 줄 수 없다.'

79 실업에 관한 설명으로 옳은 것은?

① 마찰적 실업은 자연실업률 측정에 포함되지 않는다.
② 더 좋은 직장을 구하기 위해 잠시 직장을 그만둔 경우는 경기적 실업에 해당한다.
③ 경기적 실업은 자연실업률 측정에 포함된다.
④ 현재의 실업률에서 실망실업자가 많아지면 실업률은 하락한다.

답 ④

해 현재의 실업률에서 실망실업자가 많아지면 실업률은 하락한다.
① 자연실업률은 마찰적 실업과 구조적 실업을 '포함'한다.
② 더 좋은 직장을 구하기 위해 잠시 직장을 그만둔 경우는 '자발적 실업'에 해당한다.
③ 경기적 실업은 자연실업률 측정에 '포함하지 않는다.'

80 내부노동시장의 형성요인과 가장 거리가 먼 것은?

① 관습 ② 현장훈련
③ 임금수준 ④ 숙련의 특수성

답 ③

해 임금수준은 관계가 없다.
내부노동시장의 형성요인
1) 관습
고용의 안정성에 의해 생기며 기업 내부에서 전해져 오는 규율로 전통을 의미한다.
2) 현장훈련
문서화되지 않는 실제 현장에서 이루어지는 기술 전수를 의미한다.
3) 숙련의 특수성
기업 내의 내부노동력에 의해 축적되는 기술력을 의미한다.

제5과목 고용노동관계법규

25년~27년 출제기준에서
'파견근로자보호 등에 관한 법률' 제외

81 파견근로자보호 등에 관한 법률상 사용사업주가 파견근로자를 직접 고용할 의무가 발생하는 경우가 아닌 것은?

① 고용노동부장관의 허가를 받지 않고 근로자파견 사업을 하는 자로부터 근로자파견의 역무를 제공받은 경우
② 제조업의 직접생산공정업무에서 일시적·간헐적으로 사용기간 내에 파견근로자를 사용한 경우
③ 건설공사현장에서 이루어지는 업무에서 부상으로 결원이 생겨 파견근로자를 사용한 경우
④ 건설공사현장에서 이루어지는 업무에서 연차 유급휴가로 결원이 생겨 파견근로자를 사용한 경우

답 ②

해 '제조업의 직접생산공정업무'는 직접 고용할 의무가 없다. 즉 일시적·간헐적으로 파견근로자를 사용 할 수 있다.

82 국민평생직업능력개발법령상 근로자의 정의로서 가장 적합한 것은?

① 1주 동안의 소정근로시간이 그 사업장에서 같은 종류의 업무에 종사하는 통상 근로자의 1주 동안의 소정근로시간에 비하여 짧은 자
② 직업의 종류와 관계없이 임금을 목적으로 사업이나 사업장에 근로를 제공하는 사람
③ 직업의 종류를 불문하고 임금·급료 기타 이에 준하는 수입에 의하여 생활하는 자
④ 사업주에게 고용된 사람과 취업할 의사가 있는 사람

답 ④

해 근로자란 사업주에게 고용된 자와 취업할 의사가 있는 자를 말한다.
'근로자'의 정의
1. 사업주에게 고용된 사람과 취업할 의사가 있는 사람
• 국민평생 직업능력 개발법상
• 남녀고용평등과 일가정 양립 지원에 관한 법률
2. 직업의 종류와 관계없이 임금을 목적으로 사업이나 사업장에 근로를 제공하는 사람
• 근로기준법
• 최저임금법

83 **고용보험법령상 다음 사례에서 구직급여의 소정 급여일수는?**

> 장애인 근로자 A씨(40세)가 4년간 근무하던 회사를 퇴사하여 직업안정기관으로부터 구직급여 수급자격을 인정받았다.

① 120일 ② 150일
③ 180일 ④ 210일

답 ④

해 구직급여 소정급여일수

구분		피보험기간				
		1년 미만	1년 이상 3년 미만	3년 이상 5년 미만	5년 이상 10년 미만	10년 이상
이직일 현재 연령	50세 미만	120일	150일	180일	210일	240일
	50세 이상 및 장애인	120일	180일	210일	240일	270일

84 **고용보험법령상 용어의 정의로 옳은 것은?**

① "피보험자"란 근로기준법상 근로자와 사업주를 말한다.
② "실업"이란 근로의 의사와 능력이 있음에도 불구하고 취업하지 못한 상태에 있는 것을 말한다.
③ "보수"란 사용자로부터 받는 일체의 금품을 말한다.
④ "일용근로자"란 3개월 미만 동안 고용된 자를 말한다.

답 ②

해 피보험자란 '보험에 가입되거나 가입된 것으로 보는 근로자, 예술인, 노무제공자, 자영업자'를 말한다.
실업이란 '근로의 의사와 능력이 있음에도 불구하고 취업하지 못한 상태에 있는 것'을 말한다.

85 **국민 평생 직업능력 개발법령상 고용노동부장관이 반드시 지정직업훈련시설의 지정을 취소해야 하는 경우에 해당하는 것은?**

① 시정명령에 따르지 아니한 경우
② 변경지정을 받지 아니하고 지정 내용을 변경하는 등 부정한 방법으로 지정직업훈련시설을 운영한 경우
③ 훈련생을 모집할 때 거짓 광고를 한 경우
④ 거짓으로 지정을 받은 경우

답 ④

해 '거짓으로 지정을 받은 경우' 지정직업훈련시설 지정 취소 또는 1년 이내의 기간을 정하여 훈련의 정지를 명할 수 있다.

86 **근로기준법상 미성년자의 근로계약에 관한 설명으로 틀린 것은?**

① 원칙적으로 15세 이상 18세 미만인 사람의 근로시간은 1일에 7시간, 1주에 35시간을 초과하지 못한다.
② 미성년자는 독자적으로 임금을 청구할 수 없다.
③ 고용노동부장관은 근로계약이 미성년자에게 불리하다고 인정하는 경우에는 이를 해지할 수 있다.
④ 친권자나 후견인은 미성년자의 근로계약을 대리할 수 없다.

답 ②

해 미성년자는 독자적으로 임금을 청구할 수 있다.

87 **헌법상 노동기본권 등에 관한 설명으로 틀린 것은?**

① 국가는 근로자의 고용의 증진과 적정임금의 보장에 노력하여야 한다.
② 여자의 근로는 특별한 보호를 받으며 고용·임금 및 근로조건에 있어서 부당한 차별을 받지 아니한다.
③ 국가는 법률이 정하는 바에 의하여 최저임금제를 시행하여야 한다.
④ 공무원인 근로자는 자주적인 단결권·단체교섭권 및 단체행동권을 가진다.

답 ④

해 공무원인 근로자는 법률이 정하는 자에 한하여 단결권·단체교섭권 및 단체행동권을 가진다.

88 **개인정보 보호법령상 개인정보 보호위원회(이하 "보호위원회"라 한다)에 관한 설명으로 틀린 것은?**

① 대통령 소속으로 보호위원회를 둔다.
② 보호위원회는 상임위원 2명을 포함한 9명의 위원으로 구성한다.
③ 보호위원회의 회의는 재적위원 과반수의 출석으로 개의하고, 출석위원 과반수의 찬성으로 의결한다.
④ 「정당법」에 따른 당원은 보호위원회 위원이 될 수 없다.

답 ①

해 '대통령' 소속이 아닌 '국무총리' 소속으로 보호위원회를 둔다.

25년~27년 출제기준에서 '고용상 연령차별금지 및 고령자고용촉진에 관한 법률' 제외

89 고용상 연령차별금지 및 고령자고용촉진에 관한 법령상 고령자 고용정보센터의 업무로 명시되지 않은 것은?

① 고령자에 대한 구인·구직 등록
② 고령자 고용촉진을 위한 홍보
③ 고령자에 대한 직장 적응훈련 및 교육
④ 고령자의 실업급여 지급

답 ④

해 '실업급여' 지급은 고용보험법에 규정되어 있다.

90 직업안정법령상 신고를 하지 아니하고 할 수 있는 무료직업소개사업이 아닌 것은?

① 한국산업인력공단이 하는 직업소개
② 한국장애인고용공단이 장애인을 대상으로 하는 직업소개
③ 국민체육진흥공단이 체육인을 대상으로 하는 직업소개
④ 근로복지공단이 업무상 재해를 입은 근로자를 대상으로 하는 직업소개

답 ③

해 국민체육진흥공단의 체육인을 대상으로는 무료직업소개사업을 할 수 없다.

신고를 하지 않고 무료직업소개사업을 할 수 있는 경우

1. 한국산업인력공단이 하는 직업소개
2. 한국장애인고용공단이 장애인을 대상으로 하는 직업소개
3. 공공직업훈련시설의 장이 재학생·졸업생 또는 훈련생·수료생을 대상으로 하는 직업소개
4. 근로복지공단이 업무상 재해를 입은 근로자를 대상으로 하는 직업소개

91 고용보험법령상 실업급여에 관한 설명으로 틀린 것은?

① 실업급여로서 지급된 금품에 대하여는 국가나 지방자치단체의 공과금을 부과하지 아니한다.
② 실업급여를 받을 권리는 양도하거나 담보로 제공할 수 없다.
③ 실업급여수급계좌의 해당 금융기관은 이 법에 따른 실업급여만이 실업급여수급계좌에 입금되도록 관리하여야 한다.
④ 구직급여에는 조기재취업 수당, 직업능력개발 수당, 광역 구직활동비, 이주비가 있다.

답 ④

해 '구직급여'가 아니라 '취업촉진수당'에 조기재취업 수당, 직업능력개발 수당, 광역 구직활동비, 이주비가 있다.

92 근로기준법령상 사용자가 3년간 보존하여야 하는 근로계약에 관한 중요한 서류로 명시되지 않은 것은?

① 임금대장
② 휴가에 관한 서류
③ 고용·해고·퇴직에 관한 서류
④ 퇴직금 중간 정산에 관한 증명서류

답 ④

해 '퇴직금 중간 정산에 관한 증명서류'는 근로자가 퇴직한 후 '5년'이 되는 날까지 관련 증명 서류를 보존하여야 한다.

93 직업안정법령상 직업소개사업을 겸업할 수 있는 자는?

① 식품접객업 중 유흥주점영업자
② 숙박업자
③ 경비용역업자
④ 결혼중개업자

답 ③

해 '경비용역업자'는 겸업이 가능하다.

직업상담사업소 겸업금지

- 결혼 중개업
- 공중위생관리법상 숙박업
- 식품접객업 중 대통령령으로 정하는 영업
  - 다류(茶類)
  - 단란주점영업
  - 유흥주점영업

94 근로기준법령상 이행강제금에 관한 설명으로 옳은 것은?

① 노동위원회는 구제명령을 받은 후 이행기한까지 구제명령을 이행하지 아니한 사용자에게 3천만원 이하의 이행강제금을 부과한다.

② 노동위원회는 이행강제금 납부의무자가 납부기한까지 이행강제금을 내지 아니하면 즉시 국세 체납처분의 예에 따라 징수할 수 있다.

③ 노동위원회는 최초의 구제명령을 한 날을 기준으로 매년 4회의 범위에서 구제명령이 이행될 때까지 반복하여 이행강제금을 부과·징수할 수 있다.

④ 근로자는 구제명령을 받은 사용자가 이행기한까지 구제명령을 이행하지 아니하면 이행기한이 지난 때부터 30일 이내에 그 사실을 노동위원회에 알려줄 수 있다.

답 ①

해 ② 노동위원회는 이행강제금 납부의무자가 납부기한까지 이행강제금을 내지 아니하면 '기간을 정하여 독촉을 하고' 지정된 기간에 이행강제금을 내지 아니하면 국세 체납처분의 예에 따라 징수할 수 있다.

③ 노동위원회는 최초의 구제명령을 한 날을 기준으로 '매년 2회'의 범위에서 구제명령이 이행될 때까지 반복하여 이행강제금을 부과·징수할 수 있다.

④ 근로자는 구제명령을 받은 사용자가 이행기한까지 구제명령을 이행하지 아니하면 이행기간이 지난 때부터 '15일' 이내 그 사실을 노동위원회에 알려 줄 수 있다.

95 남녀고용평등과 일·가정 양립 지원에 관한 법령상 고용에 있어서 남녀의 평등한 기회와 대우를 보장하여야 할 사항으로 명시되지 않은 것은?

① 모집과 채용 ② 임금

③ 근로시간 ④ 교육·배치 및 승진

답 ③

해 근로시간은 아니다.

예) 임신 중인 여성 근로자와 연소자는 탄력제·선택제 근로시간를 실시할 수 없다.

근로시간제	탄력제	선택제
실시 불가능 대상	임신 중인 여성근로자, 연소자	연소자

25년~27년 출제기준에서 '기간제 및 단시간근로자 보호 등에 관한 법률' 제외

96 기간제 및 단시간근로자 보호 등에 관한 법률상 차별시정제도에 대한 설명으로 틀린 것은?

① 기간제근로자는 차별적 처우를 받은 경우 노동위원회에 차별적 처우가 있은 날부터 6개월이 경과하기 전에 그 시정을 신청할 수 있다.

② 기간제근로자가 차별적 처우의 시정신청을 하는 때에는 차별적 처우의 내용을 구체적으로 명시하여야 한다.

③ 노동위원회는 차별적 처우의 시정신청에 따른 심문의 과정에서 관계당사자 쌍방 또는 일방의 신청 또는 직권에 의하여 조정(調停)절차를 개시할 수 있다.

④ 시정신청을 한 근로자는 사용자가 확정된 시정명령을 이행하지 아니하는 경우 이를 중앙노동위원회에 신고하여야 한다.

답 ④

해 시정신청을 한 근로자는 사용자가 확정된 시정명령을 이행하지 아니하는 경우 이를 중앙노동위원회에 '신고'가 아닌 '시정 신청'을 할 수 있다.

25년~27년 출제기준에서 '고용정책 기본법' 제외

97 다음 (　　)에 알맞은 것은?

> 고용정책 기본법령상 상시 (　　)명 이상의 근로자를 사용하는 사업주는 매년 근로자의 고용형태 현황을 공시하여야 한다.

① 50 ② 100

③ 200 ④ 300

답 ④

해 고용정책 기본법령상 상시 '300명' 이상의 근로자를 사용하는 사업주는 매년 근로자의 고용형태 현황을 당해 연도 4월 30일 공시하여야 한다.

법 개정 반영 <2025.01.01. 시행>

98 **남녀고용평등과 일·가정 양립 지원에 관한 법령상 다음 (　　)안에 각각 알맞은 것은?**

> 제18조의2(배우자 출산휴가)
> ① 사업주는 근로자가 배우자의 출산을 이유로 휴가(이하 "배우자 출산휴가"라 한다)를 청구하는 경우에 (ㄱ)일의 휴가를 주어야 한다.
> (이하생략)
> ② 배우자 출산휴가는 근로자의 배우자가 출산한 날부터 (ㄴ)일이 지나면 청구할 수 없다.

① ㄱ:5, ㄴ:30　② ㄱ:5, ㄴ:90
③ ㄱ:10, ㄴ:90　④ ㄱ:20, ㄴ:120

답 ④

해 배우자 출산휴가
1. 배우자 출산휴가 20일
2. 휴가 기간은 유급
3. 배우자가 출산한 날부터 120일이 지나면 사용할 수 없음
4. 3회에 한정하여 나누어 사용

99 **남녀고용평등과 일·가정 양립 지원에 관한 법률에 명시되어 있는 내용이 아닌 것은?**

① 직장 내 성희롱의 금지
② 배우자 출산휴가
③ 육아휴직
④ 생리휴가

답 ④

해 생리휴가는 '근로기준법' 제73조에 명시되어 있다.

25년~27년 출제기준에서 '고용정책 기본법' 제외

100 **고용정책 기본법상 근로자의 고용촉진 및 사업주의 인력 확보 지원시책이 아닌 것은?**

① 구직자와 구인자에 대한 지원
② 학생 등에 대한 직업지도
③ 취업취약계층의 고용촉진 지원
④ 업종별·지역별 고용조정의 지원

답 ④

해 '업종별·지역별 고용조정의 지원'은 근로자의 고용촉진 및 사업주의 인력 확보 지원시책이 아니다.

근로자의 고용촉진 및 사업주의 인력확보 지원시책
- 구직자와 구인자에 대한 지원
- 학생 등에 대한 직업지도
- 취업취약계층의 고용촉진 지원
- 청년, 여성, 고령자 고용촉진 지원

2021년 1회차 기출 문제

제1과목 직업상담

25년~27년 출제기준에서 '내담자의 문제유형' 제외

01 Williamson이 분류한 직업선택의 주요 문제영역이 아닌 것은?

① 직업 무선택
② 직업선택의 확신 부족
③ 정보의 부족
④ 현명하지 못한 직업선택

답 ③

해 정보의 부족은 보딘의 문제영역이다.
월리암슨(Williamson)의 직업문제 분류범주
- 직업 무선택(진로무선택)
- 직업선택의 확신 부족(불확실한 선택)
- 현명하지 못한 직업선택(어리석은 선택)
- 흥미와 적성의 불일치(흥미와적성의 모순)

<실존주의> 출제 확률이 낮은 문제

02 실존주의 상담에 관한 설명으로 옳은 것은?

① 인간은 과거와 환경에 의해 결정되는 것이 아니라 현재의 사고, 감정, 느낌, 행동의 전체성과 통합을 추구하는 존재이다.
② 인간은 자신의 삶 속에서 스스로를 불행하게 만드는 요인이 무엇인가를 이해할 수 있을 뿐만 아니라 자신의 나아갈 방향을 찾고 건설적인 변화를 이끌 수 있다.
③ 치료가 상담목표가 아니라 내담자로 하여금 자신의 현재 상태에 대해 인식하고 피해자적 역할로부터 벗어날 수 있도록 돕는 것이다.
④ 과거 사건에 대한 개인의 지각과 해석이 현재의 행동에 어떠한 영향을 미치는가에 중점을 두고 개인의 선택과 책임, 삶의 의미, 성공추구 등을 강조한다.

답 ③

해 실존주의 상담은 치료가 상담목표가 아니라 내담자로 하여금 자신의 현재 상태에 대해 인식하고 피해자적 역할로부터 벗어날 수 있도록 돕는 것이 목표이다.
① 형태주의 상담
② 내담자중심 상담

03 상담 과정에서 상담자가 내담자에게 질문하는 형식에 관한 설명으로 옳지 않은 것은?

① 간접적 질문보다는 직접적 질문이 더 효과적이다.
② 폐쇄적 질문보다는 개방적 질문이 더 효과적이다.
③ 이중질문은 상담에서 도움이 되지 않는다.
④ "왜"라는 질문은 가능하면 피해야 한다.

답 ①

해 간접적 질문과 직접적 질문을 적절히 사용하되 직접적 질문을 많아지면 내담자가 위축될 수 있다.

04 자기인식이 부족한 내담자를 사정할 때 인지에 대한 통찰을 재구조화하거나 발달시키는데 적합한 방법은?

① 직면이나 논리적 분석을 해준다.
② 불안에 대처하도록 심호흡을 시킨다.
③ 은유나 비유를 사용한다.
④ 사고를 재구조화 한다.

답 ③

해 자기인식이 부족한 내담자를 사정할 때에는 은유나 비유를 사용한다.

05 직업상담의 기초 기법에 관한 설명으로 틀린 것은?

① 적극적 경청 : 내담자의 내면적 감정을 반영하는 것으로 이를 통해 내담자의 감정을 충분히 이해하고 수용할 수 있다.
② 명료화 : 내담자의 말 속에 포함되어 있는 불분명한 측면을 상담자가 분명하게 밝히는 반응이다.
③ 수용 : 상담자가 내담자의 이야기에 주의를 집중하고 있고, 내담자를 인격적으로 존중하고 있음을 보여주는 기법이다.
④ 해석 : 내담자가 새로운 방식으로 자신의 문제들을 볼 수 있도록 사건들의 의미를 설정해 주는 것이다.

답 ①

해 ① '공감'에 대한 내용이다.
적극적 경청이란 내담자의 언어적·비언어적 표현에 주목하면서 내담자의 생각과 감정을 이해하려고 노력하는 것이다.

<정신역동적 직업상담> 출제 확률이 낮은 문제

06 정신역동적 직업상담에서 Bordin이 제시한 상담자의 반응범주에 해당하지 않는 것은?

① 소망-방어체계 ② 비교
③ 명료화 ④ 진단

답 ④

해 진단은 해당하지 않는다.
보딘(Bordin)의 상담기법
- 명료화
- 비교
- 소망-방어체계에 대한 해석

07 생애진로사정의 구조 중 전형적인 하루에서 검토되어야 할 성격차원은?

① 의존적-성격차원
② 판단적-인식적 성격차원
③ 외향적-내성적 성격차원
④ 감각적-직관적 성격차원

답 ①

해 전형적인 하루에서 검토되어야 하는 성격차원은 내담자가 의존적인지 독립적인지, 자발적인지 체계적인지를 파악해야 한다.

08 직업상담의 기본원리에 대한 설명으로 틀린 것은?

① 직업상담은 개인의 특성을 객관적으로 파악한 후, 직업상담자와 내담자 간의 신뢰관계(Rapport)를 형성한 뒤에 실시하여야 한다.
② 직업상담에 있어서 가장 핵심적인 요소는 개인의 심리적·정서적 문제의 해결이다.
③ 직업상담은 진로발달이론에 근거하여야 한다.
④ 직업상담은 각종 심리검사를 활용하여 그 결과를 기초로 합리적인 결과를 끌어낼 수 있어야 한다.

답 ②

해 직업상담에 있어서 가장 핵심적인 요소는 개인의 진로(직업)의 의사결정이며, 개인의 심리적·정서적 문제의 해결은 개인상담에서의 핵심요소이다.

09 다음은 무엇에 관한 설명인가?

> 행동주의 직업상담에서 내담자가 직업선택에 대해서 무력감을 느끼게 되고, 그로 인해 발생된 불안 때문에 직업 결정을 못하게 되는 것

① 무결단성 ② 우유부단
③ 미결정성 ④ 부적응성

답 ①

해 무결단성에 해당한다.
행동주의 직업상담에서의 직업선택 문제유형

우유부단	무결단성
내담자가 자신의 직업성숙도가 부족한 것에 대하여 불안을 느끼는 것	내담자가 직업선택에 대해서 무력감을 느끼게 되고, 그로 인해 발생된 불안 때문에 직업 결정을 못하게 되는 것

10 발달적 직업상담에 관한 설명으로 틀린 것은?

① 내담자의 직업 의사결정문제와 직업 성숙도 사이의 일치성에 초점을 둔다.
② 내담자의 진로발달과 함께 일반적 발달 모두를 향상시키는 것을 목표로 하고 있다.
③ 정밀검사는 특성-요인 직업상담처럼 직업상담의 초기에 내담자에게 종합진단을 실시하는 것이다.
④ 직업상담사가 사용할 수 있는 기법에는 진로 자서전과 의사결정 일기가 있다.

답 ③

해 특성-요인 직업상담처럼 직업상담의 초기에 내담자에게 종합진단을 실시하는 것은 '정밀검사'가 아닌 '집중검사'이다.

11 다음은 어떤 직업상담 접근방법에 관한 설명인가?

> 모든 내담자는 공통적으로 자기와 경험의 불일치로 인해서 고통을 받고 있기 때문에 직업상담 과정에서 내담자가 지니고 있는 직업문제를 진단하는 것 자체가 불필요 하다고 본다.

① 내담자 중심 직업상담
② 특성 - 요인 직업상담
③ 정신 역동적 직업상담
④ 행동주의 직업상담

답 ①

해 '자기와 경험의 불일치'로 인해 고통받는 것은 내담자 중심 직업상담에서의 내담자의 문제점이다.

12 성공적인 상담 결과를 위한 상담 목표의 특징으로 옳지 않은 것은?

① 변화될 수 없으며 구체적이어야 한다.
② 실현가능해야 한다.
③ 내담자가 원하고 바라는 것이어야 한다.
④ 상담자의 기술과 양립 가능해야만 한다.

답 ①

해 목표는 변화될 수 있다.
상담목표의 일반적인 특징
- 구체적이어야 한다.
- 내담자가 원하고 바라는 것이어야 한다.
- 실현 가능해야 한다.
- 상담자의 기술과 양립하여야 한다.

<가치사정> 출제 확률이 낮은 문제

13 자기보고식 가치사정법이 아닌 것은?

① 과거의 선택 회상하기
② 존경하는 사람 기술하기
③ 난관을 극복한 경험 기술하기
④ 백일몽 말하기

답 ③

해 난관을 극복한 경험 기술하기는 아니다.
자기보고식 가치사정법
① 존경하는 사람 기술하기
② 백일몽 말하기
③ 과거의 선택 회상하기
④ 절정경험 조사하기
⑤ 자유시간과 금전 사용계획 조사하기
⑥ 체크목록 가치에 순위 매기기

14 Herr가 제시한 직업상담사의 직무내용에 해당되지 않는 것은?

① 상담자는 특수한 상담기법을 통해서 내담자의 문제를 확인하도록 한다.
② 상담자는 좋은 결정을 가져오기 위한 예비행동을 설명한다.
③ 직업선택이 근본적인 관심사인 내담자에 대해서는 직업상담 실시를 보류하도록 한다.
④ 내담자에 관한 부가적 정보를 종합한다.

답 ③

해 직업선택이 근본적인 관심사인 내담자에 대해서는 직업상담을 '보류'가 아닌 '확정' 한다.

15 포괄적 직업상담에 관한 설명으로 틀린 것은?

① 논리적인 것과 경험적인 것을 의미 있게 절충시킨 모형이다.
② 진단은 변별적이고 역동적인 성격을 가지고 있다.
③ 상담의 진단 단계에서는 주로 특성 - 요인 이론과 행동주의 이론으로 접근한다.
④ 문제해결 단계에서는 도구적(조작적) 학습에 초점을 맞춘다.

답 ③

해

초기(진단)	중기(명료화)	마무리(문제해결)
• 발달적 접근법 • 내담자중심 접근법	• 정신역동적 접근법	• 특성 - 요인 접근법 • 행동주의적 접근법
내담자의 문제의 원인에 대한 토론을 촉진	내담자의 문제원인을 명료히 밝혀 이를 제거	내담자의 문제해결에 개입

16 **대안개발과 의사결정 시 사용하는 인지적 기법으로 다음 설명에 해당하는 인지치료 과정의 단계는?**

> 상담자는 두 부분의 개입을 하게 된다. 첫 번째는 낡은 사고에 대한 평가이며, 두 번째는 낡은 사고나 새로운 사고의 적절성을 검증하는 실험을 해보는 것이다. 의문문 형태의 개입은 상담자가 정답을 제시하기 보다는 내담자 스스로 해결 방법에 다가가도록 유도하다.

① 2단계　　② 3단계
③ 4단계　　④ 5단계

답 ③

해 대안개발과 의사결정시 사용하는 인지적 기법
(=낡은 사고의 평가와 실험)
(1) 1단계 : 내담자가 느끼는 속성(감정)을 확인
(2) 2단계 : 내담자의 감정과 연결된 사고, 신념, 태도 등을 확인
(3) 3단계 : 내담자의 현상태를 요약·정리
(4) 4단계 : 상담자 개입
(5) 5단계 : 과제 부여와 적절성 검증

17 **직업상담사의 윤리에 관한 설명으로 옳은 것은?**

① 내담자 개인 및 사회에 임박한 위험이 있다고 판단되더라도 개인정보와 상담내용에 대한 비밀을 유지해야 한다.
② 자기의 능력 및 기법의 한계를 넘어서는 문제에 대해서는 다른 전문가에게 의뢰해야 한다.
③ 심층적인 심리상담이 아니므로 직업상담은 비밀 유지 의무가 없다.
④ 상담을 통해 내담자가 도움을 받지 못하더라도 내담자보다 먼저 종결을 제안해서는 안 된다.

답 ②

해 자기의 능력 및 기법의 한계를 넘어서는 문제에 대해서는 다른 전문가에게 의뢰해야 한다.

18 **다음 상담 장면에서 나타난 진로상담에 대한 내담자의 잘못된 인식은?**

> 내담자 : 진로선택에 대해서 도움을 받고자 합니다.
> 상담사 : 당신이 현재 생각하고 있는 것부터 이야기를 하시지요.
> 내담자 : 저는 올바르게 선택하고 싶습니다. 아시겠지만, 저는 실수를 저지르고 싶지 않습니다. 선생님은 제가 틀림없이 올바르게 선택할 수 있도록 도와주실 것으로 생각합니다.

① 진로상담의 정확성에 대한 오해
② 일회성 결정에 대한 편견
③ 적성·심리검사에 대한 과잉 신뢰
④ 흥미와 능력개념의 혼동

답 ①

해 진로상담에 대한 내담자의 잘못된 인식 중 '진로상담의 정확성'에 대한 오해이다.
(올바르게 선택의 기준이 정확성에 대한 기준)
내담자의 오해와 편견
① 진로상담의 정확성에 대한 오해
② 일회성 결정에 대한 편견
③ 적성·심리검사에 대한 과잉 신뢰
④ 흥미와 능력개념의 혼동

19 **엘리스(Ellis)가 개발한 인지적-정서적 상담에서 정서적이고 행동적인 결과를 야기하는 것은?**

① 선행사건　　② 논박
③ 신념　　④ 효과

답 ③

해 정서적이고 행동적인 결과(행동)를 야기 하는 것은 신념(B)이다.
불편한 정서와 이상한 행동을 야기하는 것은 비합리적인 신념에서 오는 것이다.

20 **특성-요인 상담의 특징으로 옳지 <u>않은</u> 것은?**

① 상담자 중심의 상담방법이다.
② 문제의 객관적 이해보다는 내담자에 대한 정서적 이해에 중점을 둔다.
③ 내담자에 게 정보를 제공하고 학습기술과 사회적 적응기술을 알려주는 것을 중요시 한다.
④ 사례연구를 상담의 중요한 자료로 삼는다.

답 ②

해 ② 내담자 중심상담에 대한 내용이다.

제2과목 직업심리

21 검사의 구성타당도 분석방법으로 적합하지 않은 것은?

① 기대표 작성
② 확인적 요인분석
③ 관련 없는 개념을 측정하는 검사와의 상관계수 분석
④ 유사한 특성을 측정하는 기존 검사와의 상관계수 분석

답 ①

해 기대표 작성은 '준거타당도'의 검사방법이다.

- 기대표
  새로운 연구점수의 범주와 준거점수와의 범주를 표로 작성한 이원분류표
  기대표 작성으로 준거타당도는 점수화가 가능한 타당도이다.
  ② 요인분석
  ③ 변별타당도
  ④ 수렴타당도
- 구성타당도

수렴타당도	변별타당도	요인분석
검사결과가 해당속성과 관련 있는 변수들과 높은 상관관계를 가지고 있을수록 수렴타당도가 높다.	검사결과가 해당 속성과 관련 없는 변수들과 낮은 상관관계를 가지고 있을수록 변별타당도가 높다.	검사문항등 간의 상관관계를 분석하여 상관성이 높은 문항들을 묶어주는 통계적 방법이다.

22 직무수행 관련 성격 5요인(Big 5) 모델의 요인이 아닌 것은?

① 외향성 ② 친화성
③ 성실성 ④ 지배성

답 ④

해 지배성은 아니다.

성격 5요인(Big 5)모델
- 외향성
- 호감성(친화성)
- 성실성
- 정서적 불안정성(신경증)
- 경험에 대한 개방성

23 탈진 (burnout)에 관한 설명 으로 옳지 않은 것은?

① 종업원들이 일정기간 동안 직무를 수행한 후 경험하는 지친 심리적 상태를 의미한다.
② 탈진검사는 정서적 고갈, 인격 상실, 개인적 성취감 감소 등의 세 가지 구성요소로 측정한다.
③ 탈진에 대한 연구는 대부분 면접과 관찰을 통해 이루어졌다.
④ 탈진 경험은 다양한 직무 스트레스 요인과 직무 스트레스 반응 변인과 상관이 있다.

답 ③

해 탈진에 대한 연구는 주로 설문지 방법이나 동물실험으로 이루어 졌다.

24 미네소타 직업분류체계 III와 관련하여 발전한 직업발달 이론은?

① Krumboltz의 사회학습이론
② Super의 평생발달이론
③ Ginzberg의 발달이론
④ Lofquist와 Dawis의 직업적응이론

답 ④

해 'Lofquist와 Dawis의 직업적응이론'이다.

25 홀랜드(Holland) 이론의 직업환경 유형과 대표 직업 간 연결이 틀린 것은?

① 현실형(R) - 목수, 트럭 운전사
② 탐구형(I) - 심리학자, 분자 공학자
③ 사회형(S) - 정치가, 사업가
④ 관습형 (C) - 사무원, 도서관 사서

답 ③

해 ③ 진취형에 해당한다.

25년~27년 출제기준에서 '조직에서의 경력개발' 제외

26 **경력개발 프로그램 중 종업원 역량개발 프로그램과 가장 거리가 먼 것은?**

① 훈련 프로그램 ② 사내 공모제
③ 후견인 프로그램 ④ 직무순환

답 ②

해 사내공모제는 '정보제공' 프로그램에 해당한다.

- **경력개발 프로그램 유형**
- **자기평가도구** : 경력워크숍, 경력연습책자 등
- **개인상담**
- **정보제공** : 사내 공모제 등
- **종업원 평가** : 평가기관, 심리검사, 조기발탁제 등
- **종업원 개발** : 훈련 프로그램, 후견인 프로그램, 직무순환

25년~27년 출제기준에서 '직무분석이론' 제외

27 **직무분석을 통해 작성되는 결과물로서, 해당 직무를 수행하는 작업자가 갖추어야 할 자격요건을 기록한 것은?**

① 직무 기술서(job description)
② 직무 명세서(job specification)
③ 직무 프로파일(job profile)
④ 직책 기술서(position description)

답 ②

해 작업자가 갖추어야 할 자격요건을 기록한 것은 '직무명세서'이다.
① 직무기술서는 직무분석을 통해 직무수행과 관련된 과업 및 직무행동을 일정한 양식에 기술한 문서이다.

28 **파슨스(Parsons)가 강조하는 현명한 직업 선택을 위한 필수 요인이 아닌 것은?**

① 자신의 흥미, 적성, 능력, 가치관 등 내면적인 자신에 대한 명확한 이해
② 현대사회가 필요로 하는 전망이 밝은 분야에서의 취업을 위한 구체적인 준비
③ 직업에서의 성공, 이점, 보상, 자격요건, 기회 등 직업 세계에 대한 지식
④ 개인적인 요인과 직업 관련 자격요건, 보수 등의 정보를 기초로 한 현명한 선택

답 ②

해 현대사회가 필요로 하는 전망이 밝은 분야에서의 취업보다 자신의 특성과 요인에 맞는 직업을 선택할 수 있도록 준비하게 한다.

파슨스의 직업지도모델 3요소
- 자기 자신에 대한 분석
- 직업 세계에 대한 분석
- 과학적이고 합리적인 매칭

25년~27년 출제기준에서 '조직에서의 경력개발' 제외

29 **다운사이징(downsizing)과 조직구조의 수평화로 대변되는 최근의 조직변화에 적합한 종업원 경력개발 프로그램에 관한 설명으로 가장 거리가 먼 것은?**

① 직무를 통해서 다양한 능력을 본인 스스로 학습할 수 있도록 많은 프로젝트에 참여 시킨다.
② 표준화된 작업규칙, 고정된 작업시간, 엄격한 직무기술을 강화한 학습 프로그램에 참여 시킨다.
③ 불가피하게 퇴직한 사람들을 위한 퇴직자 관리 프로그램을 운영한다.
④ 새로운 직무를 수행하는데 요구되는 능력 및 지식과 관련된 재교육을 실시한다.

답 ②

해 **다운사이징시대 경력개발**
경력변화의 기회가 많아지고 장기고용이 어려워지며, 고용기간이 점차 짧아진다. 기술이나 제품의 주기가 짧아져 경력개발은 단기, 연속, 수평, 다양한 능력개발, 평생학습을 특징으로 한다.

25년~27년 출제기준에서 '직무분석이론' 제외

30 **과업지향적 직무분석 방법 중 기능적 직무분석의 세 가지 차원이 아닌 것은?**

① 기술(skill) ② 자료(data)
③ 사람(people) ④ 사물(things)

답 ①

해 기술(skill)은 아니다.

기능적 직무분석
- 자료(Data), 사람(People), 사물(Things)

31 신뢰도의 종류 중 검사 내 문항들 간의 동질성을 나타내는 것은?

① 동등형 신뢰도
② 내적일치 신뢰도
③ 검사-재검사 신뢰도
④ 평가자 간 신뢰도

답 ②

해 검사 내 문항들 간의 동질성을 나타내는 것은 '내적일치 신뢰도'이다.

- 검사-재검사 신뢰도
  동일한 수검자에게 동일한 검사를 일정 시간간격을 두고 두 번 실시하여 얻은 두 검사의 상관계수에 의해 신뢰도를 추정하는 방법
- 동형검사 신뢰도
  동일한 수검자에게 첫번째 실시한 검사와 동일한 유형의 검사를 실시하여 두 검사점수의 상관계수에 의해 신뢰도를 추정하는 방법
- 반분신뢰도
  하나의 검사를 반으로 나누어 두 검사 간의 동질성과 일치성을 비교하는 방법
- 문항 내적 합치도
  한 검사 내 개개의 문항들을 독립된 검사로 보고 문항들 간의 동질성이나 합치성을 신뢰도로 규정

32 조직에서 자신이 생각하는 역할과 상급자가 생각하는 역할 간 차이에 기인한 스트레스원은?

① 역할 과다
② 역할 모호성
③ 역할 갈등
④ 과제 곤란도

답 ③

해 역할갈등은 역할담당자의 역할과 역할전달자의 역할기대가 상충함으로써 발생한다.

역할갈등의 종류

- **개인 간 역할갈등** : 직업에서의 요구와 직업 이외의 요구간의 갈등에서 발생
- **개인 내 역할갈등** : 직업에서의 요구와 개인의 가치관이 다를 때 발생
- **송신자 간 갈등** : 두 명 이상의 송신자가 서로 다른 요구를 하여 발생
- **송신자 내 갈등** : 한 송신자가 서로 배타적이고 양립할 수 없는 요구를 할 때 발생

33 직업상담 장면에서 활용 가능한 성격검사에 관한 설명으로 옳은 것은?

① 특정 분야에 대한 흥미를 측정 한다.
② 어떤 특정 분야나 영역의 숙달에 필요한 적응능력을 측정한다.
③ 대개 자기보고식 검사이며, 널리 이용되는 검사는 다면적 인성검사, 성격유형 검사 등이 있다.
④ 비구조적 과제를 제시하고 자유롭게 응답 하도록 하여 분석하는 방식으로 웩슬러 검사가 있다.

답 ③

해 성격검사는 대개 자기보고식 검사이며, 널리 이용되는 검사는 다면적 인성검사, 성격유형 검사 등이 있다.
① 흥미검사
② 적성검사

34 로(Roe)의 욕구이론에 관한 설명으로 옳은 것은?

① 부모-자녀 간의 상호작용을 자녀에 대한 정서집중형, 회피형, 수용형의 유형으로 구분한다.
② 청소년기 부모-자녀 간의 관계에서 생긴 욕구가 직업선택에 영향을 미친다는 이론이다.
③ 부모의 사랑을 제대로 받지 못하고 거부적인 분위기에서 성장한 사람은 다른 사람들과 함께 일하고 접촉하는 서비스 직종의 직업을 선호한다.
④ 직업군을 10가지로 분류한다.

답 ①

해 부모-자녀 간의 상호작용을 자녀에 대한 정서집중형, 회피형, 수용형의 유형으로 구분한다.
② 어린 시절(12세 이전의 아동기)의 부모-자녀 간의 관계에서 생긴 욕구가 직업선택에 영향을 미친다는 이론이다.
③ 부모의 사랑을 제대로 받지 못하고 거부적인 분위기에서 성장한 사람은 다른 사람들과 접촉이 적은 기술직, 과학직,옥외활동직 등의 직업을 선호한다.
④ 직업군을 8가지로 분류한다.

35 홀랜드(Holland)의 성격이론에서 제시한 유형 중 일관성이 가장 낮은 것은?

① 현실적(R) - 탐구적(I)
② 예술적(A) - 관습적(C)
③ 설득적(E) - 사회적(S)
④ 사회적(S) - 예술적(A)

답 ②

해 예술적(A) - 관습적(C) 이다.
거리가 가장 먼 것이 일관성이 가장 낮다.

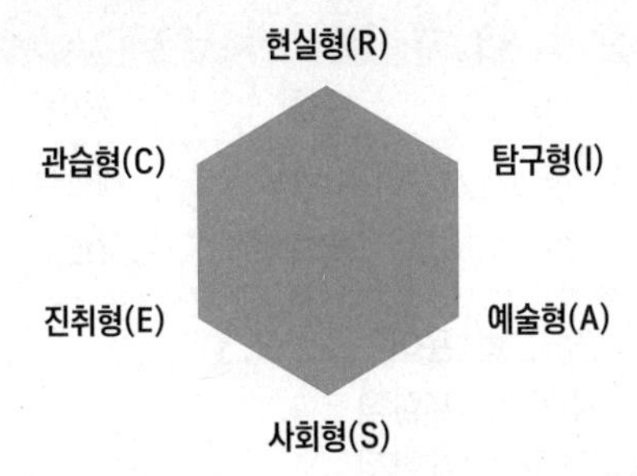

36 **인지적 정보처리 이론에서 제시하는 의사결정 과정의 절차를 바르게 나열한 것은?**

ㄱ. 분석단계	ㄴ. 종합단계
ㄷ. 실행단계	ㄹ. 가치평가단계
ㅁ. 의사소통단계	

① ㄱ → ㄴ → ㄷ → ㄹ → ㅁ
② ㄴ → ㄹ → ㄱ → ㄷ → ㅁ
③ ㄷ → ㄱ → ㄴ → ㅁ → ㄹ
④ ㅁ → ㄱ → ㄴ → ㄹ → ㄷ

답 ④

해 ㅁ → ㄱ → ㄴ → ㄹ → ㄷ
인지적 정보처리 이론의 해결 절차
- 의사소통 단계
- 분석 단계
- 통합 단계
- 가치 평가 단계
- 실행 단계

37 **수퍼(Super)의 발달이론에 관한 설명으로 옳은 것은?**

① 대부분의 사람들을 여섯 가지 유형 중 하나로 분류한다.
② 개인분석, 직업분석, 과학적 조언의 조화를 주장한다.
③ 생애역할의 중요성과 직업적 자아개념을 강조한다.
④ 부모의 자녀 양육방식을 발달적으로 전개한다.

답 ③

해 생애역할의 중요성과 직업적 자아개념을 강조한다.
① 홀랜드 인성이론
② 파슨스 진로이론
④ 로의 욕구이론

38 **다음 중 규준의 범주에 포함될 수 없는 점수는?**

① 표준점수 ② Stanine 점수
③ 백분위 점수 ④ 표집점수

답 ④

해 표집점수는 아니다.
규준의 범주(집단 내 규준의 종류)
- 백분위 점수
- 표준점수
- 표준등급(Stanine 점수)

39 **직무 및 일반 스트레스에 관한 설명으로 옳지 않은 것은?**

① 17-OHCS라는 당류부신피질 호르몬은 스트레스의 생리적 지표로서 매우 중요하게 사용된다.
② A성격 유형이 B성격 유형보다 더 높은 스트레스 수준을 유지한다.
③ Yerkes와 Dodson의 역U자형 가설은 스트레스 수준이 적당하면 작업능률도 최대가 된다고 한다.
④ 일반적응증후군(GAS)에 따르면 저항단계, 경고단계, 탈진단계를 거치면서 사람에게 나쁜 결과를 가져다준다.

답 ④

해 일반적응증후군(GAS)에 따르면 '경고 → 저항 → 탈진' 단계를 거친다.

40 **심리검사의 유형 중 객관적 검사의 장점이 아닌 것은?**

① 검사실시의 간편성 ② 객관성의 증대
③ 반응의 풍부함 ④ 높은 신뢰도

답 ③

해 반응의 풍부함은 '객관적 검사'의 장점이 아닌 '투사적 검사'의 장점이다.

제3과목 직업정보

41 고용24(워크넷)에서 제공하는 청소년 직업흥미검사의 하위척도가 아닌 것은?

① 활동척도 ② 자신감척도
③ 직업척도 ④ 가치관척도

답 ④

해 가치관척도는 아니다.

청소년 직업흥미검사의 하위척도
- 활동 척도
- 자신감 척도
- 직업 척도

42 한국표준직업분류에서 표준직업 분류와 직능수준과의 관계가 옳지 않은 것은?

① 관리자 : 제4직능 수준 혹은 제3직능 수준 필요
② 전문가 및 관련 종사자 : 제4직능 수준 혹은 제3직능 수준 필요
③ 군인 : 제1직능 수준 이상 필요
④ 단순노무 종사자 : 제1직능 수준 필요

답 ③

해 군인 : 제 2직능 수준 이상

한국표준직업분류(8차 2024개정) 대분류 A 군인
- 의무 복무 여부를 불문하고 현재 군인 신분을 유지하고 있는 군인
- 계급을 중심으로 분류
- 단기간 군사훈련 또는 재훈련을 위해 일시적으로 소집된 자 및 예비군은 제외
- 준위가 속하는 준사관을 위관급 장교와 별도로 소분류, 세분류 및 세세분류
- '준사관'으로 신설

43 직업정보를 제공하는 유형별 방식의 설명이다. ( )에 알맞은 것은?

종류	비용	학습자 참여도	접근성
인쇄물	(ㄱ)	수동	용이
면접	저	(ㄴ)	제한적
직업경험	고	적극	(ㄷ)

① ㄱ : 고, ㄴ : 적극, ㄷ : 용이
② ㄱ : 고, ㄴ : 수동, ㄷ : 제한적
③ ㄱ : 저, ㄴ : 적극, ㄷ : 제한적
④ ㄱ : 저, ㄴ : 수동, ㄷ : 용이

답 ③

해 인쇄물의 비용(ㄱ) : 저
면접의 학습자 참여도(ㄴ) : 적극
직업경험 접근성(ㄷ) : 제한적

44 국민내일배움카드의 지원대상에 해당하지 않는 것은?

① 「한부모가족지원법」에 따른 지원대상자
② 「고용보험법 시행령」에 따른 기간제근로자인 피보험자
③ 「수산업·어촌 발전 기본법」에 따른 어업인으로서 어업 이외의 직업에 취업하려는 사람
④ 만 75세 이상인 사람

답 ④

해 만 75세 이상인 사람은 제외이다.

국민내일배움카드제 지원 제외되는 대표 대상자
- 만 75세 이상인 사람
- 졸업예정자가 아닌 학생
- 공무원 사립학교 교직원

45 한국표준산업분류의 적용원칙에 관한 설명으로 틀린 것은?

① 산업활동이 결합되어 있는 경우에는 그 활동단위의 주된 활동에 따라서 분류
② 생산단위는 산출물만을 토대로 가장 정확하게 설명된 항목에 분류
③ 복합적인 활동단위는 우선적으로 최상급 분류단계(대분류)를 정확히 결정하고, 순차적으로 중, 소, 세, 세세분류 단계 항목을 결정
④ 수수료 또는 계약에 의하여 활동을 수행하는 단위는 자기계정과 자기책임 하에서 생산하는 단위와 동일항목으로 분류

답 ②

해 생산단위는 산출물뿐만 아니라 '투입물과 생산공정 등을 함께 고려'하여 그들의 활동을 가장 정확하게 설명된 항목에 분류해야 한다.

46 직업정보 수집방법으로서 면접법에 관한 설명으로 가장 적합하지 않은 것은?

① 표준화 면접은 비표준화 면접보다 타당도가 높다.
② 면접법은 질문지법보다 응답범주의 표준화가 어렵다.
③ 면접법은 질문지법보다 제3자의 영향을 배제할 수 있다.
④ 표준화 면접에는 개방형 및 폐쇄형 질문을 모두 사용할 수 있다.

답 ①

해 표준화 면접은 비표준화 면접보다 신뢰도가 높으나 타당도는 낮다.

47 한국표준산업분류의 산업결정방법에 관한 설명으로 틀린 것은?

① 생산단위의 산업 활동은 그 생산단위가 수행하는 주된 산업 활동의 종류에 따라 결정된다.
② 계절에 따라 정기적으로 산업을 달리하는 사업체의 경우에는 조사시점에 경영하는 사업과는 관계없이 조사대상 기간 중 산출액이 많았던 활동에 의하여 분류된다.
③ 단일사업체의 보조단위는 그 사업체의 일개 부서로 포함하지 않고 별도의 사업체로 처리한다.
④ 휴업 중 또는 자산을 청산 중인 사업체의 산업은 영업 중 또는 청산을 시작하기 이전의 산업활동에 의하여 결정한다.

답 ③

해 단일사업체의 보조단위는 그 사업체의 일개 부서로 포함하며, 여러 사업체를 관리하는 중앙 보조단위는 별도의 사업체로 처리한다.

48 공공직업 정보와 비교한 민간직업정보의 일반적 특성에 관한 설명으로 틀린 것은?

① 필요한 시기에 최대한 활용되도록 한시적으로 신속하게 생산되어 운영된다.
② 국제적으로 인정되는 객관적인 기준에 근거하여 직업을 분류한다.
③ 특정한 목적에 맞게 해당 분야 및 직종을 제한적으로 선택한다.
④ 시사적인 관심이나 흥미를 유도할 수 있도록 해당 직업을 분류한다.

답 ②

해 국제적으로 인정되는 객관적인 기준에 근거하여 직업을 분류한 것은 '공공직업정보'의 특성이다.

49 국가기술자격 직업상담사 1급 응시자격으로 옳은 것은?

① 해당 실무에 2년 이상 종사한 사람
② 해당 실무에 3년 이상 종사한 사람
③ 관련학과 대학졸업자 및 졸업예정자
④ 해당 종목의 2급 자격을 취득한 후 해당 실무에 1년 이상 종사한 사람

답 ②

해 해당 실무에 3년 이상 종사한 사람이다.

1급	2급
• 해당 종목의 2급 자격을 취득한 후 해당 실무에 2년 이상 종사한 사람 • 해당 실무에 3년 이상 종사한 사람	제한없음

11차 개정으로 향후 다시 출제될 가능성이 매우 희박한 문제입니다.

50 한국표준산업분류(제10차) 주요 개정내용으로 틀린 것은?

① 어업에서 해수면은 해면으로, 수산 종자는 수산 종묘로 명칭을 변경
② 수도업은 국내 산업 연관성을 고려하고 국제표준산업분류(ISIC)에 맞춰 대분류 E로 이동
③ 산업 성장세를 고려하여 태양력 발전업을 신설
④ 세분류에서 종이 원지·판지·종이상자 도매업, 면세점, 의복 소매업을 신설

답 ①

해 어업에서 해면은 해수면으로, 수산 종묘는 수산 종자로 명칭을 변경하였다.

51 **다음은 어떤 국가기술자격 등급의 검정기준에 해당하는가?**

> 해당 국가기술자격의 종목에 관한 공학적 기술 이론 지식을 가지고 설계·시공·분석 등의 업무를 수행할 수 있는 능력의 유무

① 기능장 ② 기사
③ 산업기사 ④ 기능사

답 ②

해 '공학'적 기술이론이 '기사'의 검정기준에서 요구하는 핵심능력이다.

국가기술자격등급	핵심용어
• 기술사 • 기능장 • 기사 • 산업기사 • 기능사	• 고도의 전문지식 • 최상급 숙련 기능 • 공학적 기술이론 지식 • 기술기초이론 지식 • 숙련기능

52 **직업정보 수집·제공 시 고려해야 할 사항과 가장 거리가 먼 것은?**

① 명확한 목표를 가지고 계획적으로 수집한다.
② 최신의 자료를 수집한다.
③ 자료를 수집할 때 자료출처와 일자를 기록한다.
④ 직업정보는 전문성이 있으므로 전문용어를 사용하여 제공한다.

답 ④

해 직업정보는 전문적인 지식이 없어도 이해할 수 있도록 제공해야 한다.
- 분석시 : 전문가가 다각적으로
- 제공시 : 누구나 이해할 수 있도록

53 **직업훈련의 강화에 따른 효과로 가장 거리가 먼 것은?**

① 인력부족 직종의 구인난을 완화시킬 수 있다.
② 재직근로자의 직무능력을 높일 수 있다.
③ 산업구조의 변화에 대응할 수 있다.
④ 마찰적인 실업을 줄일 수 있다.

답 ④

해 직업훈련의 강화에 따른 효과로 '구조적 실업'을 줄일 수 있다.

54 **국가기술자격종목과 그 직무분야의 연결이 틀린 것은?**

① 직업상담사 2급 - 사회복지·종교
② 소비자전문상담사 2급 - 경영·회계·사무
③ 임상심리사 2급 - 보건·의료
④ 컨벤션기획사 2급 - 이용·숙박·여행·오락·스포츠

답 ④

해 컨벤션기획사 2급은 '경영·회계·사무'에 해당된다.

경영·회계·사무 직무분야
- 사회조사분석사
- 소비자전문상담사
- 컨벤션기획사
- 전산회계운용사

55 **한국직업사전의 부가정보 중 "자료"에 관한 설명으로 틀린 것은?**

① 종합 : 사실을 발견하고 지식개념 또는 해석을 개발하기 위해 자료를 종합적으로 분석한다.
② 분석 : 조사하고 평가한다. 평가와 관련된 대안적 행위의 제시가 빈번하게 포함된다.
③ 계산 : 사칙연산을 실시하고 사칙연산과 관련하여 규정된 활동을 수행하거나 보고한다. 수를 세는 것도 포함된다.
④ 기록 : 데이터를 옮겨 적거나 입력하거나 표시한다.

답 ③

해 계산 : 사칙연산을 실시하고 사칙연산과 관련하여 규정된 활동을 수행하거나 보고한다. 수를 세는 것은 '제외'한다

56 **다음은 무엇에 대한 설명인가?**

> 근로자를 감원하지 않고 고용을 유지하거나 실직자를 채용하여 고용을 늘리는 사업주를 지원하여 근로자의 고용안정 및 취업취약 계층의 고용촉진을 지원한다.

① 실업급여사업 ② 고용안정사업
③ 취업알선사업 ④ 직업상담사업

답 ②

해 고용안정사업에 대한 설명이다.
제시된 설명에서 '고용안정', ' 지원한다'가 정답 키워드이다.

57 **직업정보 조사를 위한 설문지 작성법과 거리가 가장 먼 것은?**

① 이중질문은 피한다.
② 조사주제와 직접 관련이 없는 문항은 줄인다.
③ 응답률을 높이기 위해 민감한 질문은 앞에 배치한다.
④ 응답의 고정반응을 피하도록 질문형식을 다양화한다.

답 ③

해 응답률을 높이기 위해서는 민감한 질문은 '뒤'에 배치한다.

58 **한국표준직업분류에서 포괄적인 업무에 대한 직업분류원칙에 해당하는 것은?**

① 최상급 직능수준 우선 원칙
② 포괄성의 원칙
③ 취업시간 우선의 원칙
④ 조사 시 최근의 직업 원칙

답 ①

해 최상급 직능수준 우선 원칙이다.
포괄적인 업무시 직업분류원칙
- 주된 직무 우선 원칙
- 최상급 직능수준 우선 원칙
- 생산업무 우선 원칙

59 **고용24(워크넷/직업·진로)에서 제공하는 정보가 아닌 것은?**

① 학과정보
② 직업동영상
③ 직업심리검사
④ 국가직무능력표준(NCS)

답 ④

해 국가직무능력표준(NCS)는 'NCS 국가직무능력표준'에서 제공한다.(www.ncs.go.kr)

60 **직업정보의 처리단계를 옳게 나열한 것은?**

① 분석→가공→수집→체계화→제공→축적→평가
② 수집→분석→체계화→가공→축적→제공→평가
③ 분석→수집→가공→체계화→축적→제공→평가
④ 수집→분석→가공→체계화→제공→축적→평가

답 ④

해 직업정보 수집·처리단계
수집 → 분석 → 가공 → 체계화 → 제공 → 축적 → 평가

제4과목 노동시장

25년 ~ 27년 출제기준에서 '노사관계이론' 제외

61 **다음은 어떤 숍제도에 관한 설명인가?**

> 기업이 노동자를 채용할 때는 노동조합에 가입 하지 않은 노동자를 채용할 수 있지만 일단 채용 된 노동자는 일정 기간 내에 노동조합에 가입하여야 하며 또한 조합에서 탈퇴하거나 제명되는 경우 종업원자격을 상실하도록 되어 있는 제도

① 클로즈드숍(closed shop)
② 오픈숍(open shop)
③ 에이전시숍(agency shop)
④ 유니온숍(union shop)

답 ④

해 유니온 숍(union shop)에 대한 내용이다.
유니온 숍의 내용중 정답키워드는 '일정기간 내' 노동조합 가입이다.

62 **노동 수요측면에서 비정규직 증가의 원인과 가장 거리가 먼 것은?**

① 세계화에 따른 기업 간 경쟁 환경의 변화
② 정규직 근로자 해고의 어려움
③ 고학력 취업자의 증가
④ 정규노동자, 고용비용의 증가

답 ③

해 고학력 취업자의 증가는 '정규직' 증가요인이다.

63 **시장경제를 채택하고 있는 국가의 노동시장에서 직종별 임금 격차가 존재하는 이유와 가장 거리가 먼 것은?**

① 직종 간 정보의 흐름이 원활하기 때문이다.
② 직종에 따라 근로환경의 차이가 존재하기 때문이다.
③ 직종에 따라 노동조합 조직률의 차이가 존재하기 때문이다.
④ 노동자들의 특정 직종에 대한 회피와 선호가 다르기 때문이다.

답 ①

해 직종별 임금격차가 존재하는 이유는 직종 간 '정보의 흐름이 원활하지 않기 때문'이다.
→ 직종간 원활한 정보흐름은 임금격차를 해소시킴

25년 ~ 27년 출제기준에서 '노사관계이론' 제외

64 다음 중 산업민주화 정도가 가장 높은 형태의 기업은?

① 노동자 자주관리 기업
② 노동자 경영참여 기업
③ 전문경영인 경영 기업
④ 중앙집권적 기업

답 ①

해 산업관리화 정도가 가장 높은 것은 '노동자 자주관리 기업'이다.

노동자 자주관리 기업
- 노동자 경영참여 방식 중 산업민주화 정도가 가장 높은 형태
- 경영권이 노동자 집단에 귀속되어 있음
- 산업민주주의에 입각한 민주적 의사결정 방식을 강조

65 내국인들이 취업하기를 기피하는 3D 직종에 대해 외국인력의 수입 또는 불법 이민이 국내 내국인 노동시장에 미치는 영향으로 옳은 것은?

① 임금과 고용이 높아진다.
② 임금과 고용이 낮아진다.
③ 임금은 높아지고 고용은 낮아진다.
④ 임금과 고용의 변화가 없다.

답 ②

해 외국인력의 수입이나 불법이민으로 노동공급이 증가되어 임금과 고용이 낮아진다.
특히 비숙련공의 고용과 임금의 영향(하락)을 더 받는다.

66 다음 중 수요부족실업에 해당되는 것은?

① 마찰적 실업 ② 구조적 실업
③ 계절적 실업 ④ 경기적 실업

답 ④

해 경기적 실업은 불경기로 인해 총수요가 감소되는 대표적인 수요부족 실업이다.

수요부족 실업
기업에서 노동력을 필요로 하지 않아 생기는 실업

수요부족실업	비수요부족실업
• 경기적 실업	• 마찰적 실업 • 구조적 실업 • 계절절 실업

67 케인즈(Keynes)의 실업이론에 관한 설명으로 틀린 것은?

① 노동의 공급은 실질임금의 함수이며, 노동에 대한 수요는 명목임금의 함수이다.
② 노동자들은 화폐환상을 갖고 있어 명목임금의 하락에 저항하므로 명목임금은 하방경직성을 갖는다.
③ 비자발적 실업의 원인을 유효수요의 부족으로 설명하였다.
④ 실업의 해소방안으로 재정투융자의 확대, 통화량의 증대 등을 주장하였다.

답 ①

해 노동의 공급은 '실질임금'이 아닌 '명목임금'의 함수이며, 노동에 대한 수요는 '실질임금'의 함수이다.

25년 ~ 27년 출제기준에서 '노사관계이론' 제외

68 파업의 경제적 비용과 기능에 관한 설명으로 옳은 것은?

① 사적 비용과 사회적 비용은 동일하다.
② 사용자의 사적비용은 직접적인 생산중단에서 오는 이윤의 순감소분과 같다.
③ 사적비용이란 경제의 한 부문에서 발생한 파업으로 인한 타 부문에서의 생산 및 소비의 감소를 의미한다.
④ 서비스 산업부문은 파업에 따른 사회적 비용이 상대적으로 큰 분야이다.

답 ④

해 서비스 산업부문은 파업에 따른 사회적 비용이 상대적으로 큰 분야이다.

① 사적 비용과 사회적 비용은 다르다.
② 사용자의 사적비용은 (직접적인 생산중단에서 오는) 이윤의 순감소분에 비해 적을 수 있다.
③ 사회적 비용에 대한 내용이다.
사적 비용은 파업의 경제적 손실에 따른 사용자측 비용과 노동자측의 비용의 합을 의미한다.

69 **임금-물가 악순환설, 지불능력설, 한계생산력설 등에 영향을 미친 임금결정이론은?**

① 임금생존비설 ② 임금철칙설
③ 노동가치설 ④ 임금기금설

답 ④

해 임금기금설에 대한 내용이다.

임금결정이론

1) 임금생존비설
임금은 노동자 및 그 가족의 생활을 유지할 수 있을 정도의 수준에서 결정된다.

2) 노동가치설
노동수요는 자본가의 자본축적과 생산확대에 의해 증가하게 되어 자본가는 기계를 도입함으로써 임금인하를 유도하게 된다.

3) 임금기금설
임금기금의 규모는 일정하므로 시장임금의 크기는 임금기금을 노동자수로 나눈 값이다.

70 **임금체계에 대한 설명으로 틀린 것은?**

① 직무급은 조직의 안정화에 따른 위계질서 확립이 용이하다는 장점이 있다.
② 연공급의 단점 중 하나는 직무성과와 관련 없는 비합리적인 인건비 지출이 생긴다는 점이다.
③ 직능급은 직무수행능력을 기준으로 하여 각 근로자의 임금을 결정하는 임금체계이다.
④ 연공급의 기본적인 구조는 연령, 근속, 학력, 남녀별 요소에 따라 임금을 결정하는 것으로 정기승급의 축적에 따라 연령별로 필요생계비를 보장해 주는 원리에 기초하고 있다.

답 ①

해 '직무급'이 아닌 '연공급'의 내용이다.

25년~27년 출제기준에서 '노사관계이론' 제외

71 **노동조합의 기능에 대한 설명으로 틀린 것은?**

① 임금을 인상시키는 기능을 수행한다.
② 근로조건을 개선하는 기능을 한다.
③ 각종 공제활동 및 복지활동을 할 수 있다.
④ 특정 정당과 연계하여 정치적 영향력을 발휘할 수 없다.

답 ④

해 특정 정당과 연계하여 정치적 영향력을 발휘할 수 '있다.'

72 **다음 중 분단노동시장 이론과 가장 거리가 먼 것은?**

① 빈곤퇴치를 위한 정책적인 노력이 쉽게 성공하지 못하고 있다.
② 내부노동시장과 외부노동시장은 현격하게 다른 특성을 갖는다.
③ 근로자는 임금을 중심으로 경쟁하는 것이 아니라 직무를 중심으로 경쟁하기도 한다.
④ 고학력 실업자가 증가하면 단순노무직의 임금도 하락한다.

답 ④

해 분단노동시장은 1차 노동시장(고학력)과 2차 노동시장(단순노무직)가 단절되어 있음으로 서로 영향을 받지 않는다.

73 **다음 중 성과급 제도의 장점에 해당하는 것은?**

① 직원 간 화합이 용이하다.
② 근로의 능률을 자극할 수 있다.
③ 임금의 계산이 간편하다.
③ 확정적 임금이 보장된다.

답 ②

해 성과급 제도는 근로의 능률을 자극할 수 있다.
①, ③, ③ 고정급제

74 **이윤극대화를 추구하는 어떤 커피숍 종업원의 임금은 시간당 6,000원이고, 커피 1잔의 가격은 3,000원일 때 이 종업원의 한계생산은?**

① 커피 1잔 ② 커피 2잔
③ 커피 3잔 ④ 커피 4잔

답 ②

해 이윤 극대화 원칙 = 임금과 한계생산물가치가 일치하는 시점

임금(6,000원) = 한계생산물가치
= 한계생산량 × 가격(3,000원)

∴ 한계생산량은 2(잔)이다.

75 기혼여성의 경제활동참가율은 60%이고 실업률은 20%일 때, 기혼여성의 고용률은?

① 12% ② 48%
③ 56% ④ 86%

답 ②

해

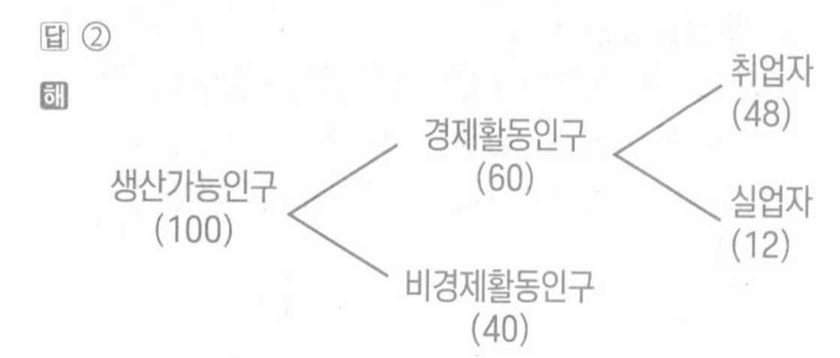

1) $\text{실업률} = \dfrac{\text{실업자}}{\text{경제활동인구}} \times 100$

$20 = \dfrac{X}{60} \times 100$

∴X(실업자) = 12명

2) 취업자 = 경제활동인구(60) - 실업자(12)
∴ 취업자 = 48명

3) $\text{고용율} = \dfrac{\text{취업자}}{\text{생산가능인구}} \times 100$

$= \dfrac{48}{100} \times 100 = 48\%$

76 숙련 노동시장과 비숙련 노동시장이 완전히 단절되어 있다고 할 때 비숙련 외국근로자의 유입에 따라 가장 큰 피해를 입는 집단은?

① 국내 소비자
② 국내 비숙련공
③ 노동집약적 기업주
④ 기술집약적 기업주

답 ②

해 숙련과 비숙련 노동시장이 완절히 단절된 상황에서 '비숙련 외국근로자'가 유입되면 국내 '비숙련 근로자'와 경쟁하게 되어 '국내 비숙련공'이 가장 큰 피해를 입게 된다.

77 임금이 하방경직적인 이유와 가장 거리가 먼 것은?

① 장기노동계약
② 물가의 지속적 상승
③ 강력한 노동조합의 존재
④ 노동자의 역선택 발생 가능성

답 ②

해 임금이 하방경직적인 이유
- 장기노동계약
- 강력한 노동조합의 존재
- 노동자의 역선택 발생 가능성
- 근로자의 화폐환상
- 최저임금제도 도입
- 효율성 임금정책

78 만일 여가(leisure)가 열등재라면, 임금이 증가할 때 노동공급은 어떻게 변하는가?

① 임금수준에 상관없이 임금이 증가할 때 노동공급은 감소한다.
② 임금수준에 상관없이 임금이 증가할 때 노동공급은 증가한다.
③ 낮은 임금수준에서 임금이 증가할 때는 노동공급이 증가하다가 임금수준이 높아지면 임금증가는 노동공급을 감소시킨다.
④ 낮은 임금수준에서 임금이 증가할 때는 노동공급이 감소하다가 임금수준이 높아지면 임금증가는 노동공급을 증가시킨다.

답 ②

해 여가가 열등재라면 임금이 증가할 때 노동공급 역시 함께 증가한다.

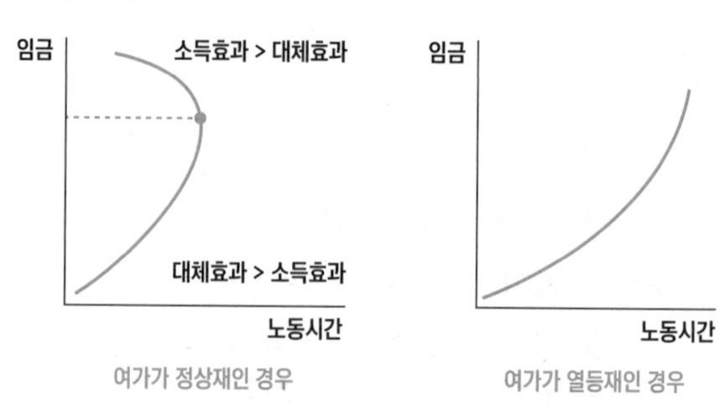

여가가 정상재인 경우 여가가 열등재인 경우

79 기업특수적 인적자본형성의 원인이 아닌 것은?

① 기업 간 차별화된 제품생산
② 생산공정의 특유성
③ 생산장비의 특유성
④ 일반적 직업훈련의 차이

답 ④

해 기업특수적 인적자본형성의 원인
- 기업 간 차별화된 제품생산
- 생산공정의 특유성
- 생산장비의 특유성

내부노동시장
- 하나의 기업 또는 사업장 내에서 이루어지는 노동시장
- **형성원인**: 숙련의 특수성, 현장훈련, 장기근속, 기업 내 관습

80 마찰적 실업을 해소하기 위한 정책이 아닌 것은?

① 구인 및 구직에 대한 전국적 전산망 연결
② 직업안내와 직업상담 등 직업알선기관에 의한 효과적인 알선
③ 고용실태 및 전망에 관한 자료제공
④ 노동자의 전직과 관련된 재훈련 실시

답 ④

해 ④ 구조적 실업의 정책이다.

마찰적 실업	구조적 실업	경기적 실업
정보의 유통장애	산업구조 변화	불경기

제5과목 고용노동관계법규

81 다음 (　　)에 알맞은 것은?

헌법상 국가는 (　　)으로 근로자의 고용의 증진과 적정임금의 보장에 노력하여야 한다.

① 법률적 방법　② 사회적 방법
③ 경제적 방법　④ 사회적·경제적 방법

답 ④

해 헌법 제 32조 제 1항
헌법상 국가는 사회적 · 경제적 방법으로 근로자의 고용의 증진과 적정임금의 보장에 노력하여야 한다.

82 국민 평생 직업능력 개발법상 직업능력개발훈련의 기본원칙으로 명시되지 않은 것은?

① 직업능력개발훈련은 근로자 개인의 희망·적성·능력에 맞게 근로자의 생애에 걸쳐 체계적으로 실시되어야 한다.
② 직업능력개발훈련은 민간의 자율과 창의성이 존중되도록 하여야 하며 노사의 참여와 협력을 바탕으로 실시되어야 한다.
③ 제조업의 생산직에 종사하는 근로자의 직업능력개발훈련은 중요시되어야 한다.
④ 직업능력개발훈련은 근로자의 직무능력과 고용가능성을 높일 수 있도록 지역·산업현장의 수요가 반영되어야 한다.

답 ③

해 제조업 종사자는
1. 근로자의 직업능력개발훈련은 중요시되지 않는다.
2. 파견근로자로 직접 고용할 의무도 없다.

국민 평생 직업능력 개발훈련이 중요시되는 대상
- 제대군인 및 전역예정자
- 여성근로자
- 고령자·장애인
- 국민기초생활법에 따른 수급권자
- 보훈대상자와 그 유족

83 근로기준법령상 고용노동부 장관에게 경영상의 이유에 의한 해고계획의 신고를 할 때 포함해야 하는 사항이 아닌 것은?

① 퇴직금　② 해고 사유
③ 해고 일정　④ 근로자대표와 협의한 내용

답 ①

해 '퇴직금'은 포함되지 않는다.

25년~27년 출제기준에서 '고용상 연령차별금지 및 고령자고용촉진에 관한 법률' 제외

84 고용상 연령차별금지 및 고령자고용촉진에 관한 법령상 제조업의 고령자 기준고용률은?

① 그 사업장의 상시 근로자 수의 100분의 2
② 그 사업장의 상시 근로자 수의 100분의 3
③ 그 사업장의 상시 근로자 수의 100분의 4
④ 그 사업장의 상시 근로자 수의 100분의 6

답 ①

해 제조업의 고령자 기준고용률은 그 사업장의 상시근로자수의 100분의 2이다.

고령자 기준고용률

제조업	운수업,부동산 및 임대업	기타서비스업
100분의 2	100분의 6	100분의 3

85 남녀고용평등과 일·가정 양립 지원에 관한 법령상 육아휴직에 관한 설명으로 틀린 것은?

① 육아휴직의 기간은 1년 이내로 한다.
② 육아휴직 기간은 근속기간에 포함한다.
③ 기간제근로자의 육아휴직 기간은 사용기간에 포함된다.
④ 육아휴직 기간에는 그 근로자를 해고하지 못한다.

답 ③

해 기간제근로자의 육아휴직 기간은 사용기간에 포함하지 않는다.

25년~27년 출제기준에서 '근로자퇴직급여 보장법' 제외

86 근로자퇴직급여 보장법령상 퇴직금의 중간정산 사유에 해당하지 않는 것은?

① 무주택자인 근로자가 본인 명의로 주택을 구입하는 경우
② 사용자가 기존의 정년을 보장하는 조건으로 단체협약을 통하여 일정 나이를 기준으로 임금을 줄이는 제도를 시행하는 경우
③ 3개월 이상 요양을 필요로 하는 근로자 배우자의 질병에 대한 의료비를 해당 근로자가 본인 연간 임금총액의 1천분의 115를 초과하여 부담하는 경우
④ 퇴직금 중간정산을 신청하는 날부터 거꾸로 계산하여 5년 이내에 근로자가 「채무자 회생 및 파산에 관한 법률」에 따라 파산선고를 받은 경우

답 ③

해 '6개월' 이상 요양을 필요로 하는 근로자 배우자의 질병에 대한 의료비를 해당 근로자가 본인 연간 임금총액의 1천분의 '125'를 초과하여 부담하는 경우에 퇴직금 중간정산이 가능하다.

★ 법 개정 반영 <2025.01.01. 시행>

87 고용보험법령상 육아휴직 급여에 관한 설명이다. (　　) 안에 들어갈 내용이 옳게 연결된 것은?

> 육아휴직 시작일을 기준으로 한 월 통상임금의 100분의 (ㄱ)에 해당하는 금액

① ㄱ:50　② ㄱ:60
③ ㄱ:80　④ ㄱ:100

답 ④

해 25년 01월 01일부터 시행되는 육아휴직 급여는 월 통상임금의 100분의 100에 해당하는 금액을 월별 지급액으로 한다.
해당 급액의 상한선은 육아휴직 시작일부터 종료일까지는 아래와 같고 해당금액이 70만원 보다 적은 경우에는 70만원으로 한다.
4. 육아휴직 시작일~3개월 : 250만원
5. 육아휴직 4개월~6개월 : 200만원
6. 육아휴직 7개월~육아휴직 종료일 : 160만원

88 직업안정법령상 근로자공급사업에 관한 설명으로 틀린 것은?

① 누구든지 고용노동부장관의 허가를 받지 아니하고는 근로자공급사업을 하지 못한다.
② 국내 근로자공급사업은 「노동조합 및 노동관계조정법」에 따른 노동조합만이 허가를 받을 수 있다.
③ 국외 근로자공급사업을 하려는 자는 1천만원 이상의 자본금만 갖추면 된다.
④ 근로자공급사업 허가의 유효기간은 3년으로 한다.

답 ③

해 국외 근로자공급사업을 하려는 자는 '1천만원'이 아닌 '1억원' 이상의 자본금을 갖추어야 한다.

법 개정 반영 <2025.01.01. 시행>

89 남녀고용평등과 일·가정 양립 지원에 관한 법령상 배우자 출산휴가에 관한 설명으로 맞는 것은?

① 사업주는 근로자가 배우자 출산휴가를 청구하는 경우에 10일의 휴가를 주어야 한다.
② 사용한 배우자 출산휴가기간은 유급으로 한다.
③ 배우자 출산휴가는 근로자의 배우자가 출산한 날부터 30일이 지나면 청구할 수 없다.
④ 배우자 출산휴가는 1회에 한정하여 나누어 사용할 수 있다.

답 ②

해 2025.01.01. 시행되는 남녀고용평등법에서는
① 사업주는 근로자가 배우자 출산휴가를 청구하는 경우 '20일'의 휴가를 주어야 한다.
③ 배우자 출산휴가는 근로자의 배우자가 출산한 날부터 '120일'이 지나면 청구할 수 없다.
④ 배우자 출산휴가는 '3회'에 한정하여 나누어 사용할 수 있다.

90 고용보험법령상 심사 및 재심사청구에 관한 설명으로 옳지 않은 것은?

① 실업급여에 관한 처분에 이의가 있는 자는 고용보험심사관에게 심사를 청구할 수 있다.
② 심사 및 재심사의 청구는 시효중단에 관하여 재판상의 청구로 본다.
③ 재심사청구인은 법정대리인 외에 자신의 형제자매를 대리인으로 선임할 수 없다.
④ 고용보험심사관은 원칙적으로 심사청구를 받으면 30일 이내에 그 심사청구에 대한 결정을 하여야 한다.

답 ③

해 재심사청구인은 법정대리인 외에 자신의 형제자매를 대리인으로 선임할 수 있다.

91 고용보험법령상 취업 촉진 수당의 종류가 아닌 것은?

① 특별연장급여 ② 조기재취업 수당
③ 광역 구직활동비 ④ 이주비

답 ①

해 특별연장급여는 해당하지 않는다.
(취업한 사람이 특별연장급여를 받을 수 있다.)

취업촉진 수당
- 조기재취업 수당
- 직업능력개발 수당
- 광역 구직활동비
- 이주비

92 직업안정법령상 유료직업소개사업의 등록을 할 수 있는 자에 해당되지 않는 것은?

① 지방공무원으로 2년 이상 근무한 경력이 있는 자
② 조합원이 100인 이상인 단위노동조합에서 노동조합 업무전담자로 2년 이상 근무한 경력이 있는 자
③ 상시사용근로자 300인 이상인 사업장에서 노무관리 업무전담자로 1년 이상 근무한 경력이 있는 자
④ 「공인노무사법」에 의한 공인노무사 자격을 가진 자

답 ③

해 상시사용근로자 300인 이상인 사업장에서 노무관리업무 전담자로 2년 이상 근무한 경력이 있는 자
경력은 해당되는 업무에 '2년 이상'을 요구한다.

93 근로기준법령상 임금채권의 소멸시효기간은?

① 1년 ② 2년
③ 3년 ④ 5년

답 ③

해 임금채권의 소멸시효는 '3년'이다.

25년~27년 출제기준에서
'파견근로자 보호 등에 관한 법률' 제외

94 파견근로자보호 등에 관한 법률상 근로자파견 대상업무가 아닌 것은?

① 주유원의 업무
② 행정, 경영 및 재정 전문가의 업무
③ 음식 조리 종사자의 업무
④ 선원법에 따른 선원의 업무

답 ④

해 선원법에 따른 선원의 업무는 근로자파견대상업무가 아니다.

근로자파견대상업무를 행하여서는 아니되는 경우
- 건설공사 현장에서 이루어지는 업무
- 항만운수사업법에 따른 업무
- 의료법에 따른 업무
- 산업안전 보건법에 따른 업무
- 선원법에 따른 업무

25년~27년 출제기준에서 '고용정책 기본법' 제외

95 고용정책 기본법령상 근로자의 정의로 옳은 것은?

① 직업의 종류를 불문하고 임금, 급료 기타 이에 준하는 수입에 의하여 생활하는 사람
② 직업의 종류와 관계없이 임금을 목적으로 사업이나 사업장에 근로를 제공하는 사람
③ 사업주에게 고용된 사람과 취업할 의사를 가진 사람
④ 기간의 정함이 있는 근로계약을 체결한 사람

답 ③

해 고용정책 기본법령상 근로자의 정의는 사업주에게 고용된 사람과 취업할 의사를 가진 사람을 말한다.

96 채용절차의 공정화에 관한 법률에 관한 설명으로 틀린 것은?

① "기초심사자료"란 구직자의 응시원서, 이력서 및 자기소개서를 말한다.
② 고용노동부장관은 기초심사자료의 표준양식을 정하여 구인자에게 그 사용을 권장할 수 있다.
③ 구직자는 구인자에게 제출하는 채용서류를 거짓으로 작성하여서는 아니 된다.
④ 이 법은 지방자치단체가 공무원을 채용하는 경우에도 적용한다.

답 ④

해 이 법은 상시 '30명' 이상의 근로자를 사용하는 사업 또는 사업장의 채용절차에 적용한다. 다만, 국가 및 지방자치단체가 '공무원을 채용하는 경우에는 적용하지 아니한다.'

97 근로기준법령상 취업규칙에 관한 설명으로 틀린 것은?

① 상시 10명 이상의 근로자를 사용하는 사용자는 취업규칙을 작성하여 고용노동부장관에게 신고하여야 한다.
② 사용자는 취업규칙의 작성 시 해당 사업장에 근로자의 과반수로 조직된 노동조합이 있는 경우에는 그 노동조합의 동의를 받아야 한다.
③ 고용노동부장관은 법령이나 단체협약에 어긋나는 취업규칙의 변경을 명할 수 있다.
④ 취업규칙에서 정한 기준에 미달하는 근로조건을 정한 근로계약은 그 부분에 관하여는 무효로 한다.

답 ②

해 사용자는 취업규칙의 작성 시 해당 사업장에 근로자의 과반수로 조직된 노동조합이 있는 경우에는 그 노동조합의 동의가 아닌 '의견'를 받아야 한다.
다만, 취업규칙을 근로자에게 불리하게 변경하는 경우에는 그 노동조합(근로자 과반수)의 '동의'를 받아야 한다.

25년~27년 출제기준에서 '고용정책 기본법' 제외

98 고용정책기본법령상 고용정보시스템 구축·운영을 위해 수집해야 할 정보로 명시되지 않은 것은?

① 사업자등록증
② 주민등록등본·초본
③ 장애 정도
④ 부동산등기부등본

답 ④

해 '부동산등기부등본'은 명시되지 않다.

99 **남녀고용평등과 일·가정 양립 지원에 관한 법령상 적용 범위에 관한 설명으로 틀린 것은?**

① 근로자를 사용하는 모든 사업 또는 사업장에 적용하는 것이 원칙이다.
② 동거하는 친족만으로 이루어지는 사업장에 대하여는 법의 전부를 적용하지 아니한다.
③ 가사사용인에 대하여는 법의 전부를 적용하지 아니한다.
④ 선원법이 적용되는 사업 또는 사업장에는 모든 규정이 적용되지 아니한다.

답 ④

해 선원법이 적용되는 사업 또는 사업장에는 모든 규정이 적용된다.

100 **국민 평생 직업능력 개발법령상 훈련의 목적에 따라 구분한 직업능력개발훈련에 해당하지 않는 것은?**

① 집체훈련 ② 양성훈련
③ 향상훈련 ④ 전직훈련

답 ①

해 훈련목적에 따라 양성·전직·향상훈련으로 구분된다.

2021년 2회차 기출 문제

제1과목 직업상담

01 심리상담과 비교하여 진로상담 과정의 특징으로 옳지 않은 것은?

① 진로검사 결과에만 의지하는 태도에서 벗어나 보다 유연한 관점에서 진로선택에 임하려는 융통성이 요구된다.
② 내담자가 놓인 경제 현실 및 진로 상황에 따라 개인의 진로선택 및 의사결정이 상당히 변화될 수 있다.
③ 진로상담은 인지적 통찰이나 결정 이외에 행동 차원에서의 실행능력 배양 및 기술함양을 더욱 중시한다.
④ 실제 진로상담에서는 내담자의 심리적인 특성과 진로문제가 얽혀있는 경우는 많지 않다.

답 ④

해 실제 진로상담에서는 내담자의 심리적인 특성과 진로문제가 얽혀있는 경우가 매우 많다.

02 생애진로사정에 관한 설명으로 틀린 것은?

① 상담사와 내담자가 처음 만났을 때 이용할 수 있는 비구조화된 면접기법이며 표준화된 진로사정 도구의 사용이 필수적이다.
② Adler의 심리학 이론에 기초하여 내담자와 환경과의 관계를 이해하는데 도움을 주는 면접기법이다.
③ 비판단적이고 비위협적인 대화 분위기로써 내담자와 긍정적인 관계를 형성하는데 도움이 된다.
④ 생애진로사정에서는 작업자, 학습자, 개인의 역할 등을 포함한 다양한 생애역할에 대한 정보를 탐색해 간다.

답 ①

해 생애진로사정은 상담사와 내담자가 처음 만났을 때 이용할 수 있는 '구조화'된 면접기법이다.

03 직업상담에서 의사결정 상태에 따라 내담자를 분류할 때 의사결정자의 유형에 해당하지 않는 것은?

① 확정적 결정형 ② 종속적 결정형
③ 수행적 결정형 ④ 회피적 결정형

답 ②

해 종속적 결정형은 해당하지 않는다.
의사결정자의 유형

확정적 결정형	수행적 결정형	회피적 결정형
스스로 의사결정을 하고 다른 선택안과 검토함	의사결정시 주변인의 도움을 필요로 함	주변인들과의 관계로 의사결정은 하지만 실제로는 하지 않음

04 실업 충격을 완화 시키기 위한 프로그램이 아닌 것은?

① 실업 스트레스 대처 프로그램
② 취업동기 증진 프로그램
③ 진로개발 프로그램
④ 구직활동 증진 프로그램

답 ③

해 진로개발 프로그램은 아니다.

05 진로상담에서 내담자의 목표가 현실적으로 가능한지를 묻는 '목표실현 가능성'에 관한 상담자의 질문으로 적절하지 않은 것은?

① 목표를 성취하기 위해 현재 처한 상황을 당신은 얼마나 통제할 수 있나요?
② 당신이 이 목표를 성취하지 못하도록 방해하는 것은 무엇인가요?
③ 언제까지 목표를 성취해야 한다고 느끼며, 마음속에 어떤 시간계획을 가지고 있나요?
④ 당신이 목표하는 직업에서 의사결정은 어디서 누가 내리나요?

답 ④

해 '어디서' 내리는지는 적절하지 않다.

06 내담자의 세계를 상담자 자신의 세계인 것처럼 경험하지만 객관적인 위치에서 벗어나지 않는 상담 대화의 기법은?

① 수용 ② 전이
③ 공감 ④ 동정

답 ③

해 자신의 세계인 것처럼 경험하지만 객관적인 위치에서 벗어나지 않는 상담대화가 공감이다.

07 다음 면담에서 인지적 명확성이 부족한 내담자의 유형과 상담자의 개입방법이 바르게 짝지어진 것은?

> 내담자 : 난 사업을 할까 생각 중이예요. 그런데 그 분야에서 일하는 여성들은 대부분 이혼을 한대요.
> 상담자 : 선생님은 사업을 하면 이혼을 할까 두려워 하시는군요. 직장 여성들의 이혼율과 다른 분야에 종사하는 여성들에 대한 통계를 알아보도록 하죠.

① 구체성의 결여 - 구체화 시키기
② 파행적 의사소통 - 저항에 다시 초점 맞추기
③ 강박적 사고 - RET 기법
④ 원인과 결과 착오 - 논리적 분석

답 ④

해 원인과 결과의 착오는 내담자의 논리적 근거 없이 특정 사건의 인과관계를 설정하는 것을 말한다.
이 경우 상담자는 논리적 분석을 통해 개입한다.

08 다음은 내담자의 무엇을 사정하기 위한 것인가?

> 내담자에게 과거에 했던 선택의 회상, 절정경험, 자유시간, 그리고 금전사용 계획 등을 조사하고, 존경하는 사람을 쓰게 하는 등의 상담행위

① 내담자의 동기 ② 내담자의 생애역할
③ 내담자의 가치 ④ 내담자의 흥미

답 ③

해 내담자의 가치 사정 기법이다.
자기보고식 가치사정법
① 백일몽 말하기
② 존경하는 사람 기술하기
③ 과거의 선택 회상하기
④ 자유시간과 금전 사용계획 조사하기
⑤ 절정경험 조사하기
⑥ 체크목록 가치에 순위 매기기

09 특성-요인 직업상담에서 상담사가 지켜야 할 상담원칙으로 틀린 것은?

① 내담자에게 강의하려 하거나 거만한 자세로 말하지 않는다.
② 전문적인 어휘를 사용하고, 상담 초기에는 내담자에게 제공하는 정보를 비교적 큰 범위로 확대한다.
③ 어떤 정보나 해답을 제공하기 전에 내담자가 정말로 그것을 알고 싶어 하는지 확인한다.
④ 상담사는 자신이 내담자가 지니고 있는 여러 가지 태도를 제대로 파악하고 있는지 확인한다.

답 ②

해 전문적인 어휘가 아닌 '이해하기 쉬운 용어'를 사용하고,상담 초기에는 내담자에게 제공하는 정보를 비교적 작은 범위로 축소(한정) 시킨다.

10 상담과정의 본질과 제한조건 및 목적에 대하여 상담자가 정의를 내려주는 것은?

① 촉진화 ② 관계형성
③ 문제해결 ④ 구조화

답 ④

해 상담과정의 본질과 제한조건 및 목적의 정의는 '구조화'이다.

11 직업선택을 위한 마지막 과정인 선택할 직업에 대한 평가과정 중 요스트(Yost)가 제시한 방법이 아닌 것은?

① 원하는 성과연습 ② 확률추정 연습
③ 대차대조표 연습 ④ 동기추정 연습

답 ④

해 '동기추정 연습'이 아닌 '확률추정 연습'이다.

12 수퍼(Super)의 전생애 발달과업의 순환 및 재순환에서 '새로운 과업 찾기'가 중요한 시기는 언제인가?

① 청소년기(14~24세)
② 성인초기(25~45세)
③ 성인중기(46~65세)
④ 성인후기(65세 이상)

답 ③

해 '새로운 과업 찾기'가 중요한 시기는 성인중기(46~65세)에 해당한다.

13 **인간중심 진로상담의 개념에 관한 설명으로 옳지 않은 것은?**

① 일의 세계 및 자아와 관련된 정보의 부족에 관심을 둔다.
② 자아 및 직업과 관련된 정보를 거부하거나 왜곡하는 문제를 찾고자 한다.
③ 진로선택과 관련된 내담자의 불안을 줄이고 자기의 책임을 수용하도록 한다.
④ 상담자의 객관적 이해를 내담자에 대한 자아 명료화의 근거로 삼는다.

답 ④

해 '객관적 이해'가 아닌 상담자의 '주관적 이해'를 내담자에 대한 자아 명료화의 근거로 삼는다.

<정신역동적 직업상담> 출제 확률이 낮은 문제

14 **보딘(Bordin)의 정신역동적 직업상담에서 사용하는 기법이 아닌 것은?**

① 명료화 ② 비교
③ 소망-방어 체계 ④ 준지시적 반응 범주화

답 ④

해 준지시적 반응범주는 스나이더의 '상담반응 범주화' 중 하나이다.

보딘(Bordin)의 상담기법
- 명료화
- 비교
- 소망-방어체계에 대한 해석

15 **포괄적 직업상담에서 초기, 중간, 마지막 단계 중 중간 단계에서 주로 사용하는 접근법은?**

① 발달적 접근법 ② 정신역동적 접근법
③ 내담자 중심 접근법 ④ 행동주의적 접근법

답 ②

해 포괄적 직업상담에서 중간단계 상담기법은 정신역동적 접근법이다.

초기(진단)	중기(명료화)	마무리(문제해결)
• 발달적 접근법 • 내담자중심 접근법	• 정신역동적 접근법	• 특성-요인 접근법 • 행동주의적 접근법
내담자의 문제의 원인에 대한 토론을 촉진	내담자의 문제원인을 명료히 밝혀 이를 제거	내담자의 문제해결에 개입

16 **직업상담에서 직업카드분류법은 무엇을 알아보기 위한 것인가?**

① 직업선택 시 사용 가능한 기술
② 가족 내 서열 및 직업가계도
③ 직업세계와 고용시장의 변화
④ 직업흥미의 탐색

답 ④

해 직업카드분류법은 '직업흥미의 탐색'을 알아보는 질적평가기법이다.

17 **상담이론과 그와 관련된 상담기법을 바르게 짝지은 것은?**

① 정신분석적 상담 - 인지적 재구성
② 행동치료 - 저항의 해석
③ 인지적 상담 - 이완기법
④ 형태치료 - 역할연기, 감정에 머무르기

답 ④

해 형태치료란 형태주의 상담기법으로 '역할연기, 감정에 머무르기'가 해당된다.
① 인지행동 상담 - 인지적 재구성
② 정신분석상담 - 저항의 해석
③ 행동치료 - 이완기법

18 **아들러(Adler) 이론의 주요 개념인 초기 기억에 관한 설명을 모두 고른 것은?**

ㄱ. 중요한 기억은 내담자가 '마치 지금 일어나고 있는 것처럼' 기술할 수 있다.
ㄴ. 초기기억에 대한 내담자의 지각보다는 경험을 객관적으로 파악하는 것이 중요하다.
ㄷ. 초기기억은 삶, 자기, 타인에 대한 내담자의 현재 세계관과 일치하는 경향이 있다.
ㄹ. 초기기억을 통해 상담자는 내담자의 삶의 목표를 파악하는데 도움을 받을 수 있다.

① ㄱ, ㄴ ② ㄴ, ㄷ
③ ㄱ, ㄷ, ㄹ ④ ㄴ, ㄷ, ㄹ

답 ③

해 ㄱ, ㄷ, ㄹ 이다.
ㄴ. 초기 기억에 대한 내담자의 경험을 객관적으로 파악하는 것보다 자신이 느꼈던 지각이 더 강조된다.

19 행동수정에서 상담자의 역할은?

① 내담자가 사랑하고, 일하고, 노는 자유를 획득하도록 돕는다.
② 내담자의 가족 구성에 대한 정보를 수집한다.
③ 내담자의 주관적 세계를 이해하여 새로운 이해나 선택을 할 수 있도록 돕는다.
④ 내담자의 상황적 단서와 문제행동, 그 결과에 대한 정보를 얻기 위하여 노력한다.

답 ④

해 내담자의 상황적 단서와 문제행동, 그 결과에 대한 정보를 얻기 위하여 노력한다.

① 실존주의 상담
② 개인주의 상담
③ 내담자 중심상담

20 직업상담사의 윤리강령으로 옳지 않은 것은?

① 직업상담사는 개인이나 사회에 임박한 위험이 있더라도 개인정보의 보호를 위하여 내담자의 정보를 누설하지 말아야 한다.
② 직업상담사는 내담자에 대한 정보를 교육장면이나 연구에 사용할 경우에는 내담자와 합의 후 사용하되 정보가 노출되지 않도록 해야 한다.
③ 직업상담사는 소속 기관과의 갈등이 있을 경우 내담자의 복지를 우선적으로 고려해야 한다.
④ 직업상담사는 상담관계의 형식, 방법, 목적을 설정하고 그 결과에 대하여 내담자와 협의해야 한다.

답 ①

해 특수한 상황이나 불가피한 경우 타인에게 알릴 수 있다.

비밀 예외의 원칙

- 개인이나 사회에 임박한 위험(자살, 범죄 등)이 있을 때
- 전염병이 있을 때

제2과목 직업심리

21 다음의 내용을 주장한 학자는?

> 특정한 직업을 갖게 되는 것은 단순한 선호나 선택의 기능이 아니고 개인이 통제할 수 없는 복잡한 환경적 요인의 결과이다.

① Krumboltz　② Dawis
③ Gelatt　④ Peterson

답 ①

해 환경적 요인을 강조 이론은 'Krumboltz(크롬볼츠)의 사회학습이론'이다.

22 다음 중 전직을 예방하기 위해 퇴직의사 보유자에게 실시하는 직업상담 프로그램으로 가장 적합한 것은?

① 직업복귀 프로그램
② 실업충격완화 프로그램
③ 조기퇴직계획 프로그램
④ 직업적응 프로그램

답 ④

해 '직업적응 프로그램' 통해 현재 직업에 대한 적응과 전직을 예방한다.

23 Super의 직업발달이론에 대한 중심 개념으로 볼 수 없는 것은?

① 개인은 각기 적합한 직업군의 적격성이 있다.
② 직업발달과정은 본질적으로 자아개념의 발달 보완과정이다.
③ 개인의 직업기호와 생애는 자아실현의 과정으로 현실과 타협하지 않는 활동과정이다.
④ 직업과 인생의 만족은 자기의 능력, 흥미, 성격, 특성 및 가치가 충분히 실현되는 정도이다.

답 ③

해 개인의 직업기호와 생애는 자아실현의 과정으로 현실과 '타협하는' 활동과정이다.

24 다음은 어떤 타당도에 관한 설명인가?

측정도구가 실제로 무엇을 측정했는가 또는 조사자가 측정하고자 하는 추상적인 개념이 실제로 측정도구에 의해서 적절하게 측정 되었는가에 관한 문제로서, 이론적 연구를 하는데 가장 중요한 타당도

① 내용타당도(content validity)
② 개념타당도(construct validity)
③ 공인타당도(concurrent validity)
④ 예언타당도(predictive validity)

답 ②

해 개념타당도(구성타당도)에 대한 내용이다.

수렴타당도	변별타당도	요인분석
검사결과가 해당속성과 관련 있는 변수들과 높은 상관관계를 가지고 있을수록 수렴타당도가 높다.	검사결과가 해당 속성과 관련 없는 변수들과 낮은 상관관계를 가지고 있을수록 변별타당도가 높다.	검사문항등 간의 상관관계를 분석하여 상관성이 높은 문항들을 묶어주는 통계적 방법이다.

25 신뢰도 추정에 관한 설명으로 옳지 않은 것은?

① 속도검사의 경우 기우양분법으로 반분신뢰도를 추정하면 신뢰도 계수가 과대 추정되는 경향이 있다.
② 신뢰도 추정에 영향을 미치는 요인은 상관계수에 영향을 미치는 요인과 유사하다.
③ 신뢰도 추정에 영향을 미치는 요인 중 가장 중요한 요인은 표본의 동질성이다.
④ 정서반응과 같은 불안정한 심리적 특성의 신뢰도를 정확히 추정하기 위해서는 검사-재검사의 기간을 충분히 두어야 한다.

답 ④

해 정서반응과 같은 불안정한 심리적 특성의 신뢰도를 정확히 추정하기 위해서는 검사-재검사의 기간을 거의 '동시에' 실시해야 한다.

25년~27년 출제기준에서 '조직에서의 경력개발' 제외

26 신입사원이 조직에 쉽게 적응하도록 상사가 후견인이 되어 도와주는 경력개발프로그램은?

① 종업원지원 시스템　② 멘토십 시스템
③ 경력지원 시스템　④ 조기발탁 시스템

답 ②

해 후견인이 되어 도와주는 경력개발프로그램은 멘토십 시스템이다.

경력개발 프로그램 유형
- **자기평가도구** : 경력워크숍, 경력연습책자 등
- **개인상담**
- **정보제공** : 사내공모제 등
- **종업원 평가** : 평가기관, 심리검사, 조기발탁제 등
- **종업원 개발** : 훈련 프로그램, 후견인 프로그램, 직무순환

27 성인용 웩슬러 지능검사(K-WAIS-IV)의 처리속도지수에 포함되지 않는 소검사는?

① 동형찾기　② 퍼즐
③ 기호쓰기　④ 지우기

답 ②

해 퍼즐은 지각추론에 해당한다.

언어이해	지각추론	작업기억	처리속도
공통성 어휘 상식	토막짜기 행렬추론 퍼즐	숫자 산수	동형찾기 기호쓰기
이해	무게비교 빠진곳찾기	순서화	지우기

25년~27년 출제기준에서 '직무분석이론' 제외

28 직무분석 자료의 특성과 가장 거리가 먼 것은?

① 최신의 정보를 반영해야 한다.
② 논리적으로 체계화되어야 한다.
③ 진로상담 목적으로만 사용되어야 한다.
④ 가공하지 않은 원상태의 정보이어야 한다.

답 ③

해 진로상담 목적으로만 사용하지 않는다.

직무분석 자료의 활용
- 모집 및 선발
- 교육 및 훈련
- 배치 및 경력개발
- 직무평가 및 직무수행평가
- 작업환경 개선
- 정원관리
- 안전관리

29 **특정 집단의 점수분포에서 한 개인의 상대적 위치를 나타내는 점수는?**

① 표준 점수 ② 표준 등급
③ 백분위 점수 ④ 규준 점수

답 ③

해 백분위 점수는 특정 집단의 점수분포에서 한 개인의 상대적 위치를 나타내는 점수이다.

30 **Holland의 성격유형 중 구조화된 환경을 선호하고, 질서정연하고 체계적인 자료정리를 좋아하는 것은?**

① 실제형 ② 탐구형
③ 사회형 ④ 관습형

답 ④

해 질서정연하고 체계적인 자료정리를 좋아하는 것은 관습형이다.

유형별 선호별 핵심활동

- **현실형**: 기계조작을 좋아함
- **탐구형**: 연구탐구를 좋아함
- **예술형**: 자유창조를 좋아함
- **사회형**: 사람관계를 좋아함
- **진취형**: 통제관리(리더십)을 좋아함
- **관습형**: 질서정연을 좋아함

31 **개인의 진로발달 과정에서 초기의 가정환경이 그 후의 직업선택에 중요한 영향을 미친다고 보는 이론은?**

① 파슨스(Parsons)의 특성이론
② 갤라트(Gelatt)의 의사결정이론
③ 로(Roe)의 욕구이론
④ 수퍼(Super)의 발달이론

답 ③

해 초기의 가정환경이 그 후의 직업선택에 중요한 영향을 미친다고 보는 이론은 로(Roe)의 욕구이론 이다.

32 **셀리에(Selye)의 스트레스에서의 일반적응 증후군에 관한 설명으로 옳지 않은 것은?**

① 스트레스의 결과가 신체 부위에 영향을 준다는 뜻에서 일반적이라 명명했다.
② 스트레스의 원인으로부터 신체가 대처하도록 한다는 의미에서 적응이라 명명했다.
③ 경계단계는 정신적 혹은 육체적 위험에 노출되었을 때 즉각적인 반응을 보이는 단계이다.
④ 탈진단계에서 심장병을 잘 유발하는 성격의 B유형은 흥분을 가라앉히지 않는다.

답 ④

해 탈진단계에서 심장병을 잘 유발하는 성격의 'A유형'은 흥분을 가라앉히지 않는다.

33 **심리검사를 선택하고 해석하는 과정에 관한 설명으로 틀린 것은?**

① 검사는 진행 중인 상담과정의 한 구성요소로만 보아야 한다.
② 검사는 내담자의 의사결정을 돕기 위한 정보를 얻는 하나의 도구이다.
③ 검사는 내담자와 함께 협조해서 선택하는 것이 좋다.
④ 검사의 결과는 가능한 한 내담자에게 제공해서는 안된다.

답 ④

해 검사의 결과는 가능한 검사를 실시한 본인 즉 내담자에게 이해하기 쉽게 제공해야 한다.

34 **윌리암슨(Williamson)이 제시한 상담의 과정을 바르게 나열한 것은?**

ㄱ. 분석	ㄴ. 종합	ㄷ. 상담
ㄹ. 진단	ㅁ. 추수지도	ㅂ. 처방

① ㄱ → ㄴ → ㄹ → ㅂ → ㄷ → ㅁ
② ㄱ → ㄴ → ㄹ → ㄷ → ㅁ → ㅂ
③ ㄱ → ㄹ → ㅂ → ㄷ → ㅁ → ㄴ
④ ㄹ → ㅂ → ㄴ → ㄱ → ㄷ → ㅁ

답 ①

해 윌리암슨의 진로상담 과정
분석 → 종합 → 진단 → 예후 → 상담 → 추수지도

25년~27년 출제기준에서 '직무분석이론' 제외

35 다음의 특성을 가진 직무분석기법은?

- 미국 퍼듀대학교의 메코믹(McCormick)이 개발했다.
- 행동중심적 직무분석기법(behavior-oriented job analysis method)이다.
- 6가지의 범주 및 187개 항목으로 구성되었다.
- 개별직무에 대해 풍부한 정보를 획득할 수 있는 장점이 있으나, 성과표준을 직접 산출하는 데는 무리가 따른다는 단점을 지니고 있다.

① CD 직무과제분석(JTA)
② 기능적 직무분석(FJA)
③ 직위 분석 질문지(PAQ)
④ 관리직 기술 질문지(MPDQ)

답 ③

해 직위 분석 질문지(PAQ)에 해당하는 내용이다.

36 직업적성검사(GATB)에서 사무지각적성(clerical perception)을 측정하기 위한 검사는?

① 표식검사 ② 계수검사
③ 명칭비교검사 ④ 평면도 판단검사

답 ③

해 사무지각적성(clerical perception)을 측정하기 위한 검사는 명칭비교검사이다.

37 스트레스와 직무수행 간의 관계에 관한 설명으로 옳은 것은?

① 스트레스가 많을수록 직무수행이 떨어지는 일차함수 관계이다.
② 어느 수준까지만 스트레스가 많을수록 직무수행이 떨어진다.
③ 일정시점 이후에 스트레스 수준이 증가하면 수행실적은 오히려 감소하는 역U형 관계이다.
④ 스트레스와 직무수행은 관계가 없다.

답 ③

해 일정시점 이후에 스트레스 수준이 증가하면 수행실적은 오히려 감소하는 역U형 관계이다.

38 스트레스에 대한 방어적 대처 중 직장 상사에게 야단맞은 사람이 부하직원이나 식구들에게 트집을 잡아 화풀이를 하는 것은?

① 합리화(rationalization)
② 동일시(identification)
③ 보상(compensation)
④ 전위(displacement)

답 ④

해 '전위 = 전치 = 치환 = 화풀이' 이다.

39 다음 ( ) 안에 알맞은 것은?

Levinson의 발달이론에서 성인은 연령에 따라 ( )의 계속적인 과정을 거쳐 발달하게 되며, 이러한 과정단계는 남녀나 문화에 상관없이 적용 가능하다.

① 안정과 변화 ② 주요 사건
③ 과제와 도전 ④ 위기

답 ①

해 안정과 변화이다.
레빈슨은 인생구조의 '안정과 변화', 즉 평온한 시기인 안정기와서 '변화'의 시기에 따라 발달 단계를 '성인이전, 성인초기, 성인중기, 성인후기'로 구분하였다.

40 Lofquist와 Dawis의 직업적응 이론에 나오는 4가지 성격양식 차원에 해당하지 않는 것은?

① 민첩성 ② 역량
③ 친화성 ④ 지구력

답 ③

해 친화성은 아니다.
Lofquist와 Dawis의 직업적응이론
- **민첩성** : 정확성보다는 '속도'를 중시한다.
- **역량** : 근로자들의 '평균 활동수준'을 의미한다.
- **리듬** : 활동에 대한 '다양성'을 의미한다.
- **지구력** : 다양한 '활동수준의 기간'을 의미한다.

제3과목 직업정보

41 다음 중 국가기술자격 종목에 해당하지 않는 것은?

① 임상심리사 2급
② 컨벤션기획사 2급
③ 그린전동자동차기사
④ 자동차관리사 2급

답 ④

해 '자동차관리사 2급'
한국자동차관리사협회가 주관하는 '민간자격종목'에 해당한다.

42 한국표준산업분류의 분류목적에 해당하지 않는 것은?

① 기본적으로 산업활동 관련 통계 자료 수집, 제표, 분석 등을 위해서 활동 분류 및 범위를 제공하기 위한 것
② 산업 관련 통계자료 정확성, 비교성을 확보하기 위하여 모든 통계작성기관은 한국표준산업분류를 의무적으로 사용하도록 규정
③ 일반 행정 및 산업정책 관련 다수 법령에서 적용대상 산업영역을 규정하는 기준으로 준용
④ 취업알선을 위한 구인·구직안내 기준

답 ④

해 취업알선을 위한 구인·구직안내 기준을 제공하는 것은 한국표준'산업'이 아닌 '직업'분류의 분류목적이다.

43 다음은 한국직업사전 직무기능 "사물" 항목 중 무엇에 관한 설명인가?

> 다양한 목적을 수행하고자 사물 또는 사람의 움직임을 통제하는 있어 일정한 경로를 따라 조작되고 안내되어야 하는 기계 또는 설비를 시동, 정지하고 그 움직임을 제어한다.

① 조작운전 ② 정밀작업
③ 제어조작 ④ 수동조작

답 ①

해 '조작운전'에 대한 설명이다.
설명에서의 정답 키워드는 '조작되고', '시동·정지'이다.

44 직업정보 분석 시 유의점으로 틀린 것은?

① 전문적인 시각에서 분석한다.
② 직업정보원과 제공원에 대해 제시한다.
③ 동일한 정보에 대해서는 한 가지 측면으로만 분석한다.
④ 원자료의 생산일, 자료표집방법, 대상 등을 검토해야 한다.

답 ③

해 동일한 정보에 대해서 '다각적 측면'으로 분석한다.

45 인간이 복잡한 정보에 접근하게 되는 구조에 근거를 둔 이론으로 직업선택결정 단계를 전제단계, 계획단계, 인지부조화단계로 구분한 직업 결정모형은?

① 타이드만과 오하라(Tiedeman &O'Hara)의모형
② 힐튼(Hilton) 의 모형
③ 브룸(Vroom)의 모형
④ 수(Hsu)의 모형

답 ②

해 힐튼(Hilton)의 직업선택의 결정모형은 '인간이 복잡한 정보에 접근하게 되는 구조'에 근거를 둔 이론으로 '전제→계획→인지부조화' 단계로 이루어져 있다.

8차 개정으로 향후 다시 출제될 가능성이 희박한 문제입니다.

46 한국표준직업분류(7차)의 개정 특징으로 틀린 것은?

① 전문 기술직의 직무영역 확장 등 지식 정보화 사회 변화상 반영
② 사회 서비스 일자리 직종 세분 및 신설
③ 고용규모 대비 분류항목이 적은 사무 및 판매·서비스직 세분
④ 자동화·기계화 진전에 따른 기능직 및 기계 조작직 직종 세분 및 신설

답 ④

해 자동화·기계화 진전에 따른 '기능직 및 기계 조작직' 직종은 통합하였다.
8차 개정 특징
1. 포스트 코로나에 따른 보건 전문가 및 관련 서비스 종사자의 인력 확대 반영
2. 저출산·고령화에 따른 사회복지 및 돌봄 인력 수요 반영
3. 신생·확대·소멸직업 등 노동시장의 구조 변화 반영
4. 직업분류 활용성 및 정확성 제고를 위해 직업분류 체계 개선
5. 직업분류 개정 의견수렴 등 대내외 개정수요 반영

47 **다음은 국가기술자격 중 어떤 등급의 검정기준에 해당하는가?**

> 해당 국가기술자격의 종목에 관한 숙련기능을 가지고 제작·제조·조작·운전·보수·정비·채취·검사 또는 작업관리 및 이에 관련되는 업무를 수행할 수 있는 능력 보유

① 기능사　② 산업기사
③ 기사　④ 기능장

답 ①

해 '숙련기능'의 능력이 '기능사'의 검정기준에서 요구하는 핵심능력이다.

국가기술자격 등급의 검정기준의 핵심능력
- **기술사**: '고도'의 전문가 능력
- **기능장**: '최상급' 숙련기능 능력
- **기사**: '공학'적 기술 이론 지식
- **산업기사**: '기술기초이론' 및 '숙련기능능력'
- **기능사**: '숙련'기능의 능력

48 **한국표준산업분류 분류정의가 틀린 것은?**

① 산업은 유사한 성질을 갖는 산업활동에 주로 종사하는 생산단위의 집합이다.
② 각 생산단위가 노동, 자본, 원료 등 자원을 투입하여, 재화 또는 서비스를 생산 또는 제공하는 일련의 활동과정은 산업활동이다.
③ 산업활동 범위에는 영리적, 비영리적 활동이 모두 포함되며, 가정 내 가사 활동도 포함된다.
④ 산업분류는 생산단위가 주로 수행하는 산업활동을 분류 기준과 원칙에 맞춰 그 유사성에 따라 체계적으로 유형화한 것이다.

답 ③

해 가정 내 가사 활동은 '제외'된다.

49 **고용노동통계조사의 각 항목별 조사주기의 연결이 틀린 것은?**

① 사업체 노동력 조사 : 연 1회
② 시도별 임금 및 근로시간 조사 : 연 1회
③ 지역별 사업체 노동력 조사 : 연 2회
④ 기업체 노동비용 조사 : 연 1회

답 ①

해 사업체 노동력 조사는 '매월' 실시한다.

50 **다음은 어떤 직업훈련지원제도에 관한 설명인가?**

> 급격한 기술발전에 적응하고 노동시장 변화에 대응하는 사회안전망 차원에서 생애에 걸친 역량개발 향상 등을 위해 국민 스스로 직업능력개발훈련을 실시할 수 있도록 훈련비 등을 지원

① 국가기간·전략산업직종 훈련
② 사업주 직업능력개발훈련
③ 국민내일배움카드
④ 일학습병행

답 ③

51 **한국표준산업분류의 산업분류 결정방법에 관한 설명으로 틀린 것은?**

① 생산단위 산업활동은 그 생산단위가 수행하는 주된 산업 활동 종류에 따라 결정
② 계절에 따라 정기적으로 산업활동을 달리하는 사업체의 경우에는 조사대상 기간 중 산출액이 많았던 활동에 의하여 분류
③ 설립 중인 사업체는 개시하는 산업활동에 따라 결정
④ 단일사업체 보조단위는 별도의 사업체로 처리

답 ④

해 단일사업체의 보조단위는 그 사업체의 일개 부서로 포함하며, 여러 사업체를 관리하는 중앙 보조단위(본부, 본사 등)는 별도의 사업체로 처리한다.

52 **평생학습계좌제(www.all.go.kr)에 관한 설명으로 틀린 것은?**

① 개인의 다양한 학습경험을 온라인 학습이력관리 시스템에 누적·관리 하여 체계적인 학습설계를 지원한다.
② 개인의 학습결과를 학력이나 자격인정과 연계하거나 고용정보로 활용할 수 있게 한다.
③ 전 국민을 대상으로 실시하는 제도로서, 원하는 누구나 이용이 가능하다.
④ 온라인으로 계좌개설이 가능하며 방문신청은 전국 고용센터에 방문하여 개설한다.

답 ④

해 온라인으로 계좌개설이 가능하며, 방문신청은 '평생교육진흥원'에 방문하여 개설한다.

53 고용24(워크넷)에서 제공하는 채용정보 중 기업형태별 검색에 해당하지 않는 것은?

① 벤처기업 ② 외국계기업
③ 환경친화기업 ④ 일학습병행기업

답 ③

해 환경친화기업은 해당하지 않는다.

기업형태별 검색에 해당하지 않는 것
중소기업, 금융권, 환경친화기업, 다문화가정지원기업

54 직업정보의 가공에 대한 설명으로 틀린 것은?

① 정보를 공유하는 방법을 강구하는 단계이다.
② 정보의 생명력을 측정하여 활용방법을 선정하고 이용자에게 동기를 부여할 수 있도록 구상한다.
③ 정보를 제공하는 것은 긍정적인 입장에서 출발하여야 한다.
④ 시각적 효과를 부가한다.

답 ③

해 정보를 제공하는 것은 '긍정적인 입장'이 아닌 '객관적인 입장'에서 출발하여야 한다.

55 고용24(워크넷/직업·진로)에서 '직업정보 찾기'의 하위 메뉴가 아닌 것은?

① 신직업·창직 찾기
② 업무수행능력별 찾기
③ 통합 찾기(지식, 능력, 흥미)
④ 지역별 찾기

답 ④

해 지역별 찾기'는 해당하지 않는다.

56 고용24(워크넷)에서 제공하는 학과정보 중 자연계열의 "생명과학과"와 관련이 없는 학과는?

① 의생명과학과 ② 해양생명과학과
③ 분자생물학과 ④ 바이오산업공학과

답 ②

해 해양생명과학과는 자연계열의 "수산학과"와 관련이 있다.

57 민간직업정보와 비교한 공공직업정보의 특성에 관한 설명과 가장 거리가 먼 것은?

① 필요한 시기에 최대한 활용되도록 한시적으로 신속하게 생산 및 운영된다.
② 광범위한 이용가능성에 따라 공공직업정보체계에 대한 직접적이며 객관적인 평가가 가능하다.
③ 특정 분야 및 대상에 국한되지 않고 전체 산업 및 업종에 걸친 직종 등을 대상으로 한다.
④ 직업별로 특정한 정보만을 강조하지 않고 보편적인 항목으로 이루어진 기초적인 직업정보체계로 구성되어 있다.

답 ①

해 필요한 시기에 최대한 활용되도록 한시적으로 신속하게 생산 및 운영되는 것은 민간직업정보의 특징이다.

구분	민간직업정보	공공 직업정보
직업의 구분	자의성 기준	객관적 기준
직업의 범위	제한적으로 선택	전체산업 및 업종을 포괄적으로 선택
비용	유료	무료

8차 개정으로 향후 다시 출제될 가능성이 희박한 문제입니다.

58 한국표준직업분류(7차) 개정시 대분류 3 "사무 종사자"에 신설된 것은?

① 행정사
② 신용카드 모집인
③ 로봇공학 기술자 및 연구원
④ 문화 관광 및 숲·자연환경 해설사

답 ①

해 "사무 종사자"에 신설된 것은 '행정사'이다.

8차 한국표준직업분류 개정시 신설된 대표 직업
- 방역원, 늘찬배달원, 청각능력 재활사
- 직업교육훈련 및 평생교육 기관 관리자
- 신재생에너지 관련 관리자
- 소프트웨어 품질관리 전문가, 데이터 전문가
- 장애인 직업상담사 등

59 Q-net(www.q-net.or.kr)에서 제공하는 국가기술자격 종목별 정보를 모두 고른 것은?

ㄱ. 자격취득자에 대한 법령상 우대 현황
ㄴ. 수험자 동향(응시목적 별, 연령별 등)
ㄷ. 연도별 검정 현황(응시자수, 합격률 등)
ㄹ. 시험정보(수수료, 취득방법 등)

① ㄱ, ㄴ ② ㄷ, ㄹ
③ ㄱ, ㄴ, ㄹ ④ ㄱ, ㄴ, ㄷ, ㄹ

답 ④

해 모두 해당한다.

60 직업정보의 일반적인 평가 기준과 가장 거리가 먼 것은?

① 어떤 목적으로 만든 것인가
② 얼마나 비싼 정보인가
③ 누가 만든 것인가
④ 언제 만들어진 것인가

답 ②

해 얼마나 비싼 정보인가는 상관없다.
호포크(Hoppock)가 제시한 직업정보의 일반적인 평가 기준
① 어떤 목적으로 만든 것인가
② 누가 만든 것인가
③ 언제 만들어진 것인가
④ 어느 곳을 대상으로 한 것인가
⑤ 자료를 어떤 방식으로 수집하고 제시했는가

제4과목 노동시장

25년~27년 출제기준에서 '노사관계이론' 제외

61 노동조합에 관한 설명으로 옳은 것은?

① 노조부문과 비노조부문 간의 임금격차를 해소시킨다.
② 집단적 소리로서의 기능을 하여 비효율을 제거하고 생산성을 증진시킬 수 있다.
③ 시장기능에 의해 결정된 임금수준을 반드시 수용한다.
④ 노동조합의 임금수준은 일반적으로 비노조부문의 임금수준에 비해 낮게 책정되어 있다.

답 ②

해 집단적 소리로서의 기능을 하여 비효율을 제거하고 생산성을 증진시킬 수 있다.
① 노조부문과 비노조부문 간의 임금격차를 '확대'시킨다.
③ 시장기능에 의해 결정된 임금수준을 '반드시 수용하는 것은 아니다.'
④ 노동조합의 임금수준은 일반적으로 비노조부문의 임금수준에 비해 '높게' 책정되어 있다.

62 1960년대 선진국에서 실업률과 물가상승률 간의 상충관계를 개선하고자 실시했던 정책은?

① 재정정책 ② 금융정책
③ 인력정책 ④ 소득정책

답 ④

해 소득정책
- 완전고용과 물가안정 양립을 추구 즉 '실업률과 인플레이션' 간의 상충관계를 개선 하고자 하는 정책
- 임금억제에 이용될 가능성이 크다.
- 성장산업의 위축을 초래할 수 있다.

63 경기침체로 실업자가 직장을 구하는 것이 더욱 어렵게 되어 구직활동을 단념함으로써 비경제활동인구가 늘어나고 경제활동인구가 감소하는 것은?

① 실망노동자효과
② 부가노동자효과
③ 대기실업효과
④ 추가실업효과

답 ①

해 실망노동자 효과에 대한 내용이다.

- 실망노동자효과
  경기침체로 실업자가 직장을 구하는 것이 더욱 어렵게 되어 구직활동을 단념함으로써 비경제활동인구가 늘어나 경제활동인구가 감소하는 것
  이 때 나타나는 실업자 수는 실제에 비해 과소평가됨
- 부가노동자효과
  경기침체로 주노동자가 실직하게 됨에 따라 가족 중 비경제활동인구에 머물러 있던 이차적 노동력이 가계의 소득을 유지하기 위하여 노동시장에 참가하여 실업률을 높이는 것
  이 때 나타나는 실업자수는 실제에 비해 과대평가됨

64 한국 노동시장에서 인력난과 유휴인력이 공존하는 이유로 가장 적합한 것은?

① 근로자의 학력격차의 확대
② 외국인고용허가제 도입
③ 기업규모별 임금격차의 확대
④ 미숙련노동력의 무제한적 공급

답 ③

해 '기업규모별 임금격차의 확대' 때문이다.

25년 ~ 27년 출제기준에서 '노사관계이론' 제외

65 노사관계의 주체를 사용자 및 단체, 노동자 및 단체, 정부로 규정하고 이들 간의 관계는 기술, 시장 또는 예산상의 제약, 권력구조에 의해 결정된다는 노사관계이론은?

① 시스템이론　② 수렴이론
③ 분산이론　④ 단체교섭이론

답 ①

해 던롭의 '시스템 이론'
노사관계는 3주체로 구성되어 있고 이 주체들은 서로 직·간접적으로 영향(기술, 시장 또는 예산상의 제약, 권력구조 등)을 받으면서 행동한다는 이론

66 다음 중 내부노동시장의 특징에 관한 설명으로 옳은 것은?

① 신규채용이나 복직 그리고 능력 있는 자의 초빙 시에만 외부노동시장과 연결된다.
② 승진이나 직무배치 그리고 임금 등은 외부노동시장과 연계하여 결정된다.
③ 임금은 근로자의 단기적 생산성과 관련된다.
④ 내부와 외부노동시장 간에 임금격차가 없다.

답 ①

해 신규채용이나 복직 그리고 능력 있는 자의 초빙 시에만 외부노동시장과 연결된다.

- 내부노동시장
  하나의 기업 또는 사업장 내에서 이루어지는 노동시장
- 형성원인
  숙련의 특수성, 현장훈련, 장기근속, 기업 내 관습
- 특징
  임금, 직무배치 및 승진은 기업 내 정해진 규칙과 절차에 의해 결정, 제 1차 노동자와 장기노동자로 구성

67 개인이 노동시장에서의 노동공급을 포기하는 경우에 관한 설명으로 틀린 것은?

① 개인의 여가-소득 간의 무차별곡선이 수평에 가까운 경우이다.
② 개인의 여가-소득 간의 무차별곡선과 예산제약선 간의 접점이 존재하지 않거나, X축 코너(comer)점에서만 접점이 이루어질 경우이다.
③ 일정 수준의 효용을 유지하기 위해 1시간 추가적으로 더 일하는 것을 보상하는데 요구되는 소득이 시장임금률보다 더 큰 경우이다.
④ 소득에 비해 여가의 효용이 매우 큰 경우이다.

답 ①

해 노동공급을 포기하는 것(일하지 않는 것)은 일 대신 '여가'를 선택하는 것이다. = 소득에 비해 여가의 효용이 큰 경우
이는 개인의 여가-소득 간의 무차별 곡선이 '수직'에 가까운 경우이다.

개인의 노동공급 포기
- 소득에 비해 여가의 효용이 큰 경우
- 의중임금(받고자 하는 임금)이 시장임금보다 더 큰 경우

25년 ~ 27년 출제기준에서 '노사관계이론' 제외

68 노사 간에 공동결정(co-determination)이라는 광범위한 합의 관행이 존재하고 있는 국가는?

① 영국 ② 프랑스
③ 미국 ④ 독일

답 ④

해 공동결정(co-determination) 독일이다.

69 다음 중 최저임금제도의 기대효과가 아닌 것은?

① 소득분배 개선 ② 기업 간 공정경쟁 유도
③ 고용 확대 ④ 산업구조의 고도화

답 ③

해 최저임금제도는 고용이 축소된다.

최저임금제도의 기대(파급)효과

긍정적 효과	부정적 효과
① 소득분배개선 -저임금 노동자의 생활보호 ② 기업간공정경쟁 유도 ③ 산업구조의 고도화 ④ 산업간 직업간 임금격차의 축소	① 고용감소 (노동수요량의 감소) ② 실업증가 -비숙련자, 청소년 등 ③ 부가급여의 축소

70 다음 중 노동공급의 감소로 발생되는 현상은?

① 사용자의 경쟁심화로 임금수준의 하락을 초래한다.
② 고용수준의 증가를 가져온다.
③ 임금수준의 상승을 초래한다.
④ 일시적인 초과 노동공급현상을 유발한다.

답 ③

해 노동공급의 감소는 근로자가 일을 줄이는 것으로 임금수준의 상승을 초래한다.

25년 ~ 27년 출제기준에서 '노사관계이론' 제외

71 노동조합 조직의 유지 및 확대에 유리한 순서대로 숍제도를 나열한 것은?

① 클로즈드숍 > 유니온숍 > 오픈숍
② 유니온숍 > 클로즈드숍 > 오픈숍
③ 오픈숍 > 유니온숍 > 클로즈드숍
④ 오픈숍 > 클로즈드숍 > 유니온숍

답 ①

해 클로즈드숍 > 유니온숍 > 오픈숍

숍제도

- **오픈숍**: 조합원, 비조합원 모두 고용할 수 있는 제도
- **유니온숍**: 조합원, 비조합원 관계없이 신규채용가능하나 채용후 일정기간 내 반드시 노동조합에 가입해야 하는 제도
- **클로즈드숍**: 노동조합에 가입한 노동자만 채용할 수 있는 제도

72 통상임금과 평균임금에 관한 설명으로 틀린 것은?

① 통상임금에는 기본급, 직무관련 직책, 직급, 직무수당을 포함한다.
② 초과급여, 특별급여 등은 통상임금 산정에서 제외된다.
③ 평균임금은 고용기간 중에서 근로자가 지급받고 있던 평균적인 임금수준을 말한다.
④ 평균임금은 연장근로, 야간근로, 휴일근로 등의 산출 기준 임금이다.

답 ④

해 ④ 평균임금이 아닌 '통상임금'이다.

73 정보의 유통장애와 가장 관련이 높은 실업은?

① 마찰적 실업 ② 경기적 실업
③ 구조적 실업 ④ 잠재적 실업

답 ①

해 정보의 유통장애는 마찰적 실업에 해당한다.

마찰적 실업	구조적 실업	경기적 실업
정보의 유통장애	산업구조 변화	불경기

74 1998 ~ 1999년의 경제위기 기간에 나타난 우리노동시장의 특징과 가장 거리가 먼 것은?

① 해고분쟁의 증가
② 외국인 노동자 대량유입
③ 근로자의 평균근속기간 감소
④ 임시직·일용직 고용비중의 증가

답 ②

해 1998 ~ 1999년의 경제위기 기간은 IMF 금융위기 시절로 오히려 외국인 노동자 수가 급감했다.

75 **임금상승이 한 개인의 여가와 노동시간에 미치는 효과 중 소득효과가 대체효과보다 클 경우 나타나는 것은?**

① 여가시간은 감소하지만 노동시간이 증가한다.
② 여가시간과 노동시간이 함께 증가한다.
③ 여가시간과 노동시간이 함께 감소한다.
④ 여가시간은 증가하지만 노동시간은 감소한다.

답 ④

해 소득효과가 대체효과보다 클 경우에는 여가시간은 증가하지만 노동시간은 감소한다.

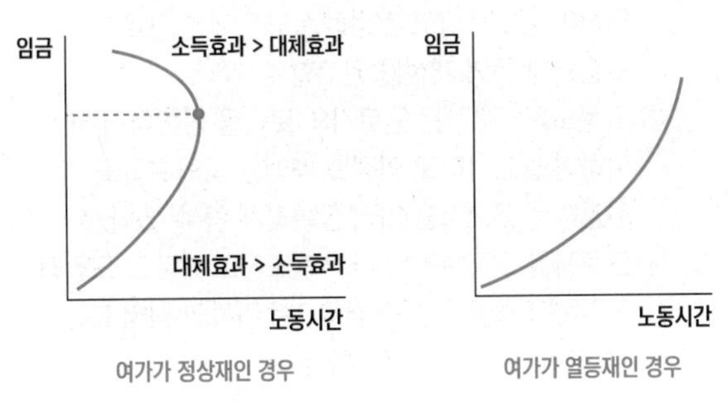

여가가 정상재인 경우 여가가 열등재인 경우

76 **근로자의 근속연수에 따라 임금을 결정하는 임금체계는?**

① 연공급 ② 직무급
③ 직능급 ④ 성과급

답 ①

해 근로자의 '근속연수'에 따라 임금을 결정하는 임금체계는 '연공급'이다.

25년 ~ 27년 출제기준에서 '노사관계이론' 제외

77 **노동조합으로 인해 비노조부문의 임금이 하락하고 있다면 이는 어떤 경우인가?**

① 이전효과(spillover effect)만 나타나는 경우
② 위협효과(threat effect)만 나타나는 경우
③ 대기실업효과만 나타나는 경우
④ 비노동조합부문에서 노동수요곡선을 좌측으로 이동하는 효과가 나타나는 경우

답 ①

해 **이전효과(파급효과, 해고효과)**
노동조합이 조직됨으로써 노동조합 조직부문에서의 상대적 노동수요가 감소하고 그 결과 일자리를 잃은 노동자들이 비조직부문으로 가게 됨으로 비조직부문의 임금을 하락시키는 효과를 말한다.

위협효과
비조직 부문의 기업주들이 노동조합을 결성할까 위협을 느껴 임금을 미리 오려주는 것을 말한다.

대기실업효과
더 좋은 일자리가 있으리라 기대를 가지고 당장 취업하기보다 대기하는 실업을 말한다. 비조직기업을 사직하고 조직기업으로 재취업하기 위해 기다리거나 그 사이 여가를 선호하는 것이다.

구분	파급효과 (이전효과)	위협효과	대기실업 효과
비조직부문 근로자	임금↓	임금↑	임금↑
노동조합 조직부문과 비조직부문간 임금격차	확대 경향	축소 경향	축소 경향

78 **임금이 10,000원에서 12,000원으로 증가할 때 고용량이 120명에서 108명으로 감소한 경우 노동수요의 탄력성은?**

① 0.06 ② 0.5
③ 1.0 ④ 2.0

답 ②

해 • 노동수요의 탄력성

$$= \frac{\text{노동수요량의 변화율}}{\text{임금의 변화율}} \times 100$$

• 노동수요량의 변화율(%)

$$\frac{120 - 108}{120} \times 100 = 10\%$$

• 임금의 변화율(%)

$$= \frac{12{,}000 - 10{,}000}{10{,}000} \times 100 = 20\%$$

• 노동수요의 탄력성

$$= \frac{10\%}{20\%} = 0.5$$

79 K회사는 4번째 직원을 채용할 때 모든 근로자의 시간당 임금을 8천원에서 9천원으로 인상할 것이다. 만약 4번째 직원의 시간당 한계수입생산이 1만원이라면 K기업이 4번째 직원을 새로 고용함에 따라 얻을 수 있는 시간당 이윤은?

① 1천원 증가 ② 2천원 증가
③ 1천원 감소 ④ 2천원 감소

답 ④

해 시간당 이윤은 2천원 감소한다.
4번째 직원을 채용할 때 임금 9,000원 = 4 × 9천원 = 36,000원
3번째 직원을 채용할 때 임금 8,000원 = 3 × 8천원 = 24,000원
노동의 한계비용은 시간당 12,000원
노동의 한계수입생산이 10,000원
∴ 시간당 이윤은 2,000원 감소

80 다음 중 임금수준의 결정원칙이 아닌 것은?

① 사회적 균형의 원칙
② 생계비 보장의 원칙
③ 소비욕구 반영의 원칙
④ 기업 지불 능력의 원칙

답 ③

해 소비욕구 반영의 원칙은 아니다.
임금수준의 결정원칙
- 사회적 균형의 원칙
- 생계비 보장의 원칙
- 법령의 원칙(최저임금제)
- 기업 지불 능력의 원칙

제5과목 고용노동관계법규

81 직업안정법령상 근로자의 모집에 관한 설명으로 틀린 것은?

① 누구든지 국외에 취업할 근로자를 모집한 경우에는 고용노동부장관에게 신고하여야 한다.
② 고용노동부장관은 건전한 모집질서를 확립하기 위하여 필요하다고 인정하는 경우에는 근로자 모집방법 등의 개선을 권고할 수 있다.
③ 고용노동부장관은 근로자의 모집을 원활하게 하기 위하여 필요하다고 인정할 때에는 국외취업을 희망하는 근로자를 미리 등록하게 할 수 있다.
④ 근로자를 모집하려는 자가 응모자로부터 그 모집과 관련하여 금품을 받은 경우 7년 이하의 징역 또는 7천만원 이하의 벌금에 처한다.

답 ④

해 근로자를 모집하려는 자가 응모자로부터 그 모집과 관련하여 금품을 받은 경우 '5년 이하의 징역' 또는 '5천만원 이하'의 벌금에 처한다.

82 고용보험법령상 취업촉진 수당에 해당하지 않는 것은?

① 구직급여 ② 조기재취업 수당
③ 광역 구직활동비 ④ 직업능력개발 수당

답 ①

해 구직급여는 취업촉진 수당에 포함되지 않는다.
'실업급여 = 구직급여 + 취업촉진수당'이다.

83 헌법상 근로의 권리로서 명시되어 있지 않은 것은?

① 최저임금제 시행
② 여성근로자의 특별보호
③ 연소근로자의 특별보호
④ 장애인근로자의 특별보호

답 ④

해 장애인근로자는 헌법상 근로의 권리로서 명시되어 있지 않다.

84 **남녀고용평등 및 일·가정 양립 지원에 관한 법령상 육아기 근로시간 단축에 관한 설명이다. (　　)에 들어갈 내용으로 옳은 것은?**

> 사업주가 근로자에게 육아기 근로시간 단축을 허용하는 경우 단축 후 근로시간은 주당 (ㄱ)시간 이상이어야 하고 (ㄴ) 시간을 넘어서는 아니 된다.

① ㄱ:10, ㄴ:15　② ㄱ:10, ㄴ:20
③ ㄱ:15, ㄴ:30　④ ㄱ:15, ㄴ:35

답 ④

해 ㄱ:(15시간), ㄴ:(35시간)
사업주는 육아기 근로시간 단축을 하고 있는 근로자의 근로시간은 주당 '15시간' 이상 ' 35시간'을 넘어서는 안된다. 단, 근로자가 명시적으로 청구할 경우 사업주는 '12시간 이내'에서 연장근로를 시킬 수 있다.

85 **개인정보 보호법령에 관한 설명으로 틀린 것은?**

① "정보주체"란 처리되는 정보에 의하여 알아볼 수 있는 사람으로서 그 정보의 주체가 되는 사람을 말한다.
② 개인정보처리자는 개인정보의 처리 목적에 필요한 범위에서 개인정보의 정확성, 완전성 및 최신성이 보장되도록 하여야 한다.
③ 개인정보 보호에 관한 사무를 독립적으로 수행하기 위하여 국무총리 소속으로 개인정보 보호위원회를 둔다.
④ 위원의 임기는 2년으로 하되, 연임할 수 없다.

답 ④

해 위원의 임기는 '3년'으로 하되, 연임할 수 있다.

86 **근로기준법령상 이행강제금에 관한 설명으로 틀린 것은?**

① 노동위원회는 구제명령을 받은 후 이행기한까지 구제명령을 이행하지 아니한 사용자에게 3천만원 이하의 이행강제금을 부과한다.
② 노동위원회는 이행강제금을 부과하기 30일 전까지 이행강제금을 부과·징수한다는 뜻을 사용자에게 미리 문서로써 알려주어야 한다.
③ 근로자는 구제명령을 받은 사용자가 이행기한까지 구제명령을 이행하지 아니하면 이행기한이 지난 때부터 30일 이내에 그 사실을 노동위원회에 알려줄 수 있다.
④ 노동위원회는 이행강제금 납부의무자가 납부기한까지 이행강제금을 내지 아니하면 기간을 정하여 독촉을 하고 지정된 기간에 이행강제금을 내지 아니하면 국세 체납처분의 예에 따라 징수할 수 있다.

답 ③

해 근로자는 구제명령을 받은 사용자가 이행기한까지 구제명령을 이행하지 아니하면 이행기한이 지난 때부터 '30일'이 아닌 '15일' 이내에 그 사실을 노동위원회에 알려줄 수 있다.

25년~27년 출제기준에서 '고용정책 기본법' 제외

87 **고용정책 기본법령상 고용정책기본계획에 포함되는 내용으로 명시되지 않은 것은?**

① 고용동향과 인력의 수급 전망에 관한 사항
② 고용에 관한 중장기 정책목표 및 방향
③ 인력의 수급 동향 및 전망을 반영한 직업능력개발훈련의 수급에 관한 사항
④ 인력의 수요와 공급에 영향을 미치는 산업정책 등의 동향에 관한 사항

답 ③

해 인력의 수급 동향 및 전망을 반영한 '직업능력개발훈련의 수급'에 관한 사항은 고용정책기본계획에 명시되어 있지 않다.

88 **국민 평생 직업능력 개발법령상 실시방법에 따라 구분한 직업능력개발훈련에 해당하지 않는 것은?**

① 집체훈련　② 향상훈련
③ 현장훈련　④ 원격훈련

답 ②

해 향상훈련은 실시목적에 따른 구분이다.

훈련의 목적에 따른 구분	실시방법에 따른 구분
-양성훈련 -향상훈련 -전직훈련	-집체훈련 -현장훈련 -원격훈련 -혼합훈련

89 **고용보험법령상 구직급여의 수급자격이 인정되기 위해서는 이직일 이전 18개월의 기준기간 중에 피보험 단위기간이 통산하여 몇 일 이상 되어야 하는가?**

① 60일 ② 90일
③ 120일 ④ 180일

답 ④

해 180일 이상이 되어야 한다.

25년~27년 출제기준에서 '고용정책 기본법' 제외

90 **고용정책기본법령상 고용재난지역에 관한 설명으로 틀린 것은?**

① 고용재난지역으로 선포할 것을 대통령에게 건의할 수 있는 자는 기획재정부장관이다.
② 고용재난지역의 선포를 건의받은 대통령은 국무회의 심의를 거쳐 해당 지역을 고용 재난지역으로 선포할 수 있다.
③ 고용재난지역으로 선포하는 경우 정부는 행정상·재정상·금융상의 특별지원이 포함된 종합대책을 수립·시행할 수 있다.
④ 고용재난조사단은 단장 1명을 포함하여 15명 이하의 단원으로 구성한다.

답 ①

해 고용재난지역으로 선포할 것을 대통령에게 건의할 수 있는 자는 '고용노동부 장관'이다.

91 **국민 평생 직업능력 개발법령상 직업능력개발훈련에 관한 설명으로 옳은 것은?**

① 직업능력개발훈련은 18세 미만인 자에게는 실시할 수 없다.
② 직업능력개발훈련의 대상에는 취업할 의사가 있는 사람뿐만 아니라 사업주에게 고용된 사람도 포함된다.
③ 직업능력개발훈련 시설의 장은 직업능력개발훈련과 관련된 기술 등에 관한 표준을 정할 수 있다.
④ 산업재해보상보험법을 적용받는 사람도 재해 위로금을 받을 수 있다.

답 ②

해 ① 직업능력개발훈련은 '15세 이상'인 사람에게 실시할 수 있다.
② 직업능력개발훈련의 대상에는 취업할 의사가 있는 사람뿐만 아니라 사업주에게 고용된 사람도 포함(재직자훈련과정)된다.
③ '고용노동부장관'은 직업능력개발훈련과 관련된 기술 등에 관한 표준을 정할 수 있다.
④ '산업재해보상보험법을 적용받는 사람'은 재해 위로금을 받을 수 없다.

92 **고용보험법령상 고용안정·직업능력개발 사업의 내용에 해당하지 않는 것은?**

① 조기재취업 수당 지원
② 고용창출의 지원
③ 지역고용의 촉진
④ 임금피크제 지원금의 지급

답 ①

해 조기재취업 수당 지원은 취업촉진 수당에 해당한다.

93 **근로기준법령상 용어의 정의에 관한 설명으로 틀린 것은?**

① "근로"란 정신노동과 육체노동을 말한다.
② "사용자"란 사업주 또는 사업 경영 담당자, 그 밖에 근로자에 관한 사항에 대하여 사업주를 위하여 행위하는 자를 말한다.
③ "통상임금"이란 이를 산정하여야 할 사유가 발생한 날 이전 3개월 동안에 그 근로자에게 지급된 임금의 총액을 그 기간의 총일수로 나눈 금액을 말한다.
④ "단시간근로자"란 1주 동안의 소정근로시간이 그 사업장에서 같은 종류의 업무에 종사 하는 통상 근로자의 1주 동안의 소정근로시간에 비하여 짧은 근로자를 말한다.

답 ③

해 '통상임금'이 아닌 "평균임금"에 대한 정의이다.

94 **남녀고용평등과 일·가정 양립 지원에 관한 법령상 과태료를 부과하는 위반행위는?**

① 근로자의 교육·배치 및 승진에서 남녀를 차별한 경우
② 성희롱 예방 교육을 하지 아니한 경우
③ 동일한 사업 내의 동일 가치의 노동에 대하여 동일한 임금을 지급하지 아니한 경우
④ 육아기 근로시간 단축을 이유로 해당 근로자에 대하여 해고나 그 밖의 불리한 처우를 한 경우

답 ②

해 성희롱 예방 교육을 하지 아니한 경우에는 '500만원의 과태료'를 부과한다.

95 근로기준법령상 근로계약에 관한 설명으로 틀린 것은?

① 근로기준법에서 정하는 기준에 미치지 못하는 근로조건을 정한 근로계약은 그 부분에 한하여 무효로 한다.
② 사용자는 근로계약 불이행에 대한 위약금 또는 손해배상액을 예정하는 계약을 체결할 수 있다.
③ 사용자는 근로계약을 체결할 때에 근로자에게 임금, 소정근로시간, 휴일, 연차 유급휴가 등의 사항을 명시하여야 한다.
④ 명시된 근로조건이 사실과 다를 경우에 근로자는 근로조건 위반을 이유로 손해의 배상을 청구할 수 있으며 즉시 근로계약을 해제할 수 있다.

답 ②

해 사용자는 근로계약 불이행에 대한 위약금 또는 손해배상액을 예정하는 계약을 체결할 수 없다.

96 남녀고용평등과 일·가정 양립 지원에 관한 법령상 직장 내 성희롱의 금지 및 예방에 관한 설명으로 틀린 것은?

① 사업주, 상급자 또는 근로자는 직장 내 성희롱을 하여서는 아니 된다.
② 사업주는 성희롱 예방 교육을 고용노동부장관이 지정하는 기관에 위탁하여 실시할 수 있다.
③ 누구든지 직장 내 성희롱 발생 사실을 알게된 경우 그 사실을 해당 사업주에게 신고할 수 있다.
④ 사업주는 직장 내 성희롱 예방 교육을 연 2회 이상 하여야 한다.

답 ④

해 사업주는 직장 내 성희롱 예방 교육을 '연 1회' 이상 하여야 한다.

25년 ~ 27년 출제기준에서 '근로자퇴직급여 보장법' 제외

97 근로자퇴직급여 보장법에 관한 설명으로 틀린 것은?

① 이 법은 상시 5명 미만의 근로자를 사용하는 사업장에는 적용하지 아니 한다.
② 퇴직금제도를 설정하려는 사용자는 계속근로기간 1년에 대하여 30일분 이상의 평균임금을 퇴직금으로 퇴직 근로자에게 지급할 수 있는 제도를 설정하여야 한다.
③ 퇴직금을 받을 권리는 3년간 행사하지 아니하면 시효로 인하여 소멸한다.
④ 확정급여형퇴직연금제도란 근로자가 받을 급여의 수준이 사전에 결정되어 있는 퇴직연금제도를 말한다.

답 ①

해 이 법은 근로자를 사용하는 모든 사업 또는 사업장에 적용한다. 다만, 동거하는 친족만을 사용하는 사업 및 가구 내 고용활동에는 적용하지 아니한다.

98 직업안정법령상 근로자공급사업에 관한 설명으로 틀린 것은?

① 근로자공급사업 연장허가의 유효기간은 연장전 허가의 유효기간이 끝나는 날부터 5년으로 한다.
② 누구든지 고용노동부장관의 허가를 받지 아니하고는 근로자공급사업을 하지 못한다.
③ 연예인을 대상으로 하는 국외 근로자공급 사업의 허가를 받을 수 있는 자는 민법상 비영리법인으로 한다.
④ 국내 근로자공급사업 허가를 받을 수 있는 자는 「노동조합 및 노동관계조정법」에 따른 노동조합이다.

답 ①

해 근로자공급사업의 허가의 유효기간은 '3년'이며, 연장 허가의 유효기간은 연장전 '허가의 유효기간이 끝나는 날부터 3년'으로 한다.

25년 ~ 27년 출제기준에서
'파견근로자 보호 등에 관한 법률' 제외

99 파견근로자보호 등에 관한 법령에 대한 설명으로 틀린 것은?

① 근로자파견사업의 허가의 유효기간은 3년으로 한다.
② 파견사업주는 그가 고용한 근로자 중 파견근로자로 고용하지 아니한 자를 근로자파견의 대상으로 하려는 경우에는 고용노동부장관의 승인을 받아야 한다.
③ 파견사업주는 쟁의행위 중인 사업장에 그 쟁의행위로 중단된 업무의 수행을 위하여 근로자를 파견하여서는 아니 된다.
④ 파견사업주는 근로자파견을 할 경우에는 파견근로자의 성명·성별·연령·학력, 자격 기타 직업능력에 관한 사항을 사용사업주에게 통지하여야 한다.

답 ②

해 파견사업주는 그가 고용한 근로자 중 파견근로자로 고용하지 아니한 자를 근로자파견의 대상으로 하려는 경우에는 미리 '고용노동부장관'의 승인이 아닌 '해당근로자에게 그 취지를 서면으로 알리고 동의'를 받아야 한다.

25년 ~ 27년 출제기준에서 '고용상 연령차별금지 및 고령자고용촉진에 관한 법률' 제외

100 고용상 연령차별금지 및 고령자고용촉진에 관한 법령상 운수업에서의 고령자 기준 고용률은?

① 그 사업장의 상시 근로자 수의 100분의 2
② 그 사업장의 상시 근로자 수의 100분의 3
③ 그 사업장의 상시 근로자 수의 100분의 6
④ 그 사업장의 상시 근로자 수의 100분의 10

답 ③

해 운수업에서의 고령자 기준 고용률은 사업장의 상시 근로자 수의 100분의 6 이다.

제조업	운수업,부동산 및 임대업	기타서비스업
100분의 2	100분의 6	100분의 3

2021년 3회차 기출 문제

제1과목 직업상담

01 진로 선택과 관련된 이론으로 인생초기의 발달 과정을 중시하는 이론은?

① 인지적 정보처리이론 ② 정신분석이론
③ 사회 학습이론 ④ 진로발달이론

답 ②

해 인생초기의 발달 과정을 가장 중시하는 이론은 프로이드의 '정신분석이론' 이다.

02 상담이론과 직업상담사의 역할의 연결이 바르지 않은 것은?

① 인지상담 - 수동적이고 수용적인 태도
② 정신분석적 상담 - 텅 빈 스크린
③ 내담자 중심의 상담 - 촉진적인 관계형성 분위기 조성
④ 행동주의상담 - 능동적이고 지시적인 역할

답 ①

해 인지치료상담은 개인의 인지능력(지적능력)을 개발시키는데 몰두한다. 즉, 내담자의 역기능적 사고를 수정하여 정서나 행동을 변화시키는데 역점을 두어야 함으로 '적극적'이며'교육자' 역할을 할 수 있어야 한다.

03 Williamson의 특성-요인 직업상담의 단계를 바르게 나열한 것은?

ㄱ. 분석	ㄴ. 종합 진단	ㄷ. 예측
ㄹ. 상담	ㅁ. 추수지도	

① ㄱ → ㄴ → ㄷ → ㄹ → ㅁ → ㅂ
② ㄷ → ㄱ → ㄴ → ㅁ → ㄹ → ㅂ
③ ㄴ → ㄱ → ㄹ → ㄷ → ㅁ → ㅂ
④ ㄱ → ㄷ → ㅁ → ㄴ → ㄹ → ㅂ

답 ①

해 윌리암슨의 진로상담 과정
분석→ 종합→ 진단→ 예후→ 상담→ 추수지도

04 6개의 생각하는 모자(six thinking hats) 기법에서 모자의 색상별 역할에 관한 설명으로 옳은 것은?

① 청색 - 낙관적이며, 모든 일이 잘 될 것이라고 생각한다.
② 적색 - 직관에 의존하고, 직감에 따라 행동한다.
③ 흑색 - 본인과 직업들에 대한 사실들만을 고려한다.
④ 황색 - 새로운 대안들을 찾으려 노력하고, 문제들을 다른 각도에서 바라본다.

답 ②

해 적색 - 직관에 의존하고, 직감에 따라 행동한다.

6개의 생각하는 모자(six thinking hats) 기법
- 백색(하양) : 사실적 표현들을 제시
- 적색(빨강) : 직관에 의존하고, 직감에 따라 행동
- 흑색(검정) : 비관적·비판적 의견을 제시
- 녹색(초록) : 창의적 의견을 표현
- 청색(파랑) : 합리적으로 생각(사회자의 역할)
- 황색(노랑) : 긍정적으로 사고

<흥미사정> 출제 확률이 낮은 문제

05 Super가 제시한 흥미사정 기법에 해당하지 않는 것은?

① 표현된 흥미 ② 선호된 흥미
③ 조작된 흥미 ④ 조사된 흥미

답 ②

해 선호된 흥미는 해당되지 않는다.

Super(수퍼) 흥미사정기법
- 표현된 흥미
- 조작된 흥미
- 조사된 흥미

<교류분석> 출제 확률이 낮은 문제

06 교류분석상담의 상담과정에서 내담자 자신의 부모자아, 성인자아, 어린이자아의 내용이나 기능을 이해하는 방법은?

① 구조분석 ② 의사교류분석
③ 게임분석 ④ 생활각본분석

답 ①

해 (자아) 구조분석이다.

07 **인지·정서·행동치료(REBT)의 상담기법 중 정서 기법에 해당하지 않는 것은?**

① 역할연기 ② 수치공격 연습
③ 자기관리 ④ 무조건적 수용

답 ③

해 자기관리는 해당하지 않는다.
REBT 상담에서 적절하고 합리적인 정서상태로 이끌어 가기 위해 사용되는 정서기법으로 역할연기와 수치공격 연습, 무조건적 수용 등이 있다.

08 **상담사가 비밀유지를 파기할 수 있는 경우와 거리가 가장 먼 것은?**

① 내담자가 자살을 시도할 계획이 있는 경우
② 비밀을 유지하지 않는 것이 효과적이라고 슈퍼바이저가 말하는 경우
③ 내담자가 타인을 해칠 가능성이 있는 경우
④ 아동학대와 관련된 경우

답 ②

해 비밀을 유지하지 않는 것이 효과적이라고 슈퍼바이저가 말하는 경우는 거리가 멀다.

09 **직업상담을 위한 면담에 대한 설명으로 옳은 것은?**

① 내담자의 모든 행동은 이유와 목적이 있음을 분명하게 인지한다.
② 상담과정의 원만한 전개를 위해 내담자에게 태도 변화를 요구한다.
③ 침묵에 빠지지 않도록 상담자는 항상 먼저 이야기를 해야 한다.
④ 초기면담에서 내담자에 대한 기준을 부여한다.

답 ①

해 내담자의 모든 행동은 이유와 목적이 있음을 분명하게 인지한다.

10 **사이버 직업상담 기법으로 적합하지 않은 것은?**

① 질문내용 구상하기
② 핵심 진로논점 분석하기
③ 진로논점 유형 정하기
④ 직업정보 가공하기

답 ①

해 '질문내용'이 아닌 '답변내용' 구상하기이다.

<행동주의> 출제 확률이 낮은 문제

11 **내담자가 자기지시적인 삶을 영위하고 상담사에게 의존하지 않게 하기 위해 상담사가 내담자와 지식을 공유하며 자기강화 기법을 적극적으로 활용하는 행동주의 상담기법은?**

① 모델링 ② 과잉교정
③ 내현적 가감법 ④ 자기관리 프로그램

답 ④

해 행동주의 상담기법에서 '자기강화 기법'을 활용하는 것은 '자기관리 프로그램'이다.

12 **상담사의 기본 기술 중 내담자가 전달하려는 내용에서 한 걸음 더 나아가 그 내면적 감정에 대해 반영하는 것은?**

① 해석 ② 공감
③ 명료화 ④ 적극적 경청

답 ②

해 한 걸음 더 나아가 '내면적 감정에 대해 반영'하는 것은 공감이다.

13 **아들러(A. Adler)의 개인주의 상담에 관한 설명으로 맞는 것을 모두 고른 것은?**

ㄱ. 범인류적 유대감을 중시한다.
ㄴ. 인간을 전체적 존재로 본다.
ㄷ. 사회 및 교육문제에 관심을 갖는다.

① ㄱ, ㄴ ② ㄱ, ㄷ
③ ㄴ, ㄷ ④ ㄱ, ㄴ, ㄷ

답 ④

해 모두 해당된다.

14 **다음은 어떤 상담이론에 관한 설명인가?**

부모의 가치조건을 강요하여 긍정적 존중의 욕구가 좌절되고, 부정적 자아개념이 형성되면서 심리적 어려움이 발생된다고 본다.

① 행동주의 상담 ② 게슈탈트 상담
③ 실존주의 상담 ④ 인간중심 상담

답 ④

해 '가치조건'에 해당하는 개념으로 인간중심 상담 이론에 해당된다.

15 **직업상담 과정에서 내담자 목표나 문제의 확인·명료·상세 단계의 내용으로 적절하지 않은 것은?**

① 내담자와 상담자 간의 상호 간 관계 수립
② 내담자의 현재 상태와 환경적 정보 수집
③ 진단에 근거한 개입의 선정
④ 내담자 자신의 정보수집

답 ③

해 직업상담 과정의 2단계

제 1단계 : 내담자 목표나 문제의 확인·명료·상세 단계
① 내담자와 상담자 간의 상호 간 관계 수립
② 내담자의 현재 상태와 환경적 정보 수집
③ 내담자 자신의 정보수집
④ 내담자의 행동이해 및 가정하기

제 2단계 : 내담자의 목표 또는 문제해결 단계
① 진단에 근거한 개입의 선정
② 사용된 개입의 영향 평가하기

16 **Super의 생애진로발달 이론에서 상담 목표로 옳은 것을 모두 고른 것은?**

ㄱ. 자기개념 분석하기
ㄴ. 진로성숙 수준 확인하기
ㄷ. 수행결과에 대한 비현실적 기대 확인하기
ㄹ. 진로발달과제를 수행하는데 필요한 지식, 태도, 기술 익히기

① ㄱ, ㄷ ② ㄱ, ㄴ, ㄹ
③ ㄴ, ㄷ, ㄹ ④ ㄱ, ㄴ, ㄷ, ㄹ

답 ②

해 ㄱ, ㄴ, ㄹ 이다.
ㄷ. 수행결과에 대한 비현실적 기대 확인하기는 적절하지 않다.

17 **생애진로사정의 구조에 포함되지 않는 것은?**

① 진로사정 ② 강점과 장애
③ 훈련 및 평가 ④ 전형적인 하루

답 ③

해 훈련 및 평가는 생애진로사정의 구조에 포함되지 않는다.

생애진로사정의 구조
• 진로사정
• 전형적인 하루
• 강점과 장애
• 요약

18 **다음 사례에서 면담 사정 시 사정단계에서 확인해야 하는 내용으로 가장 적합한 것은?**

중2 남학생인 내담자는 소극적인 성격으로 대인 관계에 어려움을 겪고 있고 진로에 대한 고민을 한 적이 없고 학업도 게을리하고 있다.

① 내담자의 잠재력, 내담자의 자기진단
② 인지적 명확성, 정신건강 문제, 내담자의 동기
③ 내담자의 자기진단, 상담자의 정보제공
④ 동기문제 해결, 상담자의 견해 수용

답 ②

해 인지적 명확성, 정신건강 문제, 내담자의 동기를 상담 전 확인해야 한다.

19 **비구조화 집단에 관한 설명으로 틀린 것은?**

① 감수성 훈련, T집단이 해당된다.
② 폭넓고 깊은 상호작용이 이루어질 수 있다.
③ 구조화집단보다 지도자의 전문성이 더욱 요구된다.
④ 비구조화가 중요하기에 지도자가 어떤 계획을 세울 필요는 없다.

답 ④

해 지도자는 구조화 집단과 비구조화 집단 운영에 대한 계획을 세울 필요가 있다.
T집단 : 치료집단, 교육집단

25년~27년 출제기준에서 '내담자의 문제유형' 제외

20 **직업상담의 문제 유형 중 Bordin의 분류에 해당하지 않는 것은?**

① 의존성 ② 확신의 결여
③ 선택에 대한 불안 ④ 흥미와 적성의 모순

답 ④

해 흥미와 적성의 모순은 윌리암슨의 문제유형이다.

보딘의 문제유형 분류
• 의존성
• 자아갈등(내적갈등)
• 정보의 부족
• 선택에 대한 불안
• 확신의 결여(문제없음)

제2과목 직업심리

21 다음 중 진로 의사결정 모델(이론)에 해당하는 것은?

① Holland의 진로선택이론
② Vroom의 기대이론
③ Super의 발달이론
④ Krumboltz의 사회 학습이론

답 ②

해 Vroom의 기대이론
직업결정요인을 '균형, 기대, 힘'의 원리로 두고 설명하는 진로 의사결정 모델이론이다.
① 홀랜드의 진로발달이론
③ 수퍼의 진로발달이론
④ 크롬볼츠의 사회 학습이론

22 진로발달이론 중 인지적 정보처리 이론의 핵심적인 가정으로 옳지 않은 것은?

① 직업 문제해결 능력은 지식과 마찬가지로 인지적인 기능에 따라 달라진다.
② 직업발달은 지식구조의 지속적인 성장과 변화를 내포한다.
③ 직업 문제해결과 의사결정은 인지적인 과정을 내포하고 있고 정서적인 과정은 포함되지 않는다.
④ 직업 문제해결과 의사결정 기술의 발전은 정보처리 능력을 강화함으로써 이루어진다.

답 ③

해 인지적 정보처리 이론에는 인지적 과정뿐 아니라 '정서적인 과정도 포함'된다.

23 다음에 해당하는 직무 및 조직 관련 스트레스 요인은?

> 직장 내 요구들 간의 모순 혹은 직장의 요구와 직장 밖 요구 사이의 모순이 있을 때 발생한다.

① 역할 갈등 ② 역할 과다
③ 과제 특성 ④ 역할 모호성

답 ①

해 역할 갈등이다.
역할 갈등
역할담당자의 역할과 역할전달자의 역할기대가 상충함으로써 발생

역할갈등의 종류
- **개인 간 역할갈등** : 직업에서의 요구 VS 직업 이외의 요구
- **개인 내 역할갈등** : 직업에서의 요구 VS 개인의 가치관
- **송신자 간 갈등** : 두 명 이상의 송신자가 서로 다른 요구를 하여 발생
- **송신자 내 갈등** : 한 송신자가 서로 배타적이고 양립할 수 없는 요구를 할 때 발생

24 진로성숙도 검사(CMI)의 태도척도 영역과 이를 측정하는 문항의 예가 바르게 짝지어진 것은?

① 결정성 - 나는 선호하는 진로를 자주 바꾸고 있다.
② 독립성 - 나는 졸업할 때까지는 진로선택 문제에 별로 신경을 쓰지 않겠다.
③ 타협성 - 일하는 것이 무엇인지에 대해 생각한 바가 거의 없다.
④ 성향 - 나는 하고 싶기는 하나 할 수 없는 일을 생각하느라 시간을 보내곤 한다.

답 ①

해
- **결정성** : 나는 선호하는 진로를 자주 바꾸고 있다.
- **참여성** : 나는 졸업할 때까지는 진로선택 문제에 별로 신경을 쓰지 않겠다.
- **독립성** : 진로선택을 독립적으로 할 수 있는 정도이다.
- **성향(지향성)** : 일하는 것이 무엇인지에 대해 생각한 바가 거의 없다.
- **타협성** : 나는 하고 싶기는 하나 할 수 없는 일을 생각하느라 시간을 보내곤 한다.

25 호손(Hawtiiorne) 연구에 관한 설명으로 틀린 것은?

① 인간이 조직에서 중요한 요소의 하나라는 사실을 강조하였다.
② 개인과 집단의 사회적·심리적 요소가 조직성과에 영향을 미친다는 사실을 인식하였다.
③ 비공식조직이 조직성과에 영향을 미치는 것을 확인하였다.
④ 작업의 과학화, 객관화, 분업화의 중요성을 강조하였다.

답 ④

해 ④ 테일러(Taylor)의 '과학적 관리이론'이다.

26 **직무 스트레스에 관한 설명으로 옳은 것은?**

① 17-OHCS라는 당류부신피질 호르몬은 스트레스의 생리적 지표로서 매우 중요하게 사용된다.
② B형 행동유형이 A형 행동유형보다 높은 스트레스 수준을 유지한다.
③ Yerkes와 Dodson의 U자형 가설은 스트레스 수준이 낮으면 작업능률이 높아진다는 가설이다.
④ 일반적응증후군(GAS)은 저항단계, 경계단계, 소진단계 순으로 진행되면서 사람에게 나쁜 결과를 가져다준다.

답 ①

해 17-OHCS라는 당류부신피질 호르몬은 스트레스의 생리적 지표로서 매우 중요하게 사용된다.
② 'A형 행동유형'이 B형 행동유형보다 높은 스트레스 수준을 유지한다.
③ Yerkes와 Dodson의 '역U자'형 가설은 스트레스 수준이 적당할 때 작업능률이 높아진다는 가설이다.
④ 일반적응증후군(GAS)에서는 '경계단계, 저항단계, 소진단계' 순으로 진행순서를 보았다.

27 **다음 중 일반적으로 가장 높은 신뢰도 계수를 기대할 수 있는 검사는?**

① 표준화된 성취검사
② 표준화된 지능검사
③ 자기보고식 검사
④ 투사식 성격검사

답 ②

해 '표준화된 지능검사' 이다.

25년 ~ 27년 출제기준에서 '조직에서의 경력개발' 제외

28 **신입사원을 대상으로 부서 배치 후 6개월 이내에 자신이 도달하고 싶은 미래의 모습을 경력목표로 정하고 목표에 도달하기 위한 계획을 작성, 제출하도록 하여 자율적으로 경력목표를 달성할 수 있도록 지원하는 것은?**

① 경력워크숍　② 직무순환
③ 사내공모제　④ 조기발탁제

답 ①

해 신입사원을 대상으로 경력목표를 달성할 수 있도록 지원하는 것은 '경력워크숍' 이다.

29 **개인의 변화를 목표로 하는 이차적 스트레스 관리전략에 해 당하지 않는 것은?**

① 이완 훈련
② 바이오 피드백
③ 직무 재설계
④ 스트레스 관리 훈련

답 ③

해 '직무 재설계'는 일차적 스트레스 관리 전략이다.

스트레스 관리전략

- 일차적 관리전략(출처지향적 관리)
  - 조직수준의 관리전략으로 스트레스의 출처를 예측하여 수정
  - 직무재설계, 직무확대 등
- 이차적 관리전략(반응지향적 관리)
  - 개인수준의 관리전략으로 스트레스로 인한 다양한 증상을 완화하도록 함
  - 이완훈련, 시간관리 등
- 삼차적 관리전략(증후지향적 관리)
  - 스트레스로 인한 각종 부정적 결과등을 치료
  - 심리치료, 약물치료

30 **심리검사를 실시할 때 지켜야 할 사항과 가장 거리가 먼 것은?**

① 검사의 구두 지시사항을 미리 충분히 숙지 한다.
② 지나친 소음과 방해자극이 없는 곳에서 검사를 실시한다.
③ 수검자에 대한 관심과 협조, 격려를 통해 수검자로 하여금 검사를 성실히 하도록 한다.
④ 수검자에게 검사결과를 통보할 때는 일상적인 용어보다 통계적인 숫자나 용어를 중심으로 전달해야 한다.

답 ④

해 수검자에게 검사결과를 통보할 때는 통계적인 숫자나 용어보다 가능한 이해하기 쉬운 일상적인 용어를 중심으로 전달해야 한다.

31 **홀랜드(Holland)의 육각형 모델에서 창의성을 지향하는 아이디어와 자료를 사용해서 자신을 새로운 방식으로 표현하는 유형은?**

① 현실형(R) ② 탐구형(I)
③ 예술형 (A) ④ 사회형 (S)

답 ③

해 창의성과 아이디어로 새로운 방식으로 표현하는 유형은 '예술형'이다.
- **현실형** : 기계조작을 좋아함
- **탐구형** : 연구탐구를 좋아함
- **예술형** : 창의성, 아이디어를 좋아함
- **사회형** : 사람관계를 좋아함
- **진취형** : 통제관리(리더십)을 좋아함
- **관습형** : 질서정연을 좋아함

32 **직업상담사 자격시험 문항 중 대학수학능력을 측정하는 문항이 섞여 있을 경우 가장 문제가 되는 것은?**

① 타당도 ② 신뢰도
③ 객관도 ④ 오답지 매력도

답 ①

해 타당도에 문제가 있다.
타당도 검사는 측정하고자 하는 바를 얼마나 정확히 측정하느냐를 의미한다.

25년~27년 출제기준에서 '직무분석이론' 제외

33 **직무분석에 필요한 직무정보를 얻는 출처와 가장 거리가 먼 것은?**

① 직무 현직자 ② 현직자의 상사
③ 직무 분석가 ④ 과거 직무 수행자

답 ④

해 과거 직무 수행자는 해당하지 않는다.

34 **특성요인이론에 관한 설명으로 맞는 것을 모두 고른 것은?**

> ㄱ. 대표적인 학자로 파슨스, 윌리엄슨 등이 있다.
> ㄴ. 직업선택은 인지적인 과정으로 개인의 특성과 직업의 특성을 짝짓는 것이 가능하다고 본다.
> ㄷ. 개인차에 관한 연구에서 시작하였고, 심리측정을 중요하게 다루지 않는다.

① ㄱ, ㄴ ② ㄱ, ㄷ
③ ㄴ, ㄷ ④ ㄱ, ㄴ, ㄷ

답 ①

해 ㄱ. ㄴ이다.
ㄷ. 개인차에 대한 연구에서 시작하여 개인차의 정확한 분석으로 심리측정을 중요하게 다룬다.

35 **2차 세계대전 중에 미국 공군이 개발한 것으로 모든 원점수를 1~9까지의 한자리 숫자체계로 전환한 것은?**

① 스테나인 척도 ② 서스톤 척도
③ 서열척도 ④ T점수

답 ①

해 스테나인, 표준등급이라고도 한다.

36 **직업지도 시 '직업적응' 단계에서 이루어지는 것이 아닌 것은?**

① 직업생활에 적응하기 위하여 노력한다.
② 여러 가지 직업 중에서 장·단점을 비교한다.
③ 직업전환 및 실업 위기에 대응하기 위한 자기만의 계획을 갖는다.
④ 은퇴 후의 생애설계를 한다.

답 ②

해 여러 가지 직업 중에서 장단점을 비교하는 것은 '직업선택' 단계에서 이루어져야 하는 활동이다.
직업적응 단계는 직업생활을 하고 있을 때 필요한 활동에 대한 직업지도가 이러우져야 한다.

37 **스트롱-캠벨 흥미검사(SVIB-SCII)에 관한 설명으로 옳지 않은 것은?**

① 직업전환에 관심이 있는 사람들에게 활용될 수 있다.
② 207개 직업별 흥미척도가 제시된다.
③ 반응 관련 자료 및 특수척도 점수 등과 같은 자료가 제공된다.
④ 사회 경제구조와 직업 형태에 적합한 18개 영역의 직업흥미를 분류하여 구성하였다.

답 ④

해 스트롱-캠벨 흥미검사(SVIB-SCII)는 사회 경제구조와는 관계가 없다.

38 **직업발달이란 직업 자아정체감을 형성해 나가는 계속적 과정이라고 간주하는 진로발달이론은?**

① Ginzberg의 발달이론
② Super의 발달이론
③ Tiedeman과 O'Hara의 발달이론
④ Tuckman의 발달이론

답 ③

해 '자아정체감을 형성해 나가는 계속적인 과정'을 강조한 이론은 Tiedeman과 O'Hara의 발달이론이다.

25년 ~ 27년 출제기준에서 '조직에서의 경력개발' 제외

39 **종업원 평가 방법 중 다양한 직무과업을 모방하여 설계한 여러 가지 모의과제로 구성된 것은?**

① 평가 센터(assessment center)
② 경력 자원 센터(career resource center)
③ 경력 워크숍(career workshop)
④ 경력 연습책자(career workbook)

답 ①

해 다양한 직무과업을 모방하여 설계한 여러 가지 모의과제로 구성된 것은 평가센터(평가기관) 이다.

경력개발 프로그램 유형
- **자기평가도구**: 경력워크숍, 경력연습책자 등
- **개인상담**
- **정보제공**: 사내공모제 등
- **종업원 평가**: 평가기관, 심리검사, 조기발탁제 등
- **종업원 개발**: 훈련 프로그램, 후견인 프로그램, 직무순환

40 **직무분석 정보를 수집하는 기법 중 다음과 같은 장점을 지닌 것은?**

- 효율적이고 비용이 적게 든다.
- 동일한 직무의 재직자 간의 차이를 보여준다.
- 공통적인 직무 차원 상에서 상이한 직무들을 비교하기가 쉽다.

① 관찰법 ② 면접법
③ 설문지법 ④ 작업일지법

답 ③

해 설문지법에 대한 내용이다.

제3과목 직업정보

개정 반영

41 **2025년 적용 최저임금은 얼마인가?**

① 9,620원 ② 9,830원
③ 10,030원 ④ 10,080원

답 ③

해 2025년 최저임금 : 10,030원
<참고>

2020	2021	2022	2023	2024
8,590	8,720	9,160	9,620	9,860

11차 개정으로 향후 다시 출제될 가능성이 희박한 문제입니다.

42 **한국표준산업분류(제 10차)의 대분류별 개정 내용으로 틀린 것은?**

① 채소작물 재배업에 마늘, 딸기 작물 재배업을 포함하였다.
② 전기자동차 판매 증가 등 관련 산업 전망을 감안하여 전기 판매업 세분류를 신설하였다.
③ 항공운송업을 항공 여객과 화물 운송업으로 변경하였다.
④ 행정 부문은 정부 직제 및 기능 등을 고려하여 전면 재분류하였다.

답 ④

해 행정 부문은 정부 직제 및 기능 등을 고려하여 '기존 분류를 유지'하였다.

11차 대분류별 개정 대표 내용
① 콩나물 재배업은 기타 시설작물 재배업으로 통합
② 애완용동물 및 관련용품 소매업을 '반려용동물 및 관련용품 소매업'으로 명칭변경
③ 건강보험업과 산업 재해 및 기타 사회보장 보험업과 연금업을 O.공공행정, 국방 및 사회보장 행정(대분류6→대분류8)으로 이동
④ 부동산 중개 및 대리업을 '부동산 중개 및 대리업'과 '부동산 분양 대행업'으로 세분

43 **공공직업 정보의 일반적인 특성을 모두 고른 것은?**

ㄱ. 필요한 시기에 최대한 활용되도록 한시적으로 신속하게 생산되어 운영한다.
ㄴ. 특정 분야 및 대상에 국한하지 않고 전체 산업 및 업종에 걸친 직종을 대상으로 한다.
ㄷ. 특정 시기에 국한하지 않고 지속적으로 조사 분석하여 제공된다.
ㄹ. 관련 직업정보 간의 비교·활용이 용이하다.

① ㄱ, ㄴ, ㄷ　② ㄱ, ㄴ, ㄹ
③ ㄱ, ㄷ, ㄹ　④ ㄴ, ㄷ, ㄹ

답 ④

해 ㄴ, ㄷ, ㄹ 이다.
ㄱ. 필요한 시기에 한시적 운영은 민간직업정보의 특징이다.

11차 개정으로 향후 다시 출제될 가능성이 희박한 문제입니다.

44 **한국표준산업분류(제10차)의 "A 농업, 임업 및 어업" 분야 분류 시 유의사항으로 틀린 것은?**

① 구입한 농·임·수산물을 가공하여 특정 제품을 제조하는 경우에는 제조업으로 분류
② 농·임·수산업 관련 조합은 각각의 사업부문별로 그 주된 활동에 따라 분류
③ 농업생산성을 높이기 위한 지도·조언 등을 수행하는 정부기관은 "경영컨설팅업"에 분류
④ 수상오락 목적의 낚시장 및 관련 시설 운영활동은 "낚시장 운영업"에 분류

답 ③

해 농업생산성을 높이기 위한 지도·조언 등을 수행하는 정부기관은 "공공행정,국방 및 사회보장 행정"의 적합한 항목에 분류하며 수수료 및 계약에 의하여 기타 기관에서 농업 경영상담 및 관련서비스를 제공하는 것은 "경영 컨설팅업"에 분류한다.

45 **취업성공패키지 Ⅰ에 해당하지 않는 것은?**

① 니트족　② 북한이탈주민
③ 생계급여수급자　④ 실업급여 수급자

답 ④

해 실업급여 수급자는 해당하지 않는다.

46 **한국직업사전의 부가직업정보 중 작업환경에 대한 설명으로 틀린 것은?**

① 작업환경은 해당 직업의 직무를 수행하는 작업원에게 직접적으로 물리적, 신체적 영향을 미치는 작업장의 환경요인을 나타낸 것이다.
② 작업환경의 측정은 작업자의 반응을 배제하고 조사자가 느끼는 신체적 반응으로 판단한다.
③ 작업환경은 저온·고온, 다습, 소음·진동, 위험내재, 대기환경미흡으로 구분한다.
④ 작업환경은 산업체 및 작업장에 따라 달라질 수 있으므로 절대적인 기준이 될 수 없다.

답 ②

해 작업환경은 직무를 수행하는 작업자에게 직접적으로 물리적·신체적 영향을 미치는 작업장의 환경요인을 나타낸 것이다.

47 **한국표준산업분류의 통계단위는 생산활동과 장소의 동질성의 차이에 따라 다음과 같이 구분된다. (　　)에 알맞은 것은?**

구분	학습자 참여도	접근성
하나 이상 산업활동	XXX	XXX
단일 산업활동	(　　)	XXX

① 기업집단 단위　② 지역 단위
③ 기업체 단위　④ 활동유형 단위

답 ④

해 하나 이상의 장소에서 단일 산업활동을 하는 것은 활동유형 단위이다.

구분	하나 이상 장소	단일 장소
하나 이상 산업활동	기업집단 단위	지역 단위
	기업체 단위	
단일 산업활동	활동유형 단위	사업체 단위

48 **고용24(워크넷/직업·진로)에서 학과정보를 계열별로 검색하고자 할 때 선택할 수 있는 계열이 아닌 것은?**

① 문화관광계열　② 교육계열
③ 자연계열　④ 예체능계열

답 ①

해 문화관광계열은 없다.

49 다음 설명에 해당하는 직업훈련지원제도는?

> 훈련인프라 부족 등으로 인해 자체적으로 직업 훈련을 실시하기 어려운 중소기업들을 위해, 대기업 등이 자체 보유한 우수 훈련 인프라를 활용하여 중소기업이 필요로 하는 기술 인력을 양성·공급하고 중소기업 재직자의 직무능력향상을 지원하는 제도이다.

① 국가인적자원개발컨소시엄
② 사업주지원훈련
③ 국가기간전략산업직종훈련
④ 청년취업아카데미

답 ①

해 중소기업들을 위해 대기업의 인프라를 활용하게 해주는 것은 '국가인적자원개발컨소시엄'이다.

50 한국표준직업분류에서 직업분류의 목적이 아닌 것은?

① 각종 사회·경제통계조사의 직업단위 기준으로 활용
② 취업알선을 위한 구인·구직안내 기준으로 활용
③ 직종별 급여 및 수당 지급 결정 기준으로 활용
④ 산업활동 유형을 분류하는 기준으로 활용

답 ④

해 한국표준'직업'분류의 목적이 아닌 한국표준'산업'분류의 목적이다.

51 국가기술자격종목과 그 직무분야의 연결이 틀린 것은?

① 가스산업기사 - 환경·에너지
② 건설안전산업기사 - 안전관리
③ 광학기기산업기사 - 전기·전자
④ 방수산업기사 - 건설

답 ①

해 가스산업기사 - 안전관리

52 다음 중 비경제활동인구에 해당하는 것은?

① 수입목적으로 1시간 일한 자
② 일시휴직자
③ 신규실업자
④ 전업학생

답 ④

해 전업학생은 비경제활동인구에 해당한다.
① 취업자
② 취업자
③ 실업자

- 경제활동인구 = 취업자 + 실업자
- 비경제활동인구 = 가사, 육아, 심신장애, 통학 (전업주부, 전업학생)

53 실기능력이 중요하여 고용노동부령이 정하는 필기시험이 면제되는 기능사 종목이 아닌 것은?

① 측량기능사 ② 도화기능사
③ 도배기능사 ④ 방수기능사

답 ①

해 측량기능사는 필기시험을 본다.

필기가 면제되지 않는 자격
정보처리기능사, 측량기능사, (피부)미용사, 사진기능사, 한복기능사, 로더운전기능사

54 고용24(워크넷)에 대한 설명으로 틀린 것은?

① 직업심리검사, 취업가이드, 취업지원프로그램 등 각종 취업지원서비스를 제공한다.
② 기업회원은 허위 구인 방지를 위해 고용센터에 방문하여 구인신청서를 작성해야 한다.
③ 청년친화 강소기업, 공공기관, 시간선택제 일자리, 기업공채 등의 채용정보를 제공한다.
④ 직종별, 근무지역별, 기업형태별 채용정보를 제공한다.

답 ②

해 '고용24(워크넷)'을 통해 구인신청서를 작성한다.

55 직업정보 수집 시 2차 자료의 원천에 해당하지 않는 것은?

① 대중매체
② 공문서와 공식 기록
③ 직접 수행한 심층면접자료
④ 민간부문 문서

답 ③

해 직접 수행한 심층면접자료는 1차 자료의 원천이다.

1차 자료	2차 자료
직접 수집·분석·가공	기존의 자료

56 한국표준직업분류에서 직업분류의 개념과 기준에 관한 설명이다. (　　) 안에 알맞은 직업분류 단위는?

> 직무 범주화 기준에는 직무별 고용의 크기 또한 현실적인 기준이 된다.
> 한국표준직업분류에서는 (　　) 단위에서 최소 1,000명의 고용을 기준으로 설정하였다.

① 대분류　② 중분류
③ 소분류　④ 세분류

답 ④

해 한국표준'직업'분류에서는 '세분류' 단위에서 고용기준을 설정
한국표준'산업'분류에서는 '소분류' 단위에서 고용기준을 설정

57 직업성립의 일반요건과 가장 거리가 먼 것은?

① 윤리성　② 경제성
③ 계속성　④ 사회보장성

답 ④

해 사회보장성은 거리가 멀다.
직업성립의 일반요건
- 윤리성
- 경제성
- 계속성
- 비속박성

58 국가기술자격 서비스분야 종목 중 응시자격에 제한이 없는 것으로만 짝지어진 것은?

① 직업상담사2급 - 임상심리사2급 - 스포츠경영관리사
② 사회조사분석사2급 - 소비자전문상담사2급 - 텔레마케팅관리사
③ 직업상담사2급 - 컨벤션기획사2급 - 국제의료관광코디네이터
④ 컨벤션기획사2급 - 스포츠경영관리사 - 국제의료관광코디네이터

답 ②

해 사회조사분석사2급 - 소비자전문상담사2급 - 텔레마케팅관리사
- 임상심리사 2급 : 심리학 학사학위가 있는 자를 응시자격으로 한다.
- 국제의료관광코디네이터 : 공인어학성적 기준요건을 맞춰야 한다.

59 직업정보 수집을 위한 서베이 조사에 관한 설명으로 틀린 것은?

① 면접조사는 우편조사에 비해 비언어적 행위의 관찰이 가능하다.
② 일반적으로 전화조사는 면접조사에 비해 면접시간이 길다.
③ 질문의 순서는 응답률에 영향을 줄 수 있다.
④ 폐쇄형 질문의 응답범주는 상호배타적이어야 한다.

답 ②

해 일반적으로 전화조사의 면접시간이 면접조사에 비해 짧다.

60 고용24(워크넷)의 채용정보 검색조건에 해당하지 않는 것은?

① 희망임금　② 학력
③ 경력　④ 연령

답 ④

해 연령은 해당하지 않는다.
'고용상 연령차별금지 및 고령자고용촉진에 관한 법률'상 채용정보 검색조건에서 '연령'은 삭제되었다.

제4과목 노동시장

61 생산성 임금제를 따를 때 실질 생산성 증가율이 5%이고 물가상승률이 2%라고 하면 명목임금의 인상분은?

① 3% ② 5%
③ 7% ④ 10%

답 ③

해 명목임금의 인상분 = 실질생산성 증가율 + 물가상승률
= 5% + 2% = 7%

62 다음 중 통상임금에 포함되지 않는 것은?

① 기본급 ② 직급수당
③ 직무수당 ④ 특별급여

답 ④

해 '초과급여'와 '특별급여'은 통상임금 산정에서 제외된다.

통상급여
- 근로자에게 정기적·일률적으로 지급하기로 정한 월급 금액
- 기본급, 직무관련 직책·직급·직무수당을 포함
- 초과급여, 특별급여는 제외

63 효율임금정책이 높은 생산성을 가져오는 원인에 관한 설명으로 틀린 것은?

① 고임금은 노동자의 직장상실비용을 증대시켜서 작업 중에 태만하지 않게 한다.
② 고임금 지불기업은 그렇지 않은 기업에 비해 신규노동자의 훈련에 많은 비용을 지출한다.
③ 고임금은 노동자의 기업에 대한 충성심과 귀속감을 증대시킨다.
④ 고임금 지불기업은 신규채용 시 지원노동자의 평균자질이 높아져 보다 양질의 노동자를 고용할 수 있다.

답 ②

해 고임금 지불기업은 그렇지 않은 기업에 비해 우수한 근로자를 채용하여 신규노동자의 훈련에 '적은 비용'을 지출하게 된다.

효율임금정책
근로자의 생산성을 높이기 위해 시장임금보다 더 높은 임금을 지급하는 것(고임금 지불)

64 임금격차의 원인으로서 통계적 차별(statistical discrimination)이 일어나는 경우는?

① 비숙련 외국인노동자에게 낮은 임금을 설정할 때
② 임금이 개별 노동자의 한계생산성에 근거하여 설정될 때
③ 사용자가 자신의 경험을 기준으로 근로자의 임금을 결정할 때
④ 사용자가 근로자의 생산성에 대해 불완전한 정보를 갖고 있어 평균적인 인식을 근거로 임금을 결정할 때

답 ④

해 불완전한 정보를 갖기 때문에 통계적 차별이 일어난다.

통계적 차별
한 개인이 자신의 특성이 아닌 소속집단의 평균적 특성에 의해 평가받는 것

65 실업조사 등에 관한 설명으로 옳은 것은?

① 경제가 완전고용 상태일 때 실업률은 0이다.
② 실업률은 실업자 수를 생산가능인구로 나눈 것이다.
③ 일기불순 등의 이유로 일하지 않고 있는 일시적 휴직자는 실업자로 본다.
④ 실업률 조사 대상 주간에 수입을 목적으로 1시간 이상 일한 경우 취업자로 분류된다.

답 ④

해 실업률 조사 대상 주간에 수입을 목적으로 1시간 이상 일한 경우 취업자로 분류된다.
① 완전 고용이란 일자리를 찾는 사람의 숫자와 현재 열려 있는 일자리 숫자가 비슷한 상태를 의미
② 실업률은 실업자 수를 경제활동인구로 나눈 것
③ 일시적 휴직자는 취업자로 봄

66 임금관리의 주요 구성요소와 가장 거리가 먼 것은?

① 기본급과 수당 등의 임금체계
② 임금지급 시기
③ 노동생산성 수준에 따른 임금수준
④ 고정급제와 성과급제 등의 임금형태

답 ②

해 임금지급 시기는 임금관리의 주요 구성요소가 아니다.

임금관리의 구성요소
임금수준, 임금형태, 임금체계

67 노동자가 자신에게 가장 유리한 직장을 찾기 위해서 정보수집활동에 종사하고 있을 동안의 실업상태로 정보의 불완전성에 기인하는 실업은?

① 계절적 실업 ② 마찰적 실업
③ 경기적 실업 ④ 구조적 실업

답 ②

해 정보의 불완전성, 정보 마찰, 정보부족 등 정보수집과 관계 있는 실업은 '마찰적 실업'이다.

25년~27년 출제기준에서 '노사관계이론' 제외

68 직업이나 직종의 여하를 불문하고 동일산업에 종사하는 노동자가 조직하는 노동조합의 형태는?

① 직업별 노동조합
② 산업별 노동조합
③ 기업별 노동조합
④ 일반 노동조합

답 ②

해 '동일산업'에 종사하는 노동자가 조직하는 노동조합의 형태는 '산업'별 노동조합이다.

69 사용자의 부당해고로부터 근로자 보호를 강화하는 정책을 실시할 때 발생되는 효과로 옳은 것은?

① 고용수준 감소, 근로시간 증가
② 고용수준 증가, 근로시간 감소
③ 고용수준 증가, 근로시간 증가
④ 고용수준 감소, 근로시간 감소

답 ①

해 나라에서 근로자 보호를 강화하는 정책을 실시하면 사용자는 근로자의 고용을 줄일 것이고 그로 인해 기존의 근로자의 근로시간은 증가 될 것이다.

70 노동수요탄력성의 크기에 영향을 미치는 요인과 거리가 가장 먼 것은?

① 생산물 수요의 가격탄력성
② 총 생산비에 대한 노동비용의 비중
③ 노동의 대체곤란성
④ 대체생산요소의 수요탄력성

답 ④

해 대체생산요소의 '수요탄력성'이 아닌 '공급탄력성'과 관계가 있다.

노동수요탄력성의 크기에 영향을 미치는 요인
① 생산물 수요의 가격탄력성이 클수록 노동수요탄력성도 커짐
② 총 생산비에 대한 노동비용의 비중이 클수록 노동수요탄력성도 커짐
③ 노동의 대체곤란성이 작을수록 노동수요탄력성은 작아짐
④ 대체생산요소의 공급탄력성이 클수록 노동수요탄력성도 커짐

71 실업에 관한 설명으로 틀린 것은?

① 실업급여의 확대는 탐색적 실업을 증가시킬 수 있다.
② 경기변동 때문에 발생하는 실업은 경기적 실업이다.
③ 구직단념자는 비경제활동인구로 분류된다.
④ 비수요부족 실업은 경기적 실업을 의미한다.

답 ④

해 경기적 실업은 '수요부족' 실업이다.

수요부족실업	비수요부족실업
경기적 실업	마찰적 실업 구조적 실업 계절적 실업

25년~27년 출제기준에서 '노사관계이론' 제외

72 노사관계의 3주체(tripartite)를 바르게 짝지은 것은?

① 노동자 - 사용자 - 정부
② 노동자 - 사용자 - 국회
③ 노동자 - 사용자 - 정당
④ 노동자 - 사용자 - 사회단체

답 ①

해 노사관계의 3주체 : 노동자 - 사용자 - 정부

73 노동자 7명의 평균생산량이 20단위 일 때, 노동자를 추가로 1명 더 고용하여 평균생산량이 18단위로 감소하였다면, 이때 추가로 고용된 노동자의 한계생산량은?

① 4단위 ② 5단위
③ 6단위 ④ 7단위

답 ①

해 한계생산량
추가 투입된 노동투입량에 의해 생산되는 생산량 증가분

노동자	7	8
평균생산량	20	18
한계생산량	140	144

∴ 한계생산량은 (144-140) = '4단위' 이다.

25년~27년 출제기준에서 '노사관계이론' 제외

74 노동조합의 단체교섭 결과가 비조합원에게도 혜택이 돌아가는 현실에서 노동조합의 조합원이 아닌 비조합원에게도 단체교섭의 당사자인 노동조합이 회비를 징수하는 숍(shop) 제도는?

① 유니온숍(union shop)
② 에이전시숍(agency shop)
③ 클로즈드숍(dosed shop)
④ 오픈숍(open shop)

답 ②

해 노동조합조직의 숍 제도

75 정부가 임금을 인상시킬 때 오히려 고용이 증대되는 경우는?

① 공급독점의 노동시장
② 수요독점의 노동시장
③ 완전경쟁의 노동시장
④ 복점의 노동시장

답 ②

해 수요독점의 노동시장은 임금을 인상시킬 때 오히려 고용이 증대된다.

- **독점** : 하나의 기업이 한 산업을 지배하는 시장 형태
- **복점** : 2개의 기업이 전체 시장을 석권하는 체제

76 노동공급 탄력성이 무한대인 경우 노동공급 곡선 형태는?

① 수평이다. ② 수직이다.
③ 우상향이다. ④ 우하향이다.

답 ①

해 완전탄력성은 수평(∞)이고, 완전비탄력성은 수직(0)이다.

77 소득정책의 효과에 대한 설명으로 틀린 것은?

① 성장산업의 위축을 초래할 수 있다.
② 행정적 관리비용을 절감할 수 있다.
③ 임금억제에 이용될 가능성이 크다.
④ 급격한 물가상승기에 일시적으로 사용하면 효과를 거둘 수 있다.

답 ②

해 소득정책은 행정적 관리비용이 증가한다.

소득정책
높은 고용수준과 물가를 안정시키고 인플레이션 억제를 위해 임금이나 이자 등의 여러 분야에 정부가 관여하고 규제하는 정책

78 노동공급곡선이 그림과 같을 때 임금이 W0 이상으로 상승한 경우의 설명으로 옳은 것은?

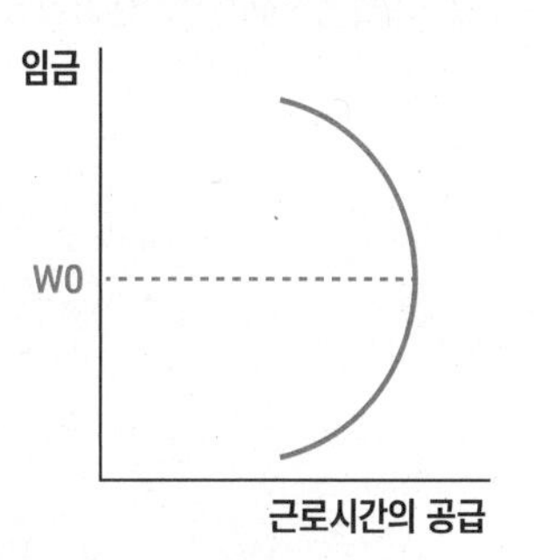

① 대체효과가 소득효과를 압도한다.
② 소득효과가 대체효과를 압도한다.
③ 대체효과가 규모효과를 압도한다.
④ 규모효과가 대체효과를 압도한다.

답 ②

해 소득효과가 대체효과를 압도한다.
임금상승으로 실질 소득이 증가함으로 근로자는 노동시간을 줄이고 여가시간과 소비재 구입을 늘린다.

25년~27년 출제기준에서 '노사관계이론' 제외

79 기업별 노동조합의 장점이 아닌 것은?

① 조합 구성이 용이하다.
② 단체교섭 타결이 용이하다.
③ 노동시장 분단을 완화시킬 수 있다.
④ 조합원 간의 친밀감이 높고 강한 연대감을 가질 수 있다.

답 ③

해 기업별 노동조합은 노동시장 분단을 초래하고 강화시킬 수 있다.

25년~27년 출제기준에서 '노사관계이론' 제외

80 **파업이론에 대한 설명이 옳은 것을 모두 고른 것은?**

ㄱ. 힉스의 파업이론에 의하면, 사용자의 양보곡선과 노조의 저항곡선이 만나는 곳에서 파업기간이 결정된다.
ㄴ. 카터-챔벌린 모형에 따르면, 노조의 요구를 거부할 때 발생하는 사용자의 비용이 노조의 요구를 수락했을 때 발생하는 사용자의 비용보다 클 때 노조의 교섭력이 커진다.
ㄷ. 매브리 이론에 따르면, 노조의 최종수락 조건이 사용자의 최종 수락조건보다 작을 때 파업이 발생한다.

① ㄱ, ㄴ　② ㄴ, ㄷ
③ ㄱ, ㄷ　④ ㄱ, ㄴ, ㄷ

답 ①

해 ㄷ. 매브리 이론에 따르면, 노조의 최종수락조건이 사용자의 최종수락조건보다 '클' 때 파업이 발생한다.

제5과목 고용노동관계법규

81 **직업안정법령상 직업정보제공사업자의 준수사항으로 틀린 것은?**

① 구인자의 업체명이 표시되어 있지 아니한 구인광고를 게재하지 아니할 것
② 직업정보제공매체의 구인·구직의 광고에는 구인·구직자의 주소 또는 전화번호를 기재하지 아니할 것
③ 구직자의 이력서 발송을 대행하거나 구직자에게 취업추천서를 발부하지 아니할 것
④ 직업정보제공사업의 광고문에 "취업추천"·"취업지원" 등의 표현을 사용하지 아니할 것

답 ②

해 직업정보제공매체의 구인·구직의 광고에는 구인·구직자의 주소 또는 전화번호를 기재하여야 한다.
단, '직업정보제공매체'의 주소 또는 전화번호를 기재하면 안된다.

82 **남녀고용평등과 일·가정 양립 지원에 관한 법령상 1천만원 이하의 과태료 부과행위에 해당하는 것은?**

① 난임치료휴가를 주지 아니한 경우
② 성희롱 예방 교육을 하지 아니한 경우
③ 직장 내 성희롱 발생 사실 조사 과정에서 알게 된 비밀을 다른 사람에게 누설한 경우
④ 사업주가 직장 내 성희롱을 한 경우

답 ④

해 사업주가 직장 내 성희롱을 한 경우에는 '1천만원 이하의 과태료' 부과행위에 해당한다.

25년~27년 출제기준에서
'기간제 및 단시간근로자 보호 등에 관한 법률' 제외

83 **기간제 및 단시간근로자 보호 등에 관한 법률상 사용자가 기간제근로자와 근로계약을 체결하는 때에 서면으로 명시하여야 하는 사항을 모두 고른 것은?**

ㄱ. 근로계약기간에 관한 사항
ㄴ. 근로시간·휴게에 관한 사항
ㄷ. 휴일·휴가에 관한 사항
ㄹ. 취업의 장소와 종사하여야 할 업무에 관한 사항

① ㄱ, ㄴ　② ㄴ, ㄷ, ㄹ
③ ㄱ, ㄷ, ㄹ　④ ㄱ, ㄴ, ㄷ, ㄹ

답 ④

해 모두 해당한다.

25년 ~ 27년 출제기준에서 '고용정책 기본법' 제외

84 **고용정책 기본법상 명시된 목적이 아닌 것은?**

① 근로자의 고용안정 지원
② 실업의 예방 및 고용의 촉진
③ 노동시장의 효율성과 인력수급의 균형 도모
④ 기업의 일자리 창출과 원활한 인력확보 지원

답 ②

해 실업의 예방 및 고용의 촉진은 '고용보험법의 목적'이다.

85 **고용보험법령상 피보험자격의 신고에 관한 설명으로 틀린 것은?**

① 사업주가 피보험자격에 관한 사항을 신고하지 아니하면 근로자가 신고할 수 있다.
② 사업주는 그 사업에 고용된 근로자의 피보험자격의 취득 및 상실 등에 관한 사항을 고용노동부장관에게 신고하여야 한다.
③ 자영업자인 피보험자는 피보험자격의 취득 및 상실에 관한 신고를 하지 아니한다.
④ 피보험자격의 취득 및 상실 등에 관한 신고는 그 사유가 발생한 날로부터 15일 이내에 하여야 한다.

답 ④

해 피보험자격의 취득 및 상실 등에 관한 신고는 그 사유가 발생한 날이 속하는 달의 '다음 달 15일'까지 신고해야 한다.

86 **고용보험법상 구직급여의 수급 요건에 해당하지 않는 것은?**

① 이직일 이전 18개월 간 피보험 단위기간이 합산하여 180일 이상일 것
② 근로의 의사와 능력이 있음에도 불구하고 취업하지 못한 상태에 있을 것
③ 전직 또는 자영업을 하기 위하여 이직한 경우
④ 재취업을 위한 노력을 적극적으로 할 것

답 ③

해 전직 또는 자영업을 하기 위하여 이직한 경우에는 수급 요건에 해당하지 않는다.

87 **남녀고용평등과 일·가정 양립지원에 관한 법률에 대한 설명으로 틀린 것은?**

① 근로자란 사업주에게 고용된 자와 취업할 의사를 가진 자를 말한다.
② 사업주가 임금차별을 목적으로 설립한 별개의 사업은 동일한 사업으로 본다.
③ 사업주는 육아기 근로시간 단축을 하고 있는 근로자의 명시적 청구가 있으면 단축된 근로시간 외에 주 12시간 이내에서 연장근로를 시킬 수 있다.
④ 사업주는 사업을 계속할 수 없는 경우에도 육아휴직 중인 근로자를 육아휴직 기간에 해고하지 못한다.

답 ④

해 사업주는 사업을 계속할 수 없는 경우에는 해고할 수 있다.

25년 ~ 27년 출제기준에서
'고용상 연령차별금지 및 고령자고용촉진에 관한 법률' 제외

88 **고용상 연령차별금지 및 고령자고용촉진에 관한 법령상 준고령자의 정의로 옳은 것은?**

① 40세 이상 45세 미만인 사람
② 45세 이상 50세 미만인 사람
③ 50세 이상 55세 미만인 사람
④ 55세 이상 60세 미만인 사람

답 ③

해 준고령자란 50세 이상 55세 미만인 근로자이다.
고령자란 55세 이상인 근로자를 말한다.

25년 ~ 27년 출제기준에서 '고용정책 기본법' 제외

89 **고용정책 기본법령상 실업대책사업에 관한 설명으로 틀린 것은?**

① 실업자에 대한 공공근로사업은 실업대책사업에 해당한다.
② 6개월 이상 기간을 정 하여 무급으로 휴직하는 사람은 실업자로 본다.
③ 실업대책사업의 일부를 한국산업인력공단에 위탁할 수 있다.
④ 실업대책사업에는 많은 인력을 사용하는 사업이 포함되어야 한다.

답 ③

해 실업대책사업의 일부를 '한국산업인력공단'이 아닌 '근로복지공단'에 위탁할 수 있다.

★ 법 개정 반영 <2025.01.01. 시행>

90 남녀고용평등과 일·가정 양립 지원에 관한 법령상 (　　) 안에 들어갈 숫자의 연결이 옳은 것은?

> 제19조의 4(육아휴직과 육아기 근로시간 단축의 사용 형태)
> ① 근로자는 육아휴직을 (ㄱ)회에 한정하여 나누어 사용할 수 있다.
> ② 근로자는 육아기 근로시간 단축을 나누어 사용 할 수 있다. 이 경우 나누어 사용하는 (ㄴ)회의 기간은 (ㄷ)개월 이상이 되어야 한다.

① ㄱ:1, ㄴ:2, ㄷ:2　　② ㄱ:2, ㄴ:1, ㄷ:2
③ ㄱ:1, ㄴ:2, ㄷ:3　　④ ㄱ:2, ㄴ:1, ㄷ:3

답 법개정으로 인해 정답 없음
ㄱ:3, ㄴ:1, ㄷ:1

해 2025.01.01. 시행되는 남녀고용평등법
제19조의4(육아휴직과 육아기 근로시간 단축의 사용형태)에서
① 근로자는 육아휴직을 3회에 한정하여 나누어 사용할 수 있다.
② 근로자는 육아기 근로시간 단축을 나누어 사용할 수 있다. 이 경우 나누어 사용하는 1회의 기간은 1개월 이상이 되어야 한다.

91 근로기준법령상 근로시간 및 휴게시간의 특례 사업에 해당하지 않는 것은?

① 수상운송업
② 항공운송업
③ 육상운송 및 파이프라인 운송업
④ 노선(路線) 여객자동차운송사업

답 ④

해 노선(路線) 여객자동차운송사업은 해당하지 않는다.

92 국민 평생 직업능력 개발법상 직업능력개발훈련이 중요시 되어야 할 대상으로 명시되지 않은 것은?

①「국민기초생활 보장법」에 따른 수급권자
②「국가유공자 등 예우 및 지원에 관한 법률」에 따른 국가유공자
③「제대군인지원에 관한 법률」에 따른 제대군인
④「한부모가족지원법」에 따른 지원 대상자

답 ④

해 '「한부모가족지원법」에 따른 지원 대상자'와 '제조업의 생산직에 종사하는 근로자'는 직업능력개발훈련이 중요시되어야 할 대상에 해당하지 않는다.

93 직업안정법상 직업소개사업을 겸업할 수 있는 것은?

①「결혼중개업의 관리에 관한 법률」상 결혼중개업
②「공중위생관리법」상 숙박업
③「식품위생법」상 식품접객업 중 유흥주점영업
④「식품위생법」상 식품접객업 중 일반음식점영업

답 ④

해 「식품위생법」상 식품접객업 중 '일반음식점영업'은 직업소개사업을 겸업할 수 있다.
-단란주점과 유흥주점은 안된다.

94 고용보험법상 (　　)에 알맞은 것은?

> 육아휴직 급여를 지급받으려는 사람은 육아 휴직을 시작한 날 이후 1개월부터 육아휴직이 끝난 날 이후 (　　)개월 이내에 신청하여야 한다.

① 1　　② 3
③ 6　　④ 12

답 ④

해 육아휴직이 끝난 날 이후 '12개월 이내'에 신청하여야 한다.

25년~27년 출제기준에서 '근로자퇴직급여 보장법' 제외

95 근로자퇴직급여 보장법령상 용어의 정의에 관한 설명으로 틀린 것은?

① 퇴직급여제도란 확정급여형퇴직연금제도, 확정기여형퇴직연금제도 및 개인형퇴직연금제도를 말한다.
② 사용자란 사업주 또는 사업의 경영담당자 또는 그 밖에 근로자에 관한 사항에 대하여 사업주를 위하여 행위하는 자를 말한다.
③ 임금이란 사용자가 근로의 대가로 근로자에게 임금, 봉급, 그 밖에 어떠한 명칭으로든지 지급하는 일체의 금품을 말한다.
④ 확정급여형퇴직연금제도란 근로자가 받을 급여의 수준이 사전에 결정되어 있는 퇴직연금제도를 말한다.

답 ①

해 퇴직급여제도란 확정급여형퇴직연금제도, 확정기여형퇴직연금제도 및 퇴직금 제도를 말한다.

96 **국민 평생 직업능력 개발법령상 고용노동부장관이 직업능력개발사업을 하는 사업주에게 지원할 수 있는 비용이 아닌 것은?**

① 근로자를 대상으로 하는 자격검정사업 비용
② 직업능력개발훈련을 위해 필요한 시설의 설치 사업 비용
③ 근로자의 경력개발관리를 위하여 실시하는 사업 비용
④ 고용노동부장관의 인정을 받은 직업능력개발훈련과정의 수강 비용

답 ④

해 고용노동부장관의 인정을 받은 직업능력개발훈련과정의 수강 비용은 사업주에게 지원하지 않는다.

97 **근로기준법령상 경영상의 이유에 의한 해고에 관한 설명으로 옳은 것은?**

① 사용자는 근로자대표에게 해고를 하려는 날의 60일 전까지 해고의 기준을 통보하여야 한다.
② 경영 악화를 방지하기 위한 사업의 합병은 긴박한 경영상의 필요가 있는 것으로 볼 수 없다.
③ 사용자는 근로자를 해고하려면 해고사유와 해고시기를 서면으로 통지하여야 한다.
④ 사용자는 경영상 이유에 의하여 해고된 근로자에 대하여 재취업 등 필요한 조치를 우선적으로 취하여야 한다.

답 ③

해 사용자는 근로자를 해고하려면 해고사유와 해고시기를 서면으로 통지하여야 한다.
① 사용자는 근로자대표에 게 해고를 하려는 날의 '50일' 전까지 해고의 기준을 통보하여야 한다.
② 경영 악화를 방지하기 위한 사업의 합병은 긴박한 경영상 필요가 있는 것으로 볼 수 있다.
④ '정부'는 경영상 이유에 의하여 해고된 근로자에 대하여 재취업 등 필요한 조치를 우선적으로 취하여야 한다.

98 **근로기준법령상 임금에 관한 설명으로 틀린 것은?**

① 고용노동부장관은 체불사업주의 명단을 공개할 경우 체불사업주에게 3개월 이상의 기간을 정하여 소명 기회를 주어야 한다.
② 단체협약에 특별한 규정이 있는 경우에는 임금의 일부를 공제하거나 통화 이외의 것으로 지급할 수 있다.
③ 사용자는 도급으로 사용하는 근로자에게 근로시간에 따라 일정액의 임금을 보장하여야 한다.
④ 사용자는 고용노동부장관의 승인을 받은 경우 통상임금의 100분의 70에 못 미치는 휴업수당을 지급할 수 있다.

답 ④

해 사용자는 '노동위원회'의 승인을 받은 경우 '평균임금'의 100분의 70에 못 미치는 휴업수당을 지급할 수 있다.

99 **채용절차의 공정화에 관한 법률에 관한 설명으로 틀린 것은?**

① 고용노동부장관은 입증자료의 표준양식을 정하여 구인자에게 그 사용을 권장할 수 있다.
② 원칙적으로 상시 30명 이상의 근로자를 사용하는 사업장의 채용절차에 적용한다.
③ 채용서류란 기초심사자료, 입증자료, 심층심사자료를 말한다.
④ 심층심사자료란 작품집, 연구실적물 등 구직자의 실력을 알아볼 수 있는 모든 물건 및 자료를 말한다.

답 ①

해 고용노동부장관은 기초심사자료의 표준양식을 정하여 구인자에게 그 사용을 권장할 수 있다.

100 **헌법상 노동3권과 관련이 있는 것은?**

① 법률에 의해 최저임금제 보장
② 자주적인 단체교섭권의 보장
③ 연소근로자 특별한 보호
④ 국가유공자의 우선근로 기회 부여

답 ②

해 자주적인 단체교섭권의 보장은 노동3권에 포함한다.

노동3권
- 단결권
- 단체교섭권
- 단체행동권

2020년 1·2회차 기출 문제

제1과목 직업상담

25년~27년 출제기준에서 '내담자의 문제유형' 제외

01 Bordin이 제시한 직업문제의 심리적 원인에 해당하지 않는 것은?

① 인지적 갈등　② 확신의 결여
③ 정보의 부족　④ 내적 갈등

답 ①

해 인지적 갈등은 해당하지 않는다.

Bordin이 제시한 직업문제의 심리적 원인
- 의존성
- 자아 갈등(내적 갈등)
- 정보의 부족
- 선택에 대한 불안
- 확신의 결여(문제없음)

02 Williamson의 특성-요인 진로상담 과정을 바르게 나열한 것은?

ㄱ. 진단단계　ㄴ. 분석단계
ㄷ. 예측단계　ㄹ. 종합단계
ㅁ. 상담단계　ㅂ. 추수지도단계

① ㄱ → ㄴ → ㄷ → ㄹ → ㅂ → ㅁ
② ㄱ → ㄷ → ㄴ → ㄹ → ㅁ → ㅂ
③ ㄴ → ㄱ → ㄹ → ㄷ → ㅂ → ㅁ
④ ㄴ → ㄹ → ㄱ → ㄷ → ㅁ → ㅂ

답 ④

해 윌리암슨의 진로상담 과정
- 분석 → 종합 → 진단 → 예후 → 상담 → 추수지도

25년~27년 출제기준에서 '진로시간전망' 제외

03 다음은 무엇에 관한 설명인가?

원형검사에 기초한 시간전망 개입의 세 가지 국면 중 미래를 현실처럼 느끼게 하고 미래 계획에 대한 긍정적 태도를 강화시키며 목표설정을 신속하게 하는데 목표를 두는 것

① 방향성　② 변별성
③ 주관성　④ 통합성

답 ②

해 **변별성**

'미래를 현실처럼 느끼게 하고' 미래 계획에 대한 긍정적 태도를 강화시키며 목표설정을 신속하게 한다.

시간전망 개입의 세 가지 국면
- **방향성** : 미래지향성을 증진시키기 위해 낙관적 입장을 구성하여 진로의식을 고취시킨다.
- **변별성** : 미래를 현실처럼 느끼게 하고 미래 계획에 대한 긍정적 태도를 강화시키며 목표설정을 신속하게 한다.
- **통합성** : 현재행동과 미래의결과를 연결시키며, 계획된 기법의 실습을 통해 진로의식을 증진 시킨다.

04 어떤 문제의 밑바닥에 깔려 있는 혼란스러운 감정과 갈등을 가려내어 분명히 해주는 것은?

① 명료화　② 경청
③ 반영　④ 직면

답 ①

해 '분명'히 또는 '분명'하게 하는 작업이 '명료화'이다.

05 직업상담사의 윤리강령에 관한 설명으로 가장 거리가 먼 것은?

① 상담자는 상담에 대한 이론적, 경험적 훈련과 지식을 갖춘 것을 전제로 한다.
② 상담자는 내담자의 성장, 촉진과 문제해결 및 방안을 위해 시간과 노력상의 최선을 다한다.
③ 상담자는 자신의 능력 및 기법의 한계 때문에 내담자의 문제를 다른 전문직 동료나 기관에 의뢰해서는 안된다.
④ 상담자는 내담자가 이해, 수용할 수 있는 한도 내에서 기법을 활용한다.

답 ③

해 자기의 능력 및 기법의 한계를 넘어서는 문제에 대해서는 다른 전문직 동료나 기관에게 의뢰해야 한다.

06 직업상담의 목적에 대한 설명으로 틀린 것은?

① 직업상담은 내담자가 이미 결정한 직업계획과 직업선택을 확신·확인하는 과정이다.
② 직업상담은 개인의 직업적 목표를 명확히 해 주는 과정이다.
③ 직업상담은 내담자에게 진로관련 의사결정 능력을 길러주는 과정은 아니다.
④ 직업상담은 직업선택과 직업생활에서의 능동적인 태도를 함양하는 과정이다.

답 ③

해 상담은 내담자의 의사결정을 돕는 과정으로 내담자의 의사결정 능력을 길러주고, 훈련하는 과정이기도 하다.

07 Butcher가 제시한 집단직업상담을 위한 3단 모델에 해당하지 않는 것은?

① 탐색단계　　② 전환단계
③ 평가단계　　④ 행동단계

답 ③

해 평가단계는 아니다.

Butcher의 3단계 모형
- 탐색단계
- 전환단계
- 행동단계

08 Super의 진로발달이론에 대한 설명으로 틀린 것은?

① 진로발달은 성장기, 탐색기, 확립기, 유지기, 쇠퇴기를 거쳐 이루어진다.
② 진로선택은 자아개념의 실현과정이다.
③ 진로발달에 있어서 환경의 영향보다는 개인의 흥미, 적성, 가치가 더 중요하다.
④ 자아개념은 직업적 선호와 환경과의 상호작용을 통해 계속 변화한다.

답 ③

해 진로발달에 있어서 환경과 개인의 흥미, 적성, 가치가 상호작용함으로 모두가 중요한 기둥 역할을 한다.

09 내담자의 낮은 자기효능감을 증진시키기 위한 방법으로 적합하지 않은 것은?

① 내담자의 장점을 강조하며 격려하기
② 긍정적인 단계를 강화하기
③ 내담자와 비슷한 인물이나 관련자료 보여주기
④ 직업대안 규명하기

답 ④

해 직업대안 규명은 흥미사정의 목적으로 자기효능감을 증진시키는 것과 별개의 활동이다.

10 상담 중기 과정의 활동으로 가장 거리가 먼 것은?

① 내담자에게 문제를 직면시키고 도전하게 한다.
② 내담자가 가진 문제의 심각도를 평가한다.
③ 내담자가 실천할 수 있도록 동기를 조성한다.
④ 문제에 대한 대안을 현실 생활에 적용하고 실천하도록 돕는다.

답 ②

해 내담자가 가진 문제의 심각도를 평가하는 것은 상담 초기 활동이다.

<정신역동적 직업상담> 출제 확률이 낮은 문제

11 **다음은 직업상담모형 중 어떤 직업상담에 관한 설명인가?**

- 직업선택에 미치는 내적 요인의 영향을 강조한다.
- 특성-요인 접근법과 마찬가지로 "사람과 직업을 연결시키는 것"에 기초를 두고 있다.
- 상담과 검사 해석의 기법들은 내담자 중심 접근을 많이 따르고 있지만 "비지시적" 및 "반영적" 태도 외에도 다양한 접근방법들을 포함하고 있다.

① 정신역동적 직업상담
② 포괄적 직업상담
③ 발달적 직업상담
④ 행동주의 직업상담

답 ①

해 보딘의 정신역동적 직업상담은 사람과 직업을 연결시키는 것에 기초를 두고 있는 심리적 내적요인을 강조하는 이론이다.

기본이론	방법론	내담자와의 관계
정신분석학	특성-요인이론	내담자 중심상담
진로선택에서 내담자의 욕구와 발달과정을 강조 (내적 요인의 영향을 강조)	심리검사의 진단이나 평가를 중요시함 사람과 직업을 연결함에 기초	비지시적·반영적 태도로 접근

12 **내담자와 관련된 정보를 수집하여 내담자의 행동을 이해하고 해석하는데 기본이 되는 상담기법으로 가장 거리가 먼 것은?**

① 한정된 오류 정정하기
② 왜곡된 사고 확인하기
③ 반성의 장 마련하기
④ 변명에 초점 맞추기

답 ①

해 '전이된 오류 정정하기'이다.

<행동주의> 출제 확률이 낮은 문제

13 **내담자의 부적절한 행동을 변화하는데 자주 사용하는 체계적 둔감화의 주요 원리는?**

① 상호억제 ② 변별과 일반화
③ 소거 ④ 조성

답 ①

해 불안과 이완은 동시에 양립할 수 없는 관계 즉 상호억제 관계임으로 체계적 둔감화를 통해 행동에서 오는 불안을 감소해 나간다.

14 **직업상담 과정에서의 사정단계를 바르게 나열한 것은?**

ㄱ. 내담자의 동기 파악
ㄴ. 내담자의 자기진단 탐색
ㄷ. 내담자의 자기진단
ㄹ. 인지적 명확성 파악

① ㄷ→ㄱ→ㄴ→ㄹ ② ㄷ→ㄴ→ㄹ→ㄱ
③ ㄹ→ㄷ→ㄱ→ㄴ ④ ㄹ→ㄱ→ㄷ→ㄴ

답 ④

해 일반적인 상담과정의 사정단계
- 인지적 명확성 존재
- 내담자의 동기 존재
- 내담자의 자기진단
- 내담자의 자기진단 탐색

<실존주의> 출제 확률이 낮은 문제

15 **Yalom이 제시한 실존주의 상담에서의 4가지 궁극적 관심사에 해당하지 않는 것은?**

① 죽음 ② 자유
③ 고립 ④ 공허

답 ④

해 '공허'는 해당하지 않는다.
Yalom의 궁극적 관심사
-죽음, 자유, 고립, 무의미성

16 **직업상담 시 활용할 수 있는 측정도구에 관한 설명으로 틀린 것은?**

① 자기효능감 척도는 어떤 과제를 어느 정도 수준으로 수행할 수 있는 능력을 갖추었다고 스스로 판단하는지의 정도를 측정한다.
② 소시오그램은 원래 가족치료에 활용하기 위해 개발되었는데, 기본적으로 경력상담 시 먼저 내담자의 가족이나 선조들의 직업 특징에 대한 시각적 표상을 얻기 위해 도표를 만드는 것이다.
③ 역할놀이에서는 내담자의 수행행동을 나타낼 수 있는 업무상황을 제시해 준다.
④ 카드분류는 내담자의 가치관, 흥미, 직무기술, 라이프 스타일 등의 선호형태를 측정하는데 유용하다.

답 ②

해 ② '제노그램(직업가계도)'에 대한 내용이다.

17 **상담관계의 틀을 구조화하기 위해서 다루어야 할 요소와 가장 거리가 먼 것은?**

① 상담자의 역할과 책임
② 내담자의 성격
③ 상담의 목표
④ 상담시간과 장소

답 ②

해 내담자의 성격은 거리가 멀다.

<행동주의> 출제 확률이 낮은 문제

18 **행동주의 상담에서 부적응행동을 감소시키는데 주로 사용되는 기법은?**

① 행동조성법　② 모델링
③ 노출법　④ 토큰법

답 ③

해 노출법은 두려워하는 대상을 장시간, 집중적으로 노출함으로써 부적응 행동을 없애는 치료법

19 **생애진로사정에 관한 설명으로 옳은 것은?**

① 직업상담에서 생애진로사정은 초기단계보다 중·말기단계 면접법으로 사용된다.
② 생애진로사정은 Adler의 개인심리학에 부분적으로 기초를 둔다.
③ 생애진로사정은 객관적인 사실 확인에만 중점을 둔다.
④ 생애진로사정에서는 여가생활, 친구관계 등과 같이 일과 직접적으로 관련이 없는 주제는 제외된다.

답 ②

해 ① 상담초기 면접법으로 사용된다.
② 생애진로사정은 Adler의 개인심리학에 부분적으로 기초를 두고 있다.

20 **상담기법 중 내담자가 전달하는 이야기의 표면적 의미를 상담자가 다른 말로 바꾸어서 말하는 것은?**

① 탐색적 질문　② 요약과 재진술
③ 명료화　④ 적극적 경청

답 ②

해 요약과 재진술이다.
요약과 재진술은 내담자가 전달하는 이야기의 표면적 의미를 상담자가 요점을 간추려(요약) 다른 말로 바꾸어서 말하는(재진술) 상담기법이다.

제2과목 직업심리

21 특성-요인이론에 관한 설명으로 가장 적합한 것은?

① 자신이 선택한 투자에 최대한의 보상을 받을 수 있는 직업을 선택한다.
② 개인적 흥미나 능력 등을 심리검사나 객관적 수단을 통해 밝혀낸다.
③ 사회·문화적 환경 또는 사회구조와 같은 요인이 직업선택에 영향을 준다.
④ 동기, 인성, 욕구와 같은 개인의 심리적 수단에 의해 직업을 선택한다.

답 ②

해 특성-요인이론은 개인의 흥미나 능력 등에 대한 표준화 검사의 실시와 결과의 해석을 강조한다.

25년~27년 출제기준에서 '직무분석이론' 제외

22 직무에 대한 하위개념 중 특정 목적을 수행하는 작업 활동으로 직무분석의 가장 작은 단위가 되는 것은?

① 임무 ② 과제
③ 직위 ④ 직군

답 ②

해 직무분석의 가장 작은 단위는 '과제' 이다.

직무분석의 단위
과업(과제, 작업, 일) < 직무(임무) < 직업

23 다음에 해당하는 스트레스 관리전략은?

> 예전에는 은행원들이 창구에 줄서서 기다리는 고객들에게 가능한 빨리 서비스를 제공하고자 스트레스를 많이 받았었는데, 고객 대기표(번호표)시스템을 도입한 이후 이러한 스트레스를 많이 줄일 수 있게 되었다.

① 반응지향적 관리전략 ② 증후지향적 관리전략
③ 평가지향적 관리전략 ④ 출처지향적 관리전략

답 ④

해 고객 대기표(번호표) 시스템의 도입은 출처지향적 관리전략이다.

스트레스 관리전략
- 일차적 관리전략(출처지향적 관리)
  - 조직수준의 관리전략으로 스트레스의 출처를 예측하여 수정
  - 직무재설계, 직무확대 등
- 이차적 관리전략(반응지향적 관리)
  - 개인수준의 관리전략으로 스트레스로 인한 다양한 증상을 완화하도록 함
  - 이완훈련, 시간관리 등
- 삼차적 관리전략(증후지향적 관리)
  - 스트레스로 인한 각종 부정적 결과등을 치료
  - 심리치료, 약물치료

24 인간의 진로발달단계를 성장기, 탐색기, 확립기, 유지기, 쇠퇴기를 나누고 각 단계의 특징을 설명한 학자는?

① 긴즈버그(Ginzberg)
② 에릭슨(Ericson)
③ 수퍼(Super)
④ 고드프레드슨(Gottfredson)

답 ③

해 수퍼(Super)의 발달단계이다.

수퍼의 발달단계
성장기-탐색기-확립기-유지기-쇠퇴기

25 고용노동부에서 실시하는 일반직업적성검사가 측정하는 영역이 아닌 것은?

① 형태지각력 ② 공간판단력
③ 상황판단력 ④ 언어능력

답 ③

해 상황판단력은 아니다.

직업적성검사 GATB 9개 영역 적성
- 지능
- 언어적성
- 수리능력
- 사무지각
- 공간적성
- 형태지각
- 운동반응
- 손가락 정교성(기교도)
- 손의 정교성

26 직업선택과정에 관한 설명으로 옳은 것은?

① 직업에 대해 정확한 정보만 가지고 있으면 직업을 효과적으로 선택할 수 있다.
② 주로 성년기에 이루어지기 때문에 어릴 때 경험은 영향력이 없다.
③ 개인적인 문제이기 때문에 가족이나 환경의 영향은 관련이 없다.
④ 일생동안 계속 이루어지는 과정이기 때문에 다양한 시기에서 도움이 필요하다.

답 ④

해 직업선택과정은 일생동안 계속 이루어지는 과정이기 때문에 다양한 시기에서 도움이 필요하다.

25년~27년 출제기준에서 '직무분석이론' 제외

27 **직무분석 방법에 관한 설명으로 옳은 것은?**

① 관찰법은 실제 업무를 직접적으로 관찰함으로써 정신적인 활동까지 알아볼 수 있다.
② 면접법을 사용하려면 면접의 목적을 미리 알려주고 편안한 분위기를 조성해야 한다.
③ 설문조사법은 많은 사람에 대한 정보를 얻을 수 있지만 시간이 오래 걸린다.
④ 작업일지법은 정해진 양식에 따라 업무 담당자가 직접 작성하므로 정확한 정보를 준다.

답 ②

해 ① 정신적인 활동은 관찰로 알아볼 수 없다.
② 면접법을 사용하려면 면접의 목적을 미리 알려주고 편안한 분위기를 조성해야 한다.

28 **스트레스로 인해 나타날 수 있는 신체의 변화로 옳지 않은 것은?**

① 호흡과 심장박동이 빨라지고 혈압도 높아진다.
② 부신선과 부신 피질을 자극해 에피네프린(아드레날린)을 생성한다.
③ 부교감 신경계가 활성화되어 각성이 일어난다.
④ 부신피질 호르몬인 코티졸이 분비된다.

답 ③

해 스트레스 상황에서는 '교감 신경계'가 활성화되어 각성이 일어난다.
- 스트레스 상황 - '교감신경계' - 운동상태 -투쟁 도피 반응
- 휴식 상황 - '부교감신경계' - 안정상태

29 **Roe의 직업분류체계에 관한 설명으로 틀린 것은?**

① 일의 세계를 8가지 장(field)과 6가지 수준(level)으로 구성된 2차원의 체계로 조직화했다.
② 원주상의 순서대로 8가지 장(field)은 서비스, 사업상 접촉, 조직, 기술, 옥외, 과학, 예술과 연예, 일반문화이다.
③ 서비스 장(field)들은 사람지향적이며 교육, 사회봉사, 임상심리 및 의술이 포함된다.
④ 6가지 수준(level)은 근로자의 직업과 관련된 정교화, 책임, 보수, 훈련의 정도를 묘사하며, 수준 1이 가장 낮고, 수준 6이 가장 높다.

답 ④

해 수준 1이 가장 높고, 수준 6이 가장 낮다.
6가지 수준
- 고급전문관리, 중급전문관리, 준전문관리, 숙련, 반숙련, 비숙련

30 **기초통계치 중 명명척도로 측정된 자료에서는 파악할 수 없고, 서열척도 이상의 척도로 측정된 자료에서만 파악할 수 있는 것은?**

① 중앙치 ② 최빈치
③ 표준편차 ④ 평균

답 ①

해 중앙치는 서열 중에서 중간값을 의미하므로 서열척도 이상의 척도로 측정된 자료에서만 파악할 수 있다.

31 **타당도에 관한 설명으로 틀린 것은?**

① 안면타당도는 전문가가 문항을 읽고 얼마나 타당해 보이는지를 평가하는 방법이다.
② 검사의 신뢰도는 타당도 계수의 크기에 영향을 준다.
③ 구성타당도를 평가하는 방법으로 요인분석 방법이 있다.
④ 예언타당도는 타당도를 구하는데 시간이 많이 걸린다는 단점이 있다.

답 ①

해 '전문가'가 문항을 읽고 얼마나 타당해 보이는지를 평가하는 방법은 '내용타당도' 이다.

32 **직업적용 이론과 관련하여 개발된 검사도구가 아닌 것은?**

① MIQ(Minnesota Importance Questionnaire)
② JDQ(Job Description Questionnaire)
③ MSQ(Minnesota Satisfaction Questionnaire)
④ CMI(Career Maturity Inventory)

답 ④

해 크라이티스(Crites) 진로성숙도검사(CMI)
- 진로탐색 및 직업선택에 있어서 태도 및 능력이 얼마나 발달하였는지를 측정하는 표준화된 진로발달 검사도구임
- CMI는 태도척도와 능력척도로 구성
- 진로선택 내용과 과정이 통합적으로 반영되어 있음

33 **진로발달에서 맥락주의(contextualism)에 관한 설명으로 틀린 것은?**

① 행위는 맥락주의의 주요 관심대상이다.
② 개인보다는 환경의 영향을 강조한다.
③ 행위는 인지적·사회적으로 결정되며 일상의 경험을 반영하는 것이다.
④ 진로연구와 진로상담에 대한 맥락상의 행위설명을 확립하기 위하여 고안된 방법이다.

답 ②

해 맥락주의는 개인과 환경의 영향을 함께 강조한다.

34 다음은 Holland의 어떤 직업환경에 관한 설명인가?

- 노동자, 농부, 트럭운전수, 목수, 중장비, 운전공 등 근육을 이용하는 직업
- 체력을 필요로 하는 활동을 즐기며 공격적이고 운동신경이 잘 발달되어 있음

① 지적 환경 ② 사회적 환경
③ 현실적 환경 ④ 심미적 환경

답 ③

해 기계와 농부와 관련된 것은 현실적 환경이다.

35 다음 중 동일한 검사를 동일한 피검자 집단에 일정 시간 간격을 두고 두 번 실시하여 얻은 두 검사 점수의 상관계수에 의하여 신뢰도를 측정하는 방법은?

① 동형검사 신뢰도
② 검사-재검사 신뢰도
③ 반분검사 신뢰도
④ 문항 내적 일관성 신뢰도

답 ②

해 일정 시간 간격을 두고 두 번 실시하는 검사는 '검사-재검사 신뢰도'이다.

신뢰도

- 검사-재검사 신뢰도
  동일한 수검자에게 동일한 검사를 일정 시간간격을 두고 두 번 실시하여 얻은 두 검사의 상관계수에 의해 신뢰도를 추정하는 방법
- 동형검사 신뢰도
  동일한 수검자에게 첫번째 실시한 검사와 동일한 유형의 검사를 실시하여 두 검사점수의 상관계수에 의해 신뢰도를 추정하는 방법
- 반분신뢰도
  하나의 검사를 반으로 나누어 두 검사 간의 동질성과 일치성을 비교하는 방법
- 문항 내적 합치도
  한 검사 내 개개의 문항들을 독립된 검사로 보고 문항들 간의 동질성이나 합치성을 신뢰도로 규정

36 경력진단검사에 관한 설명으로 틀린 것은?

① 경력결정검사(CDS)는 경력 관련 의사결정 실패에 관한 정보를 제공하기 위해 개발되었다.
② 개인직업상황검사(MVS)는 직업적 정체성 형성여부를 파악하기 위한 것이다.
③ 경력개발검사(CDI)는 경력 관련 의사결정에 대한 참여 준비도를 측정하기 위한 것이다.
④ 경력태도검사(CBI)는 직업선택에 필요한 정보 및 환경, 개인적인 장애가 무엇인지를 알려준다.

답 ④

해 경력태도검사(CBI = Career Belief Inventor)는 진로신념검사로 내담자의 진로 태도 및 신념을 확인 할 수 있다.

37 다음은 질적측정도구 중 무엇에 관한 설명인가?

원래 가족치료에 활용하기 위해 개발되었는데, 기본적으로 경력상담 시 먼저 내담자의 가족이나 선조들의 직업 특징에 대한 시각적 표상을 얻기 위해 도표를 만드는 것

① 자기 효능감 척도 ② 역할놀이
③ 제노그램 ④ 카드분류

답 ③

해 제노그램(직업가계도)에 대한 설명이다.

38 크럼볼츠(Krumboltz)의 사회학습 이론에서 진로선택에 영향을 미치는 요인을 모두 고른 것은?

ㄱ. 유전적 요인 ㄴ. 학습경험
ㄷ. 과제접근기술 ㄹ. 환경조건과 사건

① ㄱ, ㄴ ② ㄱ, ㄷ, ㄹ
③ ㄴ, ㄷ, ㄹ ④ ㄱ, ㄴ, ㄷ, ㄹ

답 ④

해 모두 해당한다.

크롬볼츠의 사회학습 이론의 4가지 요인

- 유전적 요인과 특별한 능력
- 환경조건과 사건
- 학습경험
- 과제접근 기술

39 **셀리(Selye)가 제시한 스트레스 반응단계(일반적응증후군)를 순서대로 바르게 나열한 것은?**

① 소진-저항-경고　　② 저항-경고-소진
③ 소진-경고-저항　　④ 경고-저항-소진

답 ④

해 스트레스 반응단계(일반적응증후군)
- 경고
- 저항
- 소진(탈진)

40 **조직 구성원에게 다양한 직무를 경험하게 함으로써 여러 분야의 능력을 개발시키는 경력개발 프로그램은?**

① 직무 확충(Job Enrichment)
② 직무 순환(Job Rotation)
③ 직무 확대(Job Enlargement)
④ 직무 재분류(Job Reclassification)

답 ②

해 직무 순환(Job Rotation)은 다양한 직무를 경험하게 함으로써 여러 분야의 능력을 개발시키는 경력개발 프로그램이다.

제3과목 직업정보

41 **실업급여 중 취업촉진 수당이 아닌 것은?**

① 직업능력개발 수당　　② 광역 구직활동비
③ 훈련연장급여　　④ 이주비

답 ③

해 구직급여는 취업촉진 수당에 해당하지 않는다.
실업급여 = 구직급여 + 취업촉진수당

취업촉진 수당
- 조기재취업 수당
- 직업능력개발 수당
- 광역 구직활동비
- 이주비

42 **다음은 고용24(워크넷)에서 제공하는 성인 대상 심리검사 중 무엇에 관한 설명인가?**

- 검사대상 : 만18세 이상
- 주요내용 : 개인의 흥미유형 및 적합직업 탐색
- 측정요인 : 현실형, 탐구형, 예술형, 사회형, 진취형, 관습형

① 구직준비도 검사　　② 직업가치관 검사
③ 직업선호도 검사 S형　　④ 성인용 직업적성검사

답 ③

해 직업선호도 검사 S형에 대한 설명이다.
직업선호도 검사 S형은 홀랜드의 직업적 성격유형을 바탕으로 구성된 흥미검사이다.

43 **내용분석법을 통해 직업정보를 수집할 때의 장점이 아닌 것은?**

① 정보제공자의 반응성이 높다.
② 장기간의 종단연구가 가능하다.
③ 필요한 경우 재조사가 가능하다.
④ 역사연구 등 소급조사가 가능하다.

답 ①

해 정보제공자의 반응성이 낮은 것이 내용분석법의 장점이다.

44 한국직업정보시스템(고용24(워크넷) 직업·진로)의 직업정보 찾기 중 조건별 검색의 검색 항목으로 옳은 것은?

① 평균학력, 근로시간
② 근로시간, 평균연봉
③ 평균연봉, 직업전망
④ 직업전망, 평균학력

답 ③

해 한국직업정보시스템의 직업정보 찾기 중 조건별 검색은 '평균연봉, 직업전망' 이다.

45 한국표준직업분류의 포괄적인 업무에 대한 직업분류 원칙에 해당되지 않는 것은?

① 주된 직무 우선 원칙
② 최상급 직능수준 우선 원칙
③ 생산업무 우선 원칙
④ 수입 우선의 원칙

답 ④

해 수입 우선의 원칙은 다수직업 종사자의 분류원칙이다.
포괄적인 업무에 대한 직업분류 원칙
- 주된 직무 우선의 원칙
- 최상급 직능수준 우선의 원칙
- 생산업무 우선의 원칙

46 직업안정법령상 직업안정기관의 장이 수집·제공하여야 할 고용정보에 해당하지 않는 것은?

① 직무분석의 방법과 절차
② 경제 및 산업동향
③ 구인·구직에 관한 정보
④ 직업에 관한 정보

답 ①

해 직무분석의 방법과 절차는 직무분석가가 직무분석을 할 때 필요한 것이다.

47 직업정보의 가공에 대한 설명으로 가장 적합하지 않은 것은?

① 효율적인 정보제공을 위해 시각적 효과를 부가한다.
② 정보를 공유하는 방법과도 연관되어 있다.
③ 긍정적인 정보를 제공하는 입장에서 출발해야 한다.
④ 정보의 생명력을 측정하여 활용방법을 선정하고 이용자에게 동기를 부여할 수 있도록 구상한다.

답 ③

해 정보를 제공하는 것은 '긍정적인 입장'이 아닌 '객관적인 입장'에서 출발하여야 한다.

48 다음은 한국표준산업분류 중 어떤 산업분류에 관한 설명인가?

작물재배활동과 축산활동을 복합적으로 수행하면서 그 중 한편의 전문화율이 66% 미만인 경우

① 작물재배업
② 축산업
③ 작물재배 및 축산 복합농업
④ 작물재배 및 축산 관련 서비스업

답 ③

해 작물재배 및 축산 복합농업에 관한 설명이다.

49 한국직업사전의 직무기능 자료(data)항목 중 무엇에 관한 설명인가?

- 데이터의 분석에 기초하여 시간, 장소, 작업순서, 활동 등을 결정한다. - 결정을 실행하거나 상황을 보고한다.

① 종합 ② 조정
③ 계산 ④ 수집

답 ②

해 '시간, 장소, 작업순서, 활동 등을 결정하는 것'은 조정에 해당한다.
자료(Data)
- 종합 - 자료를 종합적으로 분석
- 조정 - 시간, 장소, 작업순서, 활동들을 결정
- 분류 - 조사하고 평가
- 수집 - 자료, 사람, 사물에 관한 정보를 수집
- 계산 - 사칙연산을 실시, 수세기는 포함하지 않음
- 기록 - 데이터를 옮겨 적거나 입력
- 비교 - 여러 특성을 비교 판단

50 국가기술자격 중 실기시험만 시행할 수 있는 종목이 아닌 것은?

① 금속재창호기능사 ② 항공사진기능사
③ 로더운전기능사 ④ 미장기능사

답 ③

해 로더운전기능사란 굴삭기 등의 기계를 다루는 시험이다.
필기가 면제되지 않는 자격
정보처리기능사, 측량기능사, (피부)미용사, 사진기능사, 한복기능사, 로더운전기능사

51 한국표준직업분류상 다음 개념에 해당하는 대분류는?

- 일반적으로 단순하고 반복적이며 때로는 육체적인 힘을 요하는 과업을 수행한다.
- 간단한 수작업 공구나 진공청소기, 전기장비들을 이용한다.
- 제1직능 수준의 일부 직업에서는 초등교육이나 기초적인 교육(ISCED 수준1)을 필요로 한다.

① 단순노무 종사자
② 장치·기계 조작 및 조립종사자
③ 기능원 및 관련 기능 종사자
④ 판매 종사자

답 ①

해 단순노무 종사자는 '단순하고 반복적'이며 때로는 육체적인 힘을 요하는 과업을 수행한다.

52 한국표준직업분류의 직무능력수준 중 제2직능 수준이 요구되는 대분류는?

① 관리자 ② 전문가 및 관련 종사자
③ 단순노무 종사자 ④ 농림어업 숙련 종사자

답 ④

해
- 농림어업 숙련 종사자 : 제2직능 수준이 필요
- 관리자 : 제4직능 수준 혹은 제3직능 수준 필요
- 전문가 및 관련 종사자 : 제4직능 수준 혹은 제3직능 수준 필요
- 단순노무 종사자 : 제1직능 수준 필요
- 군인 : 제2직능 수준 이상
- 기타는 모두 제2직능수준

★ 법 개정 반영

53 국민내일배움카드에 관한 설명으로 틀린 것은?

① 특수형태근로종사자도 신청이 가능하다.
② 실업, 재직, 자영업 여부에 관계없이 카드 발급이 가능하다.
③ 국가기간·전략산업직종 등 특화과정은 훈련비 전액을 지원한다.
④ 직업능력개발 훈련이력을 종합적으로 관리하는 제도이다.

답 ①, ②, ③, ④

해 모두가 맞는 답이다.

54 한국표준산업분류의 산업분류 적용원칙에 관한 설명으로 틀린 것은?

① 생산단위는 산출물뿐만 아니라 투입물과 생산공정 등을 고려하여 그들의 활동을 가장 정확하게 설명한 항목에 분류
② 생산단위 소유 형태, 법적 조직 유형 또는 운영방식도 산업분류에 영향을 미침
③ 산업활동이 결합되어 있는 경우에는 그 활동단위의 주된 활동에 따라 분류
④ 공식적·비공식적 생산물, 합법적·불법적인 생산은 달리 분류하지 않음

답 ②

해 생산단위의 소유 형태, 법적 조직 유형 또는 운영 방식은 산업분류에 영향을 미치지 않는다.

55 국가기술자격 산업기사의 응시요건으로 틀린 것은?

① 응시하려는 종목이 속하는 동일 및 유사 직무 분야에서 1년 이상 실무에 종사한 사람
② 관련학과의 2년제 또는 3년제 전문대학 졸업자 등 또는 그 졸업예정자
③ 고용노동부령이 정하는 기능경기대회 입상자
④ 응시하려는 종목이 속하는 동일 및 유사 직무분야의 다른 종목의 산업기사 등급 이상의 자격을 취득한 사람

답 ①

해 응시하려는 종목이 속하는 동일 및 유사 직무 분야에서 2년 이상 실무에 종사한 사람이다.

산업기사
• 기능사 자격 + 1년이상 실무종사
• 관련학과 2·3년제 전문대학 졸업자 또는 예정자
• 유사 직무 분야에서 2년 이상 실무종사자

56 **직업정보 분석에 관한 설명으로 틀린 것은?**

① 직업정보는 직업전문가에 의해 분석되어야 한다.
② 수집된 정보에 대하여는 목적에 맞도록 몇 번이고 분석하여 가장 최신의 객관적이며 정확한 자료를 선정한다.
③ 동일한 정보라 할지라도 다각적인 분석을 시도하여 해석을 풍부히 한다.
④ 직업정보원과 제공원에 관한 정보는 알 필요가 없다.

답 ④

해 직업정보 분석 시 직업정보원과 제공원에 관한 정보도 필요하다.

57 **국민 평생 직업능력 개발법령상 직업능력개발훈련시설을 설치할 수 있는 공공단체가 아닌 것은?**

① 한국산업인력공단(한국산업인력공단이 출연하여 설립한 학교법인을 포함)
② 안전보건공단
③ 한국장애인고용공단
④ 근로복지공단

답 ②

해 안전보건공단은 해당하지 않는다.
직업능력개발훈련시설을 설치할 수 있는 공공기업훈련시설
- 한국산업인력공단
- 한국장애인고용공단
- 근로복지공단

58 **한국표준산업분류의 산업분류 적용원칙에 관한 설명으로 틀린 것은?**

① 산업은 유사한 성질을 갖는 산업활동에 주로 종사하는 생산단위의 집합이다.
② 각 생산단위가 노동, 자본, 원료 등 자원을 투입하여 재화 또는 서비스를 생산·제공하는 일련의 활동과정이 산업활동이다.
③ 산업활동 범위에는 가정 내 가사활동도 포함된다.
④ 산업분류는 생산단위가 주로 수행하는 산업활동을 분류 기준과 원칙에 맞춰 그 유사성에 따라 체계적으로 유형화한 것이다.

답 ③

해 산업활동 범위에는 가정 내 가사활동은 포함하지 않는다.

59 **고용24(워크넷)에서 제공하는 학과정보 중 자연계열에 해당하지 않는 것은?**

① 안경광학과 ② 생명과학과
③ 수학과 ④ 지구과학과

답 ①

해 안경광학과는 공학계열에 해당한다.
'공학'이 포함된 자연계열
임산공학, 생명공학, 식품공학, 바이오산업공학

60 **한국직업전망에서 제공하는 정보에 대한 설명으로 틀린 것은?**

① '하는 일'은 해당 직업 종사자가 일반적으로 수행하는 업무내용과 과정에 대해 서술하였다.
② '관련 학과'는 일반적 입직조건을 고려하여 대학에 개설된 대표 학과명만을 수록하였다.
③ '적성과 흥미'는 해당 직업에 취업하거나 업무를 수행하는데 유리한 적성, 성격, 흥미, 지식 및 기술 등을 수록하였다.
④ '학력'은 '고졸이하', '전문대졸', '대졸', '대학원졸 이상'으로 구분하여 제시하였다.

답 ②

해 '관련 학과'는 일반적 입직조건을 고려하여 대학에 개설된 대표 학과명 뿐만 아니라 대학 대표 학과명, 특성화고등학교, 직업훈련기관, 직업전문학교의 학과명 등 다양하게 수록되어 있다.

제4과목 노동시장

61 성과급 제도를 채택하기 어려운 경우는?

① 근로자의 노력과 생산량과의 관계가 명확한 경우
② 생산원가 중에서 노동비용에 대한 통제가 필요하지 않는 경우
③ 생산물의 질(quality)이 일정한 경우
④ 생산량이 객관적으로 측정 가능한 경우

답 ②

해 생산원가 중에서 노동비용에 대한 통제가 필요하지 않는 경우는 성과급 제도를 채택을 할 필요가 없으며, 해당 경우에는 시급제가 유용하다.

62 노동시장에서의 차별로 인해 발생하는 임금격차에 대한 설명으로 틀린 것은?

① 직장 경력의 차이에 따른 인적자본 축적의 차이로는 임금격차를 설명할 수 없다.
② 경쟁적인 시장경제에서는 고용주에 의한 차별이 장기간 지속될수 없다.
③ 소비자의 차별적인 선호가 있다면 차별적인 임금격차가 지속될 수 있다.
④ 정부가 차별적 임금을 지급하도록 강제하는 경우에는 경쟁시장에서도 임금격차가 지속될 수 있다.

답 ①

해 직장 경력의 차이에 따른 인적자본 축적의 차이는 임금격차의 '경쟁적 요인'이며 주요 요소이다.

63 임금의 법적 성격에 관한 학설의 하나인 노동대가설로 설명할 수 있는 임금은?

① 직무수당 ② 휴업수당
③ 휴직수당 ④ 가족수당

답 ①

해 직무수당은 노동에 대한 직접적인 대가이다.

노동 대가설	노동력 대가설
직무수당	휴업수당, 휴직수당, 가족수당

64 다음 중 분단노동시장가설이 암시하는 정책적 시사점과 가장 거리가 먼 것은?

① 노동시장의 공급측면에 대한 정부개입 또는 지원을 지나치게 강조하는 것에 대해 부정적이다.
② 공공적인 고용기회의 확대나 임금보조, 차별대우 철폐를 주장한다.
③ 외부노동시장의 중요성을 강조한다.
④ 노동의 인간화를 도모하기 위한 의식적인 정책노력이 필요하다.

답 ③

해 분단노동시장은 '내부노동시장'의 중요성을 강조한다.

65 시간당 임금이 5,000원에서 6,000원으로 인상될 때, 노동수요량이 10,000에서 9,000으로 감소한다면 노동수요의 임금탄력성은? (단, 노동수요의 임금탄력성은 절댓값이다.)

① 0.2 ② 0.5
③ 1 ④ 2

답 ②

해 0.5이다.

- 노동수요의 (임금)탄력성

$$= \frac{노동수요량의\ 변화율(\%)}{임금의\ 변화율(\%)}$$

- 노동수요량의 변화율(%)

$$= \frac{10,000 - 9,000}{10,000} \times 100 = 10\%$$

- 임금의 변화율(%)

$$= \frac{6,000 - 5,000}{5,000} = 20\%$$

- 노동수요의 임금탄력성

$$= \frac{10\%}{20\%} = 0.5$$

66 실업대책에 관한 설명으로 틀린 것은?

① 일반적으로 실업대책은 고용안정정책, 고용창출정책, 사회안전망 형성정책으로 구분된다.
② 직업훈련의 효율성 제고는 고용안정정책에 해당한다.
③ 고용창출정책은 실업률로부터 탈출을 촉진하는 정책이다.
④ 공공부문 유연성 확립은 사회안전망 형성정책에 해당한다.

답 ④

해 공공부문 유연성 확립은 '고용창출' 정책이다.

67 구조적 실업에 대한 설명으로 틀린 것은?

① 노동시장에 대한 정보 부족에 기인한다.
② 구인처에서 요구하는 자격을 갖춘 근로자가 없는 경우에 발생한다.
③ 산업구조 변화에 노동력 공급이 적절히 대응하지 못해서 발생한다.
④ 적절한 직업훈련 기회를 제공하는 것이 구조적 실업을 완화하는데 중요하다.

답 ①

해 노동시장에 대한 '정보 부족'에 기인한 실업은 '마찰적 실업'이다.

25년~27년 출제기준에서 '노사관계이론' 제외

68 노동조합의 형태 중 노동시장의 지배력과 조직으로서의 역량이 극히 약하다고 볼 수 있는 것은?

① 기업별 노동조합　② 산업별 노동조합
③ 일반 노동조합　④ 직업별 노동조합

답 ①

해 기업별 노동조합
- 하나의 기업에 종사하는 근로자들이 직종의 구별 없이 조직한 노동조합이다.
- 독과점 대기업에서 쉽게 찾을 수 있으며 우리나라 노동조합의 주된 조직형태이다.
- 노동시장의 지배력과 조직으로서의 역량이 극히 약하다.
- 노동조합이 어용화 될 가능성이 가장 크다.

69 신고전학파가 주장하는 노동조합의 사회적 비용의 증가 요인이 아닌 것은?

① 비노조와의 임금격차와 고용저하에 따른 비효율 배분
② 경직적 인사제도에 의한 기술적 비효율
③ 파업으로 인한 생산중단에 따른 생산적 비효율
④ 작업방해에 의한 구조적 비효율

답 ④

해 작업방해에 의한 '구조적'이 아닌 '생산적' 비효율이다.

25년~27년 출제기준에서 '노사관계이론' 제외

70 노동조합이 노동공급을 제한함으로써 발생할 수 있는 효과로 옳은 것은?

① 노동조합이 조직화된 노동시장의 임금이 하락할 것이다.
② 노동조합이 조직화되지 않은 노동시장의 공급곡선이 좌상향으로 이동할 것이다.
③ 노동조합이 조직화된 노동시장의 노동수요곡선이 우상향으로 이동할 것이다.
④ 노동조합이 조직화되지 않은 노동시장의 임금이 하락할 것이다.

답 ④

해 노동조합이 조직화되지 않은 노동시장의 임금이 하락할 것이다.

파급효과(이전효과)

노조부문의 임금 인상으로 실업이 발생하여 이들이 비노조부문으로 가는 경우 비노조부문의 균형 임금을 낮추는 역할을 한다.

71 생산물시장과 노동시장이 완전경쟁일 때 노동의 한계생산량이 10개이고, 생산물 가격이 500원이며 시간당 임금이 4,000원이라면 이윤을 극대화하기 위한 기업의 반응으로 옳은 것은?

① 임금을 올린다.
② 노동을 자본으로 대체한다.
③ 노동의 고용량을 증대시킨다.
④ 고용량을 줄이고 생산을 감축한다.

답 ③

해 이윤극대화 시점은 '한계생산물가치=시장임금'임

한계생산물가치=노동의 한계생산량×생산물 가격
=10개×500원=5,000원

임금=4,000원

∴ 노동의 고용량을 증대시킨다.

72 노동력의 10%가 매년 구직활동을 하고 구직에 평균 3개월이 소요되는 경우 연간 몇 %의 실업률이 나타나게 되는가?

① 2.5% ② 2.7%
③ 3.0% ④ 3.3%

답 ①

해 2.5% 이다.
1년은 12개월 이므로 1년의 $\frac{1}{4}$ 정도는 실업자이다.
10% ÷ 4 = 2.5%

73 만일 여가가 열등재라면 개인의 노동 공급곡선의 형태는?

① 후방굴절한다. ② 완전비탄력적이다.
③ 완전탄력적이다. ④ 우상향한다.

답 ④

해 우상향한다. 즉 노동공급을 선택한다.

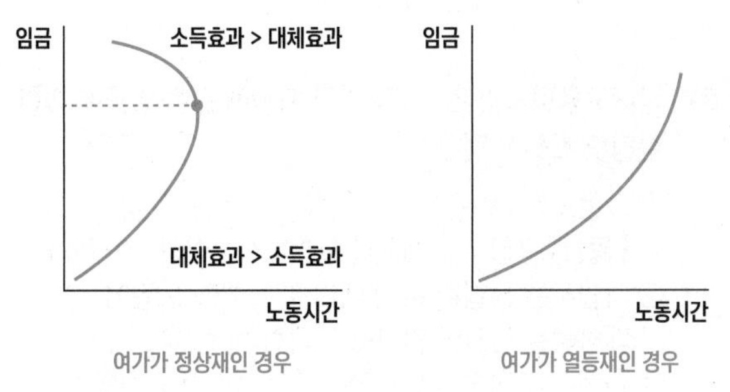

여가가 정상재인 경우 여가가 열등재인 경우

74 다음은 후방굴절형의 노동공급곡선을 나타낸 것이다. 이 때 노동공급곡선상의 a, b 구간에 대한 설명으로 옳은 것은?

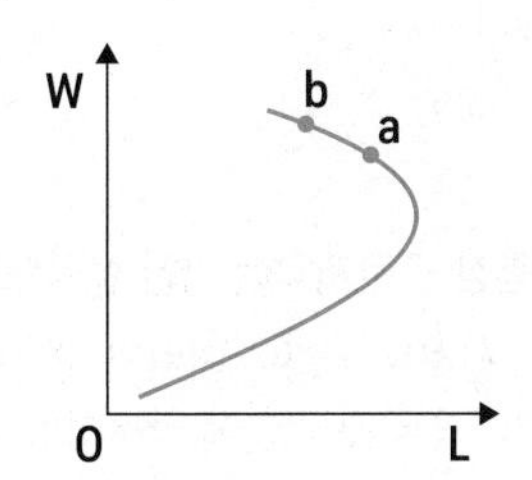

① 소득효과=0
② 대체효과=0
③ 소득효과 < 대체효과
④ 소득효과 > 대체효과

답 ④

해 후방굴절 구간이므로 소득효과가 발생한다.
(소득효과 > 대체효과)

75 연봉제 성공을 위한 조건과 가장 거리가 먼 것은?

① 직무분석 ② 인사고과
③ 목표관리제도 ④ 품질관리제도

답 ④

해 품질관리제도는 연봉제나 임금관리와는 거리가 멀다.

76 마찰적 실업을 해소하기 위한 가장 효과적 정책은?

① 성과급제를 도입한다.
② 근로자 파견업을 활성화한다.
③ 협력적 노사관계를 구축한다.
④ 구인·구직 정보제공시스템의 효율성을 제고한다.

답 ④

해 마찰적 실업
신규 또는 전직자가 직업을 찾는 과정에서 직업정보 부족으로 인해 일시적으로 발생

마찰적 실업 대책
- 구인·구직 정보제공시스템의 효율성을 제고
- 구인구직에 대한 전국적인 전산망 연결
- 직업 알선기관의 활성화
- 고용실태 및 전망에 대한 자료제공

77 다음은 무엇에 관한 설명인가?

경제학과 Spencer는 고학력자의 임금이 높은 것은 교육이 생산성을 높이는 역할을 하는 것이 아니라 처음부터 생산성이 높다는 것을 교육을 통해 보여주는 것이라는 견해를 제시했다.

① 인적자본 이론
② 혼잡가설
③ 고학력자의 맹목적 우대
④ 교육의 신호모형

답 ④

해 Spencer(스펜서)의 '교육의 신호모형'의 내용이다.

25년~27년 출제기준에서 '노사관계이론' 제외

78 **노동력의 동질성을 가정하고 있는 이론은?**

① 신고전학파이론 ② 직무경쟁론
③ 내부노동시장론 ④ 이중노동시장론

답 ①

해 노동력의 동질성을 주장한 이론은 '신고전학파이론' 이다.
'신고전학파이론'
- 노동자나 고용주는 시장임금에 어떤 영향도 미칠 수 없다.
- 노동자와 고용주는 완전한 정보를 갖는다.
- 노동시장의 진입과 퇴출이 자유롭다.
- 직무의 성격은 동일하며 임금의 차이만 존재한다.

25년~27년 출제기준에서 '노사관계이론' 제외

79 **노동조합을 다음과 같이 설명한 학자는?**

노동조합이란 임금노동자들이 그들의 근로 조건을 유지하고 개선할 목적으로 조직한 영속적 단체이며, 그와 같은 목적을 실현하기 위한 수단으로는 노동시장의 조절, 표준근로조건의 설정 및 유지와 공제제도 등이 있다.

① S. Perlman
② L. Brentano
③ F.Tannenbaum
④ Sidney and Beatrice Webb

답 ④

해 Sidney and Beatrice Webb(시드니와 베아트리스 부부)이다.

25년~27년 출제기준에서 '노사관계이론' 제외

80 **미국에서 1935년에 제정된 전국노사관계법(National Labor Relation Act ; NLRA, 일명 와그너법) 이후에 확립된 노사관계는?**

① 뉴딜적 노사관계
② 온건주의적 노사관계
③ 바이마르적 노사관계
④ 태프트-하트리적 노사관계

답 ①

해 미국에서 1935년에 제정된 전국노사관계는 '뉴딜적 노사관계'이다.
미국 정부가 노동조합의 법적·제도적 특권을 강화하여 노동조합 활동을 보호·장려하는 것을 의미한다.

제5과목 고용노동관계법규

81 **국민 평생 직업능력 개발법령상 직업능력개발훈련이 중요시되어야 하는 대상에 해당하는 것을 모두 고른 것은?**

ㄱ. 「국민기초생활보장법」에 따른 수급권자 ㄴ. 고령자 ㄷ. 단시간근로자 ㄹ. 제조업에 종사하는 근로자

① ㄱ, ㄴ, ㄹ ② ㄱ, ㄴ, ㄷ
③ ㄱ, ㄷ, ㄹ ④ ㄴ, ㄷ, ㄹ

답 ②

해 ㄱ, ㄴ, ㄷ 이다.
ㄹ. 제조업에 종사하는 근로자는 해당하지 않는다.

82 **남녀고용평등과 일·가정 양립 지원에 관한 법률에 관한 설명으로 틀린 것은?**

① 고용노동부장관은 남녀고용평등 실현과 일·가정의 양립에 관한 기본계획을 5년마다 수립하여야 한다.
② 사업주는 동일한 사업 내의 동일 가치 노동에 대하여는 동일한 임금을 지급하여야 한다.
③ 사업주가 임금차별을 목적으로 설립한 별개의 사업은 동일한 사업으로 본다.
④ 사업주는 직장 내 성희롱 예방을 위한 교육을 분기별 1회 이상 하여야 한다.

답 ④

해 사업주는 직장 내 성희롱 예방을 위한 교육을 '1년'에 1회 이상하여야 한다.

83 **근로기준법령상 근로계약에 관한 설명으로 틀린 것은?**

① 이 법에서 정하는 기준에 미치지 못하는 근로조건을 정한 근로계약은 그 부분에 한하여 무효로 한다.
② 근로계약은 기간을 정하지 아니한 것과 일정한 사업의 완료에 필요한 기간을 정한 것 외에는 그 기간은 1년을 초과하지 못한다.
③ 단시간근로자의 근로조건은 그 사업장의 같은 종류의 업무에 종사하는 통상 근로자의 근로시간을 기준으로 산정한 비율에 따라 결정되어야 한다.
④ 사용자는 근로계약 불이행에 대한 위약금을 예정하는 계약을 체결한 경우 300만원 이하의 과태료에 처한다.

답 ④

해 사용자는 근로계약 불이행에 대한 위약금 또는 손해배상액을 예정하는 계약을 체결하지 못한다.

84 헌법상 노동 3권에 해당되지 않는 것은?

① 단체교섭권 ② 평등권
③ 단결권 ④ 단체행동권

답 ②

해 평등권은 아니다.
노동3권 : 단결권, 단체교섭권, 단체행동권

25년~27년 출제기준에서 '고용정책 기본법' 제외

85 고용정책 기본법령상 고용정책심의회의 전문위원회에 해당하는 것을 모두 고른 것은?

ㄱ. 지역고용전문위원회
ㄴ. 고용서비스전문위원회
ㄷ. 장애인고용촉진전문위원회

① ㄱ, ㄴ ② ㄱ, ㄷ
③ ㄴ, ㄷ ④ ㄱ, ㄴ, ㄷ

답 ④

해 모두 해당한다.

86 남녀고용평등과 일·가정 양립지원에 관한 법률상 사업주가 동일한 사업 내의 동일 가치의 노동에 대하여 동일한 임금을 지급하지 아니한 경우 벌칙규정은?

① 5년 이하의 징역 또는 3천만원 이하의 벌금
② 3년 이하의 징역 또는 3천만원 이하의 벌금
③ 1천만원 이하의 벌금
④ 500만원 이하의 벌금

답 ②

해 3년 이하의 징역 또는 3천만원 이하의 벌금이다.

25년~27년 출제기준에서 '근로자퇴직급여 보장법' 제외

87 근로자퇴직급여 보장법령상 (   )안에 들어갈 숫자로 옳은 것은?

이 법에 따른 퇴직금을 받을 권리는 (   )년간 행사하지 아니하면 시효로 인하여 소멸한다.

① 1 ② 3
③ 5 ④ 10

답 ②

해 소멸시효는 3년이다.

88 근로기준법령상 휴게·휴일에 관한 설명으로 틀린 것은?

① 사용자는 근로시간이 8시간인 경우에는 1시간 이상의 휴게시간을 근로시간 도중에 주어야 한다.
② 사용자는 근로자에게 1주에 평균 1회 이상의 유급휴일을 보장하여야 한다.
③ 사용자는 연장근로에 대하여는 통상임금의 100분의 50 이상을 가산하여 근로자에게 지급하여야 한다.
④ 사용자는 8시간 이내의 휴일근로에 대하여는 통상임금의 100분의 100 이상을 가산하여 근로자에게 지급하여야 한다.

답 ④

해 휴일근로의 경우
- 8시간 이내 → 통상임금의 100분의 50을 가산
- 8시간 초과 → 통상임금의 100분의 100을 가산

89 근로기준법령상 근로자 명부의 기재사항에 해당하지 않는 것은?

① 성명 ② 주소
③ 이력 ④ 재산

답 ④

해 재산은 해당하지 않는다.

25년~27년 출제기준에서 '고용정책 기본법' 제외

90 고용정책 기본법상 고용정책심의회의 위원으로 명시되지 않은 자는?

① 문화체육관광부 제1차관
② 기획재정부 제1차관
③ 교육부차관
④ 과학기술정보통신부 제1차관

답 ①

해 '문화체육관광부 제1차관'은 명시되지 않는다.

91 고용보험법령상 용어정의에 관한 설명으로 틀린 것은?

① "이직"이란 피보험자와 사업주 사이의 고용관계가 끝나게 되는 것을 말한다.
② "실업"이란 근로의 의사와 능력이 있음에도 불구하고 취업하지 못한 상태에 있는 것을 말한다.
③ "실업의 인정"이란 직업안정기관의 장이 수급자격자가 실업한 상태에서 적극적으로 직업을 구하기 위하여 노력하고 있다고 인정하는 것을 말한다.
④ "일용근로자"란 1일 단위로 근로계약을 체결하여 고용되는 자를 말한다.

답 ④

해 "일용근로자"란 1개월 미만 동안 고용되는 사람을 말한다.

92 채용절차의 공정화에 관한 법령에 대한 설명으로 틀린 것은?

① 기초심사자료란 구직자의 응시원서, 이력서 및 자기소개서를 말한다.
② 이 법은 국가 및 지방자치단체가 공무원을 채용하는 경우에도 적용한다.
③ 직종의 특수성으로 인하여 불가피한 사정이 있는 경우 고용노동부장관의 승인을 받아 구직자에게 채용심사비용의 일부를 부담하게 할 수 있다.
④ 구인자는 구직자 본인의 재산 정보를 기초심사자료에 기재하도록 요구하여서는 아니 된다.

답 ②

해 이 법은 국가 및 지방자치단체가 공무원을 채용하는 경우에는 적용하지 않는다.

93 고용보험법령상 구직급여의 수급요건으로 틀린 것은? (단, 기타 사항은 고려하지 않음)

① 근로의 의사와 능력이 있음에도 불구하고 취업하지 못한 상태에 있을 것
② 이직사유가 수급자격의 제한 사유에 해당하지 아니할 것
③ 재취업을 위한 노력을 적극적으로 할 것
④ 건설일용근로자로서 수급자격 인정신청일 이전 7일간 연속하여 근로내역이 없을 것

답 ④

해 건설일용근로자로서 수급자격 인정신청일 이전 '7일간'이 아닌 '14일간' 연속하여 근로내역이 없을 것이다.

25년~27년 출제기준에서 '고용상 연령차별금지 및 고령자고용촉진에 관한 법률' 제외

94 고용상 연령차별금지 및 고령자고용촉진에 관한 법률상 제조업의 기준고용률은?

① 그 사업장의 상시근로자수의 100분의 2
② 그 사업장의 상시근로자수의 100분의 3
③ 그 사업장의 상시근로자수의 100분의 6
④ 그 사업장의 상시근로자수의 100분의 7

답 ①

해 그 사업장의 상시근로자수의 100분의 2

제조업	운수업,부동산 및 임대업	기타서비스업
100분의 2	100분의 6	100분의 3

95 국민 평생 직업능력 개발법령상 훈련의 목적에 따라 구분한 직업능력개발훈련에 해당하지 않는 것은?

① 양성훈련 ② 집체훈련
③ 향상훈련 ④ 전직훈련

답 ②

해 집체훈련은 훈련의 방법에 따른 구분이다.

훈련의 목적에 따른 구분	실시방법에 따른 구분
-양성훈련 -향상훈련 -전직훈련	-집체훈련 -현장훈련 -원격훈련 -혼합훈련

96 직업안정법령상 직업소개사업에 관한 설명으로 틀린 것은?

① 국내 무료직업소개사업을 하려는 자는 주된 사업소의 소재지를 관할하는 특별자치도지사·시장·군수 및 구청장에게 신고하여야 한다.
② 국외 무료직업소개사업을 하려는 자는 고용노동부장관에게 신고하여야 한다.
③ 국내 유료직업소개사업을 하려는 자는 주된 사업소의 소재지를 관할하는 특별자치도지사·시장·군수 및 구청장에게 등록하여야 한다.
④ 국외 유료직업소개사업을 하려는 자는 고용노동부장관에게 신고하여야 한다.

답 ④

해 국외 유료직업소개사업을 하려는 자는 고용노동부장관에게 등록하여야 한다.

• 무료 신고, 유료 등록을 기준

사업구분	국내	국외
무료직업소개	• 자자체 신고	• 고용노동부장관 신고
유료직업소개	• 자자체 등록	• 고용노동부장관 등록

★

법 개정 반영 <2025.01.01. 시행>

97 **남녀고용평등과 일·가정 양립지원에 관한 법령상 ( )에 들어갈 숫자가 순서대로 나열된 것은?**

- 사업주는 근로자가 배우자 출산휴가를 청구하는 경우에 ( )일의 휴가를 주어야 한다.
- 배우자 출산휴가는 근로자의 배우자가 출산한 날부터 ( )일이 지나면 청구할 수 없다.

① 10, 90 ② 20, 90
③ 10, 120 ④ 20, 120

답 ④

해 2025.01.01. 시행되는 남녀고용평등법
사업주는 배우자 출산휴가를 20일의 휴가를 주어야 하며 이는유급으로 한다.
배우자 출산휴가는 근로자의 배우자가 출산한 날부터 120일이 지나면 사용할 수 없다.

25년~27년 출제기준에서
'파견근로자 보호 등에 관한 법률' 제외

98 **파견근로자보호등에관한법령상 근로자파견사업에 관한 설명으로 틀린 것은?**

① 건설공사현장에서 이루어지는 업무에 대하여는 근로자파견사업을 하여서는 아니된다.
② 파견사업주, 사용사업주, 파견근로자 간의 합의가 있는 경우에는 파견기간을 연장할 수 있다.
③「고용상 연령차별금지 및 고령자고용촉진에 관한 법률」의 고령자인 파견근로자에 대하여는 2년을 초과하여 근로자파견기간을 연장할 수 있다.
④ 근로자파견사업 허가의 유효기간은 2년으로 한다.

답 ④

해 근로자파견사업 허가의 유효기간은 '3년'으로 한다.

99 **고용보험법령상 육아휴직 급여 신청기간의 연장사유가 아닌 것은?**

① 범죄혐의로 인한 형의 집행
② 배우자의 질병
③ 천재지변
④ 자매의 부상

답 ④

해 '자매의 부상, 형제의 질병'은 육아휴직급여 신청기간의 연장 사유에 해당하지 않는다.

육아휴직 급여 신청기간의 연장 사유
1. 천재지변
2. 본인이나 배우자의 질병·부상
3. 본인이나 배우자의 직계존속 및 직계비속의 질병·부상
4.「병역법」에 따른 의무복무
5. 범죄혐의로 인한 구속이나 형의 집행

100 **직업안정법령상 ( )안에 들어갈 공통적인 숫자는?**

근로자공급사업 허가의 유효기간은 ( )년으로 하되, 유효기간이 끝난 후 계속하여 근로자공급 사업을 하려는 자는 연장허가를 받아야 하며, 이 경우 연장허가의 유효기간은 연장전 허가의 유효기간이 끝나는 날부터 ( )년으로 한다.

① 1 ② 2
③ 3 ④ 5

답 ③

해 허가의 유효기간은 3년이다.

2020년 3회차 기출 문제

제1과목 직업상담

<분석심리상담> 출제 확률이 낮은 문제

01 융(Jung)이 제안한 4단계 치료과정을 순서대로 나열한 것은?

① 고백 → 교육 → 명료화 → 변형
② 고백 → 명료화 → 교육 → 변형
③ 고백 → 변형 → 명료화 → 교육
④ 명료화 → 고백 → 교육 → 변형

답 ②

해 고백 → 명료화 → 교육 → 변형

융(Jung)의 분석심리학 4단계 치료 과정

1. 고백 단계
- 내담자는 자신의 개인사를 고백
- 상담의 시작 단계

2. 명료화 단계
- 내담자는 자신의 문제에 대해 명확하게 인식해 나감

3. 교육 단계
- 문제해결에 초점
- 내담자의 페르소나와 자아가 현실적인 사회적응을 할 수 있도록 도움

4. 변형 단계
- 내담자의 단순 사회 적응을 넘어 자기(self) 실현으로 변화를 시도하는 '자기를 실현하는 기간'이 되도록 함

02 직업상담의 과정 중 역할사정에서 상호역할관계를 사정하는 방법이 아닌 것은?

① 질문을 통해 사정하기
② 동그라미로 역할관계 그리기
③ 역할의 위계적 구조 작성하기
④ 생애 - 계획연습으로 전환시키기

답 ③

해 '역할의 위계적 구조 작성하기'는 아니다.

역할사정에서 상호역할관계를 사정하는 방법
- 질문을 통해 사정하기
- 동그라미로 역할관계 그리기
- 생애 - 계획 연습으로 전환시키기

03 직업상담자와 내담자 사이에 직업상담관계를 협의하는 내용에 대한 설명으로 틀린 것은?

① 내담자와의 라포형성을 위해서 내담자가 존중받는 분위기를 만들어 주어야 한다.
② 내담자가 직업상담을 받는 것에 대해서 저항을 보일 때는 다른 상담자에게 의뢰해야 한다.
③ 상담자와 내담자가 직업상담에 대한 기대가 서로 다를 수 있기 때문에 서로의 역할을 명확히 해야 한다.
④ 상담자는 내담자가 직업상담을 통해서 얻고자 하는 것이 무엇인지 분명하게 확인해야 한다.

답 ②

해 내담자가 직업상담을 받는 것에 대해서 저항을 보일 때는 내담자의 반응을 이해하며 저항의 목적을 파악하고 저항의 해소를 위해 노력한다.

04 **수퍼(Super)의 발달적 직업상담에서 의사결정에 이르는 단계를 바르게 나열한 것은?**

> ㄱ. 문제 선택
> ㄴ. 태도와 감정의 탐색과 처리
> ㄷ. 심층적 탐색
> ㄹ. 현실 검증
> ㅁ. 자아 수용
> ㅂ. 의사결정

① ㄱ → ㄴ → ㄷ → ㄹ → ㅂ → ㅁ
② ㄱ → ㄷ → ㄴ → ㄹ → ㅂ → ㅁ
③ ㄱ → ㄷ → ㅁ → ㄹ → ㄴ → ㅂ
④ ㄱ → ㄷ → ㄹ → ㅁ → ㄴ → ㅂ

답 ③

해 Super의 발달적 직업 상담 단계
- 문제탐색
- 심층적 탐색
- 자아수용
- 현실검증
- 태도와 감정의 탐색과 처리
- 의사결정

05 **직업상담사의 역할이 아닌 것은?**

① 내담자에게 적합한 직업 결정
② 내담자의 능력, 흥미 및 적성의 평가
③ 직무스트레스, 직무 상실 등으로 인한 내담자 지지
④ 내담자의 삶과 직업목표 명료화

답 ①

해 직업상담자는 내담자에게 적합한 직업 결정을 잘 할 수 있도록 의사결정을 돕는 역할을 한다.

06 **특성-요인 직업상담에서 일련의 관련 있는 또는 관련 없는 사실들로부터 일관된 의미를 논리적으로 파악하여 문제를 하나씩 해결하는 과정은?**

① 다중진단 ② 선택진단
③ 변별진단 ④ 범주진단

답 ③

해 변별진단은 관련성의 의미를 논리적으로 파악하고 해결하는 것이다.

07 **직업상담을 위해 면담을 하는 중 즉시성(immediacy)을 사용하기에 적합하지 않은 경우는?**

① 방향감이 없는 경우
② 신뢰성에 의문이 제기되는 경우
③ 내담자가 독립성이 있는 경우
④ 상담자와 내담자 간에 사회적 거리감이 있는 경우

답 ③

해 내담자가 '독립성'이 있는 경우가 아니라 '의존성'이 있는 경우이다.

08 **게슈탈트 이론에 관한 설명으로 옳은 것을 모두 고른 것은?**

> ㄱ. 지금 여기서 무엇을 어떻게 경험하느냐와 각성을 중요시한다.
> ㄴ. 성격은 생물학적 요구 및 충동에 의해 결정된다.
> ㄷ. 인간은 신체, 정서, 사고, 감각, 지각 등 모든 부분이 서로 관련을 갖고 있는 전체로서 완성되려는 경향이 있다.
> ㄹ. 인간의 행동은 외부의 환경조건에 의해 좌우 된다.

① ㄱ, ㄴ ② ㄱ, ㄷ
③ ㄱ, ㄴ, ㄷ ④ ㄴ, ㄷ, ㄹ

답 ②

해 ㄱ, ㄷ이다.
ㄴ. 프로이트의 정신분석 이론
ㄹ. 행동주의 이론

09 **직업카드 분류로 살펴보기에 가장 적합한 개인의 특성은?**

① 가치 ② 성격
③ 흥미 ④ 적성

답 ③

해 직업카드분류법은 '직업흥미의 탐색'을 알아보는 질적평가기법이다.

10 **6개의 생각하는 모자(sixthinking hats) 기법에서 사용하는 모자 색깔이 아닌 것은?**

① 갈색　② 녹색
③ 청색　④ 흑색

답 ①

해 갈색은 아니다.

6개의 생각하는 모자(six thinking hats)기법
- 백색 : 객관적 사실
- 적색 : 열정 감정
- 흑색 : 부정적
- 황색(노랑) : 긍정적
- 녹색 : 창의적
- 청색 : 통합적

11 **상담사의 윤리적 태도와 행동으로 옳은 것은?**

① 내담자와 상담관계 외에도 사적으로 친밀한 관계를 형성한다.
② 과거 상담사와 성적 관계가 있었던 내담자라도 상담관계를 맺을 수 있다.
③ 내담자와 사생활과 비밀보호를 위해 상담 종결 즉시 상담 기록을 폐기한다.
④ 비밀보호의 예외 및 한계에 관한 갈등상황에서는 동료 전문가의 자문을 구한다.

답 ④

해 ① 사적으로는 형성하지 않는다.
② 맺을 수 없다.
③ 상담기록은 일정기간 보관후 기간이 경과된 기록을 파기해야 한다.

<실존주의> 출제 확률이 낮은 문제

12 **실존주의 상담에 관한 설명으로 틀린 것은?**

① 실존주의 상담의 궁극적 목적은 치료이다.
② 실존주의 상담은 대면적 관계를 중시한다.
③ 인간에게 자기지각의 능력이 있다고 가정한다.
④ 자유와 책임의 양면성에 대한 지각을 중시한다.

답 ①

해 실존주의 상담의 궁극적 목적은 치료가 목적이 아니라 자신의 현재상태를 인식하고 피해자적 입장에서 벗어나도록 돕는 것이다.

13 **개방적 질문의 형태에 가장 거리가 먼 것은?**

① 시험이 끝나고서 기분이 어떠했습니까?
② 지난주에 무슨 일이 있었습니까?
③ 당신은 학교를 좋아하지요?
④ 당신은 누이동생을 어떻게 생각하는지요?

답 ③

해 예 또는 아니오로 대답하게 하는 '당신은 학교를 좋아하지요?' 는 폐쇄형 질문이다.

14 **일반적으로 상담자가 갖추어야 할 기법 중 내담자가 전달하려는 내용에서 한 걸음 더 나아가 그 내면적 감정에 대해 반영하는 것은?**

① 해석　② 공감
③ 명료화　④ 직면

답 ②

해 한 걸음 더 나아가 '내면적 감정에 대해 반영'하는 것은 공감이다.

<현실치료> 출제 확률이 낮은 문제

15 **현실치료적 집단상담의 절차와 가장 거리가 먼 것은?**

① 숙련된 질문의 사용
② 유머의 사용
③ 개인적인 성장계획을 위한 자기조력
④ 조작기법의 사용

답 ④

해 조작기법의 사용은 '행동주의 상담' 기법이다.

<행동주의> 출제 확률이 낮은 문제

16 **체계적 둔감화를 주로 사용하는 상담기법은?**

① 정신역동적 직업상담
② 특성 - 요인 직업상담
③ 발달적 직업상담
④ 행동주의 직업상담

답 ④

해 체계적 둔감화는 행동주의의 상담기법으로 대표적인 불안감소기법 중 하나이다.

체계적 둔감법
- 근육이완법
- 불안위계목록 작성
- 체계적 둔감화

17 **사이버 직업상담에서 답변을 작성할 때 고려해야 할 사항으로 가장 거리가 먼 것은?**

① 추수상담의 가능성과 전문기관에 대한 안내를 한다.
② 친숙한 표현으로 답변을 작성하여 내담자가 친근감을 느끼게 한다.
③ 답변은 장시간이 소요되더라도 정확하게 하도록 노력한다.
④ 청소년이라 할지라도 반드시 존칭을 사용하여 호칭한다.

답 ③

해 답변은 되도록 신속하고 정확하게 한다.

18 **콜브(Kolb)의 학습형태검사(LSI)에서 사람에 대한 관심은 적은 반면 추상적 개념에 많은 관심을 두는 사고형은?**

① 집중적　② 확산적
③ 동화적　④ 적응적

답 ③

해 동화적 유형이다.
동화적 유형은 추상적 개념에 많은 관심을 두는 사고형이다.

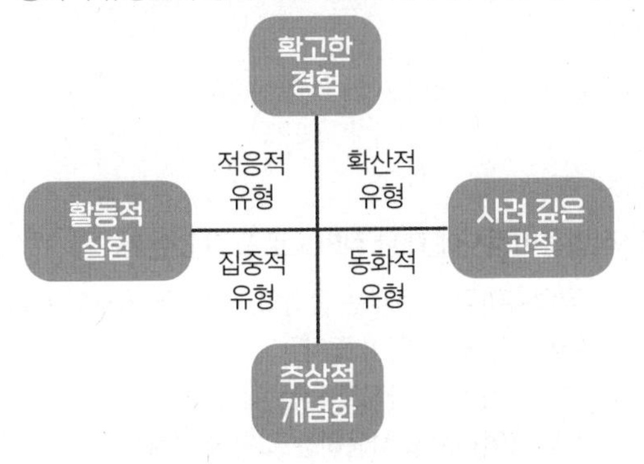

19 **상담이론과 상담목표가 잘못 짝지어진 것은?**

① 행동주의 상담이론 - 내담자의 문제행동을 증가시켜 왔던 강화요인을 탐색하고 제거한다.
② 인지행동주의 상담이론 - 내담자가 가지고 있는 비합리적 신념을 확인하고 이를 수정한다.
③ 현실치료이론 - 내담자가 원하는 것이 무엇인지 확인하고 이를 달성할 수 있는 적절한 방법을 탐색한다.
④ 게슈탈트 상담이론 - 내담자의 생활양식을 확인하고 바람직한 방향으로 생활양식을 바꾸도록 한다.

답 ④

해 내담자의 생활양식을 확인하고 바람직한 방향으로 생활양식을 바꾸는 것은 '교류분석'이다.

20 **직업상담의 목적에 해당하지 않는 것은?**

① 개인의 직업적 목표를 명확히 해주는 과정이다.
② 진로관련 의사결정 능력을 길러주는 과정이다.
③ 직업선택과 직업생활에서 수동적인 태도를 함양하는 과정이다.
④ 이미 결정한 직업계획과 직업선택을 확신, 확인하는 과정이다.

답 ③

해 '수동적인 태도' 아닌 '적극적인 태도'를 함양하는 것이다.

제2과목 직업심리

21 직업상담에 사용되는 질적 측정도구가 아닌 것은?

① 역할놀이 ② 제노그램
③ 카드분류 ④ 욕구 및 근로 가치 설문

답 ④

해 욕구 및 근로 가치 설문은 아니다.

질적 측정도구
- 역할놀이
- 제노그램(직업 가계도)
- 직업 카드분류
- 자기 효능감 측정
- 생애 진로사정

22 직무 스트레스를 조절하는 변인과 가장 거리가 먼 것은?

① 성격 유형 ② 역할 모호성
③ 통제 소재 ④ 사회적 지원

답 ②

해 역할 모호성은 직무 스트레스의 '조절'이 아닌 '원인'이다.

스트레스 조절변인
- 성격유형(A형유형 또는 B형유형)
- 통제소재(외적통제 또는 내적통제)
- 사회적지지

직무관련 스트레스 원인
- 역할 갈등
- 역할 모호성
- 역할 과부하
- 과제 특성
- 조직풍토(문화)

23 검사 점수의 오차를 발생시키는 수검자 요인과 가장 거리가 먼 것은?

① 수행 능력
② 수행 경험
③ 평가 불안
④ 수검 당일의 생리적 조건

답 ①

해 '수행 능력'은 '안정적 요인'에 속하므로 오차를 발생시키는 요인가 거리가 멀다.

24 어떤 직업적성검사의 신뢰도 계수가 1.0 이면 그 검사의 타당도 계수는?

① 1.0 ② 0
③ 0.5 ④ 알 수 없다.

답 ④

해 알 수 없다.
신뢰도가 높다고 타당도가 높을지는 알 수 없지만 타당도를 높이기 위해서는 신뢰도는 반드시 높아야 한다.
(신뢰도 - 검사의 일관성, 타당도 - 검사의 정확성)

25 직업발달에 관한 특성 - 요인의 종합적인 결과를 토대로 Klein과 Weiner 등이 내린 결론과 가장 거리가 먼 것은?

① 개개인은 신뢰할 만하고 타당하게 측정될 수 있는 고유한 특성의 집합이다.
② 직업의 선택은 직선적인 과정이며, 연결이 가능하다.
③ 개인의 직업선호는 부모의 양육환경 특성에 의해 좌우된다.
④ 개인의 특성과 직업의 요구사항 간에 상관이 높을수록 직업적 성공의 가능성이 커진다.

답 ③

해 ③ 로(Roe)의 욕구이론에 대한 내용이다.

26 직업흥미검사에 대한 설명으로 틀린 것은?

① 직업흥미검사 결과는 변화하므로 일정기간이 지나면 다시 실시하는 것이 좋다.
② 정서적 문제를 가지고 있는 내담자에게 직업흥미검사를 사용하는 것은 부적절하다.
③ 직업흥미검사는 진로분야에서 내담자가 만족할 수 있는 분야뿐만 아니라 성공가능성에 대한 정보도 제공해준다.
④ 직업흥미검사 결과는 내담자의 능력, 가치, 고용가능성 등 내담자의 상황에 대한 다른 정보들을 고려하여 의사결정에 활용되어야 한다.

답 ③

해 성공가능성에 대한 정보는 직업흥미검사를 통해 알 수 없다.

27 **심리검사 해석 시 주의사항으로 틀린 것은?**

① 검사결과를 내담자에게 이야기해 줄 때 가능한 한 이해하기 쉽게 해주어야 한다.
② 내담자에게 검사의 점수보다는 진점수의 범위를 말해주는 것이 좋다.
③ 검사결과를 내담자와 함께 해석하는 것은 검사전문가로서는 해서는 안 되는 일이다.
④ 내담자의 방어를 최소화하기 위해 상담자는 중립적이고 무비판적이어야 한다.

답 ③

해 검사결과를 내담자와 함께 해석하며 내담자 스스로 자신의 진로를 결정하도록 도와주어야 한다.

25년~27년 출제기준에서 '직무분석이론' 제외

28 **작업자 중심의 직무분석에 관한 설명으로 옳지 않은 것은?**

① 직무를 수행하기 위한 구체적인 인적 요건들을 밝히는 직무기술서로 나타난다.
② 직무에서 수행하는 과제나 활동이 어떤 것들인지를 파악하는데 초점을 둔다.
③ 어떠한 직무에서나 사용할 수 있는 표준화된 직무분석 질문지를 제작해서 사용할 수 있다.
④ 지식, 기술, 능력, 경험 등 작업자 개인 요건들로 직무를 표현한다.

답 ①, ②

해 ① 직무를 수행하기 위한 구체적인 인적요건들을 밝히는 '직무명세서'로 나타난다.
② 직무에서 수행하는 과제나 활동이 아니라 '인적요건'에 초점을 둔다.

작업자 중심 직무분석
- 직무를 수행하는데 요구되는 지식, 기술, 능력, 경험 등 작업자에 초점을 둔다.
- 표준화된 분석도구의 개발이 가능하다.
- 직무들에서 요구되는 인간특성의 유사정도를 양적으로 비교할 수 있다.
- 과제 중심 직무분석에 비해 보다 폭넓게 활용될 수 있다.

직위분석질문지(PAQ)
- 직무수행에 요구되는 지식, 기술, 능력 등의 인가적 요건들을 밝히는 데 목적을 둔 표준화된 분석도구이다.

과제 중심 직무분석
- 직무에서 수행하는 과제나 활동이 어떤 것들인지 파악하는데 초점을 둔다.
- 직무 자체의 내용을 중점적으로 다루는 직무기술서 작성에 중요 정보를 제공한다.
- 직무 각각에 대해 표준화된 분석도구를 만들 수 없다.
- 직무 정보를 자료, 사람, 사물 기능으로 분석한다.

29 **직업적응이론의 적응유형 변인 중 적응행동 과정에서 나타나는 적응의 시작과 종료의 지속기간을 나타내는 것은?**

① 유연성　② 능동성
③ 수동성　④ 인내

답 ④

해 적응의 시작과 종료의 '지속기간'을 나타내는 것은 '인내'이다.

30 **사회학습이론에 기반한 진로발달 과정의 요인으로 다음 사례와 밀접하게 관련 있는 것은?**

> 신입사원 A는 직무 매뉴얼을 참고하여 업무수행을 한다. 그러나 이런 방법을 통해 신입사원 때는 좋은 결과를 얻더라도, 승진하여 새로운 업무를 수행할 때는 기존의 업무수행 방법을 수정해야 할지도 모른다.

① 유전적 요인과 특별한 능력
② 직무 적성
③ 학습 경험
④ 과제접근 기술

답 ④

해 과제접근 기술에 해당하는 내용이다.

31 **직무 스트레스에 관한 설명으로 틀린 것은?**

① 지루하게 반복되는 과업의 단조로움은 매우 위험한 스트레스 요인이 될 수 있다.
② 복잡한 과제는 정보 과부하를 일으켜 스트레스를 높인다.
③ 공식적이고 구조적인 조직에서 주로 인간관계 변수 때문에 역할갈등이 발생한다.
④ 역할 모호성은 개인의 역할이 명확하지 않을 때 발생한다.

답 ③

해 인간관계 변수 때문에 역활갈등이 발생하는 곳은 '비공식적'이고 '비구조적인 조직'이다.

32 **성격의 5요인(Big Five)에 해당하지 않는 것은?**

① 정서적 안정성 ② 정확성
③ 성실성 ④ 호감성

답 ②

해 정확성은 해당하지 않는다.

성격의 5요인
- 외향성
- 호감성
- 성실성
- 정서적 불안정성(안정성)
- 경험에 대한 개방성

33 **다음 사례에서 A에게 해당하는 홀랜드(Holland)의 직업성격 유형은?**

> A는 분명하고 질서정연한 것을 좋아하며, 체계적으로 기계를 조작하는 활동을 좋아한다. 성격은 솔직하고, 말이 적으며, 고집이 있는 편이고, 단순하다는 얘기를 많이 듣는다.

① 탐구적(I) ② 사회적(S)
③ 실제적(R) ④ 관습적(C)

답 ③

해 '기계를 조작'하는 활동을 좋아하는 유형은 '실제적(R) = 현실형' 이다.

34 **데이비스와 롭퀘스트(Davis &Lofquist)의 직업적응이론에서 적응양식의 차원에 해당하지 않는 것은?**

① 의존성(dependence)
② 적극성(activeness)
③ 반응성(reactiveness)
④ 인내(persenerance)

답 ①

해 의존성(dependence)은 없다.

데이비스와 롭퀘스트의 적응양식의 차원
- 융통성
- 끈기(인내심)
- 적극성
- 반응성

35 **Super의 진로발단단계 중 결정화, 구체화, 실행 등과 같은 과업이 수행되는 단계는?**

① 성장기 ② 탐색기
③ 확립기 ④ 유지기

답 ②

해 결정화, 구체화, 실행 등과 같은 과업이 수행되는 단계는 탐색기 이다.
탐색기는 '15세에서 24세까지'이다.

단계별 하위단계
- 성장기 - 환상기, 흥미기, 능력기
- 탐색기 - 잠정기, 전환기, 시행기
- 확립기 - 시행기, 안정기
- 유지기
- 쇠퇴기

36 **로(Roe)의 욕구이론에 관한 설명으로 옳지 않은 것은?**

① 아동기에 형성된 욕구에 대한 반응으로 직업선택이 이루어진다고 본다.
② 가정 분위기의 유형을 회피형, 정서집중형, 통제형으로 구분하였다.
③ 직업군을 8가지로 분류하였다.
④ 매슬로우가 제시한 욕구의 단계를 기초로 해서 초기의 인생경험과 직업선택의 관계에 관한 가정을 발전시켰다.

답 ②

해 가정 분위기의 유형을 회피형, 정서집중형, 수용형으로 구분하였다. 통제형은 없다.

37 **자신의 직무나 직무경험에 대한 평가로부터 비롯되는 유쾌하거나 정적인 감정 상태는?**

① 직무만족 ② 직업적응
③ 작업동기 ④ 직무몰입

답 ①

해 정적인 감정 상태는 직무만족 상태이다.

38 **다음 설명에 해당하는 행동특성을 바르게 나타낸 것은?**

ㄱ	• 점심을 먹으면서도 서류를 본다. • 아무 것도 하지 않고 쉬면 견딜 수 없다. • 주말이나 휴일에도 쉴 수가 없다.
ㄴ	• 열심히 일을 했지만 성취감보다는 허탈감을 느낀다. • 인생에 환멸을 느낀다. • 불면증이 생긴다.

① ㄱ : 일 중독증, ㄴ : 소진
② ㄱ : A형 성격, ㄴ : B형 성격
③ ㄱ : 내적 통제소재, ㄴ : 외적 통제소재
④ ㄱ : 과다 과업지향성, ㄴ : 인간관계지향성

답 ①

해 ㄱ : 일 중독증, ㄴ : 소진

39 **가치중심적 진로접근모형의 명제에 관한 설명으로 틀린 것은?**

① 개인이 우선권을 부여하는 가치들은 얼마 되지 않는다.
② 가치는 환경 속에서 가치를 담은 정보를 획득함으로써 학습된다.
③ 생애만족은 중요한 모든 가치들을 만족시키는 생애역할들에 의존한다.
④ 생애역할에서의 성공은 개인적 요인보다는 외적 요인들에 의해 주로 결정된다.

답 ④

해 생애역할에서의 성공은 개인적 요인 즉 '개인 가치'에 의해 주로 결정된다.

25년~27년 출제기준에서 '조직에서의 경력개발' 제외

40 **다음 중 조직에서 직원의 경력개발을 위해 사용하는 프로그램과 가장 거리가 먼 것은?**

① 사내 공모제
② 후견인(mentoring) 프로그램
③ 직무평가
④ 직무순환

답 ③

해 직무평가는 거리가 멀다.

경력개발 프로그램 유형
- **자기평가도구** : 경력워크숍, 경력연습책자 등
- **개인상담**
- **정보제공** : 사내공모제 등
- **종업원 평가** : 평가기관, 심리검사, 조기발탁제 등
- **종업원 개발** : 훈련 프로그램, 후견인 프로그램, 직무순환

제3과목 직업정보

41 **다음은 고용24(워크넷)에서 제공하는 성인을 위한 직업적응검사 중 무엇에 관한 설명인가?**

- 개발년도 : 2013년
- 실시시간 : 20분
- 측정내용 : 문제해결능력 등 12개 요인
- 실시방법 : 인터넷/지필

① 구직준비도 검사
② 직업전환 검사
③ 중장년 직업역량 검사
④ 창업적성 검사

답 ④

해 창업적성검사에 대한 설명이다.
창업에 있어서 가장 중요한 적성(능력)은 '문제해결능력'이다.

42 **직업상담시 제공하는 직업정보의 기능과 역할에 대한 설명으로 틀린 것은?**

① 여러 가지 직업적 대안들의 정보를 제공한다.
② 내담자의 흥미, 적성, 가치 등을 파악하는 것이 직업정보의 주기능이다.
③ 경험이 부족한 내담자에게 다양한 직업들을 간접적으로 접할 기회를 제공한다.
④ 내담자가 자신의 선택이 현실에 비추어 부적당한 선택이었는지를 점검하고 재조정해 볼 수 있는 기초를 제공한다.

답 ②

해 내담자의 흥미, 적성, 가치 등을 파악하는 것은 '직업정보'의 주기능이 아닌 '심리검사'의 주기능이다.

43 **고용24(워크넷)에서 제공하는 채용정보 중 기업형태별 검색에 해당하지 않는 것은?**

① 대기업　② 가족친화인증기업
③ 외국계기업　④ 금융권기업

답 ④

해 금융권기업은 아니다.

기업형태별 분류에 없는 것
중소기업, 금융권, 환경친화기업, 다문화가정지원기업

44 **한국표준산업분류의 산업결정방법에 관한 설명으로 틀린 것은?**

① 생산단위의 산업활동은 그 생산단위가 수행하는 주된 산업활동의 종류에 따라 결정된다.
② 계절에 따라 정기적으로 산업을 달리하는 사업체의 경우에는 조사시점에서 경영하는 산업에 의해 결정된다.
③ 휴업 중 또는 청산중인 사업체의 산업은 영업 중 또는 청산을 시작하기 이전의 산업활동에 의해 결정된다.
④ 단일사업체 보조단위는 그 사업체의 일개 부서로 포함한다.

답 ②

해 계절에 따라 정기적으로 산업을 달리하는 사업체의 경우에는 '조사대상기간' 중에서 '산출액'이 많은 활동으로 결정된다.

45 **고용안전장려금(워라벨 일자리 장려금)에 관한 설명으로 틀린 것은?**

① 근로자의 계속유형을 위해 근로시간 단축, 근로시간 유연화 제도 등을 시행하면 지급한다.
② 사업주의 배우자, 4촌 이내의 혈족·인척은 지원대상자에서 제외한다.
③ 근로시간 단축 개시일이 속하는 다음달부터 1년의 범위 내에서 1개월 단위로 지급한다.
④ 임신 근로자의 임금감소 보전금은 월 최대 24만원이다.

답 ④

해 임신 근로자의 임금감소 보전금은 월 최대 '40만원'이다.

46 **한국표준직업분류에서 포괄적인 업무에 대해 적용하는 직업분류 원칙을 순서대로 나열한 것은?**

① 주된 직무 → 최상급 직능수준 → 생산업무
② 최상급 직능수준 → 주된 직무 → 생산업무
③ 최상급 직능수준 → 생산업무 → 주된 직무
④ 생산업무 → 최상급 직능수준 → 주된 직무

답 ①

해 포괄적인 업무시 직업분류원칙
- 주된 직무 우선 원칙
- 최상급 직능수준 우선 원칙
- 생산업무 우선 원칙

47 **사업주 직업능력개발훈련 수행기관 중 '전국 고용센터'의 업무에 해당하지 않는 것은?**

① HRD-Net 사용인증
② 지정 훈련 시설 인·지정
③ 훈련과정 지도·점검
④ 위탁훈련(상시검사 제외) 과정 심사

답 ④

해 위탁훈련(상시심사 제외) 과정 심사는 고용센터의 업무가 아닌 '한국기술교육대학교 직업능력심사평가원'의 업무이다.

48 **공공직업정보의 일반적인 특성에 대한 설명으로 틀린 것은?**

① 전 산업 및 직종을 대상으로 지속적으로 조사·분석한다.
② 보편적 항목으로 이루어진 기초정보가 많다.
③ 관련 직업 간 비교가 용이하다.
④ 단시간에 조사하고 특정 목적에 맞게 직종을 제한적으로 선택한다.

답 ④

해 단시간에 조사하고 특성 목적에 맞게 직종을 제한적으로 선택하는 것은 민간직업정보의 특징이다.

구분	민간 직업정보	공공 직업정보
직업의 구분	자의적 기준	객관적 기준
직업의 범위	제한적으로 선택	전체산업 및 업종을 포괄적으로 선택
비용	유료	무료

49 **다음은 한국직업사전의 부가직업정보(작업강도) 중 무엇에 관한 설명인가?**

최고 20kg의 물건을 들어올리고, 10kg 정도의 물건을 빈번히 들어 올리거나 운반한다.

① 아주 가벼운 작업 ② 가벼운 작업
③ 보통 작업 ④ 힘든 작업

답 ③

해 보통 작업에 해당한다.

아주 가벼운 작업	최고 4kg의 물건을 들어 올리고, 때때로 장부, 대장, 소도구 등을 들어 올리거나 운반
가벼운 작업	최고 8kg의 물건을 들어 올리고, 4kg 정도의 물건을 빈번히 들어 올리거나 운반
보통 작업	최고 20kg의 물건을 들어 올리고, 10kg 정도의 물건을 빈번히 들어 올리거나 운반
힘든 작업	최고 40kg의 물건을 들어 올리고, 20kg 정도의 물건을 빈번히 들어 올리거나 운반
아주 힘든 작업	40kg 이상의 물건을 들어 올리고, 20kg 이상의 물건을 빈번히 들어올리거나 운반

50 **국민내일배움카드제의 직업능력개발계좌의 발급 대상에 해당하는 자는?**

① 「사립학교교직원 연금법」을 적용받고 현재 재직 중인 사람
② 만 65세인 사람
③ 중앙행정기관으로부터 훈련비를 지원받는 훈련에 참여하는 사람
④ HRD-Net을 통하여 직업능력개발훈련 동영상 교육을 이수하지 아니하는 사람

답 ②

해 만 65세인 사람은 해당한다.(만 75세 이상이 해당하지 않음)

직업능력개발계좌 발급대상 제외자

① 「사립학교교직원 연금법」을 적용받고 현재 재직 중인 사람
② 만 75세인 사람
③ 중앙행정기관으로부터 훈련비를 지원받는 훈련에 참여하는 사람
④ HRD-Net을 통하여 직업능력개발훈연 동영상 교육을 이수하지 아니하는 사람

51 **직업정보를 가공할 때 유의해야 할 사항으로 틀린 것은?**

① 시청각적 효과를 첨가한다.
② 직업에 대한 장·단점을 편견 없이 제공한다.
③ 가장 최선의 자료를 활용하되, 표준화된 정보를 활용한다.
④ 직업은 전문적인 것이므로 가능하면 전문적인 용어를 사용하여 가공한다.

답 ④

해 분석시 전문적
가공·제공시 일반적이고 누구나 이해할 수 있도록 제공

52 **한국직업전망의 향후 10년간 직업별 일자리 전망 결과 '증가'가 예상되는 직업에 해당하지 않는 것은?**

① 어업 종사자 ② 사회복지사
③ 간병인 ④ 간호사

답 ①

해 어업 종사자는 일자리 전망이 감소이다.

53 **건설기계설비기사, 공조냉동기계기사, 승강기기사 자격이 공통으로 해당되는 직무분야는?**

① 건설분야 ② 재료분야
③ 기계분야 ④ 안전관리분야

답 ③

해 기계분야에 해당한다.

54 **고용24(워크넷)에서 제공하는 학과정보 중 공학계열에 해당하는 것은?**

① 생명과학과 ② 조경학과
③ 통계학과 ④ 응용물리학과

답 ②

해 조경학과는 공학계열이다.

- '공학' 없는 공학계열
  조경학과, 안경광학과
- '공학' 포함된 공학 아닌 자연계열
  임산공학, 생명공학, 식품공학, 바이오산업공학

55 직업정보의 일반적인 정보관리순서로 가장 적합한 것은?

① 수집 → 분석 → 가공 → 체계화 → 제공 → 평가
② 수집 → 제공 → 분석 → 가공 → 평가 → 체계화
③ 수집 → 분석 → 평가 → 가공 → 제공 → 체계화
④ 수집 → 분석 → 체계화 → 제공 → 가공 → 평가

답 ①

해 직업정보의 관리순서
수집 → 분석 → 가공 → 체계화 → 제공 → 평가

56 한국표준산업분류의 대분류 중 제조업 정의에 관한 설명으로 틀린 것은?

① 원재료(물질 또는 구성요소)에 물리적, 화학적 작용을 가하여 투입된 원재료를 성질이 다른 새로운 제품으로 전환시키는 산업활동이다.
② 단순히 상품을 선별·정리·분할·포장·재포장하는 경우 등과 같이 그 상품의 본질적 성질을 변화시키지 않는 처리활동은 제조 활동으로 보지 않는다.
③ 제조활동은 공장이나 가내에서 동력기계 및 수공으로 이루어질 수 있으며, 생산된 제품은 도매나 소매형태로 판매될 수도 있다.
④ 자본재(고정자본 형성)로 사용되는 산업용 기계와 장비를 전문적으로 수리하는 경우는 수리업으로 분류한다.

답 ④

해 자본재(고정자본 형성)로 사용되는 산업용 기계와 장비를 전문적으로 수리하는 경우도 '제조업'으로 분류한다.

57 직업정보 제공에 관한 설명으로 옳은 것은?

① 모든 내담자에게 직업정보를 우선적으로 제공한다.
② 직업상담사는 다양한 직업정보를 제공하기 위해 지속적으로 노력한다.
③ 진로정보 제공은 직업상담의 초기단계에서 이루어지며, 이 경우 내담자의 피드백은 고려하지 않는다.
④ 내담자가 속한 가족, 문화보다는 표준화된 정보를 우선적으로 고려하여 정보를 제공한다.

답 ②

해 ① 직업정보는 내담자의 필요와 자발적 의사를 고려하여 제공한다.

58 국가기술자격 중 응시자격의 제한이 없는 서비스분야는?

① 스포츠경영관리사
② 임상심리사2급
③ 컨벤션기획사1급
④ 국제의료관광코디네이터

답 ①

해 스포츠경영관리사는 응시자격의 제한이 없다.

응시자격
② **임상심리사 2급**: 심리학 학사학위가 있는 자
③ **컨벤션기획사 1급**: 2급 자격을 취득한 후 경력 3년 이상 종사한 자 또는 해당 실무에 4년 이상 종사한 사람
④ **국제의료관광코디네이터**: 공인어학성적 기준요건

국가기술자격응시에 제한이 없는 종목
- 스포츠경영관리사
- 직업상담사 2급
- 컨벤션기획사 2급
- 텔레마케팅관리사
- 소비자전문상담
- 게임그래픽전문가 2급
- 워드프로세서

59 한국표준직업분류의 대분류 9에 해당하는 것은?

① 사무 종사자
② 단순노무 종사자
③ 서비스 종사자
④ 기능원 및 관련 기능 종사자

답 ②

해 단순노무 종사자는 대분류 9에 해당한다.

한국표준직업분류 대분류
1. 관리자
2. 전문가 및 관련 종사자
3. 사무 종사자
4. 서비스 종사자
5. 판매 종사자
6. 농림어업 숙련 종사자
7. 기능원 및 관련 기능 종사자
8. 장치·기계 조작 및 조립 종사자
9. 단순 노무 종사자
A. 군인

60 **한국표준산업분류의 적용원칙에 관한 설명으로 틀린 것은?**

① 생산단위는 산출문뿐만 아니라 투입물과 생산 공정 등을 함께 고려하여 그들의 활동을 가장 정확하게 설명된 항목에 분류한다.
② 복합적인 활동 단위는 우선적으로 최상급 분류단계(대분류)를 정확히 결정하고, 순차적으로 중, 소, 세, 세세분류 단계항목을 결정한다.
③ 산업 활동이 결합되어 있는 경우에는 그 활동단위의 주된 활동에 따라 분류한다.
④ 계약에 의하여 활동을 수행하는 단위는 자기계정과 자기책임 하에서 생산하는 단위와 별도항목으로 분류되어야 한다.

답 ④

해 계약에 의하여 활동을 수행하는 단위는 자기계정과 자기책임 하에서 생산하는 단위와 '별도항목'이 아닌 '동일항목'으로 분류되어야 한다.

제4과목 노동시장

25년~27년 출제기준에서 '노사관계이론' 제외

61 **우리나라 기업의 노사협의회에서 다루고 있지 않은 사항은?**

① 생산성 향상과 성과 배분
② 근로자의 채용·배치 및 교육훈련
③ 임금 및 근로조건의 교섭
④ 안전, 보건, 그 밖의 작업환경 개선과 근로자의 건강증진

답 ③

해 임금 및 근로조건의 교섭은 '노사협의회'가 아닌 '단체교섭'에서다루는 내용이다.

62 **실업률을 낮추기 위한 대책과 가장 거리가 먼 것은?**

① 직업훈련 기회의 제공
② 재정지출의 축소
③ 금리 인하
④ 법인세 인하

답 ②

해 실업률을 낮추기 위해서는 재정지출을 '확대'하여야 한다.

63 **우리나라에 10개의 야구공 생산업체가 있다. 야구공은 개당 1,000원에 거래되고 있다. 각 기업의 야구공 생산함수와 노동의 한계생산은 다음과 같다. 우리나라에 야구공을 만드는 기술을 가진 근로자가 500명 있으며, 이들의 노동공급이 완전비탄력적이고 야구공의 가격은 일정하다고 할 때, 균형임금수준은 얼마인가?**

> $Q=600L-3L^2$, $MP_L=600-6L$
> (단, Q는 야구공 생산량, L은 근로자의 수, MP_L은 노동의 한계생산이다.)

① 100,000원 ② 200,000원
③ 300,000원 ④ 400,000원

답 ③

해 노동의 한계생산물 가치 = 가격 × 한계생산
- 야구공 가격 1,000원
- 한 업체당 평균근로자 수(L) = 50명
- 노동의 한계 생산 = 600-(6×50) = 300

∴ 1,000 × 300 = 300,000원

64 최종생산물이 수요자에 의하여 수요되기 때문에 그 최종 생산물을 생산하는데 투입되는 노동이 수요된다고 할 때 이러한 수요를 무엇이라고 하는가?

① 유효수요 ② 잠재수요
③ 파생수요 ④ 실질수요

답 ③

해 최종생산물에 의한 수요를 파생수요라 한다.
파생수요 = 유발수요 = 간접수요

65 합리적인 임금체계가 갖추어야 할 기능과 가장 거리가 먼 것은?

① 종업원에 대한 동기유발 기능
② 유능한 인재확보 기능
③ 보상의 공정성 기능
④ 생존권보장 기능

답 ④

해 생존권보장 기능과는 거리가 멀다.

25년 ~ 27년 출제기준에서 '노사관계이론' 제외

66 던롭(Dunlop)이 노사관계를 규제하는 여건 혹은 환경으로 지적한 사항이 아닌 것은?

① 시민의식 ② 기술적 특성
③ 시장 또는 예산제약 ④ 각 주체의 세력관계

답 ①

해 시민의식은 아니다.
던롭(Dun·op)이 노사관계를 규제하는 여건
- 기술적 특성
- 시장 또는 예산제약
- 각 주체의 세력

67 다음 표에서 실업률은?

총인구	생산가능인구	취업자	실업자
100만명	60만명	36만명	4만명

① 4.0% ② 6.7%
③ 10.0% ④ 12.5%

답 ③

해 실업률 = $\frac{\text{실업자수}}{\text{경제활동인구}} \times 100$

경제활동인구 = (취업자수 + 실업자수)

$= \frac{4\text{만}}{(36\text{만} + 4\text{만})} \times 100 = \frac{4\text{만}}{40\text{만}} \times 100 = 10\%$

68 필립스곡선은 어떤 변수 간의 관계를 설명하는 것인가?

① 임금상승률과 노동참여율
② 경제성장률과 실업률
③ 환율과 실업률
④ 임금상승률과 실업률

답 ④

해 필립스곡선은 임금상승률과 실업률과의 관계이다.

69 다음 중 최저임금제 도입의 직접적인 목적과 가장 거리가 먼 것은?

① 고용 확대 ② 구매력 증대
③ 생계비 보장 ④ 경영합리화 유도

답 ①

해 임금이 상승되면 고용은 '축소'된다.

70 다음 중 기업들이 기업내의 승진정체에 대응하여 도입하고 있는 제도와 가장 거리가 먼 것은?

① 정년단축 ② 자회사에서의 파견
③ 조기퇴직 유도 ④ 연봉제의 강화

답 ④

해 연봉제의 강화와는 거리가 멀다.
기업내 승진정체 대응책
- 정년단축
- 자회사에서의 파견
- 조기퇴직 유도
- 임금피크제

71 다음 중 내부노동시장의 특징과 가장 거리가 먼 것은?

① 제1차 노동자로 구성되어 진다.
② 장기근로자로 구성되어 진다.
③ 승진제도가 중요한 역할을 한다.
④ 고용계약 형태가 다양하다.

답 ④

해 내부노동시장은 고용계약 형태가 다양하지 않다.

72 **A산업의 평균임금이 B산업보다 높을 경우 그 이유와 가장 거리가 먼 것은?**

① A산업의 노동조합이 B산업보다 약하다.
② A산업 근로자의 생산성이 B산업 근로자보다 높다.
③ A산업 근로자의 숙련도 수준이 B산업 근로자의 숙련도 수준보다 높다.
④ A산업은 최근 급속히 성장하고 있어 노동수요에 노동공급이 충분히 대응하지 못하고 있다.

답 ①

해 A산업의 노동조합이 B산업보다 강하다.
∵ 노동조합이 강하면 임금이 높다.

산업별 임금격차
- 노동조합의 존재
- 노동생산성 차이
- 산업별 집중도 차이

73 **노동공급에 관한 설명으로 틀린 것은?**

① 노동공급의 임금탄력성은 노동공급량의 변화율/임금의 변화율 이다.
② 노동공급을 결정하는 요인으로서 인구는 양적인 규모뿐만 아니라 연령별, 지역별, 질적 구조도 중요한 의미를 갖는다.
③ 효용극대화에 기초한 노동공급모형에서 대체효과가 소득효과 보다 클 경우 임금의 상승은 노동공급을 감소시키고 노동공급곡선은 후방으로 굴절된다.
④ 사회보장급여의 수준이 지나치게 높을 경우 노동공급에 대한 동기유발이 저해되어 총 노동공급이 감소된다.

답 ③

해 효용극대화에 기초한 노동공급모형에서 대체효과가 소득효과 보다 클 경우 임금의 상승은 노동공급을 '증가'시키고 노동공급곡선은 '우상향'한다.

74 **다음의 현상을 설명하는 개념은?**

경제성장과 더불어 시간외 근무수당이 증가함에도 불구하고 근로자들이 휴일근무나 잔업처리 등을 기피하는 현상이 늘고 있다.

① 임금의 하방경직성
② 후방굴절형 노동공급곡선
③ 노동의 이력현상(hysteresis)
④ 임금의 화폐적 현상

답 ②

해 소득효과가 발생하면 일반적으로 근로자는 근로를 기피하게 됨으로 후방굴절형 노동공급곡선이 나타난다.

75 **임금체계의 공평성(equity)에 관한 설명으로 옳은 것은?**

① 승자일체 취득의 원칙을 말한다.
② 최저생활을 보장해 주는 임금원칙을 말한다.
③ 근로자의 공헌도에 비례하여 임금을 지급한다.
④ 연령, 근속년수가 같으면 동일한 임금을 지급한다.

답 ③

해 공평성은 근로자의 공헌도에 비례하여 임금을 지급하는 것에 중점을 둔다.

76 **다음 중 마찰적 실업에 관한 설명으로 옳은 것은?**

① 경기침체로부터 오는 실업이다.
② 구인자와 구직자간의 정보의 불일치로 인해 발생한다.
③ 기업이 요구하는 기술수준과 노동자가 공급하는 기술수준의 불합치에 의해 발생한다.
④ 노동절약적 기술 도입으로 해고가 이루어짐으로써 발생한다.

답 ②

해 마찰적 실업은 구인자와 구직자간의 '정보의 불일치'로 인해 발생한다.

25년~27년 출제기준에서 '노사관계이론' 제외

77 **다음 중 노동조합의 조직률을 하락시키는 요인과 가장 거리가 먼 것은?**

① 외국인 근로자 비율의 증가
② 국내 산업 보호를 위한 수입관세 인상
③ 서비스업으로의 산업구조 변화
④ 노동자의 기호와 가치관의 변화

답 ②

해 국내 산업 보호를 위한 수입관세를 인상하게 되면 기업의 대외경쟁력을 높이게 되어 노동조합의 조직력은 오히려 높아질 것이다.

25년 ~ 27년 출제기준에서 '노사관계이론' 제외

78 파업을 설명하는 힉스(J. R. Hicks)의 단체교섭모형에 관한 설명으로 틀린 것은?

① 노사 양측의 대칭적 정보 때문에 파업이 일어나지 않고 적정수준에서 임금타결이 이루어진다.
② 노동조합의 요구임금과 사용자측의 제의임금은 파업기간함수이다.
③ 사용자의 양보곡선(concession curve)은 우상향한다.
④ 노동조합의 저항곡선(resistance curve)은 우하향한다.

답 ①

해 노사 양측의 대칭적 정보 때문에 파업이 발생한다.

79 노동수요의 탄력성 결정요인이 아닌 것은?

① 다른 요소와의 대체가능성
② 총생산비에 대한 노동비용의 비중
③ 다른 생산요소의 수요의 가격탄력성
④ 상품에 대한 수요의 탄력성

답 ③

해 다른 생산요소의 수요가 아닌 '공급'의 가격탄력성이다.

25년 ~ 27년 출제기준에서 '노사관계이론' 제외

80 다음 중 노동조합이 조합원의 확대와 사용자와의 교섭에서 가장 불리하다고 볼 수 있는 숍(shop)제도는?

① closed shop ② open shop
③ union shop ④ agency shop

답 ②

해 open shop(오픈숍)은 사용자와의 교섭에 있어 가장 불리한 숍제도이다.

제5과목 고용노동관계법규

81 근로기준법령상 상시 10명 이상의 근로자를 사용하는 사용자가 취업규칙을 작성하여 고용노동부장관에게 신고해야 하는 사항이 아닌 것은?

① 업무의 시작시각 ② 임금의 산정기간
③ 근로자의 식비 부담 ④ 근로계약기간

답 ④

해 근로계약기간은 취업규칙이 아닌 근로계약서에 작성한다.

82 헌법 제32조에 관한 설명으로 옳지 않은 것은?

① 근로조건의 기준은 인간의 존엄성을 보장하도록 법률로 정한다.
② 국가는 법률이 정하는 바에 의하여 최저임금제를 시행하여야 한다.
③ 고령자의 근로는 특별한 보호를 받는다.
④ 여자의 근로는 특별한 보호를 받는다.

답 ③

해 '고령자, 장애인, 실업자'는 근로는 특별한 보호를 받지 않는다.

헌법상 근로의 특별한 보호 및 우선적 근로기회 대상자
- 국가유공자 상이군경
- 여자의 근로에 대한 특별한 보호
- 연소자의 근로에 대한 특별한 보호

25년 ~ 27년 출제기준에서 '고용상 연령차별금지 및 고령자고용촉진에 관한 법률' 제외

83 고용상 연령차별금지 및 고령자고용촉진에 관한 법령상 용어정의에 관한 설명으로 틀린 것은?

① "고령자"란 인구와 취업자의 구성 등을 고려하여 55세 이상인 자를 말한다.
② "준고령자"란 50세 이상 55세 미만인 사람으로 고령자가 아닌 자를 말한다.
③ "근로자"란 「노동조합 및 노동관계 조정법」에 따른 근로자를 말한다.
④ "사업주"란 근로자를 사용하여 사업을 하는 자를 말한다.

답 ③

해 고용상 연령차별금지 및 고령자고용촉진에 관한 법률에서의 '근로자'란 직업의 종류와 관계없이 임금을 목적으로 사업이나 사업장에 근로를 제공하는 사람으로 '노동조합 및 노동관계 조정법'이 아닌 '근로기준법과 근로자퇴직급여 보장법'과 동일한 정의를 가진다.

84 남녀고용평등과 일·가정 양립 지원에 관한 법률상 남녀고용평등 실현과 일·가정의 양립에 관한 기본계획에 포함되어야 할 사항을 모두 고른 것은?

ㄱ. 여성취업의 촉진에 관한 사항
ㄴ. 여성의 직업능력 개발에 관한 사항
ㄷ. 여성 근로자의 모성 보호에 관한 사항
ㄹ. 직전 기본계획에 대한 평가

① ㄱ, ㄴ　　② ㄷ, ㄹ
③ ㄱ, ㄴ, ㄷ　　④ ㄱ, ㄴ, ㄷ, ㄹ

답 ④

해 모두 해당한다.

85 근로기준법령상 용어정의에 관한 설명으로 틀린 것은?

① "근로자"란 직업의 종류와 관계없이 임금을 목적으로 사업이나 사업장에 근로를 제공하는 자를 말한다.
② "근로"란 정신노동과 육체노동을 말한다.
③ "통상임금"이란 이를 산정하여야 할 사유가 발생한 날 이전 3개월 동안 그 근로자에게 지급된 임금의 총액을 그 기간의 총일수로 나눈 금액을 말한다.
④ "사용자"란 사업주 또는 사업 경영 담당자, 그 밖에 근로자에 관한 사항에 대하여 사업주를 위하여 행위하는 자를 말한다.

답 ③

해 '통상임금'이 아닌 '평균임금'에 대한 정의이다.

86 국민 평생 직업능력 개발법령상 직업능력개발훈련이 중요시되어야 할 대상으로 명시되지 않은 것은?

① 고령자·장애인
② 여성근로자
③ 일용근로자
④ 제조업의 생산직에 종사하는 근로자

답 ④

해 제조업 종사자는 근로자의 직업능력개발훈련에 중요시되는 대상이 아니다.

국민 평생 직업능력 개발훈련이 중요시되는 대상
- 고령자·장애인
- 여성근로자
- 일용근로자
- 제대군인 및 전역예정자
- 국민기초생활법에 따른 수급권자
- 보훈대상자와 그 유족

87 국민 평생 직업능력 개발법령상 다음은 어떤 훈련방법에 관한 설명인가?

직업능력개발훈련을 실시하기 위하여 설치한 훈련전용시설이나 그 밖에 훈련을 실시하기에 적합한 시설(산업체의 생산시설 및 근무장소는 제외한다)에서 실시하는 방법

① 현장훈련　　② 집체훈련
③ 원격훈련　　④ 혼합훈련

답 ②

해 집체훈련에 대한 정의이다.

88 고용보험법령상 (　　)에 들어갈 숫자로 옳은 것은?

배우자의 질병으로 육아휴직 급여를 신청할 수 없었던 사람은 그 사유가 끝난 후 (　　)일 이내에 신청하여야 한다.

① 10　　② 30
③ 60　　④ 90

답 ②

해 육아휴직 급여를 신청할 수 없었던 사람은 그 사유가 끝난 후 '30일' 이내에 신청하여야 한다.

89 **근로기준법상 임금에 대한 설명으로 틀린 것은?**

① 임금은 원칙적으로 통화로 직접 근로자에게 그 전액을 지급하여야 한다.
② 사용자의 귀책사유로 휴업하는 경우 휴업기간 동안 근로자에게 통상임금의 100분의 60 이상의 수당을 지급하여야 한다.
③ 임금채권은 3년간 행사하지 아니하면 시효로 소멸한다.
④ 임금은 원칙적으로 매월 1회 이상 일정한 날짜를 정하여 지급하는 것이 원칙이다.

답 ②

해 사용자의 귀책사유로 휴업하는 경우 휴업기간 동안 근로자에게 평균임금의 '100분의 70'이상의 수당을 지급하여야 한다.

25년~27년 출제기준에서 '고용정책 기본법' 제외

90 **고용정책 기본법에 대한 설명으로 틀린 것은?**

① 고용서비스를 제공하는 자는 그 업무를 수행할 때에 합리적인 이유 없이 성별 등을 이유로 구직자를 차별하여서는 아니된다.
② 고용노동부장관은 5년마다 국가의 고용정책에 관한 기본계획을 수립하여야 한다.
③ 상시 100명 이상의 근로자를 사용하는 사업주는 매년 근로자의 고용형태 현황을 공시하여야 한다.
④ "근로자"란 사업주에게 고용된 사람과 취업할 의사를 가진 사람을 말한다.

답 ③

해 상시 '100명'이 아닌 300명 이상의 근로자를 사용하는 사업주는 매년 근로자의 고용형태 현황을 4월 30일까지 공시하여야 한다.

25년~27년 출제기준에서
'기간제 및 단시간근로자 보호 등에 관한 법률' 제외

91 **기간제 및 단시간근로자 보호 등에 관한 법령상 적용범위에 관한 설명으로 틀린 것은?**

① 상시 5인 이상의 근로자를 사용하는 모든 사업 또는 사업장에 적용한다.
② 동거의 친족만을 사용하는 사업장에는 적용하지 아니한다.
③ 상시 4인 이하의 근로자를 사용하는 사업 또는 사업장에 대하여는 이 법의 일부 규정을 적용할 수 있다.
④ 국가 및 지방자치단체의 기관에 대하여는 이 법을 적용하지 않는다.

답 ④

해 국가 및 지방자치단체의 기관은 근로자 수와 상관없이 '적용 받는다.'

92 **남녀고용평등과 일·가정 양립지원에 관한 법령에 규정된 내용으로 틀린 것은?**

① 사업주는 근로자를 모집할 때 남녀를 차별하여서는 아니 된다.
② 사업주는 동일한 사업 내의 동일 가치 노동에 대하여는 동일한 임금을 지급하여야 한다.
③ 사업주는 직장 내 성희롱 예방을 위한 교육을 연 2회 이상 하여야 한다.
④ 고용노동부장관은 남녀고용평등 실현과 일·가정의 양립에 관한 기본계획을 5년마다 수립하여야 한다.

답 ③

해 사업주는 직장 내 성희롱 예방을 위한 교육을 연 '1회' 이상 하여야 한다.

93 **개인정보보호법령상 개인정보 보호위원회(이하 "보호위원회"라 한다)에 관한 설명으로 틀린 것은?**

① 보호위원회는 위원장 1명, 상임위원 1명을 포함한 15명 이내의 위원으로 구성한다.
② 위원장과 위원의 임기는 3년으로 하되, 1차에 한하여 연임할 수 있다.
③ 보호위원회의 회의는 위원장이 필요하다고 인정하거나 재적위원 4분의 1 이상의 요구가 있는 경우에 위원장이 소집한다.
④ 보호위원회는 재적위원 과반수의 출석과 출석위원 과반수의 찬성으로 의결한다.

답 ①

해 ① 보호위원회는 위원장 1명, 상임위원 1명을 포함한 '9명' 이내의 위원으로 구성한다.

위원회 구성 인원수

- 개인정보 보호위원회 - 9명(위원장1명, 상임위원 1명 포함)
- 고용보험위원회 - 20명(위원장 1명 포함)
- 최저임금위원회 - 30명(부위원장, 위원장 별도)

25년~27년 출제기준에서 '고용상 연령차별금지 및 고령자고용촉진에 관한 법률' 제외

94 **고용상 연령차별금지 및 고령자고용촉진에 관한 법령상 정년에 대한 설명으로 틀린 것은?**

① 사업주는 정년에 도달한 자가 그 사업장에 다시 취업하기를 희망할 때 그 직무수행 능력에 맞는 직종에 재고용하도록 노력하여야 한다.
② 사업주는 근로자의 정년을 60세 이상으로 정하여야 한다.
③ 사업주는 고령자인 정년퇴직자를 재고용함에 있어 임금의 결정을 종전과 달리할 수 없다.
④ 상시 300명 이상의 근로자를 사용하는 사업주는 매년 정년제도의 운영현황을 고용노동부장관에게 제출하여야 한다.

답 ③

해 사업주는 고령자인 정년퇴직자를 재고용함에 있어 임금의 결정을 종전과 달리할 수 있다.

95 **고용보험법령상 피보험자격의 상실일에 해당하지 않는 것은?**

① 피보험자가 적용 제외 근로자에 해당하게 된 경우에는 그 적용 제외 대상자가 된 날
② 피보험자가 이직한 경우에는 이직한 날의 다음 날
③ 피보험자가 사망한 경우에는 사망한 날의 다음 날
④ 보험관계가 소멸한 경우에는 그 보험관계가 소멸한 날의 다음 날

답 ④

해 보험관계가 소멸한 경우에는 그 보험관계가 소멸한 날의 다음 날이 아니라 '소멸한 날'이다.다음날에 해당하는 것은 '이직'과 '사망'이다.
- 이직한 날의 다음 날
- 사망한 날의 다음날

25년~27년 출제기준에서 '고용정책 기본법' 제외

96 **고용정책 기본법령상 고용정책심의회에 관한 설명으로 틀린 것은?**

① 정책심의회는 위원장 1명을 포함한 20명 이내의 위원으로 구성한다.
② 근로자와 사업주를 대표하는 자는 심의 위원으로 참여할 수 있다.
③ 특별시·광역시·특별자치시·도 및 특별자치도에 지역고용심의회를 둔다.
④ 고용정책심의회를 효율적으로 운영하기 위하여 분야별 전문위원회를 둘 수 있다.

답 ①

해 정책심의회는 위원장(고용노동부장관) 1명을 포함한 '30명' 이내의 위원으로 구성한다.

97 **남녀고용평등과 일·가정 양립지원에 관한 법령상 육아휴직 기간에 대한 설명으로 틀린 것은?**

① 육아휴직의 기간은 2년 이내로 한다.
② 사업주는 육아휴직 기간에는 근로자를 해고하지 못한다.
③ 육아휴직 기간은 근속기간에 포함한다.
④ 기간제근로자의 육아휴직 기간은 「기간제 및 단시간근로자 보호 등에 관한 법률」에 따른 사용기간에 산입하지 아니한다.

답 ①

해 육아휴직의 기간은 '1년' 이내로 한다.

98 **직업안전법령상 직업소개업과 겸업이 금지되는 사업이 아닌 것은?**

① 「결혼중개업의 관리에 관한 법률」상 결혼중개업
② 「파견근로자보호 등에 관한 법률」상 근로자 파견사업
③ 「식품위생법」상 식품접객업 중 단란주점영업
④ 「공중위생관리법」상 숙박업

답 ②

해 「파견근로자보호 등에 관한 법률」상 근로자 파견사업은 직업소개업과 겸업이 금지되는 사업이 아니다. 즉, 겸업 할 수 있다.

직업상담사업소 겸업금지
- 결혼 중개업
- 공중위생관리법상 숙박업
- 식품접객업 중 대통령령으로 정하는 영업
  - 다류(茶類)
  - 단란주점영업
  - 유흥주점영업

99 **고용보험법령상 용어정의에 관한 설명으로 틀린 것은?**

① "실업의 인정"이란 직업안정기관의 장이 수급자격자가 실업한 상태에서 적극적으로 직업을 구하기 위하여 노력하고 있다고 인정하는 것을 말한다.
② 3개월 동안 고용된 자는 "일용근로자"에 해당한다.
③ "이직"은 피보험자와 사업주 사이의 고용관계가 끝나게 되는 것을 말한다.
④ "실업"은 근로의 의사와 능력이 있음에도 불구하고 취업하지 못한 상태에 있는 것을 말한다.

답 ②

해 일용근로자는 '3개월'이 아닌 '1개월' 미만 고용된 자를 말한다.

100 **직업안정법에 관한 설명으로 틀린 것은?**

① 누구든지 어떠한 명목으로든 구인자로부터 그 모집과 관련하여 금품을 받거나 그 밖의 이익을 취하여서는 아니 된다.
② 누구든지 국외에 취업할 근로자를 모집한 경우에는 고용노동부장관에게 신고하여야 한다.
③ 누구든지 고용노동부장관의 허가를 받지 아니하고는 근로자공급사업을 하지 못한다.
④ 누구든지 성별, 연령 등을 이유로 직업소개를 할 때 차별대우를 받지 아니한다.

답 ①

해 누구든지 어떠한 명목으로든 '구인자'가 아닌 '응모자'로부터 그 모집과 관련하여 금품을 받거나 그 밖의 이익을 취하여서는 아니된다.

2020년 4회차 기출 문제

제1과목 직업상담

<행동주의> 출제 확률이 낮은 문제

01 행동적 상담기법 중 불안을 감소시키는 방법으로 이완법과 함께 쓰이는 것은?

① 강화 ② 변별학습
③ 사회적 모델링 ④ 체계적 둔감화

답 ④

해 불안을 감소시키는 방법으로 이완법과 함께 쓰이는 것은 체계적 둔감화 이다.

02 내담자의 인지적 명확성을 사정할 때 고려할 사항이 아닌 것은?

① 직장을 처음 구하는 사람과 직업전환을 하는 사람의 직업상담에 관한 접근은 동일하게 해야 한다.
② 직장인으로서의 역할이 다른 생애 역할과 복잡하게 얽혀있는 경우 생애 역할을 함께 고려한다.
③ 직업상담에서는 내담자의 동기를 고려하여 상담이 이루어져야 한다.
④ 우울증과 같은 심리적 문제로 인지적 명확성이 부족한 경우 진로문제에 대한 결정은 당분간 보류하는 것이 좋다.

답 ①

해 직장을 처음 구하는 사람과 직업전환을 하는 사람의 직업상담에 관한 접근은 '다르게' 해야 한다.

03 6개의 생각하는 모자(six thinking hats)는 직업상담의 중재와 관련된 단계들 중 무엇을 위한 것인가?

① 직업정보의 수집 ② 의사결정의 촉진
③ 보유기술의 파악 ④ 시간관의 개선

답 ②

해 6개의 생각하는 모자(six thinking hats)는 의사결정의 촉진을 위한 브레인스토밍법이다.

<정신역동적 직업상담> 출제 확률이 낮은 문제

04 정신역동적 진로상담에서 보딘(Bordin)이 제시한 진단범주에 포함되지 않는 것은?

① 독립성 ② 자아갈등
③ 정보의 부족 ④ 진로선택에 따르는 불안

답 ①

해 독립성은 포함되지 않는다.

보딘의 직업문제유형
- 의존성
- 자아 갈등(내적 갈등)
- 정보의 부족
- 선택에 대한 불안
- 문제없음(확신의 결여)

05 레벤슨(Levenson)이 제시한 직업상담사의 반윤리적 행동에 해당하는 것은?

① 상담사의 능력 내에서 내담자의 문제를 다룬다.
② 내담자에게 부당한 광고를 하지 않는다.
③ 적절한 상담비용을 청구한다.
④ 직업상담사에 대한 내담자의 의존성을 최대화한다.

답 ④

해 직업상담사에 대한 내담자의 의존성을 '최소화'한다.

06 **내담자의 정보를 수집하고 행동을 이해하여 해석할 때 내담자가 다음과 같은 반응을 보일 경우 사용하는 상담기법은?**

- 이야기 삭제하기
- 불확실한 인물 인용하기
- 불분명한 동사 사용하기
- 제한적 어투 사용하기

① 전이된 오류 정정하기
② 분류 및 재구성하기
③ 왜곡된 사고 확인하기
④ 저항감 재인식하기

답 ①

해 '전이된 오류 정정하기' 중 정보의 오류의 원인에 해당하는 것이다.

전이된 오류
- 정보의 오류
- 한계의 오류
- 논리적 오류

07 **수퍼(Super)의 여성 진로유형 중 학교졸업 후에도 직업을 갖지 않는 진로유형은?**

① 안정적인 가사 진로유형
② 전통적인 진로유형
③ 단절 진로유형
④ 불안정 진로유형

답 ①

해 '안정적인 가사 진로유형'이다.

08 **패터슨(Patterson) 등의 진로정보처리 이론에서 제시된 진로상담 과정에 포함되지 않는 것은?**

① 준비 ② 분석
③ 종합 ④ 실행

답 ①

해 준비는 포함되지 않는다.

패터슨의 진로정보처리 이론에서의 진로상담과정
= 인지적 정보처리이론에서의 진로상담과정(CASVE)
의사소통 → 분석 → 종합(통합) → 가치부여 → 실행

09 **다음 중 부처(Butcher)가 제안한 집단직업상담을 위한 3단계 모형에 해당하지 않는 것은?**

① 탐색단계 ② 계획단계
③ 전환단계 ④ 행동단계

답 ②

해 계획단계는 해당하지 않는다.

Butcher의 집단직업상담을 위한 3단계
- 탐색단계
- 전환단계
- 행동단계

10 **포괄적 직업상담에서 내담자가 지닌 직업상의 문제를 가려내기 위해 실시하는 변별적 진단 검사와 가장 거리가 먼 것은?**

① 직업성숙도 검사 ② 직업적성 검사
③ 직업흥미 검사 ④ 경력개발 검사

답 ④

해 경력개발 검사는 직업상의 문제를 가려내기 위해 실시하는 검사가 아니다.

11 **다음 중 윌리암슨(Williamson)이 분류한 진로선택의 문제에 해당하지 않는 것은?**

① 직업선택의 확신부족
② 현명하지 못한 직업선택
③ 가치와 흥미의 불일치
④ 직업 무선택

답 ③

해 '가치'가 아닌 '적성'과 흥미의 불일치 이다.

12 **직업카드분류(OCS)는 내담자의 어떤 특성을 사정하기 위한 도구인가?**

① 흥미사정 ② 가치사정
③ 동기사정 ④ 성격사정

답 ①

해 직업카드분류법은 '직업흥미의 탐색'을 알아보는 질적평가기법이다.

13 **게슈탈트 상담이론에서 주장하는 접촉-경계의 혼란을 일으키는 현상에 대한 설명으로 옳지 않은 것은?**

① 투사(projection)는 자신의 생각이나 요구, 감정 등을 타인의 것으로 지각하는 것을 말한다.
② 반전(retroflection)은 다른 사람이나 환경에 대하여 하고 싶은 행동을 자기 자신에게 하는 것을 말한다.
③ 융합(confluence)은 밀접한 관계에 있는 사람들이 어떤 갈등이나 불일치도 용납하지 않는 의존적 관계를 말한다.
④ 편향(deflection)은 외고집으로 다른 사람의 의견을 전혀 받아들이지 않고 자기 틀에서만 사고하고 행동하는 것을 말한다.

답 ④

해 편향
- 감당하기 힘든 내적 갈등이나 외부환경적 자극에 노출될 때, 자신을 보호하기 위해 자신이나 타인과의 직접적인 접촉을 피하는 것
- 개인의 불편한 상황이나 감정을 직면하는 대신 주의를 다른 곳으로 분산시키는 방식으로 나타냄(예 : 주제변경, 농담, 추상적 사고 등)

14 **내담자 중심상담 이론에 관한 설명으로 틀린 것은?**

① Rogers의 상담경험에서 비롯된 이론이다.
② 상담의 기본목표는 개인이 일관된 자아개념을 가지고 자신의 기능을 최대로 발휘하는 사람이 되도록 도울 수 있는 환경을 제공하는 것이다.
③ 특정 기법을 사용하기보다는 내담자와 상담자 간의 안전하고 허용적인 나와 너의 관계를 중시한다.
④ 상담기법으로 적극적 경청, 감정의 반영, 명료화, 공감적 이해, 내담자 정보탐색, 조언, 설득, 가르치기 등이 이용된다.

답 ④

해 조언, 설득, 가르치기 등은 내담자중심이론의 상담기법이 아닌 '특성-요인이론'의 특징이다.

15 **내담자의 정보와 행동을 이해하고 해석할 때 기본이 되는 상담기법 중 '가정 사용하기'에 해당하는 질문이 아닌 것은?**

① 당신은 자신의 일이 마음에 듭니까?
② 당신의 직업에서 마음에 드는 것은 어떤 것들입니까?
③ 당신의 직업에서 좋아하지 않는 것은 무엇입니까?
④ 어떤 사람이 상사가 되었으면 좋겠습니까?

답 ①

해 '당신은 자신의 일에서 마음에 드시는 것이 무엇입니까?'로 바꾸는 것이 가정 사용하기에 해당하는 질문이다.

가정 사용하기
내담자에게 어떤 특정 행동이 존재했다는 것을 가정하고 질문함으로써 내담자의 방어를 최소화하고 그의 행동을 예측하는 기법이다.

16 **상담 및 심리치료적 관계 형성에 방해되는 상담자의 행동은?**

① 수용 ② 감정의 반영
③ 도덕적 판단 ④ 일관성

답 ③

해 상담초기 내담자에 대한 '도덕적 판단'은 관계 형성을 방해하는 행동이다.

25년~27년 출제기준에서 '진로시간전망' 제외

17 **진로시간전망 검사 중 코틀(Cottle)이 제시한 원형검사에서 원의 크기가 나타내는 것은?**

① 과거, 현재, 미래
② 방향성, 변별성, 통합성
③ 시간차원에 대한 상대적 친밀감
④ 시간차원의 연결 구조

답 ③

해 원형검사에서 원의 크기는 시간차원에 대한 상대적 친밀감을 의미한다.

원의 의미	원의 크기	원의 배치
과거, 현재, 미래	시간차원에 대한 상대적 친밀감	시간차원의 연결 구조

18 **아들러(Adler)의 개인주의 상담에 관한 설명으로 옳은 것은?**

① 내담자의 잘못된 가치보다는 잘못된 행동을 수정하는데 초점을 둔다.
② 상담자는 조력자의 역할을 하며 내담자가 상담을 주도적으로 이끈다.
③ 상담과정은 사건의 객관성보다는 주관적 지각과 해석을 중시한다.
④ 내담자의 사회적 관심보다는 개인적 열등감의 극복을 궁극적 목표로 삼는다.

답 ③

해 상담과정은 사건의 객관성보다는 주관적 지각과 해석을 중시한다.
① 잘못된 가치 수정에 초점을 둔다.
② 내담자 중심상담의 내용이다.

<정신분석상담> 출제 확률이 낮은 문제

19 **정신분석에서 제시하는 불안의 유형을 모두 고른 것은?**

ㄱ. 사회적 불안	ㄴ. 현실적 불안
ㄷ. 신경증적 불안	ㄹ. 도덕적 불안
ㅁ. 행동적 불안	

① ㄱ, ㄴ, ㄷ　② ㄱ, ㄴ, ㅁ
③ ㄱ, ㄹ, ㅁ　④ ㄴ, ㄷ, ㄹ

답 ④

해 사회적 불안과 행동적 불안은 아니다.
Freud가 제시한 불안의 유형
- 현실적 불안
- 신경증적 불안
- 도덕적 불안

20 **다음 설명에 해당하는 집단상담 기법은?**

- 말하고 있는 집단원이 자신이 무엇을 말하는가를 잘 알 수 있게 돕는 것
- 말하고 있는 집단원의 말의 내용과 감정을 이해하고 있음을 알리며 의사소통하는 것

① 해석하기　② 연결짓기
③ 반영하기　④ 명료화하기

답 ③

해 반영하기 기법이다.
반영 : 내담자의 생각을 말을 상담자가 다른 참신한 말로 부연하는 것으로 상담자의 말을 들으면 말하고 있는 내담자(집단원)은 자신이 무엇을 말했는가를 알 수 있다.

제2과목 직업심리

25년~27년 출제기준에서 '직무분석이론' 제외

21 **다음의 내용이 포함된 직무분석의 방법은?**

- 직무를 잘 수행하기 위하여 과업이 필수적인 정도
- 과업 학습의 난이도
- 과업의 중요도

① 직무요소 질문지　② 기능적 직무분석
③ 직책분석 질문지　④ 과업 질문지

답 ④

해 '과업 질문지'에 해당한다.
'과업'의 중요도, '과업'의 학습 난이도 등 과업에 관련된 내용이다.

22 **긴즈버그(Ginzberg)가 제시한 진로발달 단계가 아닌 것은?**

① 환상기　② 잠정기
③ 현실기　④ 적응기

답 ④

해 적응기는 아니다.
긴즈버그의 진로발달단계
- 환상기
- 잠정기
- 현실기

23 **적성검사의 결과에서 중앙값이 의미하는 것은?**

① 100점 만점에서 50점을 획득하였다.
② 자신이 얻을 수 있는 최고 점수를 얻었다.
③ 적성검사에서 도달해야 할 준거점수를 얻었다.
④ 같은 또래 집단의 점수분포에서 평균 점수를 얻었다.

답 ④

해 같은 또래 집단의 점수분포에서 평균 점수를 얻었다.

24 **홀랜드(Holland)의 진로발달이론이 기초하고 있는 가정에 관한 설명 중 틀린 것은?**

① 사람들의 성격은 6가지 유형 중의 하나로 분류될 수 있다.
② 직업 환경은 6가지 유형의 하나로 분류될 수 있다.
③ 개인의 행동은 성격에 의해 결정된다.
④ 사람들은 자신의 능력을 발휘하고 태도와 가치를 표현할 수 있는 환경을 찾는다.

답 ③

해 개인의 행동은 '성격과 환경'에 의해 결정된다.

25 **셀리에(Selye)가 제시한 스트레스 반응 단계를 순서대로 바르게 나열한 것은?**

① 소진 → 저항 → 경고 ② 저항 → 경고 → 소진
③ 소진 → 경고 → 저항 ④ 경고 → 저항 → 소진

답 ④

해 경고 → 저항 → 소진(탈진)

26 **사회인지적 관점의 진로이론(SCCT)의 세 가지 중심적인 변인이 아닌 것은?**

① 자기효능감 ② 자기 보호
③ 결과 기대 ④ 개인적 목표

답 ②

해 자기 보호는 아니다.

사회인지이론(SCCT)의 3가지 중심적인 변인

- 자기 효능감
- 개인적 목표
- 결과 기대

27 **직업적응이론에서 개인의 만족, 조직의 만족, 적응을 매개하는 적응유형 변인은?**

① 우연(happenstance) ② 타협(compromise)
③ 적응도(adaptability) ④ 인내력(perseverance)

답 ④

해 개인의 만족, 조직의 만족, 적응을 매개하는 적응유형 변인은 인내력(perseverance)이다.

데이비스와 롭퀘스트의 적응양식의 차원

- 융통성
- 끈기(인내력)
- 적극성
- 반응성

28 **직업에 관련된 흥미를 측정하는 직업흥미검사가 아닌 것은?**

① Strong Interest Inventory
② Vocational Preference Inventory
③ Kuder Interest Inventory
④ California Psychological Inventory

답 ④

해 California Psychological Inventory(CPI)는 '성격'검사이다.

29 **스트레스의 예방 및 대처 방안으로 틀린 것은?**

① 가치관을 전환해야 한다.
② 과정중심적 사고방식에서 목표지향적 초고속 심리로 전환해야 한다.
③ 균형있는 생활을 해야 한다.
④ 취미·오락을 통해 생활 장면을 전환하는 활동을 규칙적으로 해야 한다.

답 ②

해 목표중심적 사고방식에서 '과정지향적' 사고방식으로 전환해야 한다.

30 **개인의 욕구와 능력을 환경의 요구사항과 관련시켜 진로행동을 설명하고, 개인과 환경 간의 상호작용을 통한 욕구충족을 강조하는 이론은?**

① 가치중심 이론 ② 특성요인 이론
③ 사회학습 이론 ④ 직업적응 이론

답 ④

해 직업적응 이론은 개인과 환경 간의 상호작용을 통한 욕구충족을 강조하였다.

31 **미네소타 직업가치 질문지에서 측정하는 6개의 가치요인이 아닌 것은?**

① 성취 ② 지위
③ 권력 ④ 이타주의

답 ③

해 권력은 해당하지 않는다.

미네소타 직업가치 질문지의 6개의 가치 요인
지위, 성취, 이타주의, 안정, 편안(보상), 자율성

32 다음과 같은 정의를 가진 직업선택 문제는?

> -자신의 적성 수준보다 높은 적성을 요구하는 직업을 선택한다.
> -자신이 선택한 직업이 흥미와 일치할 수도 있고, 일치하지 않을 수도 있다.

① 부적응된(maladjusted)
② 우유부단한(undecided)
③ 비현실적인(unrealistic)
④ 강요된(forced)

답 ③

해 비현실적인(unrealistic) 유형에 대한 설명이다.

25년~27년 출제기준에서 '직무분석이론' 제외

33 다음 중 질문지법의 장점이 아닌 것은?

① 부가적인 정보를 얻을 수 있다.
② 시간과 비용이 적게 든다.
③ 다수의 응답자가 참여할 수 있다.
④ 자료 수집이 용이하다.

답 ①

해 부가적인 정보를 얻을 수 있는 것은 '면접법'이다.

34 조직 감축에서 살아남은 구성원들이 조직에 대해 보이는 전형적인 반응은?

① 살아남은 구성원들은 조직에 대해 높은 신뢰감을 가지고 있다.
② 더 많은 일을 해야 하고, 종종 불이익도 감수한다.
③ 살아남은 구성원들은 다른 직무나 낮은 수준의 직무로 이동하는 것을 거부한다.
④ 조직 감축에서 살아남은데 만족하며 조직 몰입을 더 많이 한다.

답 ②

해 더 많은 일을 해야 하고, 종종 불이익도 감수한다.

35 다음 설명에 해당하는 타당도의 종류는?

> 검사의 문항들이 그 검사가 측정하고자 하는 내용영역을 얼마나 잘 반영하고 있는가를 의미하며, 흔히 성취도 검사의 타당도를 평가하는 방법으로 많이 사용된다.

① 준거 타당도 ② 내용 타당도
③ 예언 타당도 ④ 공인 타당도

답 ②

해 검사가 측정하고자 하는 '내용영역'을 얼마나 잘 반영하고 있는가를 의미하는 것은 '내용타당도' 이다.

타당도의 종류

- **안면타당도** : 일반인이 문항을 읽고 얼마나 타당해 보이는지를 평가
- **내용타당도** : 전문가가 판단하는 주관적인 타당도로 검사가 측정하고자 하는 내용영역을 얼마나 잘 반영하고 있는가를 의미하는 것
- **준거타당도** : 검사와 준거간의 상관관계를 분석해서 검사의 타당도를 평가하는 방법
  - 공인타당도(동시타당도)
  - 예언타당도
- **구성타당도** : 측정하고자 하는 추상적 개념들이 실제 측정도구에 의해 제대로 측정되었는지의 정도를 파악하는 방법
  - 변별타당도
  - 수렴타당도
  - 요인분석

36 톨버트(Tolbert)가 제시한 개인의 진로발달에 영향을 주는 요인이 아닌 것은?

① 교육 정도(educational degree)
② 직업 흥미(occupational interest)
③ 직업 전망(occupational prospective)
④ 가정·성별·인종(family·sex·race)

답 ③

해 직업 전망(occupational prospective)은 아니다.

37 일반적성검사(GATB)에서 측정하는 직업적성이 아닌 것은?

① 손가락 정교성 ② 언어 적성
③ 사무 지각 ④ 과학 적성

답 ④

해 '과학 적성', '기계 적성'은 아니다.
직업적성검사 GATB 9개 영역 적성

- 지능
- 언어적성
- 수리능력
- 사무지각
- 공간적성
- 형태지각
- 운동반응
- 손가락 정교성(기교도)
- 손의 정교성

25년~27년 출제기준에서 '조직에서의 경력개발' 제외

38 경력개발 프로그램 중 종업원 개발 프로그램에 해당하지 않는 것은?

① 훈련 프로그램 ② 평가 프로그램
③ 후견인 프로그램 ④ 직무순환

답 ②

해 평가 프로그램은 종업원 개발 프로그램에 해당하지 않는다.

39 신뢰도 계수에 관한 설명으로 틀린 것은?

① 신뢰도 계수는 개인차가 클수록 커진다.
② 신뢰도 계수는 문항 수가 증가함에 따라 정비례하여 커진다.
③ 신뢰도 계수는 신뢰도 추정방법에 따라서 달라질 수 있다.
④ 신뢰도 계수는 검사의 일관성을 보여주는 값이다.

답 ②

해 신뢰도 계수는 문항 수가 증가함에 따라 정비례하여 커지지는 않는다.

40 직업발달이론 중 매슬로우(Maslow)의 욕구위계 이론에 기초하여 유아기의 경험과 직업선택에 관한 5가지 가설을 수립한 학자는?

① 로(Roe) ② 갓프레드슨(Gottfredson)
③ 홀랜드(Holland) ④ 터크만(Tuckman)

답 ①

해 매슬로우(Maslow)의 욕구위계 이론에 기초하여 유아기의 경험과 직업선택에 관한 5가지 가설을 수립한 학자는 로(Roe) 이다.

제3과목 직업정보

41 한국표준산업분류에서 통계단위의 산업 결정방법에 관한 설명으로 틀린 것은?

① 생산단위의 산업활동은 그 생산단위가 수행하는 주된 산업활동의 종류에 따라 결정된다.
② 단일사업체의 보조단위는 그 사업체의 일개 부서로 포함한다.
③ 계절에 따라 정기적으로 산업을 달리하는 사업체의 경우에는 조사시점에 경영하는 사업으로 분류된다.
④ 설립중인 사업체는 개시하는 산업활동에 따라 결정한다.

답 ③

해 계절에 따라 정기적으로 산업을 달리하는 사업체의 경우에는 '조사시점' 아니라 '조사대상 기간' 중 '산출액'이 많은 사업으로 분류한다.

42 다음의 주요 업무를 수행하는 사업주 직업능력개발훈련기관은?

- 훈련과정인정
- 실시신고 접수 및 수료자 확정
- 비용신청서 접수 및 지원
- 훈련과정 모니터링

① 전국고용센터 ② 한국고용정보원
③ 근로복지공단 ④ 한국산업인력공단

답 ④

해 '한국산업인력공단'에서 수행하는 업무이다.

43 직업선택 결정모형을 기술적 직업결정모형과 처방적 직업결정모형으로 분류할 때 기술적 직업결정모형에 해당하지 않는 것은?

① 브룸(Vroom)의 모형
② 플레처(Fletcher)의 모형
③ 겔라트(Gelatt)의 모형
④ 타이드만과 오하라(Tideman &O'Hara)의 모형

답 ③

해 겔라트(Gelatt)의 모형은 처방적 결정모형이다.

처방적 결정모형
- 사람들이 직업을 결정할 때 실수를 줄이고 더 나은 직업을 선택하도록 돕고자 하는 이론이다.
- 주요 학자 : 카트, 겔라트, 칼도와 쥐토우스키

기술적 결정모형
- 사람들의 일반적인 직업결정방식을 나타낸 이론
- 주요 학자 : 힐튼, 타이드만과 오하라, 브룸, 플레처 등

44 한국표준산업분류에서 산업분류의 적용원칙에 관한 설명으로 틀린 것은?

① 생산단위는 산출물 뿐만 아니라 투입물과 생산공정 등을 함께 고려하여 그들의 활동을 가장 정확하게 설명된 항목으로 분류해야 한다.
② 복합적인 활동단위는 우선적으로 최상급 분류단계(대분류)를 정확히 결정하고, 순차적으로 중, 소, 세, 세세분류 단계 항목을 결정해야 한다.
③ 공식적 생산물과 비공식적 생산물, 합법적 생산물과 불법적인 생산물을 달리 분류해야 한다.
④ 산업활동이 결합되어 있는 경우에는 그 활동단위의 주된 활동에 따라서 분류해야 한다.

답 ③

해 공식적인 생산물과 비공식적 생산물, 합법적 생산물과 불법적인 생산물을 달리 분류하지 않는다.

45 다음은 직업정보 수집을 위한 자료수집 방법을 비교한 표이다. (　　)에 알맞은 것은?

기준	(ㄱ)	(ㄴ)	(ㄷ)
비용	높음	보통	보통
응답 자료의 정확성	높음	보통	낮음
응답률	높음	보통	낮음
대규모 표본관리	곤란	보통	용이

① ㄱ : 전화조사, ㄴ : 우편조사, ㄷ : 면접조사
② ㄱ : 면접조사, ㄴ : 우편조사, ㄷ : 전화조사
③ ㄱ : 면접조사, ㄴ : 전화조사, ㄷ : 우편조사
④ ㄱ : 전화조사, ㄴ : 면접조사, ㄷ : 우편조사

답 ③

해 ㄱ : 면접조사, ㄴ : 전화조사, ㄷ : 우편조사

46 한국표준산업분류의 분류기준이 아닌 것은?

① 산출물의 특성
② 투입물의 특성
③ 생산단위의 활동형태
④ 생산활동의 일반적인 결합형태

답 ③

해 생산단위의 활동형태는 분류기준이 아니다.

한국표준산업분류의 산업분류기준
- 산출물의 특성
- 투입물의 특성
- 생산활동의 일반적인 결합형태

47 한국표준직업분류 직업분류 원칙 중 다수직업 종사자의 분류 원칙에 해당하지 않는 것은?

① 수입 우선의 원칙
② 취업시간 우선의 원칙
③ 조사시 최근의 직업 원칙
④ 생산업무 우선 원칙

답 ④

해 생산업무 우선 원칙은 포괄적 업무시 분류원칙이다.

다수직업 종사자분류 원칙
- 취업시간 우선의 원칙
- 수입 우선의 원칙
- 조사시 최근의 직업 원칙

48 **통계청 경제활동인구조사의 주요 용어에 관한 설명으로 틀린 것은?**

① 경제활동인구 : 만 15세 이상 인구 중 취업자와 실업자를 말한다.
② 육아 : 조사대상주간에 주로 미취학자녀(초등학교 입학전)를 돌보기 위하여 집에 있는 경우가 해당한다.
③ 취업준비 : 학교나 학원에 가지 않고 혼자 집이나 도서실에서 취업을 준비하는 경우가 해당된다.
④ 자영업자 : 고용원이 없는 자영업자를 제외한 고용원이 있는 자영업자를 말한다.

답 ④

해 **자영업자** : 고용원이 없는 자영업자와 고용원이 있는 자영업자 모두를 포함하여 말한다.

49 **국가기술자격 국제의료관광코디네이터의 응시자격으로 틀린 것은? (단, 공인어학성적 기준요건을 충족한 것으로 가정한다.)**

① 보건의료 또는 관광분야의 관련학과로서 대학졸업자 또는 졸업예정자
② 2년제 전문대학 관련학과 졸업자 등으로서 졸업 후 보건의료 또는 관광분야에서 2년 이상 실무에 종사한 사람
③ 관련 자격증(의사, 간호사, 보건교육사, 관광통역안내사, 컨벤션기획사 1·2급)을 취득한 사람
④ 보건의료 또는 관광분야에서 3년 이상 실무에 종사한 사람

답 ④

해 보건의료 또는 관광분야에서 '4년' 이상 실무에 종사한 사람이다.

50 **한국표준직업분류에서 직업의 성립조건에 대한 설명으로 옳은 것은?**

① 사회복지시설 수용자의 시설 내 경제활동은 직업으로 보지 않는다.
② 이자나 주식배당으로 자산 수입이 있는 경우는 직업으로 본다.
③ 자기 집의 가사 활동도 직업으로 본다.
④ 속박된 상태에서의 제반활동이 경제성이나 계속성이 있으면 직업으로 본다.

답 ①

51 **한국직업사전에서 사람과 관련된 직무기능 중 "정책을 수립하거나 의사결정을 하기 위해 생각이나 정보, 의견 등을 교환한다"와 관련 있는 것은?**

① 자문 ② 협의
③ 설득 ④ 감독

답 ②

해 협의 정의에서 핵심키워드는 "생각이나 정보, 의견 등을 교환"이다.

사람(P)
- **자문** : 전문방식에 따라 문제를 상담하고 조언
- **협의** : 생각이나 정보, 의견 등을 교환

52 **다음에 해당하는 고용 관련 지원제도는?**

- 비정규직 근로자를 정규직으로 전환
- 전일제 근로자를 시간선택제 근로자로 전환
- 시차출퇴근제, 재택근무제 등 유연근무제를 도입하여 활용

① 고용창출장려금 ② 고용안정장려금
③ 고용유지지원금 ④ 고용환경개선지원

답 ②

해 비정규직 근로자를 정규직으로 전환하는 것은 대표적인 고용안정장려금 제도이다.
- **고용안정장려금**
재직 근로자의 일자리 질을 높인 사업주를 지원하는 제도
- **고용창출장려금**
취약계층, 장년을 신중년 적합직무에 고용하거나 교대제 개편, 시간선택제 일자리 도입 등 근무형태를 변경하여 고용기회를 확대한 사업주를 지원
- **고용유지지원금**
고용조정이 불가피하게 된 사업주가 고용유지조치를 실시하는 경우 지원
- **고용환경개선지원**
근로자가 최적의 여건에서 근무할 수 있도록 환경을 개선한 사업주를 지원

53 **구직자에게 일정한 금액을 지원하여 그 범위 이내에서 직업능력개발훈련에 참여할 수 있도록 하고, 훈련이력 등을 개인별로 통합관리하는 제도는?**

① 사업주훈련 ② 일학습병행제
③ 국민내일배움카드 ④ 청년취업아카데미

답 ③

해 국민내일배움카드는 훈련이력 등을 개인별로 통합관리하는 제도이다.

54 공공직업정보의 일반적인 특성에 해당되는 것은?

① 필요한 시기에 최대한 활용되도록 한시적으로 신속하게 생산·제공된다.
② 특정 분야 및 대상에 국한되지 않고 전체 산업의 직종을 대상으로 한다.
③ 정보 생산자의 임의적 기준에 따라 관심이나 흥미를 유도할 수 있도록 해당 직업을 분류한다.
④ 유료로 제공된다.

답 ②

해 공공직업정보는 특정 분야 및 대상에 국한되지 않고 전체 산업의 직종을 대상으로 한다.

55 직업정보를 사용하는 목적과 가장 거리가 먼 것은?

① 직업정보를 통해 근로생애를 설계할 수 있다.
② 직업정보를 통해 전에 알지 못했던 직업세계와 직업비전에 대해 인식할 수 있다.
③ 직업정보를 통해 과거의 직업탐색, 은퇴 후 취미활동 등에 필요한 정보를 얻을 수 있다.
④ 직업정보를 통해 일을 하려는 동기를 부여받을 수 있다.

답 ③

해 직업정보를 통해 '과거'의 직업을 탐색하는 것은 거리가 멀다.
'현재'의 직업세계와 '미래' 즉 향후 직업선택에 대한 의사결정을 위해 정보를 얻는다.

56 국가 직업훈련에 관한 정보를 검색할 수 있는 정보망은?

① JT-Net ② HRD-Net
③ T-Net ④ Training-Net

답 ②

해 HRD-Net은 국가 직업훈련에 관한 정보를 검색할 수 있는 정보망이다.

개정에 따라 향후 다시 출제될 가능성이 매우 희박한 문제입니다.

57 고용24(워크넷)의 청소년 대상 심리검사의 종류 중 지필방법으로 실시할 수 없는 것은?

① 직업가치관검사
② 고교계열 흥미검사
③ 고등학생 적성검사
④ 청소년 진로발달검사

답 ②

해 기존 정답이 ②고교계열 흥미검사였으나, 2020년부터 고교계열 흥미검사 서비스 제공 중단되었다.

58 한국직업전망의 직업별 일자리 전망 결과에서 '다소 증가'로 전망되지 않은 것은?

① 항공기조종사 ② 경찰관
③ 기자 ④ 손해사정사

답 ①

해 항공기조종사는 '다소 증가'가 아닌 '증가'이다.

59 고용24(워크넷)에서 제공하는 학과정보 중 자연계열에 해당하는 학과는?

① 도시공학과 ② 지능로봇과
③ 바이오산업공학과 ④ 바이오섬유소재학과

답 ③

해 바이오산업공학과는 '자연계열'이다.
① 도시공학과 - 공학계열
② 지능로봇과 - 공학계열
④ 바이오섬유소재학과 - 공학계열

60 국가기술자격 종목과 해당 직무분야 연결이 옳지 않은 것은?

① 임상심리사1급 - 보건·의료
② 텔레마케팅관리사 - 경영·회계·사무
③ 직업상담사1급 - 사회복지·종교
④ 어로산업기사 - 농림어업

답 ②

해 텔레마케팅관리사 - 영업, 판매

제4과목 노동시장

61 완전경쟁시장의 치킨매장에서 치킨 1마리를 14,000원에 팔고 있다. 그리고 종업원을 시간당 7,000원에 고용하고 있다. 이 매장이 이윤을 극대화하기 위해서는 노동의 한계생산이 무엇과 같아질 때까지 고용을 늘려야 하는가?

① 시간당 치킨 1/2마리 ② 시간당 치킨 1마리
③ 시간당 치킨 2마리 ④ 시간당 치킨 4마리

답 ①

해 이윤극대화는 임금과 한계생산물 가치가 일치할 때 이루어진다.
14,000원 × $\mathbf{x}$ = 7,000원이므로 $\mathbf{x}$는 치킨 1/2마리이다.

62 다음 중 생산성을 향상시키는 요인과 가장 거리가 먼 것은?

① 노동조합 조합원 수의 증가
② 자본 절약적 기술혁신
③ 자본의 질적 증가
④ 노동의 질적 향상

답 ①

해 생산성과 '노동조합 조합원 수의 증가'는 관련이 없다.
생산성을 향상 시키는 요인
- 자본 절약적 기술혁신
- 자본의 질적 증가
- 노동의 질적 증가
- 기술 진보

25년~27년 출제기준에서 '노사관계이론' 제외됨

63 기업은 조합원이 아닌 노동자를 채용할 수 있고 채용된 근로자가 노동조합 가입 여부에 상관없이 기업의 종업원으로 근무하는데 아무 제약이 없는 숍제도는?

① 클로즈드 숍 ② 유니온 숍
③ 에이전시 숍 ④ 오픈 숍

답 ④

해 오픈 숍이다
숍제도
- **오픈숍**: 조합원, 비조합원 모두 고용할 수 있는 제도
- **유니온숍**: 조합원, 비조합원 관계없이 신규채용가능하나 채용후 일정기간 내 반드시 노동조합에 가입해야 하는 제도
- **클로즈드숍**: 노동조합에 가입한 노동자만 채용할 수 있는 제도
- **에이전시 숍**: 조합원이 아니더라도 노조가 조합비를 징수하는 제도

64 준고정적 노동비용에 해당하지 않는 것은?

① 퇴직금 ② 건강보험
③ 유급휴가 ④ 초과근무수당

답 ④

해 초과근무수당은 준고정적 노동비용에 해당하지 않는다.
준고정비용(=비임금비용)
- 노동시간과 직접적인 관계없이 지불되는 비용
  예) 노동자의 채용·선발·훈련비용·퇴직금·유급휴가·건강보험 등
- 준고정비용 = 부가급여 + 근로자에 대한 투자

65 성과급제도의 장점으로 가장 적합한 것은?

① 직원 간 화합이 용이하다.
② 근로의 능률을 자극할 수 있다.
③ 임금의 계산이 간편하다.
④ 확정적 임금이 보장된다.

답 ②

해 성과급제도는 근로의 능률을 자극할 수 있다.

25년~27년 출제기준에서 '노사관계이론' 제외됨

66 파업의 경제적 손실에 대한 설명으로 틀린 것은?

① 노동조합 측 노동소득의 순상실분은 해당기업에서의 임금소득의 상실보다 훨씬 적을 수 있다.
② 사용자 이윤의 순감소분은 직접적인 생산중단에서 오는 것보다 항상 더 크다.
③ 파업에 따르는 사회적 비용은 제조업보다 서비스업에서 더 큰 것이 보통이다.
④ 파업에 따르는 생산량감소는 타산업의 생산량증가로 보충하기도 한다.

답 ②

해 사용자 이윤의-순감소분은 직접적인 생산중단에서 오는 것보다 '항상' 더 크지는 않다.

67 **근로기준법에 경영상 이유에 의한 해고, 탄력적 근로시간제 등의 조항이 등장하고 파견근로자 보호 등에 관한 법률이 제정된 이유로 가장 타당한 것은?**

① 획일화되는 사회에 적응하기 위함이다.
② 노동조합의 전투성을 진정시키기 위함이다.
③ 외부자보다는 내부자를 보호하기 위함이다.
④ 불확실한 시장상황에 기업이 신속하게 대응할 수 있도록 하기 위함이다.

답 ④

해 경영상 이유에 의한 해고, 탄력적 근로시간제 등의 조항이 등장하고 파견근로자 보호 등에 관한 법률이 제정된 이유는 불확실한 시장상황에 기업이 신속하게 대응할 수 있도록 하기 위함이다.

25년~27년 출제기준에서 '노사관계이론' 제외됨

68 **기업의 종업원주식소유제 또는 종업원지주제 도입의 목적이 아닌 것은?**

① 새로운 일자리 창출
② 기업재무구조의 건전화
③ 종업원에 의한 기업 인수로 고용안정 도모
④ 공격적 기업 인수 및 합병에 대한 효과적 방어수단으로 활용

답 ①

해 새로운 일자리 창출과는 관련이 없다.

종업원 지주제
- 기업이 종업원에게 주식을 배분·소유하게 하는 제도

69 **효율임금가설에 대한 설명으로 틀린 것은?**

① 효율임금은 생산의 임금탄력성이 1이 되는 점에서 결정된다.
② 효율임금은 전문직과 같이 노동자들의 생산성을 관측하기 어려운 경우 채택될 가능성이 높다.
③ 효율임금은 경쟁임금수준보다 높으므로 개별기업의 이윤극대화를 가져다주는 임금이라 할 수 없다.
④ 효율임금은 임금인상에 따른 한계생산이 임금의 평균생산과 일치하는 점에서 결정된다.

답 ③

해 효율임금은 시장임금수준보다 높으므로 개별기업의 이윤극대화를 가져다주는 임금이라 할 수 '있다'.

70 **마르크스(K. Marx)에 의하면 기술 진보로 인하여 상대적 과잉인구가 발생하게 되는데 이를 무슨 실업이라 하는가?**

① 마찰적 실업
② 구조적 실업
③ 기술적 실업
④ 경기적 실업

답 ③

해 마르크스(K. Marx) 강조한 주장론은 '기술적 실업'이다.

마르크스의 기술적 실업 이론
- 노동집약적 생산방법이 자본집약적 생산방법으로 대체하여 실업이 발생함으로 노동 총수요 감소됨
- 직업전환 및 교육훈련이 필요

71 **노동의 공급곡선에 대한 설명 중 틀린 것은?**

① 일정 임금수준 이상이 될 때 노동의 공급곡선은 후방굴절부분을 가진다.
② 임금과 노동시간 사이에 음(-)의 관계가 존재할 경우 임금률의 변화 시 소득효과가 대체효과보다 작다.
③ 임금과 노동시간과의 관계이다.
④ 노동공급의 증가율이 임금상승률보다 높다면 노동공급은 탄력적이다.

답 ②

해 임금과 노동시간 사이에 음(-)의 관계가 존재할 경우 임금률의 변화시 소득효과가 대체효과보다 '크다'.
(후방굴절부분 : 소득효과 > 대체효과)

72 **노동시장과 실업에 관한 설명으로 틀린 것은?**

① 최저임금제는 비숙련 노동자에게 해당된다.
② 해고자, 취업대기자, 구직포기자는 실업자에 포함된다.
③ 효율성 임금은 노동자의 이직을 막기 위해 시장균형 임금보다 높다.
④ 최저임금, 노동조합 또는 직업탐색 등이 실업의 원인에 포함된다.

답 ②

해 구직포기자는 실업자에 포함되지 '않는다'.
구직포기자는 '비경제활동인'구에 속한다.

73 내부노동시장의 형성요인이 아닌 것은?

① 기술변화에 따른 산업구조 변화
② 장기근속 가능성
③ 위계적 직무서열
④ 기능의 특수성

답 ①

해 기술변화에 따른 산업구조 변화는 내부노동시장의 형성요인이 아니다.

내부노동시장
- 하나의 기업 또는 사업장 내에서 이루어지는 노동시장
- **형성원인** : 숙련의 특수성, 현장훈련, 장기근속, 기업 내 관습

74 임금의 경제적 기능에 대한 설명으로 틀린 것은?

① 임금결정에서 기업주는 동일노동 동일임금을 선호하고 노동자는 동일노동 차등임금을 선호한다.
② 기업주에게는 실질임금이 중요성을 가지나 노동자에게는 명목임금이 중요하다.
③ 기업주에서 본 임금과 노동자 입장에서 본 임금의 성격상 상호배반적인 관계를 갖는다.
④ 임금은 인적자본에 대한 투자수요결정의 변수로서 중요한 역할을 한다.

답 ①

해 임금결정에서 기업주는 동일노동 '차등임금'을 선호하고 노동자는 동일노동 '동일임금'을 선호한다.
= 임금결정에서 같은 업무를 하더라도 개인차에 의해 기업주는 임금차이를 선호하고 노동자는 동일임금을 선호한다.

75 분단노동시장(segmented labor market) 가설의 출현배경과 가장 거리가 먼 것은?

① 능력분포와 소득분포의 상이
② 교육개선에 의한 빈곤퇴치 실패
③ 소수인종에 대한 현실적 차별
④ 동질의 노동에 동일한 임금

답 ④

해 동질의 노동에 동일한 임금은 '완전경쟁 시장'의 가설의 출현배경이다.

76 경제활동인구조사에서 취업자로 분류되는 사람은?

① 명예퇴직을 하여 연금을 받고 있는 전직 공무원
② 하루 3시간씩 구직활동을 하고 있는 전직 은행원
③ 하루 1시간씩 학교 부근 식당에서 아르바이트를 하고 있는 대학생
④ 하루 2시간씩 남편의 상점에서 무급으로 일하는 기혼여성

답 ③

해 최근 지정된 1주일 동안 수입이 있는 일을 1시간 이상 일한 자는 취업자이다.

77 다음 중 구조적 실업에 대한 대책과 가장 거리가 먼 것은?

① 경기활성화
② 직업전환교육
③ 이주에 대한 보조금
④ 산업구조변화 예측에 따른 인력수급정책

답 ①

해 경기활성화는 '경기적 실업'의 대책이다.

구조적 실업에 대한 대책
- 직업전환교육
- 이주에 대한 보조금
- 산업구조변화 예측에 따른 인력수급정책

78 임금상승의 소득효과가 대체효과보다 클 경우, 노동공급곡선의 형태는?

① 우상승한다. ② 수평이다.
③ 좌상승한다. ④ 변함없다.

답 ③

해 좌상승 = 후방굴절곡선을 의미
후방굴절부분 : 소득효과 > 대체효과

기출 문제 | 2020년 4회차

79 **외국인 노동자들의 모든 근로가 합법화되었을 때 외국인 노동수요의 임금탄력성이 0.6이고 임금이 15% 상승하면, 외국인 노동자들에 대한 수요는 몇 % 감소하는가?**

① 6% ② 9%
③ 12% ④ 15%

답 ②

해 노동수요 임금탄력성 $= \dfrac{\text{노동수요량의 변화율}}{\text{임금의 변화율}}$

$$0.6 = \frac{\text{노동수요량의 변화율}}{15\%}$$

노동수요량의 변화율 = 9%

80 **다음 중 시장균형임금보다 임금수준이 높게 유지되는 경우에 해당되지 않는 것은?**

① 인력의 부족
② 노동조합의 존재
③ 최저임금제의 시행
④ 효율성임금 정책 도입

답 ①

해 인력의 부족은 시장균형임금보다 임금수준이 높을수도 있고, 그렇지 않을 수도 있다.

임금의 하방경직성

1) 의미

한 번 오른 임금은 다양한 경제여건의 변화에도 불구하고 떨어지지 않은 채 그 수준을 유지하려는 경향

2) 임금 하방경직성의 이유

① 장기노동계약
② 강력한 노동조합의 존재
③ 노동자의 역선택 발생 가능성
④ 화폐환상
⑤ 최저임금제 시행
⑥ 대기업의 효율성 임금정책에 따른 고임금 지급

제5과목 고용노동관계법규

25년~27년 출제기준에서 '고용상 연령차별금지 및 고령자고용촉진에 관한 법률' 제외

81 **고용상 연령차별금지 및 고령자고용촉진에 관한 법령상 고령자와 준고령자의 정의에 관한 설명으로 옳은 것은?**

① 고령자는 55세 이상인 사람이며, 준고령자는 50세 이상 55세 미만인 사람으로 한다.
② 고령자는 60세 이상인 사람이며, 준고령자는 55세 이상 60세 미만인 사람으로 한다.
③ 고령자는 58세 이상인 사람이며, 준고령자는 55세 이상 58세 미만인 사람으로 한다.
④ 고령자는 65세 이상인 사람이며, 준고령자는 60세 이상 65세 미만인 사람으로 한다.

답 ①

해 고령자는 55세 이상인 사람이며, 준고령자는 50세 이상 55세 미만인 사람으로 한다.

82 **직업안정법령상 일용근로자 이외의 직업소개를 하는 유료직업소개사업자의 장부 및 서류의 비치 기간으로 옳은 것은?**

① 종사자명부 : 3년
② 구인신청서 : 2년
③ 구직신청서 : 1년
④ 금전출납부 및 금전출납 명세서 : 1년

답 ②

해 구인신청서를 비롯 보기에 해당하는 서류의 비치 기간은 모두 '2년'이다.

83 **고용보험법령상 취업촉진 수당에 해당하지 않는 것은?**

① 여성고용촉진장려금
② 광역 구직활동비
③ 이주비
④ 직업능력개발 수당

답 ①

해 여성고용촉진장려금은 해당하지 않는다.

취업촉진수당의 종류

- 조기재취업수당
- 직업능력개발수당
- 광역구직활동비
- 이주비

84 **남녀고용평등과 일·가정 양립 지원에 관한 법률상 직장 내 성희롱에 관한 설명으로 틀린 것은?**

① 사업주, 상급자 또는 근로자는 직장 내 성희롱을 하여서는 아니 된다.
② 사업주는 직장 내 성희롱 예방 교육을 매년 실시하여야 한다.
③ 고용노동부장관은 성희롱 예방 교육기관이 1년 동안 교육 실적이 없는 경우 그 지정을 취소할 수 있다.
④ 사업주는 직장 내 성희롱 발생 사실을 알게 된 경우에는 지체 없이 그 사실 확인을 위한 조사를 하여야 한다.

답 ③

해 고용노동부장관은 성희롱 예방 교육기관이 '1년'이 아닌 '2년' 동안 교육 실적이 없는 경우 그 지정을 취소할 수 있다.

85 **근로기준법령상 정의규정에 관한 설명으로 옳게 명시되지 않은 것은?**

① 근로자라 함은 직업의 종류를 불문하고 임금·급료 기타 이에 준하는 수입에 의하여 생활하는 자를 말한다.
② 근로계약이란 근로자가 사용자에게 근로를 제공하고 사용자는 이에 대하여 임금을 지급하는 것을 목적으로 체결된 계약을 말한다.
③ 임금이란 사용자가 근로의 대가로 근로자에게 임금, 봉급, 그 밖에 어떠한 명칭으로든지 지급하는 일체의 금품을 말한다.
④ 사용자란 사업주 또는 사업 경영 담당자, 그밖에 근로자에 관한 사항에 대하여 사업주를 위하여 행위하는 자를 말한다.

답 ①

해 근로기준법상 근로자라 함은 직업의 종류를 불문하고 '임금을 목적으로 근로하는 자'이다.

86 **고용보험법의 적용제외 대상이 아닌 자는? (단, 기타 사항은 고려하지 않음)**

① 3개월 이상 계속하여 근로를 제공하는 자
② 「지방공무원법」에 따른 공무원
③ 「사립학교교직원 연금법의 적용」을 받는 자
④ 「별정우체국법」에 따른 별정우체국 직원

답 ①

해 3개월 '미만' 근로한 자가 고용보험법 적용제외 대상자이다.

87 **남녀고용평등과 일·가정양립지원에 관한 법령상 남녀의 평등한 기회보장 및 대우에 관한 설명으로 틀린 것은?**

① 사업주는 동일한 사업 내의 동일 가치 노동에 대하여는 동일한 임금을 지급하여야 한다.
② 사업주가 임금차별을 목적으로 설립한 별개의 사업은 별개의 사업으로 본다.
③ 사업주는 근로자를 모집하거나 채용할 때 남녀를 차별하여서는 아니 된다.
④ 사업주는 여성 근로자의 출산을 퇴직 사유로 예정하는 근로계약을 체결하여서는 아니 된다.

답 ②

해 사업주가 임금차별을 목적으로 설립한 별개의 사업은 '동일한' 사업으로 본다.

25년 ~ 27년 출제기준에서 '고용정책 기본법' 제외

88 **고용정책기본법령상 대량 고용변동의 신고기준 중 ( )에 들어갈 숫자의 연결이 옳은 것은?**

> 1. 상시 근로자 300명 미만을 사용하는 사업 또는 사업장 : ( )명 이상
> 2. 상시 근로자 300명 이상을 사용하는 사업 또는 사업장 : 상시 근로자 총수의 100분의 ( ) 이상

① 10, 20　② 10, 30
③ 30, 10　④ 30, 20

답 ③

해 30, 10 이다.
1. 상시 근로자 300명 미만을 사용하는 사업 또는 사업장 : (30)명 이상
2. 상시 근로자 300명 이상을 사용하는 사업 또는 사업장 : 상시 근로자 총수의 100분의 (10) 이상

89 **국민 평생 직업능력 개발법령상 다음 ( )에 알맞은 숫자를 옳게 연결한 것은?**

> 사업주는 훈련계약을 체결할 때에는 해당 직업능력개발훈련을 받는 사람이 직업능력 개발훈련을 이수한 후에 사업주가 지정하는 업무에 일정 기간 종사 하도록 할 수 있다. 이 경우 그 기간은 ( )년 이내로 하되, 직업능력개발훈련 기간의 ( )배를 초과할 수 없다.

① 3, 2　② 3, 3
③ 5, 2　④ 5, 3

답 ④

해 5년, 3배이다.

90 다음 중 근로기준법상 1순위로 변제되어야 하는 채권은?

① 우선권이 없는 조세·공과금
② 최종 3개월분의 임금
③ 질권·저당권에 의해 담보된 채권
④ 최종 3개월분의 임금을 제외한 임금채권 전액

답 ②

해 최종 3개월분의 임금이 가장 우선 변제 대상이 된다.

91 헌법이 보장하는 근로3권의 설명으로 틀린 것은?

① 단결권은 근로조건의 향상을 도모하기 위하여 근로자와 그 단체에게 부여된 단결체 조직 및 활동, 가입, 존립보호 등을 위한 포괄적 개념이다.
② 단결권이 근로자 집단의 근로조건의 향상을 추구하는 주체라면, 단체교섭권은 그 목적 활동이고, 단체협약은 그 결실이라고 본다.
③ 단체교섭의 범위는 근로자들의 경제적·사회적 지위향상에 관한 것으로 단체교섭의 주체는 원칙적으로 근로자 개인이 된다.
④ 단체행동권의 보장은 개개 근로자와 노동조합의 민·형사상 책임을 면제시키는 것이므로 시민법에 대한 중대한 수정을 의미한다.

답 ③

해 단체교섭의 범위는 '근로자 개인'이 아닌 '노동조합'이다.

★ 법 개정 반영 <2025.01.01. 시행>

92 남녀고용평등과 일·가정 양립에 관한 법령상 상시 300명 미만의 근로자를 사용하는 사업 또는 사업장에서의 배우자 출산휴가에 관한 설명으로 틀린 것은?

① 사업주는 근로자가 배우자 출산휴가를 청구하는 경우에 10일의 휴가를 주어야 한다.
② 사용한 배우자 출산휴가기간은 무급으로 한다.
③ 배우자 출산휴가는 근로자의 배우자가 출산한 날부터 90일이 지나면 청구할 수 없다.
④ 배우자 출산휴가는 1회에 한정하여 나누어 사용할 수 있다.

답 법개정으로 인해 전체 정답(모두가 틀림)

해 ① 사업주는 근로자가 배우자 출산휴가를 청구하는 경우에 20일의 휴가를 주어야 한다.
② 사용한 배우자 출산휴가기간은 유급으로 한다.
③ 배우자 출산휴가는 근로자의 배우자가 출산한 날부터 120일이 지나면 청구할 수 없다.
④ 배우자 출산휴가는 3회에 한정하여 나누어 사용할 수 있다.

25년~27년 출제기준에서 '파견근로자 보호 등에 관한 법률' 제외

93 파견근로자 보호 등에 관한 법령상 근로자파견사업을 하여서는 아니 되는 업무에 해당하는 것을 모두 고른 것은?

ㄱ. 건설공사현장에서 이루어지는 업무
ㄴ. 「산업안전보건법」상 유해하거나 위험한 업무
ㄷ. 「의료기사 등에 관한 법률」상 의료기사의 업무
ㄹ. 「여객자동차 운수사업법」상 여객자동차운송 사업에서의 운전업무

① ㄱ, ㄹ ② ㄱ, ㄴ, ㄷ
③ ㄴ, ㄷ, ㄹ ④ ㄱ, ㄴ, ㄷ, ㄹ

답 ④

해 모두 해당한다.

25년~27년 출제기준에서 '고용정책 기본법' 제외

94 고용정책 기본법상 고용노동부장관이 실시하는 실업대책사업에 해당하지 않는 것은?

① 실업자 가족의 의료비 지원
② 고용촉진과 관련된 사업을 하는 자에 대한 대부(貸付)
③ 고용재난지역의 선포
④ 실업자에 대한 공공근로사업

답 ③

해 고용재난지역의 선포는 '실업대책사업'이 아닌 '고용조정지원 및 고용안정대책'이다.

95 직업안정법령상 용어 정의로 틀린 것은?

① "고용서비스"란 구인자 또는 구직자에 대한 고용정보의 제공, 직업소개, 직업지도 또는 직업능력개발 등 고용을 지원하는 서비스를 말한다.
② "직업안정기관"이란 직업소개, 직업지도 등 직업안정업무를 수행하는 지방고용노동행정기관을 말한다.
③ "모집"이란 근로자를 고용하려는 자가 취업하려는 사람에게 피고용인이 되도록 권유하거나 다른 사람으로 하여금 권유하게 하는 것을 말한다.
④ "근로자공급사업"이란 공급계약에 따라 근로자를 타인에게 사용하게 하는 사업을 말하는 것으로서, 파견근로자보호등에 관한 법률에 의한 근로자파견사업도 포함한다.

답 ④

해 파견근로자보호등에 관한 법률에 의한 근로자파견사업은 포함하지 않는다.

96 국민 평생 직업능력 개발법령상 훈련방법에 따른 구분에 해당하지 않는 것은?

① 집체훈련 ② 현장훈련
③ 양성훈련 ④ 원격훈련

답 ③

해 양성훈련은 훈련목적에 따른 구분이다.

훈련의 목적에 따른 구분	실시방법에 따른 구분
-양성훈련 -향상훈련 -전직훈련	-집체훈련 -현장훈련 -원격훈련 -혼합훈련

25년~27년 출제기준에서 '근로자퇴직급여 보장법' 제외

97 근로자퇴직급여 보장법령의 내용으로 옳지 않은 것은?

① 상시 4명 이하의 근로자를 사용하는 사업 또는 사업장에는 퇴직급여제도를 설정하지 않아도 된다.
② 퇴직연금제도란 확정급여형퇴직연금제도, 확정기여형퇴직연금제도 및 개인형퇴직연금제도를 말한다.
③ 4주간을 평균하여 1주간의 소정근로시간이 15시간 미만인 근로자는 퇴직급여제도를 설정하지 않아도 된다.
④ 퇴직급여제도를 설정하는 경우에 하나의 사업에서 급여 및 부담금 산정방법의 적용 등에 관하여 차등을 두어서는 아니 된다.

답 ①

해 '근로자퇴직 급여 보장법'의 적용범위는 근로자를 사용하는 모든 사업 또는 사업장이다.

98 고용보험법상 고용보험심사위원회의 재심사 청구에서 재심사 청구인의 대리인이 될 수 없는 자는?

① 청구인인 법인의 직원
② 청구인의 배우자
③ 청구인이 가입한 노동조합의 위원장
④ 변호사

답 ③

해 청구인이 가입한 '노동조합의 위원장'은 대리인이 될 수 없다.

청구인의 대리인으로 선임가능한 자
- 청구인의 배우자, 직계존속·비속 또는 형제자매
- 청구인인 법인의 임원 또는 직원
- 변호사나 공인노무사
- 고용보험심사위원회의 허가를 받은 자

99 근로기준법령상 임금에 관한 설명으로 틀린 것은?

① 사용자의 귀책사유로 휴업하는 경우에 사용자는 휴업기간 동안 그 근로자에게 평균임금의 100분의 80 이상의 수당을 지급하여야 한다.
② 단체협약에 특별한 규정이 있는 경우에는 임금의 일부를 공제할 수 있다.
③ 임금은 매월 1회 이상 일정한 날짜를 정하여 지급하는 것이 원칙이다.
④ 임금채권은 3년간 행사하지 아니하면 시효로 소멸한다.

답 ①

해 사용자의 귀책사유로 휴업하는 경우에 사용자는 휴업기간 동안 그 근로자에게 평균임금의 '100분의 70'이상의 수당을 지급하여야 한다.

100 채용절차의 공정화에 관한 법령상 500만원 이하의 과태료 부과사항에 해당하지 않는 것은?

① 채용광고의 내용 또는 근로조건을 변경한 구인자
② 지식재산권을 자신에게 귀속하도록 강요한 구인자
③ 채용서류 보관의무를 이행하지 아니한 구인자
④ 그 직무의 수행에 필요하지 아니한 개인정보를 기초심사자료에 기재하도록 요구하거나 입증자료로 수집한 구인자

답 ③

해 채용서류 보관의무를 이행하지 아니한 구인자는 300만원 이하의 과태료 부과사항에 해당한다.

PART II

2023 ~ 2024년 복원

구분된 과목은 기존의 양식일 뿐입니다.

25년 출제기준에 맞추어 범위와 개정 내용을 모두 반영하였으니

차례차례 기출문제 자체를 익히시기를 바랍니다!

복원 기출 문제

1회 복원 기출 문제

제1과목 직업상담

01 Gysbers가 제시한 직업상담의 목적에 관한 설명으로 옳은 것은?

① 자기관리 상담모드가 주요한 목적이고, 직업정보 탐색과 직업 결정, 상담 만족 등에 효과가 있다.
② 직업선택, 의사결정 기술의 습득 등이 주요한 목적이고, 직업상담 과정에는 진단, 문제분류, 문제 구체화 등이 들어가야 한다.
③ 생애진로 발달에 관심을 두고, 효과적인 사람이 되는 데 필요한 지식과 기능을 습득하게 된다.
④ 직업정보를 스스로 탐색하게 하고 자신을 사정하게 하는 능력을 갖추도록 돕는다.

답 ③

해 생애진로발달을 통해 효과적인 사람이 되는 데 필요한 지식과 기능을 습득한다.

Gysbers가 제시한 직업상담의 목적
- 예언과 발달
- 처치와 자극
- 결함과 유능

02 직업상담 시 한계의 오류를 가진 내담자들이 자신의 견해를 제한하는 방법에 해당하지 않는 것은?

① 왜곡되게 판단하는 것
② 불가능을 가정하는 것
③ 예외를 인정하지 않는 것
④ 어쩔 수 없음을 가정하는 것

답 ①

해 왜곡되게 판단하는 것은 아니다.

한계의 오류
- 예외를 인정하지 않는 것
- 불가능을 가정하는 것
- 어쩔 수 없음을 가정하는 것

03 행동주의적 접근의 상담기법 중 공포와 불안이 원인이 되는 부적응 행동이나 회피행동을 치료하는데 가장 효과적인 기법은?

① 타임아웃 기법　② 체계적 둔감법
③ 모델링 기법　④ 행동조성법

답 ②

해 공포와 불안의 치료기법은 체계적 둔감법이다.

04 다음 내용에 대한 상담자의 공감적 이해 수준 중 가장 높은 것은?

> 일단 저에게 맡겨진 업무에 대해서는 너무 간섭하지 마세요. 제 소신껏 창의적으로 일하고 싶습니다.

① 자네가 알아서 할 일을 내가 부당하게 간섭한다고 생각하지 말게.
② 자네가 지난번에 처리했던 일이 아마 잘못됐었지?
③ 믿고 맡겨준다면 잘할 수 있을 것 같은데, 간섭받는다는 기분이 들어 불쾌한 게로군.
④ 기분이 나쁘더라도 상사의 지시대로 해야지.

답 ③

해 가장 적절한 공감적 이해는 ③이다.
내담자의 의도를 잘 공감하고 있다.

05 개방적 질문의 형태와 가장 거리가 먼 것은?

① 당신은 학교를 좋아하지요?
② 지난주에 무슨 일이 있었습니까?
③ 시험이 끝나고서 기분이 어떠했습니까?
④ 당신은 누이동생을 어떻게 생각하는지요?

답 ①

해 '당신은 학교를 좋아하지요?'는 '예/아니오'로 대답하게 되는 패쇄형 질문이다.

- **개방형 질문**
  내담자로 하여금 가능한 많은 대답을 선택하게 하는 것
- **폐쇄형 질문**
  '예/아니오'와 같이 제한된 응답을 요구하는 것

06 **Erikson의 심리사회성 발달이론에서 다음과 같은 현상이 나타나는 시기는?**

> 이 시기는 40~50세로 인생의 여러 가지 측면에서 안정되고 성숙된 시기인데 단순히 자신과 자기 세대의 이익과 번영에만 관심을 쏟는 것이 아니라 자기 자손들의 세대와 역사적 미래를 위해 보다 나은 세계를 만드는 데 헌신한다.

① 친밀감(intimacy) - 고립감(isolation)
② 근면성(industry) - 열등감(inferiority)
③ 생성감(generativity) - 침체감(stagnation)
④ 자아정체감(ego-identity) - 역할혼란(role confusion)

답 ③

해 Erikson의 심리사회성발달 8단계

구분	나이	심리학적 위기
유아기	0~1세	신뢰감VS불신감
초기아동기	1~3세	자율성VS수치심
학령전기/유희기	3~5세	주도성VS죄의식
학령기	6~12세	근면성VS열등
청소년기	12~20세	자아정체감VS역할혼란
성인초기	20~24세	친밀감VS고립감
성인기	24~55세	생산성VS침체감
노년기	55세이후	자아통합VS절망

07 **직업상담 과정과 상담사의 역할을 잘못 짝지은 것은?**

① 행동주의상담 - 능동적이고 지시적인 역할
② 정신분석적 상담 - 텅 빈 스크린
③ 내담자 중심의 상담 - 촉진적인 관계형성 분위기 조성
④ 인지상담 - 수동적이고 수용적인 태도

답 ④

해 인지치료상담은 개인의 인지능력(지적능력)을 개발시키는데 몰두한다.
즉, 내담자의 역기능적 사고를 수정하여 정서나 행동을 변화시키는 데 역점을 두어야 함으로 '적극적'이며'교육자' 역할을 할 수 있어야 한다.

08 **직업상담 과정의 구조화 단계에서 상담자의 역할에 관한 설명으로 옳은 것은?**

① 내담자에게 상담자의 자질, 역할, 책임에 대해서 미리 알려줄 필요가 없다.
② 상담과정은 예측할 수 없으므로 상담 장소, 시간, 상담의 지속 등에 대해서 미리 합의해서는 안 된다.
③ 상담 중에 얻은 내담자에 대한 비밀을 지키는 것은 당연하므로 사전에 이것을 밝혀두는 것은 오히려 내담자를 불안하게 만든다.
④ 내담자에게 검사나 과제를 잘 이행할 것을 기대하고 있다는 것을 분명히 밝힌다.

답 ④

해 내담자에게 검사나 과제를 잘 이행할 것을 기대하고 있다는 것을 분명히 밝혀야 한다.

09 **직업상담의 상담목표에 관한 설명으로 틀린 것은?**

① 상담목표 설정은 상담 전략 및 개입의 선택과 관련이 있다.
② 내담자의 기대나 가치를 반영하여야 한다.
③ 하위 목표들은 보편적으로 이해되는 수준이면 된다.
④ 상담목표는 가능한 현실적이고 실현가능해야 한다.

답 ③

해 직업상담의 목표는 하위 목표들을 명확하게 하여 가능한 구체적으로 설정하여야 한다,

직업상담의 상담목표
- 목표는 구체적이어야 한다.
- 목표는 실현가능해야 한다.
- 목표는 내담자가 원하고 바라는 것이어야 한다.
- 내담자의 목표는 상담자의 기술과 양립 가능하여야 한다.

10 **다음 내담자를 상담할 경우 가장 먼저 해야 할 것은?**

> 갑자기 구조조정 대상이 되어 직장을 떠난 40대 후반의 남성이 상담을 받으러 왔다. 전혀 눈 마주침도 못하며, 상당히 위축되어 있는 상태이고 미래에 대한 불안감을 호소하고 있다.

① 상담자의 전문성 소개 ② 관계 형성
③ 상담 구조 설명 ④ 상담목표 설정

답 ②

해 내담자가 소극적이고 상당히 위축되어 있는 상태이기 때문에 우선 관계 형성, 친밀감(Rapport) 형성이 필요하다.

11 초기면접에 관한 설명으로 틀린 것은?

① 내담자의 행동에 대한 평가를 하지 않는다.
② 내담자와는 최적 거리를 유지한다.
③ 내담자와 자연스럽게 눈 접촉을 한다.
④ 내담자가 말하는 내용 중 모호한 부분을 자세하게 설명하도록 요구한다.

답 ④

해 초기면접에서는 모호한 부분을 자세하게 설명하도록 요구하면 내담자는 긴장하고 경직되어 진다.

12 다음 면담에서 인지적 명확성이 부족한 내담자의 유형과 상담자의 개입 방법이 바르게 짝지어진 것은?

> 내담자 : 난 사업을 할까 생각 중이예요. 그런데 그 분야에서 일하는 여성들은 대부분 이혼을 한대요.
> 상담자 : 선생님은 사업을 하면 이혼을 할까봐 두려워하시는군요. 직장 여성들의 이혼율과 다른 분야에 종사하는 여성들에 대한 통계를 알아보도록 하죠.

① 구체성의 결여 - 구체화 시키기
② 파행적 의사소통 - 저항에 다시 초점 맞추기
③ 원인과 결과 착오 - 논리적 분석
④ 강박적 사고 - RET 기법

답 ③

해 원인과 결과의 착오는 내담자의 논리적 근거 없이 특정 사건의 인과관계를 설정하는 것을 말한다.
이 경우 상담자는 논리적으로 타당한지 분석하여 개선해 준다.

13 내담자 중심 직업상담에서 Snyder가 제시한 상담자가 보일 수 있는 반응 중 다음은 어떤 반응에 해당하는가?

> 상담자가 내담자의 생각을 변화시키려 시도하거나 내담자의 생각에 상담자의 가치를 주입하려 하는 범주

① 안내를 수반하는 범주
② 감정에 대한 준지시적 상담 범주
③ 감정에 대한 비지시적 상담 범주
④ 지시적 상담 범주

답 ④

해 상담자가 내담자의 생각을 변화시키려고 상담자의 가치를 주입하려 하는 것은 지시적 상담 범주에 해당한다.

14 단기 상담을 진행하기에 가장 적합한 내담자는?

① 잦은 가출로 어머니가 상담을 의뢰한 17세의 고등학생
② 성격장애의 경향성을 보이는 19세의 고등학교 중도탈락자
③ 중학교 이후 학교 부적응과 우울을 겪고 있는 18세의 고등학생
④ 이성 친구를 사귀는데 도움을 받기 위해 상담을 신청한 15세의 중학생

답 ④

해 단기 상담은 진로 발달단계에 있어 비교적 가벼운 주제를 선택하는 것이 좋다.

15 상담과정에 관한 설명으로 틀린 것은?

① 구조화 : 상담목표를 위해 제시된 대안이나 대체될 행동들을 실제로 적용해 나가는 단계이다.
② 명료화 : 문제 자체가 무엇이며 누가 상담의 대상인가를 분명하게 밝히는 단계이다.
③ 라포형성(rapport)형성 : 상담자와 내담자가 신뢰관계를 형성하는 단계이다.
④ 탐색 : 문제 해결에 도움이 될 수 있는 방법과 절차를 결정하는 단계이다.

답 ①

해 구조화는 실제로 적용해 나가는 단계가 아닌 상담초기 상담의 구조, 틀을 정하는 것이다.

16 경력상담 시 내담자의 가족이나 선조들의 직업 특징에 대한 시각적 표상을 얻기 위해 도표를 만드는 방식은?

① 경력개발프로그램　② 경력사다리
③ 제노그램　④ 칸트도표

답 ③

해 선조들의 직업 특징에 대한 도표방식은 제노그램(직업가계도)이다.

17 신념, 행동양식, 감정 및 평가의 무비판적인 수용은?

① 내사　② 융합
③ 투사　④ 편향

답 ①

해 무비판적인 수용은 내사이다.
이런 내사는 부모나 사회의 영향, 경험에 의해 형성된다.

18 Roe의 직업분류체계는 8가지 장(field)과 6가지 수준(level)의 2차원 조직체계로 구성되어 있는데 8가지 장에 포함되지 않는 것은?

① 서비스 ② 예술과 연예
③ 과학 ④ 교육

답 ④

해 교육은 포함되지 않는다.

흥미에 따른 8가지 장

- 서비스직 • 옥외활동직
- 비즈니스직 • 과학직
- 단체직 • 일반문화직
- 기술직 • 예능직

곤란도와 책임에 따른 6가지 수준

- 고급 전문관리 • 숙련직
- 중급 전문관리 • 반숙련직
- 준 전문관리 • 비숙련직

19 직업선택을 위한 마지막 과정으로 선택할 직업에 대한 평가과정 중 Yost가 제시한 방법이 아닌 것은?

① 원하는 성과 연습 ② 확률추정 연습
③ 대차대조표 연습 ④ 동기추정연습

답 ④

해 '동기추정 연습'이 아닌 '확률추정 연습'이다.

Yost가 제시한 직업평가

- 원하는 성과 연습
  각 직업들이 원하는 성과를 얼마나 제공할 수 있는가를 추정하는 것이다.
- 대차대조표 연습
  내담자로 하여금 직업들의 선택에 가장 영향을 받게 될 영역이나 사람에게 초점을 맞추는 것이다.
- 확률추정 연습
  내담자가 예상한 것들이 실제로 얼마나 일어날 수 있는지를 추정해 보도록 하는 것이다.

20 특성-요인 직업상담에서 Williamson이 검사의 해석 단계에서 이용할 수 있다고 제시한 상담기법은?

① 가정 ② 해석
③ 변별 ④ 설명

답 ④

해 윌리엄슨의 해석 시 상담기법

- 설득
- 설명
- 직접 충고

제2과목 직업심리

21 Holland가 제안한 진로안정성에 영향을 주는 요인이 아닌 것은?

① 성 ② 동기
③ 사회계층 ④ 지능

답 ②

해 동기는 아니다.

Holland가 제안한 진로안정성에 영향을 주는 요인

- 사회계층(문화)
- 지능
- 성

22 다음 중 표준편차에 대한 설명으로 옳은 것은?

① 최저점과 최고점의 점수차
② 최빈치와 최소치간의 점수차의 평균
③ 평균에서 각 점수들이 평균적으로 이탈된 정도
④ 각 점수들이 평균에서 벗어난 평균 면적

답 ③

해 표준편차란 평균에서 각 점수들이 평균적으로 이탈된 정도이다.

23 승진을 하려면 지방 근무를 계속해야만 하고, 서울 근무를 계속하려면 승진 기회를 잃는 경우에 겪는 갈등의 유형은?

① 접근 - 접근 갈등 ② 접근 - 회피 갈등
③ 회피 - 회피 갈등 ④ 이중접근 갈등

답 ②

해 '승진과 지방 근무'와의 갈등은 접근(긍정적)-회피(부정적) 갈등 유형이다.

24 이론적 강조점이 다른 직업심리 이론가는?

① 수퍼(Super)
② 패터슨(Paterson)
③ 윌리엄슨(Williamson)
④ 파슨스(Parsons)

답 ①

해 파슨스, 패터슨, 윌리엄슨은 '특성이론' 학자이며, 수퍼는 '발달이론' 학자이다.

25 웩슬러(Wechsler) 지능검사의 소검사 중 피검자의 상태에 따라 변동 · 손상되기 가장 쉬운 검사는?

① 상식 ② 산수
③ 공통성 ④ 숫자 외우기

답 ④

해 피검자의 상태에 따라 변동 · 손상되기 가장 쉬운 검사는 숫자 외우기이다.

26 생애 직업발달에 관한 설명으로 틀린 것은?

① 개인의 역할, 상황, 사건 간의 상호작용에 대한 개념이다.
② 개인의 생활양식에 따라 다양하게 표현된다.
③ 자아 발달을 강조하는 개념이다.
④ 단일 시점의 특정한 사건을 해결하는 방안에 대한 개념이다.

답 ④

해 생애 직업발달은 단일 시점이 아닌 '전 생애적 과정'에 대한 개념이다.

27 성격 5요인(Big-5) 검사의 하위요인으로 틀린 것은?

① 성실성 ② 정서적 개방성
③ 외향성 ④ 호감성

답 ②

해 정서적 개방성이 아닌 '경험에 대한 개방성'이다.

28 Bandura가 제시한 것으로, 어떤 과제를 수행하는 데 있어서 자신의 능력에 대한 믿음이 과제 시도의 여부와 과제를 어떻게 수행하는지를 결정한다는 것은?

① 자기통제 이론 ② 자기판단 이론
③ 자기개념 이론 ④ 자기효능감 이론

답 ④

해 자기효능감
자신의 능력에 대한 믿음으로 목표한 과업을 완성시키기 위해 행동을 계획, 수행할 수 있는 자신의 능력에 대한 신념이다.

29 다음 ( )에 알맞은 심리검사 용어는?

> ( )란 검사의 실시와 채점 절차의 동일성을 유지하는데 필요한 세부 사항들을 잘 정리한 것을 말한다. 즉, 검사재료, 시간제한, 검사 순서, 검사 장소 등 검사실시의 모든 과정과 응답한 내용을 어떻게 점수화하는가 하는 채점 절차를 세부적으로 명시하는 것을 말한다.

① 일반화 ② 표준화
③ 규준화 ④ 규격화

답 ②

해 표준화란 검사의 실시와 채점 절차의 동일성을 유지 하는데 필요한 세부 사항들을 잘 정리한 것을 말한다.

30 어떤 검사가 측정하고 있는 것이 이론적으로 관련이 깊은 속성과는 실제로 높은 상관관계를 보이고, 관계가 없는 것과는 낮은 상관관계를 보이는 타당도는 어떤 것인가?

① 준거 관련 타당도
② 동시 타당도
③ 예언 타당도
④ 수렴 및 변별 타당도

답 ④

해 어떤 검사가 측정하고 있는 것이 이론적으로 관련이 깊은 속성과는 실제로 높은 상관관계를 보이는 것을 수렴 타당도라 하고, 관계가 없는 것과는 낮은 상관관계를 보이는 타당도를 변별 타당도라고 한다.

31 Holland의 유형 중 기술자, 정비사, 엔지니어 등이 속하는 것은?

① 현실형 ② 관습형
③ 탐구형 ④ 사회형

답 ①

해 현실형의 대표적인 직업 유형은 기술자, 정비사, 엔지니어 비행기 조종사 등이 있다.
현실형의 특징은 기계조작과 관련이 있다.

32 Ginzberg의 진로발달 3단계가 아닌 것은?

① 잠정기(tentative phase)
② 환상기(fantasy phase)
③ 탐색기(exploring phase)
④ 현실기(realistic phase)

답 ③

해 긴즈버그의 진로발달 단계
- 환상기
- 잠정기
- 현실기 - 탐색기, 구체화기, 특수화기

33 직무스트레스 매개변인으로 개인 속성에 해당하는 것은?

① 조직 풍토 ② 역할 과부하
③ 역할 모호성 ④ 통제 소재

답 ④

해 통제소재는 직무스트레스 매개변인의 개인속성에 해당한다.

개인관련 스트레스 원인
- 성격유형(A형유형 또는 B형유형),
- 통제소재(외적통제 또는 내적통제)
- 사회적 지원

직무관련 스트레스 원인
- 역할갈등
- 역할모호성
- 역할과부하
- 과제특성
- 조직풍토(문화)

34 직업적응이론에서 개인의 가치와 직업 환경의 강화인 간의 조화를 측정하는데 사용되는 검사는?

① 미네소타 직업평가 척도(MORS)
② 미네소타 만족 질문지(MSQ)
③ 미네소타 충족 척도(MSS)
④ 미네소타 중요도 검사(MIQ)

답 ④

해 개인의 가치와 직업 환경의 강화인 간의 조화를 측정하는데 사용되는 검사는 미네소타 중요도 검사(MIQ)이다.

측정되는 6가지 가치
지위, 성취감, 이타심, 안정, 보장, 자유

35 진로선택에 관한 사회학습이론에서 개인의 진로발달 과정과 관련이 없는 요인은?

① 유전 요인과 특별한 능력
② 환경 조건과 사건
③ 학습경험
④ 인간관계 기술

답 ④

해 Mitchell(미첼)과 Krumboltz(크롬볼츠)의 사회학습이론
- 유전적 요인
- 환경 조건과 사건
- 학습경험 과제
- 과제-접근 기술

36 Strong 검사에 관한 설명으로 옳은 것은?

① 기본흥미척도(BIS)는 Holland의 6가지 유형을 제공한다.
② Strong 진로탐색검사는 진로성숙도 검사와 직업흥미검사로 구성되어 있다.
③ 업무, 학습, 리더십, 모험심을 알아보는 기본흥미척도(BIS)가 포함되어 있다.
④ 개인특성척도(BSS)는 일반직업분류(GOT)의 하위척도로서 특정흥미분야를 파악하는데 도움이 된다.

답 ②

해 Strong 진로탐색검사는 진로성숙도 검사와 직업흥미검사로 구성되어 있다.
① 일반직업분류(GOT)
③ 개인특성척도(PSS)
④ 기본흥미척도(BIS)

37 다음 설명에 해당하는 타당도의 종류는?

> 검사의 문항들이 그 검사가 측정하고자 하는 내용 영역을 얼마나 잘 반영하고 있는가를 의미하며, 흔히 성취도 검사의 타당도를 평가하는 방법으로 많이 사용된다.

① 준거 타당도 ② 예언 타당도
③ 내용 타당도 ④ 공인 타당도

답 ③

해 검사가 측정하고자 하는 '내용 영역'을 얼마나 잘 반영하고 있는가를 의미하는 것은 '내용 타당도'이다.

38 직업발달이론 중 매슬로우(Maslow)의 욕구위계 이론에 기초하여 유아기의 경험과 직업선택에 관한 5가지 가설을 수립한 학자는?

① 홀랜드(Holland)
② 로(Roe)
③ 터크만(Tuckman)
④ 갓프레드슨(Gottfredson)

답 ②

해 매슬로우(Maslow)의 욕구위계 이론에 기초하여 가설을 수립한 학자는 로(Roe)이다.

39 일반적성검사(GATB)에서 측정하는 직업적성이 아닌 것은?

① 손가락 정교성 ② 언어 적성
③ 과학 적성 ④ 사무 지각

답 ③

해 '기계적성'과 '과학적성'은 적성요인은 없다.
직업적성검사 GATB 9개 영역 적성

- 지능
- 언어적성
- 수리능력
- 사무지각
- 공간적성
- 형태지각
- 운동반응
- 손가락 정교성(기교도)
- 손의 정교성

40 심리검사에 관한 설명으로 틀린 것은?

① 행동표본을 측정할 수 있다.
② 개인 간 비교가 가능하다.
③ 심리적 속성을 직접적으로 측정한다.
④ 심리평가의 근거자료 중 하나이다.

답 ③

해 심리적 속성을 '직접적'으로 측정할 수 없다.

제3과목 직업정보

41 한국직업사전의 작업강도 중 "가벼운 작업"의 의미는?

① 최고 40kg의 물건을 들어 올리는 정도
② 최고 8kg의 물건을 들어 올리고, 4kg 정도의 물건을 빈번히 들어 올리거나 운반하는 정도
③ 최고 20kg의 물건을 들어 올리고, 10kg 정도의 물건을 빈번히 들어 올리거나 운반하는 정도
④ 최고 40kg의 물건을 들어 올리고, 20kg 정도의 물건을 빈번히 들어 올리거나 운반하는 정도

답 ②

해 가벼운 작업
최고 8kg의 물건을 들어 올리고, 4kg 정도의 물건을 빈번히 들어 올리거나 운반하는 정도

구분	내용
아주 가벼운 작업	최고 4kg의 물건을 들어 올리고, 때때로 장부, 대장, 소도구 등을 들어 올리거나 운반
가벼운 작업	최고 8kg의 물건을 들어 올리고, 4kg 정도의 물건을 빈번히 들어 올리거나 운반
보통 작업	최고 20kg의 물건을 들어 올리고, 10kg 정도의 물건을 빈번히 들어 올리거나 운반
힘든 작업	최고 40kg의 물건을 들어 올리고, 20kg 정도의 물건을 빈번히 들어 올리거나 운반
아주 힘든 작업	40kg 이상의 물건을 들어 올리고, 20kg 이상의 물건을 빈번히 들어올리거나 운반

42 한국표준산업분류에 관한 설명으로 틀린 것은?

① 산업분류는 산출물 투입물의 특성, 생산 활동의 일반적인 결합 형태와 같은 기준에 의하여 분류된다.
② 한국표준산업분류는 통계목적 이외에도 일반행정 및 산업정책관련 법령에서 적용대상 산업 영역을 한정하는 기준으로 준용되고 있다.
③ 산업 활동의 범위에서 영리적, 비영리적 활동 및 가정 내의 가사활동 등을 모두 포함한다.
④ 사업체 단위는 공장, 광상, 상점, 사무소 등으로 산업 활동과 지리적 장소의 양면에서 가장 동질성이 있는 통계단위이다.

답 ③

해 산업 활동의 범위에 '가정 내의 가사활동'은 포함하지 않는다.

43 **다음 중 비경제활동인구에 해당하는 것은?**

① 전업학생
② 일시휴직자
③ 신규실업자
④ 수입목적으로 1시간 일한 자

답 ①

해 전업학생은 비경제활동인구에 해당한다.

대표적인 비경제활동인구
- 가사
- 육아
- 통학, 전업학생
- 심신장애

44 **한국직업사전 부가 직업정보의 직무기능에 대한 설명에서 (   ) 안에 공통적으로 들어갈 말은?**

> (   )와/과 관련된 기능은 위계적 관계가 없거나 희박하다. 서비스 제공이 일반적으로 덜 복잡한 (   )관련 기능이며, 나머지 기능들은 기능의 수준을 의미하는 것은 아니다.

① 사람 ② 사물
③ 자료 ④ 시스템

답 ①

해 사람과 관련된 기능은 위계질서가 없거나 희박하다.

직업정보의 직무기능
- 자료(Date)
- 사람(people)
- 사물(Thing)

45 **고용24 직업·진로에서 제공하는 청소년 직업흥미검사의 하위척도가 아닌 것은?**

① 활동 척도 ② 자신감 척도
③ 가치관 척도 ④ 직업 척도

답 ③

해 청소년 흥미검사에는 '가치관 척도'는 없다.

청소년 흥미검사의 하위척도
- 활동 척도
- 자신감 척도
- 직업 척도

46 **국민 평생 직업능력 개발법상의 직업능력개발계좌에 대한 설명으로 틀린 것은?**

① 고용노동부장관은 국민내일배움카드를 발급받은 근로자가 계좌적합훈련과정을 수강하는 경우에 200만원 한도에서 훈련비용을 지원할 수 있다.
② 고용노동부장관은 국민내일배움카드 발급을 신청한 근로자가 직업능력개발훈련이 필요하다고 판단되는 경우에는 직업능력개발훈련 비용과 직업능력개발에 관한 이력을 전산으로 종합관리하는 직업능력개발계좌를 발급할 수 있다.
③ 직업능력개발계좌의 발급 절차 등에 관하여 필요한 사항은 고용노동부장관이 정하여 고시한다.
④ 고용노동부장관은 계좌적합훈련과정의 운영 현황, 훈련 성과 등에 관한 정보를 직업능력개발정보망 또는 개별 상담 등을 통하여 제공하여야 한다.

답 ①

해 국민내일배움카드 지원금은 200만원 한도가 아닌 '5년간 300만원'이다.

47 **한국표준직업분류의 대분류 항목과 직능수준과의 관계가 바르게 짝지어진 것은?**

① 사무 종사자 - 제3직능 수준 필요
② 전문가 및 관련 종사자 - 제4직능 수준 혹은 제3직능 수준 필요
③ 단순노무 종사자 - 제2직능 수준 필요
④ 군인 - 제2직능 수준 필요

답 ②

해 전문가 및 관련 종사자 - 제4직능 수준 혹은 제3직능 수준 필요

① 사무 종사자 - 제2직능 수준 필요
③ 단순노무 종사자 - 제1직능 수준 필요
④ 군인 - 제2직능 수준이상 필요

48 **다음은 무엇에 관한 정의인가?**

> 유사한 성질을 갖는 산업 활동에 주로 종사하는 생산단위의 집합

① 직업 ② 산업
③ 일(task) ④ 요소작업

답 ②

해 유사한 성질을 갖는 산업 활동에 주로 종사하는 생산 단위의 집합을 산업이라고 한다.

49 **국가기술자격 중 전문사무분야인 사회조사분석사 1급의 응시자격은?**

① 해당 종목의 2급 자격 취득 후 해당 실무에 2년 이상 종사한 자
② 해당 실무에 4년 이상 종사한 자
③ 대학졸업자 등으로서 졸업 후 해당 실무에 2년 이상 종사한 자
④ 전문대학 졸업자 등으로서 졸업 후 해당 실무에 3년 이상 종사한 자

답 ①

해 사회조사분석사 1급 응시자격
- 해당 종목의 2급 자격을 취득한 후 해당 실무에 2년 이상 종사한 사람
- 해당 실무에 3년 이상 종사한 사람

50 **한국표준직업분류에서 다음은 무엇에 대한 설명인가?**

> 직무수행능력의 높낮이를 말하는 것으로 정규교육, 직업훈련, 직업 경험 그리고 선천적 능력과 사회 문화적 환경 등에 의해 결정된다.

① 직능수준 ② 직업수준
③ 직무수준 ④ 과업수준

답 ①

해 직무수행능력의 높낮이를 말하는 것은 직능수준이다.

51 **고용24(워크넷)에서 제공하는 학과정보 중 공학계열에 해당하는 학과가 아닌 것은?**

① 생명공학과 ② 건축학과
③ 안경광학과 ④ 해양공학과

답 ①

해 생명공학과는 '자연계열'이다.
'임산공학', '생명공학', '식품공학', '바이오산업공학'은 공학계열이 아닌 '자연계열'이다.

52 **한국표준직업분류에서 포괄적인 업무에 대한 분류원칙에 해당하지 않는 것은?**

① 주된 직무 우선 원칙
② 취업시간 우선 원칙
③ 최상급 직능수준 우선 원칙
④ 생산업무 우선 원칙

답 ②

해 취업시간 우선 원칙은 '다수직업종사자'의 직업분류 원칙이다.
포괄적인 업무 시 직업분류원칙
- 주된직무 우선원칙
- 최상급 직능수준 우선원칙
- 생산업무 우선원칙

53 **한국직업사전에서 알 수 있는 직업관련 정보가 아닌 것은?**

① 표준산업분류코드 ② 직무개요
③ 수행직무 ④ 임금수준

답 ④

해 한국직업사전에서 임금수준은 알 수 없다.
(한국직업사전에서만 임금 정보가 없음)

54 **고용조정지원을 위한 고용안정사업에 해당하는 것은?**

① 고용촉진지원금
② 정규직전환지원금
③ 고용유지지원금
④ 세대간상생고용지원금

답 ③

해 고용안정사업에 해당하는 것은 '고용유지지원금'이다.
고용창출 장려금(지원금)
① **고용촉진지원금** : 취업희망풀에 등록된 구직자를 채용하는 것
② **정규직전환지원금** : 시간제근로자를 정규직으로 전환할 때 지원
④ **세대간상생고용지원금** : 임금피크제도입, 임금체계 개편 등

55 **Andrus가 제시한 정보의 효용에 해당되지 않는 것은?**

① 장소효용 ② 형태효용
③ 시간효용 ④ 통제효용

답 ②

해 앤드루스(Anduus)의 직업정보의 효용
- 장소효용
- 시간효용
- 형태효용
- 소유효용

56 Gelatt가 제시한 의사결정과정을 순서대로 바르게 나열한 것은?

ㄱ. 목적의식
ㄴ. 대안의 결과 예측
ㄷ. 정보수집
ㄹ. 의사결정
ㅁ. 대안열거
ㅂ. 평가 및 재투입
ㅅ. 가치평가
ㅇ. 대안의 실현 가능성 예측

① ㄱ → ㄷ → ㅁ → ㄴ → ㅇ → ㅅ → ㄹ → ㅂ
② ㄱ → ㄷ → ㅅ → ㅇ → ㄴ → ㅁ → ㄹ → ㅂ
③ ㄱ → ㄷ → ㅁ → ㅅ → ㄴ → ㅇ → ㄹ → ㅂ
④ ㄱ → ㄷ → ㅇ → ㅁ → ㅅ → ㄴ → ㄹ → ㅂ

답 ①

해 목적의식 → 정보수집 → 대안열거 → 대안의 결과 예측 → 대안의 실현 가능성 예측 → 가치평가 → 의사결정 →평가 및 재투입

57 국가기술자격 서비스분야 등급에서 응시자격의 제한이 없는 종목을 모두 고른 것은?

ㄱ. 사회조사분석사 2급
ㄴ. 스포츠경영관리사
ㄷ. 소비자전문상담사 2급
ㄹ. 임상심리 2급
ㅁ. 텔레마케팅관리사

① ㄱ,ㄴ,ㄹ
② ㄴ,ㄹ,ㅁ
③ ㄱ,ㄴ,ㄷ,ㅁ
④ ㄱ,ㄴ,ㄷ,ㄹ,ㅁ

답 ③

해 ㄹ. 임상심리 2급은 응시자격 제한이 있다.
임상심리사 2급: 심리학 학사학위가 있는 자

응시자격의 제한이 없는 종목
- 사회조사분석사 2급
- 스포츠경영관리사
- 소비자전문상담사 2급
- 텔레마케팅관리사
- 직업상담사 2급

58 통계청 경제활동인구조사에서 사용하는 용어에 관한 설명으로 틀린 것은?

① 자영업자: 고용원이 있는 자영업자 및 고용원이 없는 자영업자를 합친 개념
② 고용률: 만 15세 이상 인구 중 취업자가 차지하는 비율
③ 취업자: 조사대상주간 중 수입을 목적으로 18시간 이상 일한 자
④ 잠재취업가능자: 비경제활동인구 중에서 지난 4주간 구직활동을 하였으나, 조사대상주간에 취업이 가능하지 않은 자

답 ③

해 취업자는 조사대상주간 중 수입을 목적으로 '1시간' 이상 일한 자를 말한다.

59 한국고용직업분류(KECO)에 대한 설명으로 틀린 것은?

① 10진법 중심의 분류이다.
② 대분류보다는 중분류 중심체계이다.
③ 직능유형(skill type) 중심이다.
④ 직업분류의 기본 원칙인 포괄성과 배타성을 고려하여 분류하였다.

답 ②

해 '대분류' 중심체계이다.

60 다음은 직업정보 수집을 위한 자료수집방법을 비교한 표이다. ( )에 알맞은 것은?

기준	(ㄱ)	(ㄴ)	(ㄷ)
비용	높음	보통	보통
응답자료의 정확성	높음	보통	낮음
응답률	높음	보통	낮음
대규모 표본관리	곤란	보통	용이

① ㄱ: 전화조사, ㄴ: 우편조사, ㄷ: 면접조사
② ㄱ: 면접조사, ㄴ: 우편조사, ㄷ: 전화조사
③ ㄱ: 면접조사, ㄴ: 전화조사, ㄷ: 우편조사
④ ㄱ: 전화조사, ㄴ: 면접조사, ㄷ: 우편조사

답 ③

해 ㄱ: 면접조사 ㄴ: 전화조사 ㄷ: 우편조사
자료수집방법의 비교

기준	면접조사	전화조사	우편조사
비용	높음	보통	보통
응답자료의 정확성	높음	보통	낮음
응답률	높음	보통	낮음
대규모 표본관리	곤란	보통	용이

제4과목 노동시장

61 노동시장에 관한 설명으로 틀린 것은?

① 재화시장은 불완전경쟁이더라도 노동시장이 완전경쟁이면 개별기업의 한계요소비용은 일정하다.
② 재화시장과 노동시장이 모두 완전경쟁일 때 재화가격이 상승하면 노동수요곡선이 오른쪽으로 이동한다.
③ 재화시장과 노동시장이 모두 완전경쟁일 때 임금이 하락하면 노동수요량은 장기에 더 크게 증가한다.
④ 재화시장이 불완전경쟁이고 노동시장이 완전경쟁일 때 임금은 한계수입생산보다 낮은 수준으로 결정된다.

답 ④

해 재화시장이 불완전경쟁이고 노동시장이 완전경쟁일 때 임금은 한계수입생산보다 '낮은 수준'이 아닌 한계수입생산과 '동일한 수준'에서 결정된다.

62 최저임금제의 기대효과와 가장 거리가 먼 것은?

① 산업간, 직업간 임금격차 해소
② 경기활성화에 기여
③ 산업구조의 고도화
④ 청소년 취업촉진

답 ④

해 청소년 취업촉진은 최저임금제의 기대효과와 거리가 멀다.

63 근로자의 귀책사유 없이 기업의 가동률 저하로 인하여 근로자가 기업으로부터 떠나는 것으로 미국 등에서 잘 발달되어 있는 제도는?

① 사직(Quits)
② 해고(Discharges)
③ 일시해고(Layoffs)
④ 이직(Separations)

답 ③

해 일시해고
기업의 가동률 저하로 인하여 기업을 떠났다가 가동률이 좋아지면 복귀하는 제도이다.

64 통계상 실업자에 포함되지 않는 사람은?

① 대학 재학생으로 시간제 근무를 찾는 사람
② 재학 중인 16세의 소녀 가장으로 시간제 일자리를 찾고 있는 사람
③ 부모가 운영하는 가게에서 매일 4시간 이상 무급으로 일하면서 다른 직장을 찾고 있는 고교 졸업자
④ 현재 사회봉사 활동을 하면서 수입이 있는 일자리를 찾고 있는 성인

답 ③

해 부모가 운영하는 가게에서 '매일 4시간 이상' 무급으로 일하면서 다른 직장을 찾고 있는 고교 졸업자는 취업자이다.
무급가족종사자(취업자로 분류)
동거하는 친족이 무급으로 주당 18시간 이상 일하는 자

65 마찰적 실업을 해소하기 위한 가장 효과적인 정책은?

① 성과급제를 도입한다.
② 근로자 파견업을 활성화한다.
③ 협력적 노사관계를 구축한다.
④ 구인·구직 정보제공시스템의 효율성을 제고 한다.

답 ④

해 마찰적 실업에 대한 대책에는 구인구직 정보시스템의 효율성을 제고해야 한다.

66 노동의 이동(Labor Turnover)은 노동자의 이동을 무엇을 중심으로 파악하는 것인가?

① 직종 ② 산업
③ 기업 ④ 지역사회

답 ③

해 노동의 이동(labor turnover)은 '기업을 중심'으로 이루어진다.

67 정부가 노동시장에서 구인·구직 정보의 흐름을 원활하게 하면 직접적으로 줄어드는 실업의 유형은?

① 구조적 실업 ② 계절적 실업
③ 경기적 실업 ④ 마찰적 실업

답 ④

해 마찰적 실업의 원인
- 구인자와 구직자 간의 정보의 불일치, 불완전성
- 노동자들이 자신에게 가장 잘 맞는 직장을 찾는데 시간이 걸리기 때문

마찰적 실업의 대책
- 구인·구직에 대한 전국적인 전산망 연결
- 직업안내와 직업상담 등 직업알선기관에 의한 효율적인 알선
- 고용실태 및 전망에 대한 자료제공
- 구인·구직 정보제공시스템의 효율성 제고
- 기업의 퇴직예고제, 구직자 세일즈 등

68 임금-물가 악순환설, 지불능력설, 한계생산력설 등에 영향을 미친 임금결정이론은?

① 임금기금설 ② 임금생존비설
③ 노동가치설 ④ 임금철칙설

답 ①

해 임금기금설에 대한 내용이다.

임금결정이론
- **임금생존비설** : 임금은 노동자 및 그 가족의 생활을 유지할 수 있을 정도의 수준에서 결정된다.
- **노동가치설** : 노동수요는 자본가의 자본축적과 생산확대에 의해 증가하게 되어 자본가는 기계를 도입함으로써 임금인하를 유도하게 된다.
- **임금기금설** : 임금기금의 규모는 일정하므로 시장임금의 크기는 임금기금을 노동자 수로 나눈 값이다.

69 노동조합 조직부문과 비조직부문 간의 임금격차를 축소시키는 효과를 바르게 짝지은 것은?

A. 이전효과(spillover)
B. 위협효과(threat dffect)
C. 대기실업효과(wait unemployment effect)
D. 해고효과(displacement effect)

① A, B ② B, C
③ C, D ④ A, D

답 ②

해 위협효과와 대기실업효과는 임금격차를 축소시키는 효과가 있다.

A. 이전효과(파급효과)
조직부문에서 임금이 상승하면 기업은 고용량을 감소하게 되고 해고자들은 비조직부문으로 유입되어 비조직부문의 공급량을 증가시키게 되어 비조직부문의 임금을 감소시키므로 임금 격차를 크게 함

B. 위협효과
비조직부문의 임금이 현저히 낮은 경우 노조 결성요구가 커지고 기업은 노조결성 방지 차원에서 사전에 임금인상 등 보상을 실시 하게 됨
따라서 조직부문과 비조직부문의 임금격차를 축소

C. 대기실업효과
비조직부문을 이직하여 노조가 조직된 부문에서 실업상태로 취업을 대기하는 경우 비조직 부문의 노동공급이 감소하며 임금을 인상시키는 효과가 발생

D. 해고효과
이전효과와 같은 맥락으로 해고효과와 이전효과의 개념을 총괄하여 파급효과라고 함

70 노조가 임금인상 투쟁을 벌일 때, 고용량 감소효과가 가장 적게 나타나는 경우는?

① 노동수요의 임금탄력성이 0.1일 때
② 노동수요의 임금탄력성이 1일 때
③ 노동수요의 임금탄력성이 2일 때
④ 노동수요의 임금탄력성이 5일 때

답 ①

해 고용량 감소효과가 가장 적게 나타나는 경우는 '0'(완전비탄력)일 때임으로 보기에서 0과 가장 가까운 0.1일 때가 가장 효과가 적게 나타난다.

71 이중노동시장에서 2차노동시장의 특징으로 가장 적합한 것은?

① 자신의 인적자본을 높이려는 열의가 강하다.
② 기업 내부의 승진가능성이 높다.
③ 종사자의 결근율이 낮다.
④ 종사자의 고용기간이 짧다.

답 ④

해 2차노동시장
- 저임금, 단순노무
- 높은 이직률(짧은 고용기간)
- 승진기회 부족(낮은 승진률)

1차 노동시장	2차 노동시장
• 고용의 안정성 • 승진 기회의 평등 • 고임금	• 고용의 불안정성(잦은 이동) • 열악한 근로조건 • 높은 이직률(고용기간이 짧음)

72 근로조건의 차이에 의해 발생하는 임금의 차이는?

① 보상소득격차 ② 보상임금격차
③ 동등임금비율 ④ 조건부 임금격차

답 ②

해 보상적 임금격차
직업의 임금 외적 불리한 측면을 경제적 보상으로 상쇄시켜 주는 것을 의미한다.
예를 들면, 탄광촌 광부의 임금은 도시 근로자의 임금보다 높아야 한다는 것이다.
임금으로 불리한 환경을 상쇄시켜 균형가격이 이루어지기 때문에 '균등화 임금격차'라고도 한다.

73 임금격차의 원인으로서 통계적 차별(statistical discrimination)이 일어나는 경우는?

① 비숙련 외국인노동자에게 낮은 임금을 설정할 때
② 임금이 개별 노동자의 한계생산성에 근거하여 설정될 때
③ 사용자가 자신의 경험을 기준으로 근로자의 임금을 결정할 때
④ 사용자가 근로자의 생산성에 대해 불완전한 정보를 갖고 있어 평균적인 인식을 근거로 임금을 결정할 때

답 ④

해 사용자가 근로자의 생산성에 대해 불완전한 정보를 가지고 있을 때 통계적 차별이 이루어진다.

74 장·단기 노동수요곡선에 관한 설명으로 옳은 것은?

① 장기가 단기에 비해 더욱 탄력적이다.
② 장기가 단기에 비해 더욱 비탄력적이다.
③ 장기와 단기의 탄력성은 같다.
④ 노동공급곡선의 탄력성과 비교해야 알 수 있다.

답 ①

해 장기 노동수요곡선이 단기 노동수요곡선에 비해 더욱 탄력적이다.

75 임금학설에 관한 설명으로 틀린 것은?

① 임금생존비설은 임금 상승이 노동절약적 기계도입에 따른 기술적 실업의 발생으로 산업예비군을 증가시켜 다시 임금을 생존비 수준으로 저하시킨다는 학설이다.
② 임금기금설은 어느 한 시점에 근로자의 임금으로 지불될 수 있는 부의 총액 또는 기금은 정해져 있고, 이 기금은 시간이 지남에 따라 변화될 수 있다는 학설이다.
③ 임금교섭력설은 고용기회나 노동공급량에 불리한 영향을 미치지 않으면서도 일정한 범위 내에서 임금이 교섭력 강도에 따라 변화할 수 있다는 학설이다.
④ 임금철칙설은 노동자의 임금이 생활비에 귀착되며, 생활비를 중심으로 약간 변동이 있더라도 궁극적으로는 임금이 생활비에 일치된다는 학설이다.

답 ①

해 ① 마르크스의 노동가치설의 내용이다.

76 취업자 800명, 실업자 200명, 비경제활동인구 1,000명일 때 경제활동참가율은?

① 40% ② 50%
③ 67% ④ 80%

답 ②

해

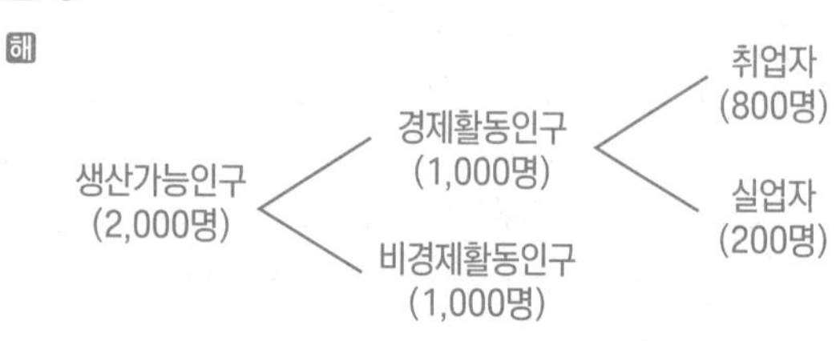

- 경제활동인구 = 취업자 + 실업자
- 생산가능인구(15세 미민 인구)
  = 경제활동인구 + 비경제활동인구
- 경제활동 참가율 $= \frac{\text{경제활동인구}}{\text{생산가능인구}} \times 100$

$\therefore \frac{1,000\text{명}}{2,000\text{명}} \times 100 = 50\%$

77 **내부노동시장이 형성되는 요인과 가장 거리가 먼 것은?**

① 숙련의 특수성　　② 교육수준
③ 현장훈련　　④ 관습

답 ②

해 교육수준은 아니다.
내부노동시장 형성요인
- 숙련의 특수성
- 현장훈련
- 관습

78 **완전경쟁기업의 단기 노동수요곡선은 다음 중 어느 곡선의 일부인가?**

① 평균수입(AR)곡선
② 한계수입(MR)곡선
③ 평균수입생산물(ARP)곡선
④ 한계생산물가치(VMP)곡선

답 ④

해 한계생산물가치(VMP)곡선의 일부가 노동수요곡선이다. 즉 우하향의 모양을 띤다.

79 **A국의 생산가능인구는 500만명, 취업자 수는 285만명, 실업률이 5%일 때 A국의 경제활동참가율은?**

① 48%　　② 50%
③ 57%　　④ 60%

답 ④

해

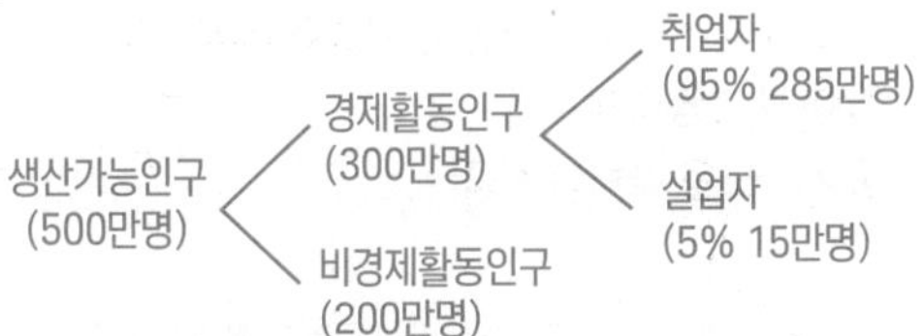

문제에서 실업률이 5%로 주어짐
따라서 취업률이 95%로 정해짐
취업자수 285만명은 취업률 95%에 해당

∴ **실업자수 15만명 : 취업자 x명 = 5% : 95%**
15만명 × 95% = 취업자 x명 ×5%

$$취업자\ x명 = \frac{15만명 \times 95\%}{5\%} = 285만명$$

- 경제활동인구 = 취업자 (285만명) + 실업자(15만명)
= 300만명

$$\therefore 경제활동참가율 = \frac{경제활동인구수}{생산가능인구} \times 100$$

$$= \frac{300만}{500만} \times 100 = 60(\%)$$

80 **다음 중 시장균형임금보다 임금수준이 높게 유지되는 경우에 해당되지 않는 것은?**

① 인력의 부족
② 노동조합의 존재
③ 최저임금제의 시행
④ 효율성 임금 정책 도입

답 ①

해 인력의 부족은 시장균형임금보다 임금수준이 높을수도 있고, 그렇지 않을 수도 있다.

제5과목 고용노동관계법규

81 국민 평생 직업능력 개발법령상 직업에 필요한 기초적 직무수행능력을 가지고 있는 사람에게 더 높은 직무수행능력을 습득시키거나 기술발전에 맞추어 지식·기능을 보충하게 하기 위하여 실시하는 직업능력개발훈련은?

① 집체훈련 ② 전직훈련
③ 향상훈련 ④ 양성훈련

답 ③

해 '더 높은 직무수행능력을 습득'시키는 직업능력개발훈련은 향상훈련이다.

82 근로기준법상 평균임금으로 산정하지 않는 것은?

① 퇴직금 ② 휴업수당
③ 휴업보상 ④ 해고예고수당

답 ④

해 해고예고수당은 통상임금의 30일분으로 한다.
② 사용자의 귀책사유로 휴업하는 경우 휴업기간동안 평균임금의 100분의 70 이상 지급
③ 요양중인 근로자에게 평균임금의 100분의 60의 휴업보상 지급

83 국민 평생 직업능력 개발법령상 기능대학에 관한 설명으로 옳은 것은?

① 사립학교법에 따른 학교법인은 기능대학을 설립 · 경영 할 수 없다.
② 지방자치단체가 기능대학을 설립 · 경영하려면 해당 지방자치 단체의 장은 교육부장관과 협의를 한 후 고용노동부장관의 인가를 받아야 한다.
③ 국가가 기능대학을 설립, 경영하려면 관계중앙행정기관의 장은 교육부장관 및 고용노동부장관과 각각 협의하여야 한다.
④ 기능대학은 그 특성을 고려하여 다른 명칭을 사용할 수 없다.

답 ③

해 ② 고용노동부장관과 협의한 후 교육부장관의 인가이다.
④ 다른 명칭을 사용할 수 있다.(예 : 폴리텍 대학 등)

84 직업안정법상 유료직업소개사업에 관한 설명으로 옳은 것은?

① 등록된 유료직업소개사업자는 구직자에게 제공하기 위해 구인자로부터 선급금을 받을 수 있다.
② 등록을 하고 유료직업소개사업을 하려는 자는 원칙적으로 둘 이상의 사업소를 두어야 한다.
③ 국외 유료직업소개사업을 하려는 자는 고용노동부장관에게 등록하여야 한다.
④ 유료직업소개사업은 근로자의 주소지를 기준으로 국내 유료직업소개사업과 국외 유료직업 소개사업으로 구분한다.

해 ③

해 ① 선급금을 받을 수 없다.
② 원칙적으로 둘 이상의 사업소를 둘 수 없다.

국외 유료직업소개사업을 하려는 자는 고용노동부장관에게 등록하여야 한다.

직업소개사업 기준

구분		국내	국외
무료직업 소개사업	신고	자자체	고용노동부장관
유료직업 소개사업	등록		

85 남녀고용평등과 일·가정 양립 지원에 관한 법률의 목적으로 명시되어 있지 않은 것은?

① 모성 보호 촉진
② 고용에서 남녀의 평등한 기회와 대우 보장
③ 여성 고용촉진
④ 가사노동 가치의 존중

답 ④

해 '가사노동 가치의 존중'은 남녀고용평등과 일·가정 양립 지원에 관한 법률의 목적에 명시되어 있지 않다.

86 다음 중 헌법상 보장된 쟁의행위로 볼 수 없는 것은?

① 직장폐쇄 ② 파업
③ 태업 ④ 보이콧

답 ①

해 직장폐쇄는 사용자의 쟁위행위로 헌법상 보장된 쟁의 행위는 아니다.

87 노동법에 대한 설명과 가장 거리가 먼 것은?

① 근로자의 인간다운 생활보장
② 근대시민법 원리의 부정
③ 노사대등의 실현
④ 자본주의체제의 유지·발전

답 ②

해 근대시민법 원리(19세기)의 부정이 아니라 수정이다.

88 고용보험법상 피보험기간이 5년 이상 10년 미만이고, 이직일 현재 연령이 30세 미만인 경우의 구직급여 소정급여일수는? (단, 장애인이 아님)

① 150일 ② 180일
③ 210일 ④ 240일

답 ③

해 고용보험법상 피보험기간이 5년 이상 10년 미만이고, 이직일 현재 연령이 30세 미만인 경우의 구직급여 소정급여일수는 210일 이다.

구분		피보험기간				
		1년 미만	1년 이상 3년 미만	3년 이상 5년 미만	5년 이상 10년 미만	10년 이상
이직일 현재 연령	50세 미만	120일	150일	180일	210일	240일
	50세 이상 및 장애인	120일	180일	210일	240일	270일

89 남녀고용평등과 일·가정 양립 지원에 관한 법률이 규정하고 있는 내용이 아닌 것은?

① 육아휴직급여
② 출산전후 휴가에 대한 지원
③ 배우자 출산휴가
④ 직장어린이집 설치 및 지원

답 ①

해 육아휴직급여에 대한 법령은 고용보험법에 해당한다. 또 생리휴가 역시 일·가정 양립 지원에 관한 법률이 아닌 근로기준법에 해당한다.

90 고용보험법령상 ( )안에 들어갈 숫자의 연결이 옳은 것은?

> 육아휴직 급여는 육아휴직 시작일을 기준으로 한 월 통상임금의 100분의 (ㄱ)에 해당하는 금액을 월별 지급액으로 한다.
> 다만 해당 금액이 (ㄴ)만원을 넘는 경우에는 (ㄴ)만원으로 하고, 해당 금액이 (ㄷ)만원보다 적은 경우에는 (ㄷ)만원으로 한다.

① ㄱ:80, ㄴ:250, ㄷ:70
② ㄱ:80, ㄴ:150, ㄷ:50
③ ㄱ:100, ㄴ:250, ㄷ:70
④ ㄱ:100, ㄴ:150, ㄷ:50

답 ③

해 25년 01월 01일부터 시행되는 육아휴직 급여는 월 통상임금의 100분의 100에 해당하는 금액을 월별 지급액으로 한다.
해당 급액의 상한선은 육아휴직 시작일부터 6개월까지는 아래와 같고 해당금액이 70만원 보다 적은 경우에는 70만원으로 한다.

- 육아휴직 시작일 ~ 3개월 : 250만원
- 육아휴직 4개월 ~ 6개월 : 200만원
- 육아휴직 7개월 ~ 육아휴직 종료일 : 160만원

91 국민 평생 직업능력 개발법령상 직업능력개발훈련의 기본원칙에 대한 설명으로 틀린 것은?

① 직업능력개발훈련은 근로자 개인의 희망·적성·능력에 맞게 실시되어야 한다.
② 직업능력개발훈련은 근로자의 생애에 걸쳐 체계적으로 실시되어야 한다.
③ 직업능력개발훈련은 모든 근로자에게 균등한 기회가 보장되도록 하여야 한다.
④ 직업능력개발훈련은 학교교육과 관계없이 산업현장과 긴밀하게 연계될 수 있도록 하여야 한다.

답 ④

해 직업능력개발훈련은 학교교육 및 산업현장과 '긴밀하게 연계'될 수 있도록 하여야 한다.

92 채용절차의 공정화에 관한 법률상 틀린 것은?

① 고용노동부장관은 입증자료의 표준양식을 정하여 구인자에게 그 사용을 권장할 수 있다.
② 원칙적으로 상시 30명 이상의 근로자를 사용하는 사업장의 채용절차에 적용한다.
③ 채용서류란 기초심사자료, 입증자료, 심층심사자료를 말한다.
④ 심층심사자료란 작품집, 연구실적물 등 구직자의 실력을 알아볼 수 있는 모든 물건 및 자료를 말한다.

답 ①

해 고용노동부장관은 '기초심사자료'의 표준양식을 정하여 구인자에게 그 사용을 권장할 수 있다.

93 근로기준법의 총칙 규정에 관한 설명으로 틀린 것은?

① 누구든지 법률에 따르지 아니하고는 영리로 다른 사람의 취업에 개입하거나 중간인으로서 이익을 취득하지 못한다.
② 사용자는 국적·신앙 또는 사회적 신분을 이유로 근로조건에 대한 차별적 처우를 하지 못한다.
③ 사용자는 사고의 발생이나 그 밖의 어떠한 이유로도 근로자에게 폭행을 하지 못한다.
④ 사용자는 근로자가 근로시간 중에 공민권의 행사를 위하여 필요한 시간을 청구하면 거부할 수 있다.

답 ④

해 사용자는 근로자가 근로시간 중에 선거권, 그 밖의 공민권 행사 또는 공의 직무를 집행하기 위하여 필요한 시간을 청구하면 거부하지 못한다. (근로기준법 제10조 공민권 행사의 보장)

94 근로기준법령상 근로자 명부의 기재사항에 해당하지 않는 것은?

① 주소　　② 성명
③ 재산　　④ 이력

답 ③

해 재산은 해당하지 않는다.

95 다음 중 개인정보 보호법에 따라 개인정보 처리자가 정보주체의 동의를 받아 개인정보를 수집·이용할 때 정보주체에게 반드시 알려야 하는 사항에 포함되지 않는 것은?

① 개인정보의 수집·이용 목적
② 개인정보의 수집·이용 방법
③ 수집하려는 개인정보의 항목
④ 개인정보의 보유 및 이용 기간

답 ②

해 개인정보의 수집·이용 방법은 포함되지 않는다.

- 개인정보의 수집·이용 목적
- 수집하려는 개인정보의 항목
- 개인정보의 보유 및 이용 기간
- 동의를 거부할 권리가 있다는 사실 및 동의 거부에 따른 불이익이 있는 경우에는 그 불이익의 내용

96 남녀고용평등과 일·가정 양립 지원에 관한 법령상 모성 보호에 관한 설명으로 틀린 것은?

① 국가는 출산전후휴가를 사용한 근로자에게 그 휴가기간에 대하여 통상임금에 상당하는 금액을 지급할 수 있다.
② 근로자가 사용한 배우자 출산휴가는 유급으로 한다.
③ 배우자 출산휴가는 근로자의 배우자가 출산한 날부터 120일이 지나면 청구할 수 없으므로 2회에 나누어 사용할 수 있다.
④ 원칙적으로 사업주는 근로자가 난임치료휴가를 청구하는 경우에 연간 6일 이내의 휴가를 주어야 한다.

답 ③

해 배우자 출산휴가는 3회에 나누어 사용할 수 있다.

97 근로기준법상 사용증명서에 관한 설명으로 틀린 것은?

① 사용증명서를 청구할 수 있는 자는 계속하여 30일 이상 근무한 근로자이다.
② 사용증명서를 청구할 수 있는 기한은 퇴직 후 3년 이내로 한다.
③ 사용자는 근로자가 퇴직한 후라도 사용증명서를 청구하면 사실대로 적은 증명서를 즉시 내주어야 한다.
④ 사용증명서의 법적 기재사항은 청구여부에 관계없이 기재해야 한다.

답 ④

해 근로기준법 [제 39조]
사용증명서는 근로자가 요구한 사항만을 적어야 한다.

98 **고용보험법령상 고용안정 직업능력개발 사업의 내용이 아닌 것은?**

① 광역 구직활동비의 지급
② 임금피크제 지원금의 지급
③ 고용유지지원금의 지급
④ 고용창출의 지원

답 ①

해 광역 구직활동비는 실업급여 중에서 취업촉진수당에 해당

취업촉진수당의 종류

- 조기재취업수당
- 직업능력개발수당
- 광역구직활동비
- 이주비

99 **직업안정법령상 일용근로자 이외의 직업소개를 하는 유료직업소개사업자의 장부 및 서류의 비치 기간으로 옳은 것은?**

① 구직신청서 : 1년
② 금전출납부 및 금전출납 명세서 : 1년
③ 구인신청서 : 2년
④ 종사자명부 : 3년

답 ③

해 구인신청서를 비롯 보기에 해당하는 서류의 비치 기간은 모두 '2년'이다.

100 **다음 중 근로기준법상 1순위로 변제되어야 하는 채권은?**

① 우선권이 없는 조세·공과금
② 최종 3개월분의 임금
③ 질권·저당권에 의해 담보된 채권
④ 최종 3개월분의 임금을 제외한 임금채권 전액

답 ②

해 최종 3개월분의 임금이 가장 우선 변제 대상이 된다.

2회 복원 기출 문제

제1과목 직업상담

01 미국의 국립직업지도협회(National Vocational Guidance Association)에서 제시한, 직업상담자에게 요구되는 6가지 기술영역에 해당되지 않는 것은?

① 관리능력 ② 실행능력
③ 조언능력 ④ 타협능력

답 ④

해 '타협능력'은 요구되지 않는다.

02 REBT 상담의 ABCDE원리에 비추어 볼 때 <보기>에서 "B"에 해당하는 것은?

<보기>
가. 현실적으로 부모와 선배에게 상의를 함
나. 직업상담사 시험에 실패하여 실망한 우울한 상태임
다. 불안, 자기혐오, 분노 등을 느끼게 되어 어떤 대처를 함
라. 일이 뜻대로 진행되지 않는다면 끔찍할 것이라는 생각을 함

① 가 ② 나
③ 다 ④ 라

답 ④

해 'B'는 비합리적인 신념(Belief system)으로 끔찍할 것이라는 생각이 비합리적 생각·신념이다.

03 필립스(Phillips)가 제시한 상담 목표에 따른 진로문제의 분류범주를 따른다면, 내담자가 자기의 능력이 어느 정도인지, 어떤 분야의 직업을 원하는지, 왜 일하는 것이 싫은지 등의 고민을 가지고 있는 경우 상담의 초점은 어디에 두어야 하는가?

① 의사결정 과정 ② 자기탐색과 발견
③ 선택의 준비도 ④ 선택과 결정

답 ②

해 내담자가 자기의 능력이 어느 정도인지, 어떤 분야의 직업을 원하는지, 왜 일하는 것이 싫은지 알아보는 것은 자기 자신에 대해 알아보는 단계로 '자기탐색과 발견'에 해당한다.

필립스(Phillips)가 제시한 진로문제의 분류
- 자기탐색과 발견
- 선택의 준비도
- 의사결정 과정
- 선택과 결정
- 실천

04 직업상담에서 상담자가 고려해야 할 사항으로 틀린 것은?

① 정보제공 시기가 적절해야 한다.
② 검사 결과에 대한 평가와 해석을 한 뒤 직업정보를 제공한다.
③ 상담 종료 시 직업 및 진로 결정도 완료되어야 한다.
④ 상담 종료 시 진로 계획 및 검사 결과기록을 내담자가 가지고 가야 책임감도 커진다.

답 ③

해 상담 종료 시 직업 및 진로 결정이 완료되지 않을 수 있으며, 상담 초기 목표가 수정될 수도 있다. 또 처음부터 진로 결정의 단계가 목표가 아닌 진로 동기 부여일 수도 있다.

05 특성-요인 이론에서 파슨스(Parsons)가 구체화한 3요소 직업지도모델에 포함되지 않는 것은?

① 내담자 특성의 객관적인 분석
② 직업 세계의 분석
③ 과학적 조언을 통한 매칭(Matching)
④ 주변 환경의 분석

답 ④

해 파슨스의 직업지도모델 3요소
- 자기 자신에 대한 분석
- 직업 세계에 대한 분석
- 합리적이고 과학적인 매칭

06 다음은 인지적 명확성이 부족한 내담자와의 상담 내용이다. 상담사가 주로 다루고 있는 내담자 특성으로 가장 적합한 것은?

<보기>

- 내담자 : 사람들이 요즘 취직을 하기가 어렵다고들 해요.
- 상담사 : 어떠한 사람들을 이야기하시는지 짐작이 안되네요.
- 내담자 : 모두 다예요. 제가 상의할 수 있는 상담사, 담당 교수님들, 심지어는 친척들까지도요. 정말 그런가요?
- 상담사 : 그래요? 그럼 사실이 어떤지 알아보도록 하죠.

① 파행적 의사소통　② 구체성의 결여
③ 가정된 불가능　④ 강박적 사고

답 ②

해 "사람들이 요즘 취직을 하기가 어렵다고들 해요. 모두 다예요."는 어떤 사람들 모두인지, 무엇이 어려운지의 구체성이 결여된 인지적 명확성이 부족한 내담자 유형이다.

07 내담자가 수집한 대안 목록의 직업들이 실현 불가능할 때 사용하는 상담 전략으로 가장 적합한 것은?

① 직업상담사의 개인적 경험을 적극 활용한다.
② 내담자에게 가장 알맞아 보이는 직업을 골라준다.
③ 브레인스토밍 과정을 통해 내담자의 대안 직업 대다수가 부적절한 것임을 명확히 한다.
④ 내담자가 그 직업들을 시도해 본 후 어려움을 겪게 되면 개입한다.

답 ③

해 내담자가 수집한 대안 목록 직업이 실현 불가능할 때 사용하는 상담 전략과 주의점
- 브레인스토밍 과정을 통해 내담자의 대안 직업
- 대다수가 부적절한 것을 명확히 함
- 최종 의사결정은 내담자가 해야 함을 확실히 함
- 내담자가 그 직업들을 시도하여 어려움을 겪기 전에 개입해야 함

08 공감적 이해 과정에 대한 설명으로 틀린 것은?

① 공감적 이해를 위해서는 내담자의 입장에서 느끼고 생각해야 한다.
② 공감적 이해는 내담자의 자기 탐색과 수용을 촉진시킨다.
③ 공감적 이해를 위해서 상담자는 자신의 가치관이나 정체감을 내담자에게 맞추어 수용해야 한다.
④ 공감적 이해란 지금 -여기에서의 내담자의 감정과 경험을 정확하게 이해하는 것이다.

답 ③

해 공감에서 가장 중요한 것은 객관적인 위치에서 벗어나지 않은 채 자신의 세계인 것처럼 경험하는 것으로 상담자가 자신의 가치관이나 정체감을 내담자에게 맞추어 상담하면 내담자의 정서적 공감도 내담자의 문제해결도 모두 어려워진다.

09 <보기>의 내용 중 인간중심 상담에서 중요하게 요구되는 상담자의 태도로 짝지어진 것은?

<보기>

ㄱ. 해석　ㄴ. 진솔성
ㄷ. 공감적 이해　ㄹ. 무조건적 수용
ㅁ. 맞닥뜨림

① ㄱ, ㄴ, ㄷ　② ㄴ, ㄷ, ㄹ
③ ㄱ. ㄹ, ㅁ　④ ㄴ, ㄷ, ㅁ

답 ②

해 인간중심 상담의 상담자의 태도
- 일치성 또는 진실성(진솔성)
- 무조건적인 수용(긍정적 관심)
- 공감적 이해

ㄱ. 해석은 '정신분석적' 상담기법
ㅁ. 맞닥뜨림(=직면)은 '형태주의(게슈탈트) 상담기법

10 상담 중기과정의 활동에 대한 설명으로 틀린 것은?

① 내담자에게 직면시키고 도전한다.
② 내담자가 가진 문제의 심각도를 평가한다.
③ 내담자가 실천할 수 있도록 동기를 조성한다.
④ 문제에 대한 대안을 현실 생활에 적용하고 실천하도록 돕는다.

답 ②

해 내담자가 가진 문제의 심각도를 평가하는 것은 상담 초기 활동이다.

11 **인지적 왜곡의 유형 중 상황의 긍정적인 양상을 여과하는데 초점이 맞추어져 있고 극단적으로 부정적인 세부사항에 머무르는 것은?**

① 자의적 추론 ② 선택적 추상
③ 긍정 격하 ④ 잘못된 명명

답 ②

해 선택적 추상은 대표적인 인지적 왜곡(인지오류)으로 중요한 요소들은 무시한 채 부정적인 사소한 부문에만 초점을 맞추어 잘못된 결론을 내리는 오류를 의미한다.

12 **처음 직업상담을 받는 내담자에게 탐색해야 할 내용으로 가장 적합한 것은?**

① 자기인식 수준
② 유머감각 수준
③ 내담자의 경제적 상황
④ 상담자와 문화적 차이

답 ①

해 처음 직업상담을 받는 내담자에게는 자기인식의 수준을 탐색한다.

13 **초기면담의 한 유형인 정보지향적 면담에서 주로 사용하는 기법이 아닌 것은?**

① 폐쇄형 질문 ② 개방형 질문
③ 탐색하기 ④ 감정 이입하기

답 ④

해 감정이입 하기는 관계지향적 면담기법이다.

정보지향적 면담	관계지향적 면담
• 폐쇄형 질문 • 개방형 질문 • 탐색하기	• 재진술 • 감정의 반향 • 감정 이입하기

14 **다음 중 예상되는 신체적, 정신적인 긴장을 약화시켜 내담자가 충분히 자신의 문제를 다룰 수 있도록 준비시키는데 사용되는 인지적 행동주의 기법은?**

① 인지적 재구조화 ② 사고정지
③ 스트레스 접종 ④ 행동계약

답 ③

해 스트레스 접종
내담자가 충분히 자신의 문제를 다룰 수 있도록 준비시키는데 사용되는 인지적 행동주의 기법

15 **직업상담의 기본 원리가 아닌 것은?**

① 윤리적인 범위 내에서 상담을 전개하여야 한다.
② 산업구조변화, 직업정보, 훈련정보 등 변화하는 직업세계에 대한 이해를 토대로 이루어져야 한다.
③ 각종 심리검사 결과를 기초로 합리적인 판단을 이끌어 낼 수 있어야 하지만 심리검사에 대해 과잉의존해서는 안 된다.
④ 개인의 진로 혹은 직업결정에 대한 상담으로 전개되어야 하며, 자칫 의사결정능력에 대한 훈련으로 전환되지 않도록 유의한다.

답 ④

해 상담은 내담자의 의사결정을 도와주는 것으로 내담자의 합리적인 의사결정능력을 체득할 수 있도록 도와야 한다.

16 **생애진로사정에 관한 설명으로 틀린 것은?**

① 상담자와 내담자가 처음 만났을 때 이용할 수 있는 구조화된 면접기법이며 표준화된 진로사정 도구의 사용이 필수적이다.
② Adler의 심리학 이론에 기초하여 내담자와 환경과의 관계를 이해하는 데 도움을 주는 면접기법이다.
③ 비판단적이고 비위협적인 대화 분위기로써 내담자와 긍정적인 관계를 형성하는 데 도움이 된다.
④ 생애진로사정에서는 작업자, 학습자, 개인의 역할 등을 포함한 다양한 생애역할에 대한 정보를 탐색해간다.

답 ①

해 상담사와 내담자가 처음 만났을 때 이용할 수 있는 구조화된 면접기법이며 표준화된 진로사정도구는 사용하지 않으며 가급적 필기, 메모도 권장하지 않는다.

17 **다음에 대해 가장 수준이 높은 공감적 이해와 관련된 반응은?**

> 우리 집은 왜 그리 시끄러운지 모르겠어요.
> 집에서 영 공부할 마음이 없어요.

① 시끄러워도 좀 참고 하지 그러니.
② 그래, 집이 시끄러우니까 공부하는데 많이 힘들지?
③ 식구들이 좀 더 조용히 해주면 공부를 더 잘할 수 있을 것 같단 말이지.
④ 공부하기 싫으니까 핑계도 많구나.

답 ③

해 가장 수준이 높은 공감적 이해는 "식구들이 좀 더 조용히 해주면 공부를 더 잘할 수 있을 것 같단 말이지"라고 공감해 주는 것이다.

공감적 이해 : 상담자가 내담자의 입장에서 내담자를 깊게 이해하면서도, 상담사의 역할과 자세를 잃지 않는 자세를 의미한다.(공감적 이해 = 감정이입)

- **수준이 높은 공감순**
  - ③ 식구들이 좀 더 조용히 해주면 공부를 더 잘 할 수 있을 것 같단 말이지.
  - ② 그래, 집이 시끄러우니까 공부하는데 많이 힘들지?
  - ① 시끄러워도 좀 참고 하지 그러니.
  - ④ 공부하기 싫으니까 핑계도 많구나.

18 **Snyder 등은 직업상담을 하면서 접할 수 있는 내담자의 변명을 종류별로 구분하였다. 다음 중 변명의 종류가 다른 것은?**

① 비난 ② 축소
③ 정당화 ④ 훼손

답 ①

해 비난은 '책임을 회피하기 위한 변명'이고 나머지는 '결과를 다르게 조작하기'에 해당하는 변명이다.
- **책임을 회피하기** : 비난, 부정, 알리바이
- **결과를 다르게 조작하기** : 축소, 정당화, 훼손

19 **포괄적 직업상담 프로그램의 단점으로 가장 적합한 것은?**

① 직업결정 문제의 원인으로 불안에 대한 이해와 불안을 규명하는 방법이 결여되어 있다.
② 직업상담의 문제 중 진학상담과 취업상 담에 적합할 뿐 취업 후 직업적응 문제 들을 깊이 있게 다루지 못하고 있다.
③ 직업선택에 미치는 내적 요인의 영향을 지나치게 강조한 나머지 외적 요인의 영향에 대해서는 충분하게 고려하고 있지 못하다.
④ 직업상담사가 교훈적 역할이나 내담자의 자아를 명료화하고 자아실현을 시킬 수 있는 적극적 태도를 취하지 않는다면 내담자에게 직업에 대한 정보를 효과적으로 알려줄 수 없다.

답 ②

해 포괄적 직업상담 프로그램의 단점은 직업적응 문제들을 깊이 있게 다루지 못하고 있다는 점이다.

20 **발달적 직업상담에서 Super가 제시한 평가의 종류 중 내담자가 겪고 있는 어려움이나 직업상담에 대한 내담자의 기대를 평가하는 것은?**

① 문제평가 ② 현실평가
③ 일차평가 ④ 내용평가

답 ①

해 내담자가 겪고 있는 어려움이나 직업상담에 대한 내담자의 기대를 평가하는 것은 문제평가이다.

Super(수퍼)의 평가 진단
- 문제평가
- 개인평가
- 예언평가

현실평가, 일차평가, 내용평가는 Super의 평가진단과 관계가 없다.

제2과목 직업심리

21 검사 결과로 제시되는 백분위 "95"에 관한 의미로 옳은 것은?

① 검사 점수를 95% 신뢰할 수 있다는 의미이다.
② 전체 문제 중에서 95%를 맞추었다는 의미이다.
③ 내담자의 점수보다 높은 사람들이 전체의 95%가 된다는 의미이다.
④ 내담자의 점수보다 낮은 사람들이 전체의 95%가 된다는 의미이다.

답 ④

해 백분위 95는 내담자가 상위 5% 안에 들었다는 뜻이다. 즉, 내담자보다 낮은 점수를 받은 사람들이 95%임을 의미한다.

22 스트레스에 관한 설명 중 Ellis와 관련이 없는 것은?

① 정서장애는 생활사건 자체를 통해 일어난다.
② 행동에 대한 과거의 영향보다는 현재에 초점을 둔다.
③ 역기능적 사고는 정서장애의 중요한 결정요인이다.
④ 부정적 감정을 유발하는 스트레스는 비합리적 신념에서 나온다.

답 ①

해 정서장애는 생활사건 자체보다 비합리적 신념에서 발생한다.

23 파슨스(Parsons)가 강조하는 현명한 직업 선택을 위한 필수 요인이 아닌 것은?

① 자신의 흥미, 적성, 능력, 가치관 등 내면적인 자신에 대한 명확한 이해
② 현대사회가 필요로 하는 전망이 밝은 분야에서의 취업을 위한 구체적인 준비
③ 직업에서의 성공, 이점, 보상, 자격요건, 기회 등 직업 세계에 대한 지식
④ 개인적인 요인과 직업 관련 자격요건, 보수 등의 정보를 기초로 한 현명한 선택

답 ②

해 전망이 밝은 분야에 취업하고자 하는 구체적인 준비 단계는 없다.

파슨스는 직업 모델 3요소
- 개인 분석
- 직업 분석
- 개인적 요소와 직업 관련 요소의 과학적 매칭

24 GATB 직업적성검사에 대한 설명으로 틀린 것은?

① 지능도 측정한다.
② 지필검사와 동작검사로 구성되어 있다.
③ 모두 8개 영역의 적성을 검출한다.
④ 모두 15개 하위검사로 이루어져 있다.

답 ③

해 GATB 검사

-15개의 하위검사
11개의 지필검사와 4개의 기구검사

-9개의 적성을 검출

- 지능
- 언어적성
- 수리능력
- 사무지각
- 공간적성
- 형태지각
- 운동반응
- 손가락 정교성(기교도)
- 손의 정교성

25 직업탐색, 직업준비, 직업적응·전환 및 퇴직 등을 도와주기 위해 특별히 구조화된 조직적인 상담 체제는?

① 스트레스관리 프로그램
② 직업지도 프로그램
③ 인간관계훈련 프로그램
④ 갈등관리 프로그램

답 ②

해 직업지도 프로그램은 직업탐색, 직업준비, 직업적응·전환 및 퇴직 등을 도와주기 위한 구조화된 상담체계이다.

26 분류변인에 관한 설명으로 옳은 것은?

① 인과성의 추론이 가능하다.
② 분류변인을 독립변인으로 사용하면 외적 타당도가 높아진다.
③ 연령, 지능, 성격특성, 태도 등과 같이 피험자의 속성에 관한 개인차 변인들을 말한다.
④ 내적 타당도가 높다.

답 ③

해 분류변인 정의
연령, 지능, 성격특성, 태도 등과 같이 피험자의 속성에 관한 개인차 변인들을 의미한다.

분류변인 특징
- 실험 이전부터 존재하고 있지만 직접 통제할 수 없음
- 인과성 추론이 불가능
- 분류변인을 독립변인으로 사용하면 외적타당도가 낮아짐
- 내적타당도가 낮음

27 Gelatt가 제시한 의사 결정 과정을 순서대로 바르게 나열한 것은?

ㄱ. 목적의식	ㄴ. 대안의 결과 예측
ㄷ. 정보수집	ㄹ. 의사결정
ㅁ. 대안열거	ㅂ. 평가 및 재투입
ㅅ. 가치평가	ㅇ. 대안의 실현 가능성 예측

① ㄱ → ㄷ → ㅁ → ㄴ → ㅇ → ㅅ → ㄹ → ㅂ
② ㄱ → ㄷ → ㅅ → ㅇ → ㄴ → ㅁ → ㄹ → ㅂ
③ ㄱ → ㄷ → ㅁ → ㅅ → ㄴ → ㅇ → ㄹ → ㅂ
④ ㄱ → ㄷ → ㅇ → ㅁ → ㅅ → ㄴ → ㄹ → ㅂ

답 ①

해 Gelatt(겔라트)의 의사결정 과정
1. 목적의식
2. 정보 수집
3. 대안 열거
4. 대안의 결과 예측
5. 대안의 실현 가능성 예측
6. 가치 평가
7. 의사결정
8. 평가 및 재투입

28 Roe의 직업분류체계에 관한 설명으로 틀린 것은?

① 일의 세계를 8가지 장(Field)과 6가지 수준(Level)으로 구성된 2차원의 체계로 조직화했다.
② 원주상의 순서대로 8가지 장(Field)은 서비스, 사업상 접촉, 조직, 기술, 옥외, 과학, 예술과 연예, 일반문화이다.
③ 서비스 장(Field)들은 사람지향적이며 교육, 사회봉사, 임상심리 및 의술이 포함된다.
④ 6가지 수준(Level)은 근로자의 직업과 관련된 정교화, 책임, 보수, 훈련의 정도를 묘사하며, 수준 1이 가장 낮고, 수준 6이 가장 높다.

답 ④

해 6가지 수준(level)은 근로자의 직업과 관련된 정교화, 책임, 보수, 훈련의 정도에 따라 구분되고, 수준 1이 가장 높고, 수준 6이 가장 낮은 단계이다.

29 특성-요인이론과 관련된 내용과 가장 거리가 먼 것은?

① 특성-요인 직업상담은 정신 역동적 가설에서 비롯되었다.
② Parsons는 이 이론의 기반이 되는 3요소 직업지도 모델을 구체화하였다.
③ 특성 안정성과 지속성은 의문을 제기하는 학자들이 있어 논쟁이 되고 있다.
④ 특성-요인 이론에 따른 직업상담 방법들은 합리적이고 인지적인 특성을 가진다.

답 ①

해 특성-요인 직업상담은 정신역동적 가설과는 관계없다.

30 스트레스에 관한 설명으로 틀린 것은?

① 스트레스 여부는 상황에 대한 개인의 주관적 해석에 의존한다.
② 스트레스 여부는 상황에 대한 통제 가능성에 의존한다.
③ A유형에 비해 B유형의 사람들이 스트레스를 덜 받는 경향이 있다.
④ 내적 통제자에 비해 외적 통제자가 스트레스 상황에 대한 대처 능력이 뛰어나다.

답 ④

해 내적 통제자가 외적 통제자에 비해 스트레스 상황에 대한 대처능력이 뛰어나다.
외적통제자는 자신의 삶에 중요한 사건들이 주로 타인이나 외부에 인해 결정된다고 보기 때문에 스트레스 영향을 감소시키려는 노력을 결국 하지 않게 된다.

31 이미 신뢰성이 입증된 유사한 검사점수와 상관계수를 검토하는 신뢰도는?

① 검사 - 재검사 신뢰도
② 동형검사 신뢰도
③ 반분신뢰도
④ 채점자 간 신뢰도

답 ②

해 [동형검사 신뢰도]
검사-재검사의 단점을 보완하기 위하여 유사한 검사를 하나 더 개발해 거의 동시에 검사점수 간 상관계수를 검토하는 것이다.

32 **Holland 이론의 6각형 모형에서 서로간의 거리가 가장 가깝고, 유사한 직업성격끼리 짝지은 것은?**

① 사회적(S) - 진취적(E) - 예술적(A)
② 현실적(R) - 관습적(C) - 사회적(S)
③ 관습적(C) - 사회적(S) - 탐구적(I)
④ 탐구적(I) - 진취적(E) - 사회적(S)

답 ①

해 사회적(S) - 진취적(E) - 예술적(A)
서로 간의 거리가 가장 가깝고 유사한 직업성격끼리 짝지워져 있다. (일관성이 높다는 의미이다.)

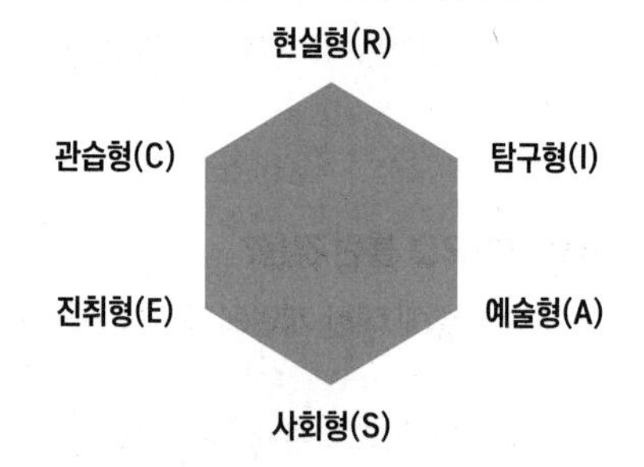

33 **자료취급-대인관계-사물조각(DPT) 부호 중 사물조작에 해당하지 않는 것은?**

① 정밀작업(precision working)
② 관리(tending)
③ 단순취급(handling)
④ 대조(comparing)

답 ④

해 대조는 '자료취급(D)'에 해당한다.

34 **직무스트레스에 대한 대처방안 중의 하나로 이솝우화에 나오는 여우와 신포도 이야기처럼 생각하는 것은?**

① 투사(projection)
② 억압(repression)
③ 합리화(rationalization)
④ 주지화(intellectualization)

답 ③

해 합리화는 원하는 목표 행동을 하지 못하였을 경우 자신의 행동을 그럴듯하게 정당화하는 것이다.

35 **지능을 맥락적 지능이론, 경험적 지능이론, 성분적 지능이론으로 구성된 것으로 가정한 지능모형은?**

① Jensen의 2수준 지능모형
② Cattell-Horn의 유동성-결정성 지능모형
③ Thurstone의 기본정신능력 모형
④ Sternberg의 삼원지능 모형

답 ④

해 Sternberg의 삼원지능 모형
- 맥락적 지능이론
- 경험적 지능이론
- 성분적 지능이론

36 **조직에 영향을 미치는 직무 스트레스의 결과와 가장 거리가 먼 것은?**

① 직무수행 감소　② 직무 불만족
③ 상사의 부당한 지시　④ 결근 및 이직

답 ③

해 상사의 부당한 지시는 직무 스트레스의 '결과'가 아닌 '원인'이다.

37 **직업발달을 탐색-구체화-선택-명료화-순응-개혁-통합의 직업정체감 형성 과정으로 설명한 것은?**

① Super의 발달 이론
② Ginzberg의 발달 이론
③ Tiedeman과 O'Hara의 발달 이론
④ Gottfredson의 발달 이론

답 ③

해 Tiedeman과 O'Hara의 발달 이론에서의 직업정체감 형성과정
탐색 → 구체화 → 선택 → 명료화 → 순응 → 개혁 → 통합

38 **문항분석에서 다음의 P는 무엇인가?**

$$P = \frac{R}{N} \times 100$$

단, R : 어떤 문항에 정답을 한 수
N : 총 사례 수

① 문항 난이도　② 문항 변별도
③ 오답 능률도　④ 문항 오답률

답 ①

해 어떤 문항에 대한 정답 수를 총 사례 수로 나눈 것을 '문항 난이도'라 한다.
즉, 어떠한 문항에 대해 전체에서 어느 정도 정답을 맞혔나를 파악함으로 난이도(어려운 수준)를 파악하는 것이다.

39 **다음 사례에서 검사-재검사 신뢰도 계수는?**

> 100명의 학생들이 특정 심리검사를 받고 한 달 후에 동일한 검사를 다시 받았는데 두 번의 검사에서 각 학생들의 점수는 동일했다.

① -1.00　　② 0.00
③ +0.50　　④ +1.00

답 ④

해 동일한 점수는 신뢰도 계수는 +1.00이다.

-1 < 상관계수 < 1
• +1 = 오차가 없는 정적 관계 • 0 = 상관없음 • -1 = 오차가 없는 부적 관계

40 **다음에 해당하는 스트레스 관리전략은?**

> 예전에는 은행원들이 창구에 줄서서 기다리는 고객들에게 가능한 빨리 서비스를 제공하고자 스트레스를 많이 받았었는데, 고객 대기표(번호표)시스템을 도입한 이후 이러한 스트레스를 많이 줄일 수 있게 되었다.

① 반응지향적 관리전략
② 증후지향적 관리전략
③ 평가지향적 관리전략
④ 출처지향적 관리전략

답 ④

해 고객 대기표(번호표) 시스템의 도입은 출처지향적 관리전략이다.

스트레스 관리전략

- 일차적 관리전략(출처지향적 관리)
  조직수준의 관리전략으로 스트레스의 출처를 예측하여 수정
  예) 직무재설계, 직무확대 등
- 이차적 관리전략(반응지향적 관리)
  개인수준의 관리전략으로 스트레스로 인한 다양한 증상을 완화하도록 함
  예) 이완훈련, 시간관리 등
- 삼차적 관리전략(증후지향적 관리)
  스트레스로 인한 각종 부정적 결과 등을 치료
  예) 심리치료, 약물치료

제3과목 직업정보

41 **직업정보 분석 시 유의사항이 아닌 것은?**

① 직업정보원과 제공원을 제시한다.
② 동일한 정보도 다각적인 분석을 시도하여 해석을 풍부하게 한다.
③ 전문지식이 없는 개인을 위해 비전문적인 시각에서 분석한다.
④ 분석과 해석은 원자료의 생산일, 자료표집방법, 대상, 자료의 양 등을 검토해야 한다.

답 ③

해 직업정보 분석은 전문적인 시각에서 전문가가 분석해야 한다.
단, 직업정보 가공 시에는 직업정보를 이용하는 이용자 누구나 이해하기 쉬운 언어로 가공해야 한다.

42 **워크넷(직업·진로)에서 학과정보를 계열별로 검색하고자 할 때 선택할 수 있는 계열이 아닌 것은?**

① 문화관광계열　　② 교육계열
③ 자연계열　　④ 예체능계열

답 ①

해 문화관광계열은 아니다.

43 **한국표준직업분류의 포괄적인 업무에 대한 직업분류 원칙에 해당되지 않는 것은?**

① 주된 직무 우선 원칙
② 최상급 직능수준 우선 원칙
③ 생산업무 우선 원칙
④ 조사 시 최근의 직업 원칙

답 ④

해 조사 시 최근의 직업 원칙은 '다수직업종사자'의 직업분류 원칙이다.

포괄적인 업무에 대한 직업분류 원칙

- 직무우선 원칙
- 최상급 직능수준 우선원칙
- 생산업무 우선 원칙

44 실기능력이 중요하여 고용노동부령으로 정하는 필기시험이 면제되는 기능사 종목이 아닌 것은?

① 도화기능사 ② 항공사진사진사
③ 유리시공기능사 ④ 사진기능사

답 ④

해 사진기능사는 필기시험을 본다.
필기가 면제되지 않는 자격
정보처리기능사, 측량기능사, (피부)미용사, 사진기능사, 한복기능사, 로더운전기능사

45 일반적인 직업정보 처리과정을 바르게 나열한 것은?

① 수집→제공→분석→가공→평가
② 수집→가공→제공→분석→평가
③ 수집→평가→가공→제공→분석
④ 수집→분석→가공→제공→평가

답 ④

해 일반적인 직업정보 처리과정
수집 → 분석 → 가공 → 체계화 → 제공 → 평가

46 직업정보 수집 시 2차 자료(secondary data)유형을 모두 고른 것은?

ㄱ. 한국고용정보원에서 발행하는 직종별 직업사전
ㄴ. 통계청에서 실시한 지역별 고용조사 결과
ㄷ. 한국산업인력공단에서 제공하는 국가기술자격통계연보
ㄹ. 워크넷에서 제공하는 직업별 탐방기(테마별 직업여행)

① ㄱ, ㄷ ② ㄱ, ㄴ, ㄹ
③ ㄴ, ㄷ, ㄹ ④ ㄱ, ㄴ, ㄷ, ㄹ

답 ④

해 ㄱ, ㄴ, ㄷ, ㄹ 모두 해당된다.

1차 자료	2차 자료
직접 수집·분석·가공	기존의 자료

47 다음에 해당하는 NCS 수준 체계는?

- 정의 : 독립적인 권한 내에서 해당분야의 이론 및 지식을 자유롭게 활용하고, 일반적인 숙련으로 다양한 과업을 수행하고, 타인에게 해당 분야 지식 및 노하우를 전달할 수 있는 수준
- 지식기술 : 해당분야의 이론 및 지식을 자유롭게 활용할 수 있는 수준 / 일반적인 숙련으로 다양한 과업을 수행할 수 있는 수준
- 역량 : 타인의 결과에 대하여 의무와 책임이 필요한 수준 / 독립적인 권한 내에서 과업을 수행할 수 있는 수준

① 5수준 ② 6수준
③ 7수준 ④ 8수준

답 ②

해 6수준에 설명이다.
6수준의 정답 키워드는 '독립적인 권한'이다.

48 한국직업사전의 부가 직업정보 중 숙련기간에 대한 설명으로 틀린 것은?

① 정규교육과정을 이수한 후 해당 직업의 직무를 평균적인 수준으로 스스로 수행하기 위하여 필요한 각종 교육기간, 훈련기간 등을 의미한다.
② 해당 직업에 필요한 자격·면허를 취득하는 취업 전 교육 및 훈련기간뿐만 아니라 취업 후에 이루어지는 관련 자격·면허 취득 교육 및 훈련 기간도 포함된다.
③ 자격·면허가 요구되는 직업은 아니지만 해당 직무를 평균적으로 수행하기 위한 각종 교육·훈련, 수습교육, 기타 사내교육, 현장훈련 등의 기간이 포함된다.
④ 5수준의 숙련기간은 4년 초과 ~ 10년 이하이다.

답 ④

해 숙련기간 5수준 : 6개월 초과 ~ 1년 이하이다.

구분	숙련기간
1수준	약간의 시범 정도
2수준	시범 후 30일 이하
3수준	1개월 초과 ~ 3개월 이하
4수준	3개월 초과 ~ 6개월 이하
5수준	6개월 초과 ~ 1년 이하
6수준	1년 초과 ~ 2년 이하
7수준	2년 초과 ~ 4년 이하
8수준	4년 초과 ~ 10년 이하
9수준	10년 초과

49 **고용노동부에서 실시하는 직업상담(취업지원) 프로그램 중 취업을 원하는 결혼이민여성(한국어소통 가능자)을 대상으로 하는 것은?**

① Wici 취업지원 프로그램
② CAP+ 프로그램
③ allA 프로그램
④ Hi 프로그램

답 ①

해 결혼이민여성을 대상으로 하는 취업프로그램은 Wici 취업지원 프로그램이다.

워크넷 취업지원 프로그램

① **Wici 취업지원 프로그램**
취업을 원하는 결혼이민여성을 대상으로 지원하는 교육 프로그램

② **CAP+ 프로그램**
청년 취업준비생들의 직업선택과 취업을 돕기 위해 개발된 취업지원 프로그램

③ **allA 프로그램**
오랜 기간 취업실패나 실직으로 구직의욕을 잃은 청년들에게 희망과 자신감 및 대인관계 및 진로역량을 강화시키기 위한 프로그램

④ **Hi 프로그램**
고졸자들을 위한 취업지원 프로그램

50 **다음 ( )에 알맞은 것은?**

> 직업능력개발계좌제 훈련이 적합훈련과정으로 인정받으려면 소정훈련일수가 (ㄱ)일 이상이고 소정훈련시간이 (ㄴ)시간 이상이어야 한다.
> 다만, 일부 분야의 인터넷원격훈련과정 및 혼합훈련과정은 분야별 특성을 감안하여 달리 적용할 수 있다.

① ㄱ:10, ㄴ:40
② ㄱ:15, ㄴ:40
③ ㄱ:10, ㄴ:65
④ ㄱ:15, ㄴ:120

답 ①

해 직업능력개발계좌제 훈련이 적합훈련과정으로 인정받으려면 소정훈련일수가 10일 이상이고 소정훈련시간이 40시간 이상이어야 한다.

51 **한국직업사전의 부가직업정보에서 정규교육에 관한 설명으로 틀린 것은?**

① 해당직업의 직무를 수행하는데 필요한 일반적인 정규교육수준을 의미한다.
② 현행 우리나라 정규교육과정의 연한을 고려하여 그 수준은 6개로 분류된다.
③ 해당 직업종사자의 평균 학력을 나타낸 것이다.
④ 독학, 검정고시 등을 통해 정규교육과정을 이수하였다고 판단되는 기간도 포함 된다.

답 ③

해 해당 직업종사자의 평균 학력을 나타내는 것은 아니다.

52 **한국표준직업분류의 직무능력수준 중 제2직능 수준이 요구되는 대분류는?**

① 관리자
② 전문가 및 관련 종사자
③ 단순노무 종사자
④ 농림어업 숙련 종사자

답 ④

해 농림어업 숙련 종사자는 제2직능 수준이 필요하다.

- **관리자**: 제4직능 수준 혹은 제3직능 수준 필요
- **전문가 및 관련 종사자**: 제4직능 수준 혹은 제3직능 수준 필요
- **단순노무 종사자**: 제1직능 수준 필요
- **군인**: 제2직능 수준 이상
- 기타는 모두 제2직능 수준임

53 **한국고용정보원에서 제공하는 '고용24(워크넷) 구인·구직 및 취업동향'에 관한 설명으로 틀린 것은?**

① 수록된 통계는 전국 고용센터, 한국산업인력공단, 시·군·구 등에서 입력한 자료를 워크넷 DB로 집계한 것이다.
② 통계표에 수록된 단위가 반올림되어 표기되어 전체 수치와 표내의 합계가 일치하지 않을 수 있다.
③ 워크넷을 이용한 구인·구직자들만을 대상으로 하므로, 통계자료가 노동시장 전체의 수급상황과 정확히 일치한다.
④ 공공고용안정기관의 취업지원서비스를 통해 산출되는 구직자, 구인업체 등에 관한 통계를 제공하여, 취업지원사업 성과 분석 등의 국가 고용정책사업 수행을 위한 기초자료를 제공하는데 목적이 있다.

답 ③

해 워크넷을 이용한 구인·구직자들만을 대상으로 하므로, 통계자료가 노동시장 전체와 정확히 일치하지는 않는다.

54 **직업정보를 가공·분석에 관한 설명으로 틀린 것은?**

① 변화 동향에 유의할 것
② 정보의 가공 및 분석목적을 명확히 할 것
③ 숫자로 표현할 수 없는 정보는 배제할 것
④ 다른 통계와의 관련성 및 여러 측면을 고려할 것

답 ③

해 숫자로 표현할 수 없는 정보라도 배제하면 안된다.

55 **다음 중 면접을 통한 직업정보 수집 시 개방형 질문(open-ended questions)을 이용하기에 적합하지 못한 경우는?**

① 응답자에 대한 사전지식의 부족으로 응답을 예측할 수 없는 경우
② 특정 행동에 대한 동기조성과 같은 깊이 있는 내용을 다루고자 하는 경우
③ 숙련된 전문 면접자보다 자원봉사자에 의존하여 면접을 실시하는 경우
④ 응답자들의 지식수준이 높아 면접자의 도움 없이 독자적으로 응답할 수 있는 경우

답 ③

해 개방형질문은 응답자료가 개인적으로 표준화 되어있지 않았다.
그러므로 비교나 통계가 어려워 성공적인 조사를 위해서는 숙련된 면접자를 필요로 한다.

56 **경제활동인구조사에 대한 설명으로 틀린 것은?**

① 조사 결과의 발표기관은 통계청이다.
② 공익근무요원과 외국인은 조사대상에서 제외된다.
③ 조사담당직원이 조사대상 가구를 직접 방문하여 면접 조사한다.
④ 매월 15일이 포함된 1주간이 실제 조사기간이다.

답 ④

해 매월 15일이 포함된 1주간은 '조사대상주간'이고, 그 다음 주간에 조사를 실시하는 '실제 조사기간'이다.

57 **한국표준산업분류에서 산업분류의 적용원칙에 관한 설명으로 틀린 것은?**

① 생산단위는 산출물 뿐만 아니라 투입물과 생산공정 등을 함께 고려하여 그들의 활동을 가장 정확하게 설명된 항목으로 분류해야 한다.
② 복합적인 활동단위는 우선적으로 최상급 분류단계(대분류)를 정확히 결정하고, 순차적으로 중, 소, 세, 세세분류 단계 항목을 결정해야 한다.
③ 공식적 생산물과 비공식적 생산물, 합법적 생산물과 불법적인 생산물을 달리 분류해야 한다.
④ 산업활동이 결합되어 있는 경우에는 그 활동단위의 주된 활동에 따라서 분류해야 한다.

답 ③

해 공식적인 생산물과 비공식적 생산물, 합법적 생산물과 불법적인 생산물을 달리 분류하지 '않는다'.

58 **경제활동인구조사에서 종사상 지위로 고용계약기간이 1개월 미만인 임금근로자는?**

① 임시근로자 ② 계약직근로자
③ 고용직근로자 ④ 일용근로자

답 ④

해 고용계약기간이 1개월 미만인 임금근로자는 '일용근로자'이다.

근로계약기간에 따른 구분

일용근로자	임시근로자	상용근로자
1개월 미만	1개월~1년미만	1년이상

59 **직업정보를 사용하는 목적과 가장 거리가 먼 것은?**

① 직업정보를 통해 근로생애를 설계할 수 있다.
② 직업정보를 통해 전에 알지 못했던 직업세계와 직업비전에 대해 인식할 수 있다.
③ 직업정보를 통해 과거의 직업탐색, 은퇴 후 취미활동 등에 필요한 정보를 얻을 수 있다.
④ 직업정보를 통해 일을 하려는 동기를 부여받을 수 있다.

답 ③

해 직업정보를 통해 '과거'의 직업을 탐색하는 것은 거리가 멀다.
'현재'의 직업세계와 '미래' 즉 향후 직업선택에 대한 의사결정을 위해 정보를 얻는다.

60 **한국직업사전의 부가직업정보 중 '수준 4'에 해당하는 숙련기간은?**

① 시범 후 30일 이하
② 3개월 초과 ~ 6개월 이하
③ 1년 초과 ~ 2년 이하
④ 4년 초과 ~ 10년 이하

답 ②

해 3개월 초과 ~ 6개월 이하는 수준 4에 해당한다.

제4과목 노동시장

61 **노동시장에 관한 설명으로 틀린 것은?**

① 재화시장은 불완전경쟁이더라도 노동시장이 완전경쟁이면 개별기업의 한계요소비용은 일정하다.
② 재화시장과 노동시장이 모두 완전경쟁일 때 재화가격이 상승하면 노동수요곡선이 오른쪽으로 이동한다.
③ 재화시장과 노동시장이 모두 완전경쟁일 때 임금이 하락하면 노동수요량은 장기에 더 크게 증가한다.
④ 재화시장이 불완전경쟁이고 노동시장이 완전경쟁일 때 임금은 한계수입생산보다 낮은 수준으로 결정된다.

답 ④

해 재화시장이 불완전경쟁이고 노동시장이 완전경쟁일 때 임금은 한계수입생산보다 '낮은 수준'이 아닌 한계수입생산과 '동일한 수준'에서 결정된다.

62 **사용자의 부가급여 선호 이유가 아닌 것은?**

① 절세 효과　② 근로자 유치
③ 장기근속 유도　④ 퇴직금 부담 감소

답 ④

해 부가급여는 평균임금에 포함되어 사용자의 퇴직금 부담이 감소되는 것이 아니다.

63 **다음 (　　) 안에 알맞은 것은?**

> 우하향하는 기울기를 갖는 등량곡선이 근본적으로 보여주는 바는 (　　)의 원리이다. 이는 일정 산출량 수준을 유지하는 데 있어서 한 투입요소를 더 이용하면 기업은 다른 투입요소를 줄여야 함을 의미한다.

① 대체　② 상쇄
③ 보완　④ 교차

답 ①

해 우하향하는 기울기를 갖는 등량곡선은 대체의 원리이다.

64 임금에 대한 설명으로 틀린 것은?

① 실질임금은 명목임금을 물가수준으로 나눈 것이다.
② 특별급여는 초과급여의 일부분이다.
③ 기본급은 정액급여에 속한다.
④ 월 일정액의 제수당은 정액급여에 포함된다.

답 ②

해 특별급여는 상여급, 성과급 등이 포함
초과급여는 시간외급여, 야간·휴일근로에 의한 초과근수당 등이 포함

65 다음 중 직무급의 장점과 가장 거리가 먼 것은?

① 직무에 상응하는 임금지급이 가능하다.
② 직무가치의 객관성 확보가 가능하다.
③ 배치전환이 용이하다.
④ 능력 위주의 인사관리가 가능하다.

답 ③

해 직무급은 직무의 특성에 따라 임금이 결정되므로 배치전환이 어렵다.

직무급의 장점 및 특징
- 직무에 상응하는 임금지급 가능
- 직무가치의 객관성 확보 가능
- 능력위주의 인사관리 가능
- 개인별 임금격차에 대한 불만 해소
- 인건비의 효율적 관리

66 시장경제를 채택하고 있는 국가의 노동시장에서 직종별 임금 격차가 존재하는 이유와 가장 거리가 먼 것은?

① 직종 간 정보의 흐름이 원활하기 때문이다.
② 직종에 따라 근로환경의 차이가 존재하기 때문이다.
③ 직종에 따라 노동조합 조직율의 차이가 존재하기 때문이다.
④ 노동자들의 특정 직종에 대한 회피와 선호가 다르기 때문이다.

답 ①

해 직종별 임금격차가 존재하는 이유는 직종 간 '정보의 흐름이 원활하지 않기 때문'이다.
→ 직종 간 원활한 정보흐름은 임금격차를 해소시킴

67 케인즈(Keynes)의 실업이론에 관한 설명으로 틀린 것은?

① 노동의 공급은 실질임금의 함수이며, 노동에 대한 수요는 명목임금의 함수이다.
② 노동자들은 화폐환상을 갖고 있어 명목임금의 하락에 저항하므로 명목임금은 하방경직성을 갖는다.
③ 비자발적 실업의 원인을 유효수요의 부족으로 설명하였다.
④ 실업의 해소방안으로 재정투융자의 확대, 통화량의 증대 등을 주장하였다.

답 ①

해 노동의 공급은 '명목임금'의 함수이며, 노동에 대한 수요는 '실질임금'의 함수이다.

68 실업-결원곡선(Beveridge curve)에 관한 설명으로 틀린 것은?

① 종축에는 결원수, 횡축에는 실업자수를 표시한다.
② 원점에서 멀어질수록 구조적 실업자수가 증가함을 의미 한다.
③ 마찰적 실업과 구조적 실업을 구분하는 것이 가능하다.
④ 현재의 실업자수에서 현재의 결원수를 뺀 것이 수요부족실업자수이다.

답 ③

해 마찰적 실업과 구조적 실업을 구분하는 것은 가능하지 않다.

69 실질임금의 정의로 옳은 것은?

① 한 가구의 총임금을 말한다.
② 물가수준을 반영하여 구매력으로 평가한 임금을 말한다.
③ 세금공제 후 노동자가 실제 지급받는 임 금을 말한다.
④ 작업시간과 작업 난이도를 반영한 임금 을 말한다.

답 ②

해 물가수준을 반영하여 구매력으로 평가한 임금을 말한다.

70 **경기침체에도 불구하고 실업률이 크게 높아지지 않았다면, 그 이유로 가장 적합한 것은?**

① 부가노동자효과가 실망노동자효과보다 컸기 때문이다.
② 실망노동자효과가 부가노동자효과보다 컸기 때문이다.
③ 실망노동자효과와 부가노동자효과의 크기가 비슷했기 때문이다.
④ 실망노동자효과가 없었기 때문이다.

답 ②

해 실망노동자효과가 부가노동자효과보다 컸기 때문이다

71 **다음 중 임금수준의 결정원칙이 아닌 것은?**

① 기업 지불 능력의 원칙
② 사회적 균형의 원칙
③ 생계비 보장의 원칙
④ 소비욕구 반영의 원칙

답 ④

해 소비욕구 반영의 원칙은 아니다.
임금수준의 결정원칙
• 사회적 균형의 원칙
• 생계비 보장의 원칙
• 법령의 원칙(최저임금제)
• 기업 지불 능력의 원칙

72 **노동수요를 결정하는 요인과 가장 거리가 먼 것은?**

① 개인의 여가에 대한 태도
③ 자본서비스의 가격
② 시장임금의 크기
④ 노동을 이용하여 생산된 상품에 대한 소비자의 수요

답 ①

해 노동수요 결정요인
• 임금(노동가격)
• 자본서비스의 가격 = 다른 생산요소의 가격
• 상품에 대한 소비자의 수요
• 노동과 관련된 타 생산요소의 가격변화
• 생산기술의 진보

73 **노동자 7명의 평균생산량이 20단위 일 때, 노동자를 추가로 1명 더 고용하여 평균생산량이 18단위로 감소하였다면, 이때 추가로 고용된 노동자의 한계생산량은?**

① 4단위 ② 5단위
③ 6단위 ④ 7단위

답 ①

해 한계생산량
추가 투입된 노동투입량에 의해 생산되는 생산량 증가분

노동자	7	8
평균생산량	20	18
한계생산량	140	144

∴ 한계생산량은 (144 - 140) = '4단위'이다.

74 **장·단기 노동수요곡선에 관한 설명으로 옳은 것은?**

① 장기가 단기에 비해 더욱 탄력적이다.
② 장기가 단기에 비해 더욱 비탄력적이다.
③ 장기와 단기의 탄력성은 같다.
④ 노동공급곡선의 탄력성과 비교해야 알 수 있다.

답 ①

해 장기 노동수요곡선이 단기 노동수요곡선에 비해 더욱 탄력적이다.

75 **힉스 - 마샬 법칙에 관한 설명으로 틀린 것은?**

① 최종생산물에 대한 수요가 탄력적일수록, 노동에 대한 수요는 탄력적이 된다.
② 다른 요소와의 대체가능성이 높을수록 노동에 대한 탄력성은 작게 된다.
③ 다른 생산요소의 공급탄력성이 작을수록 노동을 다른 생산요소(자본)로 대체하기가 어렵게 되기 때문에 노동수요의 탄력성은 작아진다.
④ 총생산비에서 차지하는 노동비용의 비중이 높을수록 노동에 대한 수요탄력성은 크게 된다.

답 ②

해 ② 다른 요소와의 대체가능성이 높을수록 노동에 대한 탄력성은 작은 것이 아니라 크게 된다.
힉스 - 마샬 법칙(노동수요의 탄력성 결정요인)
• 대체가능성이 클수록 노동수요탄력성은 큼
• 다른 생산요소의 공급탄력성이 클수록 노동수요탄력성은 큼
• 수요의 탄력성이 클수록 노동수요탄력성은 큼
• 총비용 중 노동이 차지하는 비중이 클수록 노동수요탄력성은 큼

76 연봉제의 장점과 가장 거리가 먼 것은?

① 전문성의 촉진
② 개인의 능력에 기초한 생산성 향상
③ 구성원 상호 간의 친밀감 증진
④ 임금 관리 용이

답 ③

해 구성원 상호 간의 친밀감보다 경쟁심, 위화감이 증가될 수 있다.

77 보상적 임금격차를 발생시키는 요인이 아닌 것은?

① 작업환경의 쾌적성 여부
② 성별 간의 소득차이
③ 교육훈련 기회의 차이
④ 고용의 안정성 여부

답 ②

해 성별 간의 소득 차이는 관계가 없음(차별에 해당)

- 보상적 임금격차
노동조건의 차이, 소득안정성의 차이, 직업훈련비용의 차이 등 각종 직업상의 비금전적 불이익을 견딜 수 있을 정도의 필요한 정도의 임금 프리미엄을 제공하는 것

아담 스미스(A. Smith) 주장, 균등화 임금격차라고도 한다.

78 다음 중 마찰적 실업에 관한 설명으로 옳은 것은?

① 경기침체로부터 오는 실업이다.
② 구인자와 구직자 간의 정보의 불일치로 인해 발생한다.
③ 기업이 요구하는 기술수준과 노동자가 공급하는 기술수준의 불합치에 의해 발생한다.
④ 노동절약적 기술 도입으로 해고가 이루어짐으로써 발생한다.

답 ②

해 마찰적 실업은 구인자와 구직자 간의 정보의 불일치로 인해 발생한다.

79 립케(Ropke)의 인본적 경제(Humane economy)의 의미로 옳은 것은?

① 경쟁적 시장에 사회적 형평성을 보장하는 국가정책 및 제도가 있는 경제
② 완전 경쟁적 시장에 인간의 존엄성을 끝없이 추구하는 경제
③ 정부통제하의 독과점 주도의 성장지향적 시장경제
④ 현실의 시장경제 또는 지난 100년 이상 서구의 자본주의

답 ①

해 립케의 인본적 경제는 '복지를 추구하는 제도'이다. 복지란 '사회적 형평성'을 보장하는 것

80 다음 중 보상임금격차의 예로 가장 적합한 것은?

① 사회적으로 명예로운 직업의 보수가 높다.
② 대기업의 임금이 중소기업의 임금보다 높다.
③ 정규직 근로자의 임금이 일용직 근로자의 임금보다 높다.
④ 상대적으로 열악한 작업환경과 위험한 업무를 수행하는 광부의 임금은 일반 공장 근로자의 임금보다 높다.

답 ④

해 보상임금격차
작업 환경의 열악 함을 경제적 보상으로 상쇄 시켜주는 의미이다. 예를 들면, 탄광촌 광부의 임금은 도시근로자의 임금보다 많아야 함을 의미한다.

제5과목 고용노동관계법규

81 근로기준법령상 평균임금 계산에서 제외되는 기간이 아닌 것은?

① 사용자의 귀책사유로 휴업한 기간
② 출산전후 휴가기간
③ 남성 근로자가 신생아의 양육을 위하여 육아 휴직한 기간
④ 병역의무 이행을 위하여 유급으로 휴직한 기간

답 ④

해 병역의무 이행을 위하여 '유급'으로 휴직한 기간은 평균임금의 계산에서 제외되는 기간이 아니다.

82 다음 ( )에 알맞은 것은?

> 근로기준법상 야간근로는 (ㄱ)부터 다음 날 (ㄴ)사이의 근로를 말한다.

① ㄱ : 오후 6시, ㄴ : 오전 4시
② ㄱ : 오후 8시, ㄴ : 오전 4시
③ ㄱ : 오후 10시, ㄴ : 오전 6시
④ ㄱ : 오후 12시, ㄴ : 오전 6시

답 ③

해 야간근로시간은 오후 10시부터 다음 날 오전 6시이다.

83 직업안정법상 직업안정기관의 장이 구인신청의 수리(受理)를 거부할 수 있는 경우가 아닌 것은?

① 구인신청의 내용이 법령을 위반한 경우
② 구인자가 구인조건을 밝히기를 거부하는 경우
③ 구직자에게 제공할 선급금을 제공하지 않는 경우
④ 구인신청의 내용 중 임금·근로시간 기타 근로조건이 통상의 근로조건에 비하여 현저하게 부적당하다고 인정되는 경우

답 ③

해 선급금은 수령 금지로 구인신청 거부사항이 아니다.

84 헌법상 근로의 특별한 보호 또는 우선적인 근로기회보장의 대상자로서 명시되어 있지 않은 것은?

① 여자　② 연소자
③ 실업자　④ 국가유공자

답 ③

해 실업자, 고령자, 재해근로자, 장애인 등은 대상자가 아님

85 헌법상 근로에 관한 설명으로 틀린 것은?

① 모든 국민은 근로의 권리를 가진다.
② 모든 국민은 근로의 의무를 진다.
③ 연소자의 근로는 특별한 보호를 받는다.
④ 근로기회의 제공을 통하여 생활무능력자에 대한 국가적 보호의무를 증가시킨다.

답 ④

해 근로기회의 제공을 통하여 생활무능력자에 대한 국가의 보호 의무를 '증가'가 아닌 '감소'시키는 기능을 갖는다. 국민이 근로를 통해 경제력이 생기면(생활비가 해결되면) 국가에서 지원해야 하는 부분들이 감소된다.

86 노동기본권에 관하여 헌법에 명시된 내용으로 틀린 것은?

① 공무원인 근로자는 법률이 정하는 자에 한하여 단결권·단체교섭권 및 단체행동권을 가진다.
② 근로자는 근로조건의 향상을 위하여 자주적인 단결권·단체교섭권 및 단체행동권을 가진다.
③ 법률이 정하는 주요 방위산업에 종사하는 근로자의 단체행동권은 법률이 정하는 바에 의하여 이를 제한하거나 인정하지 아니할 수 있다.
④ 공익사업에 종사하는 근로자의 단체행동권은 법률이 정하는 바에 의하여 이를 제한하거나 인정하지 아니할 수 있다.

답 ④

해 공익사업이 아니라 방위산업체이다.

87 근로기준법령상 상시 10명 이상의 근로자를 사용하는 사용자가 취업규칙을 작성하여 고용노동부장관에게 신고해야 하는 사항이 아닌 것은?

① 근로계약기간
② 업무의 시작시각
③ 근로자의 식비 부담
④ 임금의 산정기간

답 ①

해 근로계약기간은 취업규칙이 아닌 근로계약서에 작성한다.

88 근로기준법령상 근로계약을 체결할 때 사용자가 근로자에게 반드시 서면으로 명시하여 교부해야 하는 사항이 아닌 것은?

① 취업의 장소
② 소정근로시간
③ 연차 유급휴가
④ 임금의 구성항목, 계산방법, 지급방법

답 ①

해 취업장소는 명시하여야 하나 서면 교부사항은 아니다.

사용자가 근로자에게 반드시 서면으로 명시하여 교부해야 하는 사항

- 임금의 구성항목·계산방법·지급방법
- 소정근로시간
- 휴일(주휴일)
- 연차유급휴가

89 다음 중 채용절차의 공정화에 관한 법률의 내용으로 가장 옳지 않은 것은?

① 구인자는 정당한 사유 없이 채용광고의 내용을 구직자에게 불리하게 변경하여서는 아니 된다.
② 구인자는 구직자에 대하여 그 직무의 수행에 필요하지 아니한 출신지역 등 개인정보를 기초심사자료 기재하도록 요구하거나 입증자료로 수집하여서는 아니 된다.
③ 구인자는 채용심사를 목적으로 구직자에게 채용서류 제출에 드는 비용을 부담시키지 못한다.
④ 누구든지 채용의 공정성을 침해하는 부당한 청탁, 압력, 강요 등의 행위를 할 수 없다.

답 ③

해 구인자는 채용심사를 목적으로 구직자에게 채용서류 제출에 드는 비용 '이외의' 일체의 금전적 비용을 부담시키지 못한다.
오히려 사업장 및 직종의 특수성으로 인하여 불가피한 사정이 있는 경우 '고용노동부장관의 승인을 받아' 구직자에게 채용심사비용의 일부를 부담하게 할 수 있다.

90 남녀고용평등과 일·가정 양립 지원에 관한 법률상 직장 내 성희롱에 관한 설명으로 틀린 것은?

① 사업주, 상급자 또는 근로자는 직장 내 성희롱을 하여서는 아니 된다.
② 사업주는 직장 내 성희롱 예방 교육을 매년 실시하여야 한다.
③ 고용노동부장관은 성희롱 예방 교육기관이 1년 동안 교육 실적이 없는 경우 그 지정을 취소할 수 있다.
④ 사업주는 직장 내 성희롱 발생 사실을 알게 된 경우에는 지체 없이 그 사실 확인을 위한 조사를 하여야 한다.

답 ③

해 고용노동부장관은 성희롱 예방 교육기관이 '1년'이 아닌 '2년' 동안 교육 실적이 없는 경우 그 지정을 취소할 수 있다.

91 고용보험법상 고용보험심사위원회의 재심사 청구에서 재심사 청구인의 대리인이 될 수 없는 자는?

① 청구인인 법인의 직원
② 청구인의 배우자
③ 청구인이 가입한 노동조합의 위원장
④ 변호사

답 ③

해 청구인이 가입한 '노동조합의 위원장'은 대리인이 될 수 없다.

청구인의 대리인으로 선임 가능한 자

- 청구인의 배우자, 직계존속·비속 또는 형제자매
- 청구인인 법인의 임원 또는 직원
- 변호사나 공인노무사
- 고용보험심사위원회의 허가를 받은 자

92 남녀고용평등과 일·가정 양립 지원에 관한 법령상 근로자의 가족 돌봄 등을 위한 지원에 관한 설명으로 틀린 것은?

① 사업주는 대체인력 채용이 불가능한 경우 근로자가 신청한 가족돌봄휴직을 허용하지 않을 수 있다.
② 원칙적으로 가족돌봄휴가 기간은 연간 최장 10일로 하며, 일단위로 사용할 수 있다.
③ 가족돌봄휴직 기간은 연간 최장 90일로 하며, 이를 나누어 사용할 수 있다.
④ 가족돌봄휴직 및 가족돌봄휴가 기간은 근속기간에서 제외한다.

답 ④

해 가족돌봄휴직 및 가족돌봄휴가 기간은 근속기간에 포함한다.

93 직업안정법상 고용서비스 우수기관 인증에 관한 설명으로 옳은 것은?

① 고용노동부장관은 고용서비스 우수기관 인증업무를 한국고용정보원에 위탁할 수 있다.
② 고용노동부장관은 고용서비스 우수기관으로 인증을 받은 자가 정당한 사유 없이 6개월이상 계속 사업 실적이 없는 경우 그 인증을 취소할 수 있다.
③ 고용서비스 우수기관 인증의 유효기간은 인증일부터 1년으로 한다.
④ 고용서비스 우수기관으로 인증을 받은 자가 인증의 유효기간이 지나기 전에 다시 인증을 받으려면 유효기간 만료 30일 전까지 고용노동부장관에게 신청하여야 한다.

답 ①

해 ② 고용노동부장관은 고용서비스 우수기관으로 인증을 받은 자가 정당한 사유 없이 '1년 이상' 계속 사업 실적이 없는 경우 그 인증을 취소할 수 있다.
③ 고용서비스 우수기관 인증의 유효기간은 '인증일부터 3년'으로 한다.
④ 고용서비스 우수기관으로 인증을 받은 자가 인증의 유효기간이 지나기 전에 다시 인증을 받으려면 '유효기간 만료 60일' 전까지 고용노동부장관에게 신청하여야 한다.

94 남녀고용평등과 일·가정양립지원에 관한 법령상 남녀의 평등한 기회보장 및 대우에 관한 설명으로 틀린 것은?

① 사업주는 동일한 사업 내의 동일 가치 노동에 대하여는 동일한 임금을 지급하여야 한다.
② 사업주가 임금차별을 목적으로 설립한 별개의 사업은 별개의 사업으로 본다.
③ 사업주는 근로자를 모집하거나 채용할 때 남녀를 차별하여서는 아니 된다.
④ 사업주는 여성 근로자의 출산을 퇴직 사유로 예정하는 근로계약을 체결하여서는 아니 된다.

답 ②

해 사업주가 임금차별을 목적으로 설립한 별개의 사업은 '동일한' 사업으로 본다.

95 근로기준법상 근로감독관에 관한 설명으로 틀린 것은?

① 근로조건의 기준을 확보하기 위하여 고용노동부와 그 소속 기관에 근로감독관을 둔다.
② 근로감독관의 직무에 관한 범죄의 수사는 검사와 근로감독관이 전담하여 수행한다.
③ 근로감독관은 사업장, 기숙사, 그 밖의 부속 건물을 현장조사하고 장부와 서류의 제출을 요구할 수 있다.
④ 의사인 근로감독관이나 근로감독관의 위촉을 받은 의사는 취업을 금지하여야 할 질병에 걸릴 의심이 있는 근로자에 대하여 검진할 수 있다

답 ②

해 근로감독관의 직무에 관한 범죄의 수사는 근로감독관이 담당할 수 없다.

96 근로기준법령상 취직인허증에 대한 설명으로 틀린 것은?

① 취직인허증을 받으려는 자가 의무교육 대상자로서 재학 중인 경우에는 학교장이 고용노동부장관에게 신청하여야 한다.
② 고용노동부장관은 거짓이나 그 밖의 부정한 방법으로 취직인허증을 발급받은 자에게는 그 인허를 취소하여야 한다.
③ 예술공연 참가를 위한 경우에는 13세 미만인 자도 취직인허증을 받을 수 있다.
④ 취직인허증은 본인의 신청에 따라 의무 교육에 지장이 없는 경우에는 직종을 지정하여서만 발행할 수 있다.

답 ①

해 취직인허증을 받으려는 자가 학교장, 친권자 또는 후견인과 사용자가 될 자와 연명으로 하여 신청한다

97 고용보험법상 자영업자인 피보험자에게 지급될 수 있는 급여를 모두 고른 것은?

ㄱ. 이주비	ㄴ. 훈련연장급여
ㄷ. 조기재취업 수당	ㄹ. 직업능력개발 수당

① ㄱ, ㄹ　② ㄴ, ㄷ
③ ㄴ, ㄷ, ㄹ　④ ㄱ, ㄴ, ㄷ, ㄹ

답 ①

해 각종 연장급여와 조기채취업수당은 해당하지 않는다.

98 고용보험법상 실업급여에 해당하지 않는 것은?

① 조기(早期)재취업 수당
② 구직급여
③ 이주비
④ 정리해고 수당

답 ④

해 정리해고 수당은 아니다.
실업급여는 구직급여와 취업촉진수당으로 구성된다.

취업촉진수당

- 광역구직활동비
- 이주비
- 조기재취업수당
- 직업능력개발수당

99 다음 중 노동법의 성격에 가장 적합한 원칙은?

① 계약자유의 원칙
② 자기책임의 원칙
③ 소유권 절대의 원칙
④ 당사자의 실질적 대등의 원칙

답 ④

해 노동법의 특징은 당사자의 실질적 대등의 원칙이다.

노동법의 특징

- 계약 공정의 원칙
- 소유권 상대의 원칙
- 무과실 책임의 원칙

100 고용보험법상 취업촉진 수당을 지급받을 권리는 몇 년간 행사하지 아니하면 시효로 소멸하는가?

① 1년　② 2년
③ 3년　④ 5년

답 ③

해 소멸시효는 3년이다.

3회 복원 기출 문제

제1과목 직업상담

01 상담과 관련된 설명으로 옳은 것은?

① 즉시성이란 내담자의 질문에 즉각적으로 반응하는 것을 의미한다.
② 내담자에게 피드백을 줄 때는 일반적으로 부정적인 것부터 주는 것이 좋다.
③ 상담을 진행하면서 시간, 내담자의 행동 및 절차상의 제한, 상담목표 등에 대해 논의하는 것을 구조화라고 한다.
④ 짧은 시간에 구체적인 정보를 많이 수집하려고 할 때는 폐쇄형 질문보다 개방형 질문이 효과적이다.

답 ③

해 ① 즉시성이란 내담자의 느낌, 인상, 기대에 즉시 반응하는 것이다.
② 피드백은 긍정적인 것부터 주는 것이 좋다.
④ 폐쇄형 질문이 효과적이다.

02 인지상담에서 주장하는 인지적 오류를 모두 고른 것은?

ㄱ. 자동적 사고	ㄴ. 흑백논리
ㄷ. 자극 일반화	ㄹ. 임의적 추론
ㅁ. 선택적 추상화	

① ㄱ, ㄴ, ㄷ　② ㄱ, ㄴ, ㅁ
③ ㄱ, ㄷ, ㄹ　④ ㄴ, ㄹ, ㅁ

답 ④

해 인지적 오류의 종류

- **흑백논리(이분법적사고)**: 모든 경험을 한 두 개 의사로만 이해하고 판단하는 극단적 사고 유형을 말한다.
- **임의적 추론(자의적 해석)**: 어떤 결론을 지지하는 증거가 없거나 그 증거가 결론에 위배 됨에도 불구하고 그와 같은 결론을 내리는 유형이다.
- **선택적 추상화**: 다른 중요한 요소는 무시한 채 부정적인 사소한 부분에 초점을 맞추고 그 부분에 근거하여 전체 경험을 이야기하는 유형이다.

03 내담자의 정보를 수집하고 행동을 이해하고 해석할 때 내담자가 다음과 같은 반응을 보일 경우 사용하는 상담기법은?

- 이야기 삭제하기
- 불확실한 인물 사용하기
- 불분명한 동사 사용하기
- 제한적 어투 사용하기

① 분류 및 재구성하기　② 전이된 오류 정정하기
③ 왜곡된 사고 확인하기　④ 저항감 재인식하기

답 ②

해 보기는 전이된 오류 정정하기 중에서도 '정보의 오류'에 해당함

전이된 오류

- 정보의 오류
  이야기 삭제, 불확실한 인물 사용하기, 불분명한 동사 사용하기, 제한적 어투 사용하기
- 한계의 오류
  예외를 인정하지 않는 것, 불가능을 가정하는 것, 어쩔 수 없음을 가정하는 것
- 논리적 오류

04 직업상담의 과정에 진단, 문제분류, 문제구체화, 문제해결의 단계 등이 포함되어야 하며, 이러한 목적을 달성하기 위해 면담기법, 검사해석, 직업정보 등이 직업상담 과정에 포함되어야 한다는 견해를 가진 학자는?

① 크리츠(Crites)　② 보딘(Bordin)
③ 긴즈버그(Ginzberg)　④ 윌리암슨(Williamson)

답 ①

해 크리츠(크라이티스)의 포괄적 상담이론의 과정

<table>
<tr><th>1단계</th><th colspan="2">2단계</th><th>3단계</th></tr>
<tr><td rowspan="2">진단</td><td colspan="2">명료화</td><td rowspan="2">문제해결</td></tr>
<tr><td>문제분류</td><td>문제구체화</td></tr>
</table>

05 다음 내용은 어떤 오류가 발생한 경우인가?

내담자들은 자신의 직업세계에 대해서 충분한 정보를 알고 있다고 잘못 생각하는 경우가 많다. 예를 들어 내담자가 '내 상사가 그러는데 나는 책임감이 없대요'라고 반응하는 경우이다.

① 삭제 ② 참고 자료
③ 어투의 사용 ④ 불분명한 동사 사용

답 ①

해 정보의 오류 중 삭제(이야기 삭제)에 해당한다.
내담자의 경험을 이야기 함에 있어 중요한 부분이 빠졌을 경우 상담자는 보충 질문이나 되물어 봄으로써 잘못을 인식시켜 준다.

06 Beck의 인지행동 상담에서 사용하는 주된 상담기법이 아닌 것은?

① 정서적 기법 ② 반응적 기법
③ 언어적 기법 ④ 행동적 기법

답 ②

해 반응적 기법은 아니다.
Beck의 인지행동 상담기법
- 정서적 기법
- 언어적 기법
- 행동적 기법

07 직업상담의 인지적 접근에 대한 설명이 아닌 것은?

① 심리교육적 접근을 한다.
② 아동기 경험을 중요시한다.
③ 잘못된 생각과 신념을 수정한다.
④ 사람의 생각이 직업행동을 결정하는데 중요한 영향을 미친다고 가정한다.

답 ②

해 아동기 경험을 중요시하는 것은 '정신분석적 접근'이다.

08 특성-요인 직업상담에서 일련의 관련 있는 또는 관련 없는 사실들로부터 일관된 의미를 논리적으로 파악하여 문제를 하나씩 해결하는 과정은?

① 다중진단 ② 선택진단
③ 변별진단 ④ 범주진단

답 ③

해 일련의 관련 있는 또는 관련 없는 사실들로부터 일관된 의미를 논리적으로 파악하는 것이 변별 진단이다.

09 발달적 직업상담에서 Super가 제시한 평가의 종류 중 내담자가 겪고 있는 어려움이나 직업상담에 대한 내담자의 기대를 평가하는 것은?

① 현실평가 ② 일차평가
③ 내용평가 ④ 문제평가

답 ④

해 현실평가, 일차평가, 내용평가는 Super의 평가와 관계가 없다.
Super가 제시한 평가
- 문제평가
- 개인평가
- 예언평가

10 내담자의 인지적 명확성을 사정할 때 고려할 사항이 아닌 것은?

① 직장을 처음 구하는 사람과 직업전환을 하는 사람의 직업상담에 관한 접근은 동일하게 해야 한다.
② 직장인으로서의 역할이 다른 생애 역할과 복잡하게 얽혀 있는 경우 생애 역할을 함께 고려한다.
③ 직업 상담에서는 내담자의 동기를 고려하여 상담이 이루어져야 한다.
④ 우울증과 같은 심리적 문제로 인지적 명확성이 부족한 경우 진로문제에 대한 결정은 당분간 보류하는 것이 좋다.

답 ①

해 개개인의 상황 및 인식 수준 차이가 있기 때문에 인지적 명확성을 사정할 때는 어떤 내담자도 동일하게 하면 안된다.

11 Super가 제시한 발달적 직업상담 단계에서 다음 (   )에 알맞은 것은?

1단계 : 문제 탐색 및 자아개념 묘사
2단계 : 심층적 탐색
3단계 : (ㄱ)
4단계 : (ㄴ)
5단계 : (ㄷ)
6단계 : 의사결정

① ㄱ : 태도와 감정의 탐색과 처리, ㄴ : 현실검증, ㄷ : 자아수용 및 자아통찰
② ㄱ : 현실검증, ㄴ : 태도와 감정의 탐색과 처리, ㄷ : 자아수용 및 자아통찰
③ ㄱ : 현실검증, ㄴ : 자아수용 및 자아통찰, ㄷ : 태도와 감정의 탐색과 처리
④ ㄱ : 자아수용 및 자아통찰, ㄴ : 현실검증, ㄷ : 태도와 감정의 탐색과 처리

답 ④

해 수퍼(Super)의 의사결정 단계
- 문제탐색 및 자아개념묘사
- 심층적 탐색
- 자아 수용 및 자아 통찰
- 현실검증
- 태도와 감정의 탐색과 처리
- 의사결정

12 인간중심 상담의 실현화 경향성에 관한 설명으로 틀린 것은?

① 유기체의 성장과 향상, 즉 발달을 촉진하고 지지한다.
② 성숙의 단계에 포함된 성장의 모든 국면에 영향을 준다.
③ 동물을 제외한 살아있는 모든 사람에게서 볼 수 있다.
④ 유기체를 향상시키는 활동으로부터 도출된 기쁨과 만족을 강조한다.

답 ③

해 동물을 포함한 모든 살아있는 유기체에서 볼 수 있다.

13 비지시적 상담을 원칙으로 자아와 일에 대한 정보 부족 혹은 왜곡에 초점을 맞춘 직업상담은?

① 정신분석 직업상담
② 내담자중심 직업상담
③ 행동적 직업상담
④ 발달적 직업상담

답 ②

해 비지시적 상담은 내담자중심 직업상담이다.

14 Brayfield가 제시한 직업정보의 기능에 해당하지 않는 것은?

① 결정화 기능 ② 정보적 기능
③ 재조정 기능 ④ 동기화 기능

답 ①

해 결정화 기능은 해당하지 않는다.
브레이필드(Brayfield)의 직업정보 기능
- 정보적 기능
- 재조정 기능
- 동기화 기능

15 사이버 직업상담의 장점이 아닌 것은?

① 개인의 지위, 연령, 신분, 권력 등을 짐작할 수 있는 사회적 단서가 제공되지 않으므로 전달되는 내용 자체에 많은 주의를 기울이고 의미를 부여할 수 있다.
② 내담자의 자발적 참여로 상담이 진행되는 경우가 대면상담에 비해 압도적으로 많으므로 내담자들이 문제해결에 대한 동기가 높다고 할 수 있다.
③ 내담자 자신의 정보가 제한되며 상담의 저항 같은 것에 영향을 받지 않아 상담을 쉽게 마무리 할 수 있다.
④ 상담자와 직접 얼굴을 마주하지 않기 때문에 자신의 행동이나 감정에 대한 즉각적인 판단이나 비판을 염려하지 않아도 된다.

답 ③

해 사이버상담은 내담자의 자기노출에 의존하며 상담이 전개된다.
익명성의 장점으로 자기표현이 자유로울 수도 있으나, 충분하지 못한 노출로 인하여 문제 파악 및 문제 해결에 어려움을 겪으며 상담이 쉽게 마무리되지 않을 수 있는 단점이 되기도 한다.

16 Tolbert가 제시한 집단직업상담의 요소에 대한 설명으로 옳은 것은?

① 일정 : 가능한 모임의 횟수를 늘려야 한다.
② 집단구성 : 2~4명 정도의 소규모 집단에서 구성원들 간의 상호작용과 피드백이 촉진된다.
③ 과정 : 집단직업상담의 과정은 5가지 유형의 활동으로 이루어진다.
④ 리더 : 집단의 리더는 상담의 목표가 달성되었는지 평가하고 구성원에게 피드백한다.

답 ③

해 ① 모임의 횟수는 최소화한다.
② 집단의 구성은 6~8명 정도가 가장 적절하다.
③ Tolbert가 제시한 집단직업상담의 과정은 '자기개방, 상호작용, 개인적 정보검토, 직업적 정보검토, 의사결정'의 5가지 유형의 활동으로 이루어진다.

17 Ellis의 합리적 정서치료의 정신건강 기준에 관한 설명으로 옳은 것은?

① 사회적 관심 : 자신의 삶에 책임감이 있고 독립적이다.
② 관용 : 변화에 대해 수긍하고 타인에게 편협한 견해를 갖지 않는다.
③ 몰입 : 실수하는 사람들을 비난하지 않는다.
④ 과학적 사고 : 깊게 느끼고 구체적으로 행동할 수 있다.

답 ④

해 **과학적 사고** : 깊게 느끼고 구체적으로 행동할 수 있다.
① **사회적 관심** : 변화에 대해 수긍하고 타인에게 편협한 견해를 갖지 않는다.
② **관용** : 실수하는 사람들을 비난하지 않는다.
③ **몰입** : 자신의 삶에 책임감이 있고 독립적이다.

18 개인주의 상담에서 허구적 최종목적론에 관한 설명으로 틀린 것은?

① 인간의 행동을 유도하는 상상된 중심 목표를 설명하기 위한 것이다.
② 허구나 이상이 현실을 보다 더 효과적으로 움직인다.
③ 인간은 현실적으로 전혀 실현 불가능한 많은 가공적인 생각에 의해서 살아가고 있다.
④ 인간의 행동은 미래에 대한 기대에 의해 좌우되기보다는 과거 경험에 의해서 더 좌우된다.

답 ④

해 개인주의 상담에서 허구적 최종목적론은 인간의 행동은 과거 경험에 의해 좌우되기보다는 미래에 대한 기대에 의해 좌우되는 것이다.

19 내담자 중심 상담이론의 특징이 아닌 것은?

① 동일한 상담원리를 정상적인 상태에 있는 사람이나 정신적으로 부적응 상태에 있는 사람 모두에게 적용한다.
② 상담은 모든 건설적인 대인관계의 실제 사례 중 단지 하나에 불과하다.
③ 실험에 기초한 귀납적인 접근방법이며 실험적 방법을 상담과정에 적용한다.
④ 상담의 과정과 그 결과에 대한 연구조사를 통하여 개발되어 왔다.

답 ③

해 실험에 기초한 귀납적인 접근방법이며 실험적 방법은 행동주의 상담기법이다.

20 다음에서 설명하고 있는 생애진로사정의 구조는?

> 개인이 자신의 생활을 어떻게 조직하는지를 발견하는 것이다. 내담자가 그들 자신의 생활을 체계적으로 조직하는지 아니면 매일 자발적으로 반응하는지 결정하는데 도움을 준다.

① 감정과 장애 ② 진로사정
③ 전형적인 하루 ④ 요약

답 ③

해 개인의 삶을 어떻게 조직하는지 발견하는 것은 '의존적-독립적'인지를 파악하며, 자신의 생활을 체계적으로 조직하는지 아닌지는 '자발적-체계적'에 대한 내용으로 전형적인 하루 구조에 대한 설명이다.

제2과목 직업심리

21 지능지수(IQ)라는 개념을 처음으로 도입한 심리검사는?

① 비네검사 ② 스탠포드-비네검사
③ 다면적 인성검사 ④ 직업흥미검사

답 ②

해 스탠포드-비네 지능감사가 지능지수(IQ)라는 개념을 처음으로 도입한 심리검사이다.
① 비네 검사는 비네-시몽 검사를 의미한다.

22 Holland의 직업적응 매칭(Matching)이론에서 다음과 같은 유형의 직업세계에 가장 적합한 성격유형은?

- 사서원, 은행원, 행정관료
- 정확성과 꼼꼼함을 요구함
- 융통성과 상상력이 부족함

① 사회적 유형 ② 현실적 유형
③ 탐구적 유형 ④ 관습적 유형

답 ④

해 관습형에 해당

23 진로성숙도 검사(CMI)의 태도척도 영역과 이를 측정하는 문항의 예가 바르게 짝지어진 것은?

① 결정성 - 나는 선호하는 진로를 자주 바꾸고 있다.
② 독립성 - 나는 졸업할 때까지는 진로선택 문제에 별로 신경을 쓰지 않겠다.
③ 타협성 - 일하는 것이 무엇인지에 대해 생각한 바가 거의 없다.
④ 성향 - 나는 하고 싶기는 하나 할 수 없는 일을 생각하느라 시간을 보내곤 한다.

답 ①

해
- **결정성**: 나는 선호하는 진로를 자주 바꾸고 있다.
- **참여성**: 나는 졸업할 때까지는 진로선택 문제에 별로 신경을 쓰지 않겠다.
- **독립성**: 진로선택을 독립적으로 할 수 있는 정도이다.
- **성향(지향성)**: 일하는 것이 무엇인지에 대해 생각한 바가 거의 없다.
- **타협성**: 나는 하고 싶기는 하나 할 수 없는 일을 생각하느라 시간을 보내곤 한다.

24 스트레스 요인과 상황에 관한 설명으로 틀린 것은?

① 좌절(Frustration) - 원하는 목표가 지연되거나 차단될 때이다.
② 과잉부담(Overload) - 개인의 능력을 벗어난 일이나 요구일 때이다.
③ 갈등(Conflict) - 두 가지의 긍정적인 일들이 갈등을 일으킬 때이다.
④ 생활의 변화(Life Change) - 부정적인 사건이 제한된 시간 내에 많을 때이다.

답 ④

해 생활의 변화는 부정적인 사건뿐 아니라 긍정적인 사건에서도 발생한다.

25 투사법 성격검사가 아닌 것은?

① 문장완성검사 ② MBTI
③ TAT 검사 ④ 로샤(Rorschach) 검사

답 ②

해 MBTI는 객관적 자기보고식 성격검사이다.

26 경력진단검사에 관한 설명으로 틀린 것은?

① 경력결정검사(CDS)는 경력관련 의사결정 실패에 관한 정보를 제공하기 위해 개발되었다.
② 개인직업상황검사(MVS)는 직업적 정체성 형성여부를 파악하기 위한 것이다.
③ 경력개발검사(CDI)는 경력관련 의사결정에 대한 참여 준비도를 측정하기 위한 것이다.
④ 경력태도검사(CBI)는 직업선택에 필요한 정보 및 환경, 개인적인 장애가 무엇인지를 알려준다.

답 ④

해 경력태도검사(CBI=Career Belief Inventor)는 진로신념검사로 내담자의 진로 태도 및 신념을 확인 할 수 있다.

27 GATB 직업적성검사의 하위검사 중에서 둘 이상의 적성을 검출하는데 이용되는 검사가 아닌 것은?

① 입체공간검사 ② 어휘검사
③ 산수추리검사 ④ 기구대조검사

답 ④

해 기구대조검사는 하나의 적성 '형태지각'만 검출

28 직업선호도 검사에 관한 설명으로 틀린 것은?

① 직업흥미검사, 성격검사, 생활사 검사로 구성되어 있다.
② 직업흥미검사는 Holland의 모형을 기초로 개발한 검사이다.
③ 생활사 검사는 개인의 과거 또는 현재의 생활 특성을 파악한다.
④ 직업 흥미 유형을 크게 현실형, 사회형, 탐구형, 예술형, 인내형, 진취형으로 구분한다.

답 ④

해 인내형은 없음
홀랜드의 직업 흥미 유형
현실형, 탐구형, 예술형, 사회형, 진취형, 관습형

29 Lofquist와 Dawis의 직업적응 이론에서 직업적응 유형의 개념에 관한 설명으로 틀린 것은?

① 일관성(Consistency) : 수행해야 할 다양한 작업들 간의 부조화를 참아내는 정도
② 끈기(Perseverance) : 환경이 자신에게 맞지 않아도 개인이 얼마나 오랫동안 견뎌낼 수 있는지의 정도
③ 적극성(Activeness) : 개인이 작업환경을 개인적 방식과 좀 더 조화롭게 만들어 가려고 노력하는 정도
④ 반응성(Reactiveness) : 개인이 작업 성격의 변화로 인해 작업환경에 반응하는 정도

답 ①

해 일관성(Consistency)은 직업적응 유형 개념에 해당하지 않는다.
융통성(Flexbility)
수행해야 할 다양한 작업들 간의 부조화를 참아내는 정도

30 직업상담의 기법 중 비지시적 상담 규칙이 아닌 것은?

① 상담자는 내담자와 논쟁해서는 안 된다.
② 상담자는 내담자에게 질문 또는 이야기를 해서는 안 된다.
③ 상담자는 내담자에게 어떤 종류의 권위도 과시해서는 안 된다.
④ 상담자는 인내심을 가지고, 우호적으로, 그러나 지적으로는 비판적인 태도로 내담자의 말을 경청해야 한다.

답 ②

해 비지시적 상담은 심리검사가 아닌 질문과 이야기(대화상담)로 내담자를 이해하고 문제를 해결한다.

31 직무 스트레스에 관한 설명으로 틀린 것은?

① 직장 내 소음, 온도와 같은 물리적 요인이 직무 스트레스를 유발할 수 있다.
② 직무 스트레스를 일으키는 심리사회적 요인으로 역할 갈등, 역할 과부화, 역할 모호성 등이 있다.
③ 사회적 지지가 제공되면 우울이나 불안 같은 직무 스트레스 반응이 감소한다.
④ 직무 스트레스는 직무만족과 부정적 관계에 있으며, 모든 스트레스는 항상 직무수행 성과를 떨어뜨린다.

답 ④

해 적정수준의 직무스트레스는 오히려 업무능률을 향상시킬 수 있다.

32 내담자의 직무능력을 언어능력과 동작성 능력으로 구분하여 분석하는 대표적인 검사는?

① 비문자형 종합검사(NATB)
② 웩슬러 성인용 지능검사(WAIS - III)
③ FQ(Finger - Function Quotient)검사
④ 수정베타 검사법(제2판)

답 ②

해 웩슬러 성인용 지능검사는 언어능력과 동작성 능력으로 구분하여 분석한다.

언어성 검사(6)	동작성 검사(5)
기본지식 어휘문제 이해문제 공통성 문제 숫자외우기 산수문제	빠진 곳 찾기 차례 맞추기 토막짜기 모양 맞추기 바꿔쓰기

33 다음 사례에서 직면기법에 가장 가까운 반응은?

> 집단모임에서 여러 명의 집단원들로부터 부정적인 피드백을 받은 한 집단원에게 다른 집단원이 그의 느낌을 묻자 아무렇지도 않다고 하지만 그의 얼굴표정이 몹시 굳어있을 때, 지도자가 이를 직면하고자 한다.

① "○○씨, 지금 느낌이 어떤가요?"
② "○○씨가 방금 아무렇지도 않다고 하는 말이 어쩐지 믿기지 않는군요."
③ "○○씨, 내가 만일 ○○씨처럼 그런 지적을 받았다면 기분이 몹시 언짢겠는데요."
④ "○○씨는 아무렇지도 않다고 말하지만, 지금 얼굴이 아주 굳어있고 목소리가 떨리는군요. 내적으로 어떤 불편한 감정이 있는 것 같은데, ○○씨의 반응이 궁금하군요."

답 ④

해 주의할 점은 상대방의 감정이 아닌 객관적행동과 태도로 직면한다.

34 역할 갈등의 발생에 대한 설명으로 틀린 것은?

① 직업에서의 요구와 직업 이외의 요구가 다를 때 발생한다.
② 개인이 수행하는 직무의 요구와 개인의 가치관이 다를 때 발생한다.
③ 개인에게 요구하는 두 사람 이상의 요구가 다를 때 발생한다.
④ 개인의 책임한계와 목표가 명확하지 않아서 역할이 분명하지 않을 때 발생한다.

답 ④

해 개인의 책임 한계와 목표가 명확하지 않아서 역할이 분명하지 않을 때 발생하는 것은 '역할 모호성'으로 역할갈등에 해당하지 않는다.

직무스트레스의 원인
- 과제 특성
- 역할 갈등
  ① 개인 간 갈등
  ② 개인 내 갈등
  ③ 송신자 간 갈등
  ④ 송신자 내 갈등
- 역할 모호성
- 역할 과다, 역할 과소
- 산업의 조직문화

35 반분 신뢰도(split-half reliability)를 추정하는 방법과 가장 거리가 먼 것은?

① 사후양분법 ② 전후절반법
③ 기우절반법 ④ 짝진 임의배치법

답 ①

해 사후양분법은 아니다.

반분 신뢰도를 추정하는 방법
- 전후 절반법
- 기우 절반법
- 짝진 임의배치법

36 다음 중 Maslow의 욕구위계이론과 가장 유사성이 많은 직무동기이론은?

① 기대-유인가 이론
② Adams의 형평이론
③ Locke의 목표설정이론
④ Alderfer의 존재-관계-성장이론

답 ④

해 Maslow의 욕구위계이론과 가장 유사성이 많은 직무동기이론은 Alderfer의 존재(E)-관계(R)-성장(G) 이론이다.

37 인지정서행동 상담의 비합리적 신념의 차원 중 인간문제의 근본요인에 해당하는 것은?

① 당위적 사고 ② 과장
③ 자기비하 ④ 인내심 부족

답 ①

해 당위적 사고
- 자신에 대한 당위성
- 타인에 대한 당위성
- 세상에 대한 당위성

38 **다음은 무엇에 관한 설명인가?**

> 실제로 무엇을 재는가의 문제가 아니라, 검사가 잰다고 말하는 것을 재는 것처럼 보이는 가의 문제이다. 즉, 검사를 받는 사람들에게 그 검사가 타당한 것처럼 보이는가를 뜻한다.

① 내용타당도(content validity)
② 준거관련 타당도(criterion-related validity)
③ 예언 타당도(predictive validity)
④ 안면 타당도(face validity)

답 ④

해 일반인이 문항을 읽고 얼마나 정확해 보이는지를 평가하는 것으로 '검사가 잰다고 말하는 것을 재는 것처럼 보이는가의 문제'기 안면 타당도이다.

39 **직업선택 문제들 중 비현실성의 문제와 가장 거리가 먼 것은?**

① 흥미나 적성의 유형이나 수준과 관계없이 어떤 직업을 선택해야 할지 결정하지 못한다.
② 자신의 적성수준보다 높은 적성을 요구하는 직업을 선택한다.
③ 자신의 흥미와는 일치하지만, 자신의 적성수준보다는 낮은 적성을 요구하는 직업을 선택한다.
④ 자신의 적성수준에서 선택을 하지만, 자신의 흥미와는 일치하지 않는 직업을 선택한다.

답 ①

해 ① 결정성의 우유부단형에 대한 내용이다.

40 **팀 생산성을 높이기 위해서 부하들을 철저히 감독하라는 사장의 요구와 작업능률을 높이려면 자발적으로 일할 수 있는 분위기를 만들어 주어야 한다는 부하들의 요구 사이에서 고민하는 팀장의 스트레스 원인은?**

① 송신자내 갈등　② 개인간 역할갈등
③ 개인내 역할갈등　④ 송신자 간 갈등

답 ④

해 사장과 부하직원 사이의 갈등은 송신자 간 갈등이다.

역할갈등의 종류

- **개인 간 역할갈등** : 직업에서의 요구와 직업 이외의 요구와의 갈등에서 발생
- **개인 내 역할갈등** : 직업에서의 요구와 개인의 가치관이 다를 때 발생
- **송신자 간 갈등** : 두 명 이상의 송신자가 서로 다른 요구를 하여 발생
- **송신자 내 갈등** : 한 송신자가 서로 배타적이고 양립할 수 없는 요구를 할 때 발생

제3과목 직업정보

41 국가기술자격 기능장 등급의 응시자격으로 틀린 것은?

① 응시하려는 종목이 속하는 동일 및 유사 직무분야의 산업기사 또는 기능사 자격을 취득한 후 국민 평생 직업능력 개발법에 따라 설립된 기능대학의 기능장과정을 마친 이수자 또는 그 이수예정자
② 산업기사 등급 이상의 자격을 취득한 후 응시하려는 종목이 속하는 동일 및 유사 직무분야에서 7년 이상 실무에 종사한 사람
③ 응시하려는 종목이 속하는 동일 및 유사 직무분야에서 9년 이상 실무에 종사한 사람
④ 응시하려는 종목이 속하는 동일 및 유사 직무분야의 다른 종목의 기능장 등급의 자격을 취득한 사람

답 ②

해 산업기사 등급 이상의 자격을 취득한 후 응시하려는 종목이 속하는 동일 및 유사 직무분야에서 '5년 이상' 실무에 종사한 사람이다.

기능장
• 기능사 자격 +7년이상 실무종사 • 산업기사 자격 +5년이상 실무종사 • 산업기사, 기사 + 기능대학 기능장 과정 수료
• 9년 이상 실무종사자

42 평생학습계좌제(www.all.go.kr)에 관한 설명으로 틀린 것은?

① 개인의 다양한 학습경험을 온라인 학습이력관리시스템에 누적·관리하여 체계적인 학습설계를 지원한다.
② 개인의 학습결과를 학력이나 자격인정과 연계하거나 고용정보로 활용할 수 있게 한다.
③ 전 국민을 대상으로 실시하는 제도로서, 원하는 누구나 이용이 가능하다.
④ 온라인으로 계좌개설이 가능하며 방문신청은 전국 고용센터에 방문하여 개설한다.

답 ④

해 '해당 사이트'에서 개설 또는 '평생교육진흥원' 방문하여 개설한다.

43 한국표준직업분류에서 다음에 해당하는 직업분류 원칙은?

> 교육과 진로를 겸하는 의과대학 교수는 강의, 평가, 연구 등과 진료, 처치, 환자상담 등의 직무내용을 파악하여 관련 항목이 많은 분야로 분류한다.

① 취업 시간 우선 원칙
② 최상급 직능수준 우선 원칙
③ 조사 시 최근의 직업 원칙
④ 주된 직무 우선 원칙

답 ④

해 포괄적인 업무에 대한 직업분류 원칙 중 '주된 직무 우선 원칙'에 해당한다.

44 다음 (　　) 안에 알맞은 것은?

> 한국직업정보시스템(고용24/직업·진로)에서 직업의 전망조건을 '매우 밝음'으로 선택하여 직업정보를 검색하면 직업전망이 상위
> (　　)이상인 직업만 검색된다.

① 10%　② 15%
③ 20%　④ 25%

답 ①

해 매우 밝음은 상위 10%이다.

45 다음 국가기술자격 종목이 공통으로 해당하는 직무분야는?

> • 산업위생관리기사
> • 가스기사
> • 와전류비파괴검사기사
> • 인간공학기사

① 안전관리　② 환경·에너지
③ 기계　④ 재료

답 ①

해 안전관리에 해당한다.

주요직무분야	중직무분야	주요자격종목
25안전관리	251 안전관리	산업위생관리, 가스, 건설안전, 기계안전, 산업안전, 인간공학 등
	252 비파괴검사	와전류비파괴검사, 자기비파괴검사, 초음파비파괴검사 등

46 **고용24에서 제공하는 학과정보 중 자연계열에 해당하지 않는 것은?**

① 안경광학과 ② 생명과학과
③ 수학과 ④ 지구과학과

답 ①

해 안경광학과는 공학계열에 해당한다.
'공학'이 포함된 자연계열은 '임산공학', '생명공학', '식품공학', '바이오산업공학'이다.

47 **한국표준직업분류상 일의 계속성에 대한 설명으로 틀린 것은?**

① 매일, 매주, 매월 등 주기적으로 행하는 것
② 계절적으로 행하는 것
③ 명확한 주기는 없으나 계속적으로 행해 지는 것
④ 취업한 후 계속적으로 행할 의지와 가능성이 있는 것

답 ④

해 한국표준직업분류상 '일의 계속성'
- 매일, 매주, 매월 등 주기적으로 행하는 것
- 계절적으로 행하는 것
- 명확한 주기는 없으나 계속적으로 행해지는 것
- 현재 하고 있는 일을 계속적으로 행할 의지와 가능성이 있는 것

48 **한국직업사전의 부가 직업정보 중 숙련기간 내에 포함되지 않는 것은?**

① 해당 직업에 필요한 자격·면허를 취득하는 취업 전 교육 및 훈련기간
② 취업 후에 이루어지는 관련 자격·면허 취득 교육 및 훈련기간
③ 해당 직무를 평균적으로 수행하기 위한 각종 교육·훈련, 수습 교육 등의 기간
④ 해당 직무를 평균적인 수준 이상으로 수행하기 위한 향상 훈련기간

답 ④

해 숙련기간에 향상 훈련기간은 포함되지 않는다.

49 **직업선택 결정모형을 기술적 직업결정모형과 처방적 직업결정모형으로 분류할 때 기술적 직업결정모형에 해당하지 않는 것은?**

① 브룸(Vroom)의 모형
② 플레처(Fletcher)의 모형
③ 겔라트(Gelatt)의 모형
④ 타이드만과 오하라(Tideman &O'Hara)의 모형

답 ③

해 겔라트(Gelatt) 의 모형은 처방적 결정모형이다.

처방적 결정모형
- 사람들이 직업을 결정할 때 실수를 줄이고 더 나은 직업을 선택하도록 돕고자 하는 이론이다.
- 주요 학자 : 카트, 겔라트, 칼도와 쥐토우스키

기술적 결정모형
- 사람들의 일반적인 직업결정방식을 나타낸 이론
- 주요 학자 : 힐튼, 타이드만과 오하라, 브룸, 플레처 등

50 **해외취업·창업·인턴·봉사 등의 해외진출 관련 정보를 통합하여 제공하는 사이트는?**

① 월드잡플러스(worldjob.or.kr)
③ 커리어넷(career.go.kr)
② 일모아사이트(ilmoa.go.kr)
④ 빅데이터(data.go.kr)

답 ①

해 월드잡플러스(worldjob.or.kr)는 청년들의 도전적인 해외진출을 지원하는 해외통합정보망이다.

51 **고용24(구 워크넷 직업·진로)에서 제공하는 직업선호도 검사 L형과, S형의 공통적인 하위검사는?**

① 흥미검사 ② 성격검사
③ 생활사검사 ④ 구직동기검사

답 ①

해 직업선호도검사 L형과 S형의 공통적인 하위검사는 흥미검사이다.

52 **질문지를 사용한 조사를 통해 직업정보를 수집하고자 한다. 질문지 문항 작성방법에 대한 설명으로 틀린 것은?**

① 객관식 문항의 응답 항목은 상호배타적이어야 한다.
② 응답하기 쉬운 문항일수록 설문지의 앞에 배치하는 것이 좋다.
③ 신뢰도 측정을 위해 짝(pair)으로 된 문항들을 함께 배치하는 것이 좋다.
④ 이중(double-barreled)질문과 유도질문은 피하는 것이 좋다.

답 ③

해 신뢰도 측정을 위해 짝으로 된 문항들은 '분리'해서 배치해야 한다.

53 **Q-Net에서 제공하는 자격정보에 관한 설명으로 틀린 것은?**

① 국가자격정보는 한국산업인력공단에서 시행하는 자격정보만을 제공한다.
② 국가공인민간자격정보를 민간자격정보 서비스(www.pqi.or.kr)와 연계하여 제공한다.
③ 국가기술자격 통계연보를 제공한다.
④ 미국, 호주, 독일 등 외국의 자격제도 운영현황정보를 제공한다.

답 ①

해 국가자격정보는 한국산업인력공단에서 시행하는 자격 정보 뿐만 아니라, 대한상공회의소 및 고용노동부등 기타기관에서 제공하는 자격정보도 제공한다

54 **다음은 한국직업사전에 수록된 어떤 직업에 관한 설명인가?**

직무개요 : 기업을 구성하는 여러 요소(재무, 회계, 인사, 미래비전, 유통 등)에 대한 분석을 통하여 기업이 당면한 문제점과 해결방안을 제시한다.
직무기능 : 자료(분석)/사람(자문)/사물(관련 없음)

① 직무분석가 ② 시장조사분석가
③ 경영컨설턴트 ④ 환경영향평가원

답 ③

해 경영컨설턴트에 대한 설명이다.
정답의 키워드는 '기업이 당면한 문제점과 해결방안을 제시'이다.

55 **직업정보관리에 관한 설명으로 틀린 것은?**

① 직업정보의 범위는 개인, 직업, 미래에 대한 정보 등으로 구성되어 있다.
② 직업정보원은 정부부처, 정부투자출연기관, 단체 및 협회, 연구소, 기업과 개인 등이 있다.
③ 직업정보 가공 시 전문적인 지식이 없어도 이해할 수 있도록 가급적 평이한 언어로 제공하여야 한다.
④ 개인의 정보는 보호되어야 하기 때문에 구직 시 연령, 학력 및 경력 등의 취업과 관련된 정보는 제한적으로 제공되어야 한다.

답 ④

해 취업과 관련된 정보를 '제한적'으로 제공하면 안된다.
특히 구직 시 '경력'은 필수적으로 제공한다.

56 **민간직업정보의 일반적인 특징과 가장 거리가 먼 것은?**

① 한시적으로 정보가 수집 및 가공되어 제공된다.
② 객관적인 기준을 가지고 전체 직업에 관한 일반적인 정보를 제공한다.
③ 직업정보 제공자의 특정한 목적에 따라 직업을 분류한다.
④ 통상적으로 직업정보를 유료로 제공한다.

답 ②

해 객관적인 기준을 가지고 전체 직업에 관한 일반적인 정보를 제공하는 것은 공공직업정보의 특징이다.

구 분	공공직업정보	민간직업정보
기준	객관적	자의적·임의적
해당 분야 및 직종	포괄적	제한적
시기적 속성	지속적	한시적
구성	기초적	완결적
비용	무 료	유 료

57 **다음은 한국표준직업분류의 어떤 기능수준에 해당한느 설명인가?**

일반적으로 중등교육을 마치고 1~3년 정도의 추가적인 교육과정(ISCED수준 5)정도의 정규교육 또는 직업훈련을 필요로 한다.

① 제1직능 수준 ② 제2직능 수준
③ 제3직능 수준 ④ 제4직능 수준

답 ③

해 제3직능수준에 해당하는 내용이다.

58 한국표준직업분류에서 직업으로 보지 않는 활동을 모두 고른 것은?

ㄱ. 이자, 주식배당 등과 같은 자산 수입이 있는 경우
ㄴ. 예·적금 인출, 보험금 수취, 차용 또는 토지나 금융자산을 매각하여 수입이 있는 경우
ㄷ. 사회복지시설 수용자의 시설 내 경제 활동
ㄹ. 수형자의 활동과 같이 법률에 의한 강제 노동을 하는 경우

① ㄱ, ㄷ ② ㄴ, ㄹ
③ ㄱ, ㄴ, ㄷ ④ ㄱ, ㄴ, ㄷ, ㄹ

답 ④

해 모두 직업으로 보지 않는 활동이다.

59 한국표준직업분류의 직업분류 원칙에 대한 설명으로 틀린 것은?

① 동일하거나 유사한 직무는 어느 경우에든 같은 단위 직업으로 분류한다.
② 2개 이상의 직무를 수행하는 경우는 수행되는 직무내용과 관련 분류 항목에 명시된 업무 내용을 비교, 평가하여 관련 직무내용 상의 상관성이 가장 높은 항목에 분류한다.
③ 수행된 직무가 상이한 수준의 훈련과 경험을 통해 얻어지는 직무능력을 필요로 한다면, 가장 높은 수준의 직무능력을 필요로 하는 일에 분류한다.
④ 재화의 생산과 공급이 같이 이루어지는 경우는 공급단계에 관련된 업무를 우선적으로 분류한다

답 ④

해 재화의 생산과 공급이 같이 이루어지는 경우는 공급 단계가 아니라, 생산단계에 관련된 업무를 우선적으로 분류한다.(공급단계 → 생산단계)

60 기술기초이론 지식 또는 숙련기능을 바탕으로 복합적인 기초기술 및 기능업무를 수행할 수 있는 능력의 보유여부를 검정기준으로 하는 국가기술자격 등급은?

① 기능장 ② 기사
③ 산업기사 ④ 기능사

답 ③

해 산업기사
해당 국가기술자격의 종목에 관한 기술기초이론 지식 또는 숙련기능을 바탕으로 복합적인 기초기술 및 기능업무를 수행할 수 있는 능력 보유

제4과목 노동시장

61 다음 중 통상임금에 포함되지 않는 것은?

① 기본급 ② 직급수당
③ 직무수당 ④ 특별급여

답 ④

해 '초과급여'와 '특별급여'는 통상임금 산정에서 제외된다.
통상급여
근로자에게 정기적·일률적으로 지급하기로 정한 월급 금액
- 기본급, 직무관련 직책·직급·직무수당을 포함
(초과급여, 특별급여는 제외)

62 생산성 임금제를 따를 때 물가상승률이 3%이고, 실질생산성 증가율이 7%라고 하면 명목임금은 얼마나 인상되어야 하는가?

① 2% ② 4%
③ 10% ④ 15%

답 ③

해 3% + 7% = 10%
명목생산성 증가율 = 실질생산성 증가율 + 가격 증가율(물가상승률)

63 노동공급곡선이 그림과 같을 때 임금이 W0 이상으로 상승한 경우의 설명으로 옳은 것은?

① 대체효과가 소득효과를 압도한다.
② 소득효과가 대체효과를 압도한다.
③ 대체효과가 규모효과를 압도한다.
④ 규모효과가 대체효과를 압도한다.

답 ②

해 소득효과가 대체효과를 압도한다.
임금상승으로 실질 소득이 증가함으로 근로자는 노동시간을 줄이고 여가시간과 소비재 구입을 늘린다.

64 **최저임금제가 노동시장에 미치는 효과와 가장 거리가 먼 것은?**

① 잉여인력 발생
② 노동공급량 증가
③ 숙련직의 임금하락
④ 노동수요량 감소

답 ③

해 숙련직의 임금도는 상승한다.

65 **다음 중 헤도닉 임금이론의 가정으로 틀린 것은?**

① 직장의 다른 특성은 동일하며 산업재해의 위험도도 동일하다.
② 노동자는 효용을 극대화하며 노동자간에는 산업안전에 관한 선호의 차이가 존재한다.
③ 기업은 좋은 노동조건을 위해 산업안전에 투자해야 한다.
④ 노동자는 정확한 직업정보를 갖고 있으며 직업 간에 자유롭게 이동할 수 있다.

답 ①

해 헤도닉 임금이론은 산업재해 발생 시 근로자에게 보상해 주는 보상적 임금제도의 유형이다.
직장의 다른 특성은 동일하며 산업재해의 위험도는 직장마다 다르다.

66 **연공급의 특징과 가장 거리가 먼 것은?**

① 회사에 대한 높은 귀속의식
② 동일노동·동일임금의 실현
③ 직무와 상관없는 비합리적인 인건비 지출
④ 적당주의의 증가

답 ②

해 연공급은 동일노동 동일임금의 실현과 거리가 멀다.
최적 인적자원배분
국민경제에서 동일노동에 대한 동일임금이 지급될 때 최적 인적자원 배분이 이루어진다.

67 **불경기에 발생하는 부가노동자효과(Added Worker Effect)와 실망실업자효과률이 변화한다. 다음 중 실업률에 미치는 효과의 방향성이 옳은 것은? (단, + : 상승효과, - : 감소효과)**

① 부가노동자효과 : +, 실망실업자효과 : -
② 부가노동자효과 : -, 실망실업자효과 : -
③ 부가노동자효과 : +, 실망실업자효과 : +
④ 부가노동자효과 : -, 실망실업자효과 : +

답 ①

해 부가노동자효과는 실업률을 상승(+) 시킴
실망노동자효과는 실업률을 감소(-) 시킴

68 **임금이 10% 상승할 때 노동수요량이 20% 하락했다면 노동수요의 탄력성 값은?**

① -0.5 ② 0.5
③ -2.0 ④ 2.0

답 ④

해 $노동수요의 탄력성 = \frac{노동수요량의 변화율}{임금의 변화율}$

$노동수요탄력성 = \frac{20\%}{10\%} = 2.0$

69 **스캔론 플랜(Scanlon Plan)에 대한 설명과 가장 거리가 먼 것은?**

① 근로자 경영참가 중에서 이익참가의 대표적 유형이다.
② 노사협력에 의한 생산성 향상을 목적으로 한다.
③ 매출액을 성과배분의 기준으로 삼는다.
④ 종업원 개개인의 능력을 자극하는 제도이다.

답 ④

해 종업원 개개인의 능률이 아니라 전체의 능률을 자극하는 제도임

70 **전체 근로자의 20%가 매년 새로운 일자리를 찾고 있으며 직업탐색기간이 평균 3개월이라면 마찰적 실업률?**

① 1% ② 5%
③ 6% ④ 10%

답 ②

해 직업탐색기간에 따른 마찰적 실업률
연간실업률은 실업률에 구직기간을 곱하여 구함

$20\% \times \frac{1}{4}\text{년} = 5\%$

$\text{연간 실업률} = \frac{3\text{개월}}{12\text{개월}} \times 20\%$

71 **실질임금 상승률을 계산하는 데 적합한 방식은?**

① 명목임금 상승률 ÷ 노동생산성 상승률
② 명목임금 상승률 ÷ 단위당 노동비용 상승률
③ 명목임금 상승률 ÷ 근로소득세 증가율
④ 명목임금 상승률 ÷ 소비자물가 상승률

답 ④

해 실질임금 상승률 = 명목임금 상승률 ÷ 소비자물가 상승률

72 **여성이 특정 직종에 집중되면서 여성노동시장의 경쟁이 격화됨으로써 여성의 임금수준이 저하되는 현상은?**

① 위협효과 ② 파급효과
③ 대체효과 ④ 혼잡효과

답 ④

해 여성이 저임금 직종에의 모이면 여성근로자 간의 경쟁이 격화되고 이로 인해 임금이 낮아지는 현상을 혼잡효과(쇄도효과)라고 한다.

73 **다음 중 실망노동력인구(discouraged labor force)는 어디에 해당하는가?**

① 취업자 ② 실업자
③ 경제활동인구 ④ 비경제활동인구

답 ④

해 실망노동력인구는 비경제활동인구에 해당한다.

74 **임금이 하락할 경우 장기노동수요곡선에 대한 설명으로 옳은 것을 모두 고른 것은?**

ㄱ. 장기노동수요곡선은 단기노동수요곡선에 비해 비탄력적이다.
ㄴ. 장기에는 대체효과 외에 추가 자본투입에 의한 산출량 효과로 인해 추가적으로 노동수요가 증가한다.
ㄷ. 장기에는 대체효과 및 소득효과로 인해 노동수요가 증가한다.

① ㄱ ② ㄴ
③ ㄱ, ㄴ ④ ㄱ, ㄴ, ㄷ

답 ②

해 ㄱ. 장기노동수요곡선은 단기노동수요곡선에 비해 탄력적이다.
ㄷ. 장기에는 대체효과 및 소득효과로 인한 노동 수요를 알 수 없다.

75 **다음 중 적극적 노동시장정책(ALMP)에 해당하는 것은?**

① 실업급여 지급
② 취업알선
③ 실업자 대부
④ 실직자녀 학자금 지원

답 ②

해 적극적 노동시장정책에 해당하는 것은 취업알선이다.

76 **다음 중 노동수요의 탄력성 결정요인이 아닌 것은?**

① 노동자에 의해 생산된 상품의 수요탄력성
② 총생산비에서 차지하는 노동비용의 비율
③ 노동의 다른 생산요소로의 대체가능성
④ 노동이동의 가능성

답 ④

해 노동이동의 가능성과는 관계가 없다.
노동수요의 탄력성 결정요인(힉스-마샬의 법칙)
- 수요의 탄력성이 클수록 노동수요의 탄력성이 커짐
- 총비용 중 인건비의 비중이 클수록 노동수요의 탄력성이 커짐
- 대체가능성이 클수록 노동수요의 탄력성이 커짐
- 다른 생산요소의 공급탄력성이 클수록 노동수요의 탄력성이 커짐

77 분단노동시장(Segmented Labor Market) 가설의 출현배경과 가장 거리가 먼 것은?

① 능력분포와 소득분포의 상이
② 교육개선에 의한 빈곤퇴치 실패
③ 소수인종에 대한 현실적 차별
④ 동질의 노동에 동일한 임금

답 ④

해 자유경쟁시장 또는 완전경쟁 노동시장에 해당한다.

78 노동시장이 생산물시장과 다른 점에 대한 설명으로 틀린 것은?

① 노동시장에서 거래되는 노동력 상품은 노동자와 분리가 될 수 없기 때문에 노동시장에서는 노동조건을 둘러싼 노사관계 등 사회적 관계가 개입된다.
② 노동은 사용자의 입장에서 보면 생산요소이며 노동자의 입장에서 보면 소득의 원천이 되는 한편, 국민경제적 관점에서는 인적자원이 된다.
③ 일반상품과 달리 노동력 상품은 비교적 동질적이며 따라서 노동시장은 단일한 시장으로 존재하는 경우가 많다.
④ 노동력은 인적자원이기 때문에 화폐소득 이외의 사용되는 장소, 일의 성격 등에 의하여 노동공급이 영향을 받는다.

답 ③

해 노동시장은 단일한 시장으로 존재하는 경우가 아니라, 상호 관련이 있는 여러 가지 유형의 노동시장이 존재 한다.

79 임금격차의 원인 중 경쟁적 요인이 아닌 것은?

① 인적자본량
② 보상적 임금격차
③ 노동조합의 효과
④ 기업의 합리적 선택으로서 효율성 임금 정책

답 ③

해 노동조합의 효과는 아니다.

80 기혼여성의 경제활동참가율을 높이는 요인과 가장 거리가 먼 것은?

① 남편의 소득 증가
② 가사노동 대체비용의 하락
③ 출산율 저하
④ 시간제근무 기회 확대

답 ①

해 남편의 소득 증가는 기혼여성의 경제활동참가율을 낮추는 요인이다.

제5과목 고용노동관계법규

81 **직업안정법상 구인·구직의 신청에 관한 설명으로 옳은 것은?**

① 국외 취업희망자의 구직신청의 유효기간은 1년으로 한다.
② 직업안정기관의 장은 관할 구역의 읍·면·동사무소에 구인신청서와 구직신청서를 갖추어 두어 구인자·구직자의 편의를 도모해야 한다.
③ 직업안정기관의 장은 접수된 구인신청서 및 구직신청서를 3년간 관리·보관하여야 한다.
④ 수리된 구인신청의 유효기간은 3개월이다.

답 ②

해 ① 구직신청의 유효기간은 3개월, 국외 취업 희망자는 6개월이다.
③ 구인신청서와 구직신청서는 1년간 보관한다.
④ 수리될 구인신청의 유효기간은 15일 이상 2개월 이내에서 구인업체가 정한다.

82 **우리나라 헌법에 규정된 노동 3권이 아닌 것은?**

① 단결권 ② 단체교섭권
③ 단체행동권 ④ 단체요구권

답 ④

해 단체요구권은 아니다.
노동3권(근로 3권) : 단결권, 단체교섭권, 단체행동권

83 **근로기준법령상 근로자의 청구에 따라 사용자가 지급기일 전이라도 이미 제공한 근로에 대한 임금을 지급하여야 하는 비상(非常)한 경우에 해당하지 않는 것은?**

① 근로자가 혼인한 경우
② 근로자의 수입으로 생계를 유지하는 자가 사망한 경우
③ 근로자나 그의 수입으로 생계를 유지하는 자가 출산하거나 질병에 걸린 경우
④ 근로자나 그의 수입으로 생계를 유지하는 자가 부득이한 사유로 3일 이상 귀향하게 되는 경우

답 ④

해 근로자나 그의 수입으로 생계를 유지하는 자가 부득이한 사유로 1주 이상 귀향하게 되는 경우이다.

84 **근로기준법상 해고에 관한 설명으로 틀린 것은?**

① 사용자는 근로자에게 정당한 이유 없이 해고를 하지 못한다.
② 사용자는 근로자를 해고하려면 해고사유와 해고시기를 서면으로 통지하여야 한다.
③ 사용자는 근로자를 해고하려면 적어도 30일 전에 예고를 하여야 하고, 30일 전에 예고를 하지 아니하였을 때에는 30일분 이상의 통상임금을 지급하여야 함이 원칙이다.
④ 사용자가 근로자에게 부당해고를 하면 근로자는 노동위원회에 구제신청을 할 수 있고, 구제신청은 부당해고가 있었던 날로부터 6개월 이내에 하여야 한다.

답 ④

해 사용자가 근로자에게 부당해고를 하면 근로자는 노동위원회에 구제신청을 할 수 있고, 구제신청은 부당해고가 있었던 날로부터 3개월 이내에 하여야 한다.

85 **고용보험법상 구직급여의 산정 기초가 되는 임금일액의 산정방법으로 틀린 것은?**

① 수급자격의 인정과 관련된 마지막 이직 당시 산정된 평균임금을 기초일액으로 한다.
② 마지막 사업에서 이직 당시 일용근로자였던 자의 경우에는 산정된 금액이 근로 기준법에 따른 그 근로자의 통상임금보다 적을 경우에는 그 통산임금액을 기초일액으로 한다.
③ 기초일액을 산정하는 것이 곤란한 경우와 보험료를 보험료징수법에 따른 기준 보수를 기준으로 낸 경우에는 기준보수를 기초일액으로 한다.
④ 산정된 기초일액이 그 수급자격자의 이직 전 1일 소정근로시간에 이직일 당시 적용되던 최저임금법에 따른 시간 단위에 해당하는 최저임금액을 곱한 금액보다 낮은 경우에는 최저기초일액을 기초일액으로 한다.

답 ②

해 마지막 사업에서 이직 당시 일용근로자였던 자의 경우에는 그러지 아니하다.

86 **근로기준법령상 상시 10명 이상의 근로자를 사용하는 사용자가 취업규칙을 작성하여 고용노동부장관에게 신고해야 하는 사항이 아닌 것은?**

① 업무의 시작시간 ② 임금의 산정기간
③ 근로자의 식비 부담 ④ 근로계약기간

답 ④

해 근로계약기간은 근로계약서에 있다.

87 **국민 평생 직업능력 개발법령에 관한 설명으로 틀린 것은?**

① 「제대군인지원에 관한 법률」에 따른 제대군인 및 전역예정자의 직업능력 개발훈련은 중요시되어야 한다.
② 「산업재해보상보험법」에 따른 근로복지공단은 직업능력개발훈련시설을 설치할 수 없다.
③ 이 법에 "근로자"란 사업주에게 고용된 사람과 취업할 의사가 있는 사람을 말한다.
④ 직업능력개발훈련은 훈련의 목적에 따라 양성훈련, 향상훈련, 전직훈련으로 구분한다.

답 ②

해 「산업재해보상보험법」에 따른 근로복지공단은 직업능력개발훈련시설을 설치할 수 있다.

직업 능력 개발 훈련시설을 설치할 수 있는 공공기업 훈련시설
- 한국산업인력공단
- 한국장애인고용공단
- 근로복지공단

88 **직업안정법령상 직업정보제공사업자의 준수 사항에 해당되지 않는 것은?**

① 구인자의 업체명(또는 성명)이 표시되어 있지 아니하거나 구인자의 연락처가 사서함 등으로 표시되어 구인자의 신원이 확실하지 아니한 구인광고를 게재하지 아니할 것
② 직업정보제공매체의 구인·구직광고에는 구인·구직자 및 직업정보제공 사업자의 주소 또는 전화번호를 기재할 것
③ 직업정보제공사업의 광고문에 "(무료)취업상담", "취업추천", "취업지원"등의 표현을 사용하지 아니할 것
④ 구직자의 이력서 발송을 대행하거나 구직자에게 취업추천서를 발부하지 아니할 것

답 ②

해 직업정보제공매체의 구인·구직의 광고에는 구인·구직자의 주소 또는 전화번호를 기재하고, 직업정보제공 사업자의 주소 또는 전화번호는 기재하지 아니하여도 된다.

89 **근로기준법령상 상시 4명 이하의 근로자를 사용하는 사업 또는 사업장에 적용하는 법규정을 모두 고른 것은?**

ㄱ. 근로기준법 제9조(중간착취의 배제)
ㄴ. 근로기준법 제18조(단시간근로자의 근로조건)
ㄷ. 근로기준법 제21조(전차금 상계의 금지)
ㄹ. 근로기준법 제60조(연차 유급휴가)
ㅁ. 근로기준법 제72조(갱내근로의 금지)

① ㄱ, ㄷ, ㄹ ② ㄴ, ㄹ
③ ㄷ, ㅁ ④ ㄱ, ㄴ, ㄷ, ㅁ

답 ④

해 ㄹ. 연차유급휴가는 4명 이하의 근로자를 사용하는 사업 또는 사업장에서 제외된다.

90 **채용절차의 공정화에 관한 법령상 500만원 이하의 과태료 부과행위에 해당하는 것은?**

① 채용서류 보관의무를 이행하지 아니한 구인자
② 구직자에 대한 고지의무를 이행하지 아니한 구인자
③ 시정명령을 이행하지 아니한 구인자
④ 지식재산권을 자신에게 귀속하도록 강요한 구인자

답 ④

해 300만원 이하 과태료
- 채용서류 보관의무를 이행하지 아니한 구인자
- 구직자에 대한 고지의무를 이행하지 아니한 구인자
- 채용심사비용 등 시정명령을 이행하지 아니한 구인자

91 **개인정보 보호법령상 개인정보 보호위원회(이하 "보호위원회"라 한다)에 관한 설명으로 틀린 것은?**

① 대통령 소속으로 보호위원회를 둔다.
② 보호위원회는 상임위원 2명을 포함한 9명의 위원으로 구성한다.
③ 보호위원회의 회의는 재적위원 과반수의 출석으로 개의하고, 출석위원 과반수의 찬성으로 의결한다.
④「정당법」에 따른 당원은 보호위원회 위원이 될 수 없다.

답 ①

해 '대통령' 소속이 아닌 '국무총리' 소속으로 보호위원회를 둔다.

92 **고용보험법령상 피보험자격의 상실일에 해당하지 않는 것은?**

① 피보험자가 적용 제외 근로자에 해당하게 된 경우에는 그 적용 제외 대상자가 된 날
② 피보험자가 이직한 경우에는 이직한 날의 다음 날
③ 피보험자가 사망한 경우에는 사망한 날의 다음 날
④ 보험관계가 소멸한 경우에는 그 보험관계가 소멸한 날의 다음 날

답 ④

해 보험관계가 소멸한 경우에는 그 보험관계가 소멸한 날의 다음 날이 아니라 '소멸한 날'이다.
다음날에 해당하는 것은 '이직'과 '사망'이다.
• 이직한 날의 다음 날
• 사망한 날의 다음 날

93 **근로기준법상 경영상 이유에 의한 해고에 관한 설명으로 틀린 것은?**

① 경영 악화를 방지하기 위한 사업의 양도·인수·합병은 긴박한 경영상의 필요가 있는 것으로 본다.
② 사용자는 해고를 피하기 위한 노력을 다하여야 한다.
③ 사용자는 합리적이고 공정한 해고의 기준을 정하고 이에 따라 그 대상자를 선정하여야 한다.
④ 사용자는 해고를 피하기 위한 방법과 해고의 기준 등에 관하여 해고를 하려는 날의 60일 전까지 고용노동부장관의 승인을 받아야 한다.

답 ④

해 그 사업 또는 사업장에 근로자의 과반수로 조직된 노동조합이 있는 경우에는 그 노동조합(근로자의 과반수로 조직된 노동조합이 없는 경우에는 근로자의 과반수를 대표하는 자)에 해고를 하려는 날의 '50일'전까지 통보하고 성실하게 '협의'하여야 한다.

94 **채용절차의 공정화에 관한 법령에 대한 설명으로 틀린 것은?**

① 기초심사자료란 구직자의 응시원서, 이력서 및 자기소개서를 말한다.
② 이 법은 국가 및 지방자치단체가 공무원을 채용하는 경우에도 적용한다.
③ 직종의 특수성으로 인하여 불가피한 사정이 있는 경우 고용노동부장관의 승인을 받아 구직자에게 채용심사 비용의 일부를 부담하게 할 수 있다.
④ 구인자는 구직자 본인의 재산 정보를 기초심사자료에 기재하도록 요구하여서는 아니 된다.

답 ②

해 이 법은 국가 및 지방자치단체가 공무원을 채용하는 경우에는 적용하지 않는다.

95 **다음 (   )에 알맞은 것은?**

> 근로기준법에 따른 임금채권은 (   )간 행사하지 아니하면 시효로 소멸한다.

① 6개월　　② 1년
③ 2년　　④ 3년

답 ④

해 임금채권의 소멸시효는 3년이다.

96 **남녀고용평등과 일·가정 양립지원에 관한 법률에 대한 설명으로 틀린 것은?**

① 근로자란 사업주에게 고용된 자와 취업할 의사를 가진 자를 말한다.
② 사업주가 임금차별을 목적으로 설립한 별개의 사업은 동일한 사업으로 본다.
③ 사업주는 육아기 근로시간 단축을 하고 있는 근로자의 명시적 청구가 있으면 단축된 근로시간 외에 주 12시간 이내에서 연장근로를 시킬 수 있다.
④ 사업주는 사업을 계속할 수 없는 경우에도 육아휴직 중인 근로자를 육아휴직 기간에 해고하지 못한다.

답 ④

해 사업주는 사업을 계속할 수 없는 경우에는 해고할 수 있다.

97 근로기준법상 이행강제금에 관한 설명으로 틀린 것은?

① 노동위원회는 구제명령을 받은 후 이행기 한까지 구제명령을 이행하지 아니한 사용자에게 2천만원 이하의 이행강제금을 부과한다.

② 노동위원회는 최초의 구제명령을 한 날을 기준으로 매년 2회의 범위에서 구제명령이 이행될 때까지 반복하여 이행강제금을 부과·징수할 수 있다.

③ 근로자는 구제명령을 받은 사용자가 이행 기한까지 구제명령을 이행하지 아니하면 이행기한이 지난 때부터 30일 이내에 그 사실을 노동위원회에 알려줄 수 있다.

④ 노동위원회는 이행강제금 납부의무자가 납부기한까지 이행강제금을 내지 아니하면 기간을 정하여 독촉을 하고 지정된 기간에 이행강제금을 내지 아니하면 국세 체납처분의 예에 따라 징수할 수 있다.

답 ③

해 근로자는 구제명령을 받은 사용자가 이행기한까지 구제명령을 이행하지 아니하면 이행기한이 지난 때부터 15일 이내에 그 사실을 노동위원회에 알려줄 수 있다.(30일 이내 → 15일 이내)

98 근로기준법상 균등처우의 원칙에서 근로에 대한 차별이 금지되는 사유가 아닌 것은?

① 나이 ② 신앙
③ 사회적 신분 ④ 국적

답 ①

해 사용자는 근로자에 대하여 남녀의 성(性)을 이유로 차별적 대우를 하지 못하며, 국적·신앙·사회적 신분을 이유로 근로조건에 대한 차별적 처우를 하지 못한다.(근로기준법 제6조 균등처우의원칙)

99 고용보험법 적용 제외 근로자에 해당하는 자는?

① 60세에 새로 고용된 근로자
② 1개월 미만 동안 고용되는 일용근로자
③ 사립학교교직원 연금법의 적용을 받는 자
④ 1일 6시간씩 주3일 근무하는 자

답 ③

해 사립학교교직원 연금법의 적용을 받는 자는 고용보험법 적용 제외 근로자에 해당 된다.

고용보험법 적용 제외 근로자

- 65세 이후 새로 고용된 자와 자영업 개시자는 고용보험법을 적용하되 실업급여, 육아 휴직급여만 미적용/고용안정, 직업능력개발사업은 적용
- 국가공무원법과 지방공무원법에 따른 공무원
- 사립학교교직원 연금법의 적용을 받는 자
- 외국인 근로자(단 출입국관리법령에 따라 체류자격을 가진 자는 적용대상에 포함)
- 별정우체국법에 따른 별정우체국 직원

100 근로기준법상 취업규칙에 관한 설명으로 틀린 것은?

① 취업규칙에서 근로자에 대하여 감급(減給)의 제재를 정할 경우에 그 감액은 1회의 금액이 평균임금의 1일분의 3분의 1을, 총액이 1임금지급기의 임금 총액의 10분의 1을 초과하지 못한다.

② 취업규칙을 신고할 때에는 근로자의 과반수로 조직된 노동조합 또는 근로자의 과반수로 조직된 노동조합이 없는 경우에는 근로자 과반수의 의견을 적은 서면을 첨부하여야 한다.

③ 취업규칙을 불이익하게 변경하는 경우에는 근로자의 과반수로 조직된 노동조합 또는 근로자의 과반수로 조직된 노동조합이 없는 경우에는 근로자 과반수의 동의를 얻어야 한다.

④ 취업규칙에서 정한 기준에 미달하는 근로조건을 정한 근로계약은 그 부분에 관하여는 무효로 한다.

답 ①

해 근로자에 대하여 감급(減給)의 제재를 정할 경우 그 감액은 1회의 금액이 평균임금의 1일분의 3분의 1이 아니라 2분의 1을 초과하지 못한다.

PART III

2025.1.1 ~ 2027.12.31에 해당하는 출제기준을 반영한 과목별 모의고사입니다.
시험 1주일 전에는 주어진 100문제를 50분 이내에 풀어내실 때 '합격수준'이라는 기준을 세우고 연습하시길 바랍니다.

- 실제 시험 시간 : 2시간 30분

모의고사

1회 모의고사

제1과목 직업심리

01 스트레스의 원인 중 역할갈등과 가장 관련이 높은 것은?

① 직무관련 스트레스원
② 개인관련 스트레스원
③ 조직관련 스트레스원
④ 물리적 환경관련 스트레스원

답 1번

해 역할갈등은 직무관련 스트레스원이다.

직무관련 스트레스원
- 역할갈등
- 역할모호성
- 역할과다 및 과소
- 조직내 문화

02 생애진로사정의 구조에 포함되지 않는 것은?

① 진로사정 ② 강점과 장애
③ 훈련 및 평가 ④ 전형적인 하루

답 ③

해 훈련 및 평가는 생애지로사정의 구조에 포함되지 않는다.

생애진로사정의 구조
- 진로사정
- 전형적인하루
- 강점과장애
- 요약

03 직업상담 시 흥미사정의 목적과 가장 거리가 먼 것은?

① 여가선호와 직업선호 구별하기
② 직업탐색 조장하기
③ 직업·교육상 불만족 원인 규명하기
④ 기술과 능력 범위 탐색하기

답 ④

해 기술과 능력 범위 탐색하기는 흥미사정의 목적과 관계가 없다.

흥미사정의목적
- 여가선호와 직업선호 구별하기
- 직업탐색 조장하기
- 직업·교육상 불만족 원인 규명하기
- 자기인식발전시키기
- 직업대안규명하기

04 특성-요인 직업상담에 관한 설명으로 옳은 것은?

① 상담의 내용은 내담자의 흥미나 선호에 기반한다.
② 상담자의 역할은 지지자의 역할과 같다.
③ 과학적이고 합리적인 문제해결방법을 따른다.
④ 상담자는 반응적이고 배려적 역할을 한다.

답 ③

해 과학적이고 합리적인 문제해결방법을 따른다.

05 다음은 어떤 상담기법에 대한 설명인가?

내담자가 직접 진술하지 않은 내용이나 개념을 그의 과거 경험이나 진술을 토대로 하여 추론해서 말하는 것

① 수용 ② 요약
③ 직면 ④ 해석

답 ④

해 내담자가 직접 진술하지 않은 내용이나 개념을 상담자가 추론해서 말하는 것을 해석이라 한다.

06 **수퍼(Super)가 제시한 발달적 직업상담 단계에서 다음 (　　)에 알맞은 것은?**

> 1단계 : 문제 탐색 및 자아개념 묘사
> 2단계 : 심층적 탐색
> 3단계 : (ㄱ)
> 4단계 : (ㄴ)
> 5단계 : (ㄷ)
> 6단계 : 의사결정

① ㄱ : 태도와 감정의 탐색과 처리, ㄴ : 현실검증, ㄷ : 자아수용 및 자아통찰
② ㄱ : 현실검증, ㄴ : 태도와 감정의 탐색과 처리, ㄷ : 자아수용 및 자아통찰
③ ㄱ : 현실검증, ㄴ : 자아수용 및 자아통찰, ㄷ : 태도와 감정의 탐색과 처리
④ ㄱ : 자아수용 및 자아통찰, ㄴ : 현실검증, ㄷ : 태도와 감정의 탐색과 처리

답 ④

해 Super의 발달적 직업 상담 단계
- 문제탐색
- 심층적 탐색
- 자아수용
- 현실검증
- 태도와 감정의 탐색과 처리
- 의사결정

07 **자기인식이 부족한 내담자를 사정할 때 인지에 대한 통찰을 재구조화하거나 발달시키는데 적합한 방법은?**

① 직면이나 논리적 분석을 해준다.
② 불안에 대처하도록 심호흡을 시킨다.
③ 은유나 비유를 사용한다.
④ 사고를 재구조화 한다.

답 ③

해 자기 인식이 부족한 내담자를 사정할 때에는 직설화법을 피하고 은유나 비유를 통해 개인상담을 실시해야 한다.

08 **상담기법 중 내담자가 전달하는 이야기의 표면적 의미를 상담자가 다른 말로 바꾸어서 말하는 것은?**

① 탐색적 질문　　② 요약과 재진술
③ 명료화　　④ 적극적 경청

답 ②

해 요약과 재진술 : 내담자가 전달하는 이야기의 표면적 의미를 상담자가 다른 말로 바꾸어서 말해주는 것을 의미한다.

09 **심리검사에 관한 설명으로 틀린 것은?**

① 대부분의 심리검사는 준거참조검사이다.
② 측정을 오차가 작을수록 신뢰도는 높은 경향이 있다.
③ 검사의 신뢰도가 높으면 타당도도 높게 나타나지만 항상 그런 것은 아니다.
④ 검사가 측정하고자 하는 심리적 구인(구성개념)을 정확하게 측정하는 것은 타당도의 개념이다.

답 ①

해 대부분의 심리검사는 규준참조검사이다.
- 규준참조검사 : 개임의 점수를 비교하기 위해 유사한 다른 사람들의 점수와 비교하여 평가하는 상대평가이다.
- 준거참조검사 : 검사를 다른 사람들의 점수와 비교 하는 것이 아니라 어떤 기준점수와 비교하는 절대 평가이다.

10 **Lofquist와 Davis의 직업적응이론에서 성격 양식 차원에 관한 설명으로 틀린 것은?**

① 민첩성 - 정확성 보다는 속도를 중시한다.
② 역량 - 근로자의 평균 활동수준을 의미한다.
③ 리듬 - 활동에 대한 단일성을 의미한다.
④ 지구력 - 다양한 활동수준의 기간을 의미한다.

답 ③

해 리듬은 단일성이 아니라 다양성이다.

11 초기면담의 한 유형인 정보지향적 면담에서 주로 사용하는 기법이 아닌 것은?

① 폐쇄형 질문 ② 개방형 질문
③ 탐색하기 ④ 감정 이입하기

답 ④

해 감정이입 하기는 관계지향적 면담기법이다.

정보지향적 면담	관계지향적 면담
• 폐쇄형 질문 • 개방형 질문 • 탐색하기	• 재진술 • 감정의 반향 • 감정 이입하기

12 직무 스트레스를 촉진시키거나 완화하는 조절요인이 아닌 것은?

① A/B 성격유형 ② 통제 소재
③ 사회적 지원 ④ 반복적이고 단조로운 직무

답 ④

해 반복적이고 단조로운 직무는 아니다.
직무 스트레스를 촉진시키거나 완화하는 조절요인 :
• A/B 성격유형
• 통제 소재
• 사회적 지원

13 직업발달이론에 관한 설명으로 틀린 것은?

① 특성 - 요인이론은 Parsons의 직업지도 모델에 기초하여 형성되었다.
② Super의 생애발달단계는 환상기 - 잠정기 - 현실기로 구분한다.
③ 일을 승화의 개념으로 설명하는 이론은 정신분석이론이다.
④ Holland의 직업적 성격유형론에서 중요 시하는 개념은 일관도, 일치도, 분화도 등 이다.

답 ②

해 환상기 - 잠정기 - 현실기는 수퍼의 발달단계가 아니라 긴즈버그의 발달단계이다.
수퍼의 발달단계는 성장기 - 탐색기 - 확립기 - 유지기 - 쇠퇴기이다.

14 윌리암슨(Williamson)이 구분한 특성 - 요인 진로상담과정 중 (A)에 해당하는 것은?

분석 → 종합 → (A) → 예후 → 상담 → 추수지도

① 진단 ② 계획의 수행
③ 설명 ④ 정보제공

답 ①

해 윌리암슨의 진로상담 과정
분석 → 종합 → 진단 → 예후 → 상담 → 추수지도

15 레벤슨(Levenson)이 제시한 직업상담사의 반윤리적행동에 해당하는 것은?

① 상담사의 능력 내에서 내담자의 문제를 다룬다.
② 내담자에게 부당한 광고를 하지 않는다.
③ 적절한 상담비용을 청구한다.
④ 직업상담사에 대한 내담자의 의존성을 최대화한다.

답 ④

해 직업상담사에 대한 내담자의 의존성을 '최소화'한다.

16 신뢰도의 크기에 영향을 주는 요인에 대한 설명과 가장 거리가 먼 것은?

① 문항 수가 많을수록 신뢰도가 높게 나타날 가능성이 크다.
② 개인차가 클수록 신뢰도가 높게 나타날 가능성이 높다.
③ 신뢰도 계산 방법에 따라 신뢰도의 크기가 달라질 가능성이 높다.
④ 응답자 수가 많을수록 신뢰도가 높게 나타날 가능성이 높다.

답 ④

해 응답자 수가 너무 많으면 신뢰도가 떨어질 수 있다.

17 로(Roe)의 욕구이론에 대한 설명과 가장 거리가 먼 것은?

① 가족간의 초기관계가 진로선택에 중요한 역할을 미친다.
② 로(Roe)는 성격이론과 직업분류 영역을 통합하는데 관심을 두었다.
③ 직업과 기본욕구 만족의 관련성이 매슬로(Maslow)의 욕구위계론을 바탕으로 할 때 가장 효율적이라고 보았다.
④ 미네소타 직업평가척도에서 힌트를 얻어 직업을 7개의 영역으로 나누었다.

답 ④

해 직업을 8개의 영역으로 나누었다,
8가지의 흥미군과 6가지의 책임성과 곤란도로 이루어졌다.

18 진로성숙검사(CMI) 중 태도척도의 하위영역과 문항의 예가 잘못 연결된 것은?

① 결정성(decisiveness) - 나는 선호하는 진로를 자주 바꾸고 있다.
② 참여도(involvement) - 나는 졸업할 때 까지는 진로선택 문제에 별로 신경을 쓰지 않을 것이다.
③ 타협성(compromise) - 나는 부모님이 정해 주시는 직업을 선택하겠다.
④ 지향성(orientation) - 일하는 것이 무엇인지에 대해 생각한 바가 거의 없다.

답 ③

해 "나는 부모님이 정해 주시는 직업을 선택하겠다"는 타협성이 아닌 독립성에 해당한다.

19 직업적성검사(GATB)에서 사무지각적성(clericalperception)을 측정하기 위한 검사는?

① 표식검사 ② 계수검사
③ 명칭비교검사 ④ 평면도 판단검사

답 ③

해 사무지각적성을 측정하기 위한 검사는 명칭비교검사 이다.

20 직업상담 과정의 구조화 단계에서 상담자의 역할에 관한 설명으로 옳은 것은?

① 내담자에게 상담자의 자질, 역할, 책임에 대해서 미리 알려줄 필요가 없다.
② 내담자에게 검사나 과제를 잘 이행할 것을 기대하고 있다는 것을 분명히 밝힌다.
③ 상담 중에 얻은 내담자에 대한 비밀을 지키는 것은 당연하므로 사전에 이것을 밝혀두는 것은 오히려 내담자를 불안하게 만든다.
④ 상담 과정은 예측할 수 없으므로 상담 장소, 시간, 상담의 지속 등에 대해서 미리 합의해서는 안 된다.

답 ②

해 내담자에게 검사나 과제를 잘 이행할 것을 기대하고 있다는 것을 분명히 밝혀야 한다.

제2과목 직업상담 및 취업지원

21 **아들러(Adler) 이론의 주요 개념인 초기 기억에 관한 설명을 모두 고른 것은?**

> ㄱ. 중요한 기억은 내담자가 '마치 지금 일어나고 있는 것처럼' 기술할 수 있다.
> ㄴ. 초기기억에 대한 내담자의 지각보다는 경험을 객관적으로 파악하는 것이 중요하다.
> ㄷ. 초기기억은 삶, 자기, 타인에 대한 내담자의 현재 세계관과 일치하는 경향이 있다.
> ㄹ. 초기기억을 통해 상담자는 내담자의 삶의 목표를 파악하는데 도움을 받을 수 있다.

① ㄱ, ㄴ ② ㄴ, ㄷ
③ ㄱ, ㄷ, ㄹ ④ ㄴ, ㄷ, ㄹ

답 ③

해 ㄱ, ㄷ, ㄹ 이다.
ㄴ. 초기 기억에 대한 내담자의 경험을 객관적으로 파악하는 것보다 자신이 느꼈던 지각이 더 강조된다.

22 **내담자중심상담의 상담목표가 아닌 것은?**

① 내담자의 내적 기준에 대한 신뢰를 증가시키도록 도와주는 것
② 경험에 보다 개방적이 되도록 도와주는 것
③ 지속적인 성장 경향성을 촉진 시켜 주는 것
④ 내담자의 자유로운 선택과 책임의식을 증가시켜 주는 것

답 ④

해 내담자의 자유로운 선택과 책임의식을 증가시켜 주는 것은 실존주의 상담의 목표이다.

23 **엘리스(Ellis)의 합리적 정서치료의 정신건강 기준에 관한 설명으로 옳은 것은?**

① 사회적 관심 : 자신의 삶에 책임감이 있고 독립적이다.
② 관용 : 변화에 대해 수긍하고 타인에게 편협한 견해를 갖지 않는다.
③ 몰입 : 실수하는 사람들을 비난하지 않는다.
④ 과학적 사고 : 깊게 느끼고 구체적으로 행동할 수 있다.

답 ④

해 **과학적 사고** : 깊게 느끼고 구체적으로 행동할 수 있다.
① **사회적 관심** : 변화에 대해 수긍하고 타인에게 편협한 견해를 갖지 않는다.
② **관용** : 실수하는 사람들을 비난하지 않는다.
③ **몰입** : 자신의 삶에 책임감이 있고 독립적이다.

24 **Beck의 인지행동상담에서 사용하는 주된 상담기법이 아닌 것은?**

① 정서적 기법 ② 반응적 기법
③ 언어적 기법 ④ 행동적 기법

답 ②

해 Beck의 인지행동상담 기법
- **정서적 기법** : 내담자의 정서 경험을 통해 내담자의 자동적 사고를 끌어내고 파악한다.
- **언어적 기법** : 내담자로 하여금 자신의 자동적 사고가 현실적으로 타당한지를 표현함으로 평가하게 한다.
- **행동적 기법** : 내담자가 가진 부정적 사고의 현실적 타당성을 검증하기 위해 행동 실험을 적용한다.

25 **직업상담의 과정을 진단, 문제분류, 문제구체화, 문제해결의 단계로 구분한 학자는?**

① Crites ② Krumboltz
③ Super ④ Gysbers

답 ①

해 크리츠(크라이티스)의 포괄적 상담이론의 과정

1단계	2단계		3단계
진단	명료화		문제해결
	문제분류	문제구체화	

26 **패터슨(Patterson) 등의 진로정보처리 이론에서 제시된 진로상담 과정에 포함되지 않는 것은?**

① 준비 ② 분석
③ 종합 ④ 실행

답 ①

해 준비는 포함되지 않는다.
패터슨의 진로정보처리 이론에서의 진로상담과정
= 인지적 정보처리이론에서의 진로상담과정(CASVE)
의사소통 → 분석 → 종합(통합) → 가치부여 → 실행

27 **긴즈버그(Ginzberg)가 제시한 진로발달 단계가 아닌 것은?**

① 환상기 ② 잠정기
③ 현실기 ④ 적응기

답 ④

해 적응기는 아니다.
긴즈버그의 진로발달단계
- 환상기
- 잠정기
- 현실기

28 **직업발달을 탐색 - 구체화 - 선택 - 명료화 - 순응 - 개혁 - 통합의 직업정체감 형성과정으로 설명한 것은?**

① Super의 발달이론
② Ginzberg의 발달이론
③ Tiedeman과 O'Hara의 발달이론
④ Gottfredson의 발달이론

답 ③

해 Tiedeman과 O'Hara의 발달 이론에서의 직업정체감 형성과정
- 탐색 → 구체화 → 선택 → 명료화 → 순응 → 개혁 → 통합

29 **미네소타 직업가치 질문지에서 측정하는 6개의 가치요인이 아닌 것은?**

① 성취 ② 지위
③ 권력 ④ 이타주의

답 ③

해 권력은 해당하지 않는다.
미네소타 직업가치 질문지의 6개의 가치 요인
- 지위, 성취, 이타주의, 안정, 편안(보상), 자율성

30 **진로개발프로그램을 운영하는 방법의 하나인 집단진로상담에 관한 설명으로 옳은 것은?**

① 참여하고자 하는 학생들 중 사전조사를 통해서 책임의식이 있는 학생들로 선발한다.
② 참여하는 학생들은 목표와 기대치가 동일하기 때문에 개인차를 고려하지 않는다.
③ 프로그램 단계별로 나타나는 집단의 역동성은 문제를 복잡하게 만들기 때문에 무시하는 것이 좋다.
④ 다양한 정보습득과 경험을 해야 하기 때문에 참여 학생들은 진로발달상 이질적일수록 좋다.

답 ①

해 부처(Butcher)는 집단진로상담에 참여하고자 하는 학생들 중 사전조사를 통해서 책임의식이 있는 학생들로 선발해야 한다고 주장하였다. 왜냐하면 집단진로상담 도중에 참여 학생이 그만두게 되는 경우 집단상담에 참여한 다른 학생들에게 피해가 가기 때문이다.

31 **진로논점에서 심리문제와 진로문제가 서로 분리될 수 없는 이유가 아닌 것은?**

① 진로 상담은 개인의 삶을 돕는 총체적인 접근으로 심리문제와 진로문제 구별은 무의미하기 때문이다.
② 개인의 삶과 진로는 분리될 수 없기 때문이다.
③ 진로상담과 심리상담의 과정은 절차와 대상이 다르기 때문이다.
④ 심리문제의 해결이 이루어지지 않으면 진로준비 행동으로 이어지지 못하기 때문이다.

답 ③

해 진로상담과 심리상담의 과정은 매우 유사하다.

32 **내담자의 가족이나 선조들의 직업 특징에 대한 시각적 표상을 얻기 위해 도표를 만드는 방식은?**

① 경력개발프로그램 ② 제노그램
③ 경력사다리 ④ 칸트도표

답 ②

해 선조들의 도표방식은 제노그램(직업가계도)이다.

33 **다음 구직역량의 역량군 중 구직 지식군의 하위 역량에 포함되는 것은?**

① 구직 의사결정 능력
② 구직 희망 분야 이해
③ 구직 정보탐색 능력
④ 구직서류 작성 능력

답 ②

해 구직 의사결정 능력, 구직 정보탐색 능력, 구직서류 작성 능력은 모두 구직 기술군의 하위영역이다.
구직역량 구성요소
- 구직 지식군
- 구직 기술군
- 구직 태도군
- 구직 적응군

34 유형별 면접 중 해당 보기가 설명하는 면접 유형은?

- 과거의 경험을 통해 미래의 행동을 유추하는 꼬리 물기식 면접
- 의사소통, 문제해결, 대인관계, 조직이해, 자기관리 능력을 평가
- 답변 중 표정 및 제스처를 관찰하여 평가

① 역량 면접 ② PT 면접
③ 토론 면접 ④ 비대면 면접

답 ①

해 역량 면접에 관한 설명이다.

35 인지적 왜곡의 유형 중 상황의 긍정적인 양상을 여과하는데 초점이 맞추어져 있고 극단적으로 부정적인 세부사항에 머무르는 것은?

① 자의적 추론 ② 선택적 추상
③ 긍정 격하 ④ 잘못된 명명

답 ②

해 선택적 추상은 대표적인 인지적 왜곡(인지오류)으로 중요한 요소들은 무시한 채 부정적인 사소한 부문에만 초점을 맞추어 잘못된 결론을 내리는 오류를 의미한다.

36 오리아레이(O'leary)의 여성의 내적 장벽에 대한 하위영역이 아닌 것은?

① 실패에 대한 두려움
② 사회적 성 역할 고정관념
③ 성공에 대한 두려움
④ 직업적 승진에 따른 지각된 결과들

답 ②

해

내적 장벽	외적 장벽
• 실패에 대한 두려움 • 낮은 자존감 • 역할 갈등 • 성공에 대한 두려움 • 직업적 승진에 따른 지각된 결과들 • 결과 기대와 관련된 유인가	• 사회적 성 역할 고정관념 • 관리적 여성에 대한 태도 • 여성의 능력에 대한 태도 • '남성 관리' 모형의 유행

37 진로단절여성을 위한 신직업 4가지 유형에서 여성 적합성과 직업정착 가능성이 모두 높은 직업은 어느 형에 해당하는가?

① 여성 유망형 직업 ② 블루 오션형 직업
③ 여성 도전형 직업선택 ④ 미래개척형 직업

답 ①

해 여성 유망형 직업은 관계지향적이고, 정서적인 특징을 지닌 형으로 베이비플래너, 병원아동생활전문가 등이 있다.

구분	여성 적합성	직업정착 가능성
여성 유망형 직업	높음	높음
블루 오션형 직업	보통	높음
여성 도전형 직업	높음	보통

38 톨버트의 집단직업상담에 대한 설명으로 틀린 것은?

① 집단직업상담의 모임횟수는 가능한 최소한으로 정한다.
② 집단 구성은 6~10명이 적당하며 다양한 구성원이 있는 집단으로 이루어질 때 효율적이다.
③ 집단의 구성원은 다양할수록 사례파악에 도움이 된다.
④ 목표 달성 평가는 집단원 간의 피드백을 통해 이루어진다.

답 ③

해 집단 구성원은 동질적인 문제를 가진 구성원이나 성별이 같을 때 효율적으로 진행된다.

39 내담자의 인지적 명확성을 위한 직업상담 과정을 바르게 나열한 것은?

① 내담자와의 관계 → 진로와 관련된 개인적 사정 → 직업선택 → 정보통합과 선택
② 직업탐색 → 내담자와의 관계 → 정보통합과 선택 → 직업선택
③ 내담자와의 관계 → 인지적 명확성/동기에 대한 사정 → 예/아니오 → 직업상담/ 개인상담
④ 직업상담/개인상담 → 내담자와의 관계 → 인지적 명확성/동기에 대한 사정 → 예/ 아니오

답 ③

해 인지적 명확성 부족에 따른 직업상담 과정
인지적 명확성, 동기
- 有 → 직업상담을 실시
- 無 → 개인상담을 실시

40 내담자 중심상담 이론에 관한 설명으로 틀린 것은?

① Rogers의 상담경험에서 비롯된 이론이다.
② 상담의 기본목표는 개인이 일관된 자아개념을 가지고 자신의 기능을 최대로 발휘하는 사람이 되도록 도울 수 있는 환경을 제공하는 것이다.
③ 특정 기법을 사용하기보다는 내담자와 상담자 간의 안전하고 허용적인 나와 너의 관계를 중시한다.
④ 상담기법으로 적극적 경청, 감정의 반영, 명료화, 공감적 이해, 내담자 정보탐색, 조언, 설득, 가르치기 등이 이용된다.

답 ④

해 조언, 설득, 가르치기 등은 내담자 중심 이론의 상담기법이 아닌 '특성-요인 이론'의 특징이다.

제3과목 직업정보

41 한국직업사전에 수록된 직업정보는 크게 5가지 항목으로 구분할 수 있다. 이에 대한 설명으로 틀린 것은?

① 본직업명 - 산업현장에서 일반적으로 해당 직업으로 알려진 명칭 혹은 그 직무가 통상적으로 호칭되는 것으로 '한국직업사전'에 그 직무내용이 기술된 명칭이다.
② 직업코드 - 특정 직업을 구분해 주는 단위로서 '한국고용직업분류'의 세분류 5자리 숫자로 표기하였다.
③ 수행직무 - 직무담당자가 직무의 목적을 완수하기 위하여 수행하는 구체적인 작업내용을 작업순서에 따라 서술한 것이다.
④ 부가 직업정보 - 정규교육, 숙련기간, 직무기능, 작업강도, 육체활동 등을 포함한다.

답 ②

해 직업코드는 세분류 '4자리'로 표기하였다.

42 국가기술자격 기사등급의 응시 자격으로 틀린 것은?

① 응시하려는 종목이 속하는 동일 및 유사 직무분야에서 4년 이상 실무에 종사한 사람
② 동일 및 유사 직무분야의 기사 수준 기술 훈련과정 이수자 또는 그 이수 예정자
③ 응시하려는 종목이 속하는 동일 및 유사 직무분야의 다른 종목의 기사 등급 이상의 자격을 취득한 사람
④ 기능사 자격을 취득한 후 응시하려는 종목이 속하는 동일 및 유사 직무분야에서 2년 이상 실무에 종사한 사람

답 ④

해 ④ 기사등급의 응시 자격은 기능사 자격을 취득 후 3년 이상의 실무에 종사한 사람이다.

기사
• 기능사 자격 + 3년 이상 실무종사 • 산업기사 자격 + 1년 이상 실무종사
• 관련학과 대학졸업자 또는 예정자 • 3년제 + 1년↑실무, 2년제 + 2년↑실무
• 유사 직무 분야에서 4년 이상 실무종사자

43 **고용24 채용정보검색에서 기업형태별 분류에 해당하지 않는 것은?**

① 강소기업 ② 외국계기업
③ 일학습병행기업 ④ 중견기업

답 ④

해 중견기업은 해당 없다.
자주 출제되는 '분류에 해당하지 않는 것'
- 중소기업·중견기업
- 금융권
- 환경친화기업
- 다문화가정지원기업

44 **한국표준산업분류에서 통계단위의 산업결정 에 관한 설명으로 틀린 것은?**

① 부차적 산업활동은 주된 산업활동 이외의 재화생산 및 서비스 제공 활동을 말한다.
② 주된 산업활동과 부차적 산업활동은 보조활동의 지원 없이도 수행될 수 있다.
③ 생산단위의 산업활동은 그 생산단위가 수행하는 주된 산업활동의 종류에 따라 결정된다.
④ 모 생산단위에서 사용되는 재화나 서비스를 보조적으로 생산하더라도 그 생산되는 재화나 서비스의 대부분을 다른 산업체에 판매하는 경우 별개의 활동으로 간주하여 그 자체 활동에 따라 분류하여야 한다.

답 ②

해 주된 산업활동과 부차 활동은 보조 활동의 지원 없이는 수행될 수 없다.

45 **한국표준직업분류에서 '직업 활동이 아닌 경우'에 포함되지 않는 것은?**

① 이자, 주식배당, 임대료(전세금) 등과 같은 자산 수입이 있는 경우
② 함께 거주하는 부모가 운영하는 가게에서 매일 1시간씩, 주 1일 무급으로 일하는 경우
③ 경마에 의해 시세차익이 있는 경우
④ 의무로 복무중인 단기부사관

답 ④

해 군인
의무 복무 여부를 불문하고 현재 군인 신분을 유지하고 있는 군인은 직업활동을 하는 것으로 본다.

46 **국민평생직업능력개발법상 직업능력개발계좌에 대한 설명으로 틀린 것은?**

① 고용노동부장관은 국민내일배움카드를 발급받은 근로자가 계좌적합훈련과정을 수강하는 경우에 200만원 한도에서 훈련비용을 지원할 수 있다.
② 고용노동부장관은 국민내일배움카드 발급을 신청한 근로자가 직업능력개발훈련이 필요하다고 판단되는 경우에는 직업능력개발훈련 비용과 직업능력개발에 관한 이력을 전산으로 종합관리하는 직업능력개발계좌를 발급할 수 있다.
③ 직업능력개발계좌의 발급 절차 등에 관하여 필요한 사항은 고용노동부장관이 정하여 고시한다.
④ 고용노동부장관은 계좌적합훈련과정의 운영현황, 훈련성과 등에 관한 정보를 직업능력개발정보망 또는 개별 상담 등을 통하여 제공하여야 한다.

답 ①

해 국민내일배움카드 지원금은 200만원 한도가 아닌 '5년간 300만원'이다.

47 **낮에는 제조업체에서 금형공으로 일하고, 밤에는 대리운전을 하는 경우, 한국표준직업 분류에서 직업을 결정하는 일반적 원칙이 아닌 것은?**

① 주된 직무 우선 원칙
② 취업시간 우선의 원칙
③ 수입 우선의 원칙
④ 조사 시 최근의 직업 원칙

답 ①

해 주된 직무 우선 원칙은 포괄적 업무 발생 시 직업분류 원칙에 해당한다.
낮에는 제조업체에서 금형공으로 일하고, 밤에는 대리운전을 하는 경우에는 다수직업종사자의 직업분류 원칙에 해당 한다.

다수직업종사자의 직업분류원칙
- 취업시간 우선의 원칙
- 수입 우선의 원칙
- 조사시 최근의 직업 원칙

48 다음 (　　)에 알맞은 것은?

> 2025년 적용 최저임금은 전년대비 1.7% 상승한 시급 (　　) 원이다.

① 10,030　　② 10,050
③ 11,030　　④ 11,050

답 ①

해 2025년도 최저임금은 10,030원이다.

49 다음은 무엇에 관한 정의인가?

> 유사한 성질을 갖는 산업활동에 주로 종사하는 생산단위의 집합

① 직업　　② 산업
③ 일(task)　　④ 요소작업

답 ②

해 산업의 핵심 용어
유사한 성질을 갖는 산업활동에 주로 종사하는 생산단위의 집합이다.

50 한국직업전망의 구성체계에 포함된 항목이 아닌 것은?

① 교육/훈련/자격　　② 직업전망
③ 연도별 산업동향　　④ 적성 및 흥미

답 ③

해 연도별 산업동향은 포함되지 않는다.
한국직업전망서 구성체계
- 대표직업명
- 하는 일
- 근무환경
- 되는 길
- 적성 및 흥미
- 경력 개발

51 다음 표의 2011년 7월 고용동향에 대한 분석으로 틀린 것은?

<실업자 및 실업률>

(단위:천명, %, %p, 전년 동월 대비)

구분	2011.7	2012.6			2012.7		
			증감	증감률		증감	증감률
실업자	837	822	-17	-2.1	795	-42	-5.0
남자	530	505	-1	-0.3	501	-29	-5.5
여자	307	317	-16	-4.8	294	-13	-4.2
실업률	3.3	3.2	-0.1p	-	3.1	-0.2p	-
(계절조정)	(3.3)	(3.2)			(3.1)		
남자	3.6	3.4	0.0p	-	3.3	-0.3p	-
(계절조정)	(3.6)	(3.4)			(3.3)		
여자	2.9	2.9	-0.2p	-	2.7	-0.2p	-
(계절조정)	(2.9)	(2.9)			(2.8)		

① 실업자는 79만 5천명으로 전월대비 4만 2천명 (-5.0%) 감소하였다.
② 실업자는 성별로 보면 전년동월대비 남자는 50만 1천명으로 2만 9천명(-5.5%) 감소하였고, 여자는 29만4천명으로 1만 3천명(-4.2%) 감소하였다.
③ 실업률은 성별로 보면 남자는 3.3.%로 전년동월대비 0.3%p 하락하였고, 여자는 2.7%로 전년동월대비 0.2%p 하락하였다.
④ 계절조정 실업률은 3.1%로 전월대비 0.1%p 하락하였다.

답 ①

해 실업자는 79만 5천명으로 전월이 아닌 전년대비 4만 2천명(-5.0%) 감소하였다.

52 공공직업정보의 일반적인 특성으로 가장 적합한 것은?

① 필요한 시기에만 최대한 활용되도록 한시적으로 신속하게 생산·제공된다.
② 특정 분야 및 대상에 국한되지 않고 전체 산업의 직종을 대상으로 한다.
③ 정보 생산자의 임의적 기준에 따라 관심이나 흥미를 유도할 수 있도록 해당 직업을 분류한다.
④ 유료로 제공된다.

답 ②

해 공공직업정보는 특정 분야 및 대상에 국한되지 않고 전체 산업의 직종을 대상으로 한다.

구 분	공공직업정보	민간직업정보
기 준	객관적	자의적·임의적
해당 분야 및 직종	포괄적	제한적
시기적 속성	지속적	한시적
구 성	기초적	완결적
비 용	무 료	유 료

53 **한국표준직업분류에서 포괄적인 업무에 대한 분류원칙에 해당하지 않는 것은?**

① 주된 직무 우선 원칙
② 최상급 직능수준 우선 원칙
③ 다수 취업시간 우선 원칙
④ 생산업무 우선 원칙

답 ③

해 다수 취업시간 우선 원칙은 다수직업종사자의 직업분류 원칙이다.

포괄적인 업무시 직업분류원칙
- 주된직무 우선원칙
- 최상급 직능수준 우선원칙
- 생산업무 우선원칙

54 **한국직업사전의 작업강도 중 "보통 작업"의 의미는?**

① 최고 40kg의 물건을 들어 올리는 정도
② 최고 8kg의 물건을 들어 올리고, 4kg 정도의 물건을 빈번히 들어 올리거나 운반하는 정도
③ 최고 20kg의 물건을 들어 올리고, 10kg 정도의 물건을 빈번히 들어 올리거나 운반하는 정도
④ 최고 40kg의 물건을 들어 올리고, 20kg 정도의 물건을 빈번히 들어 올리거나 운반하는 정도

답 ②

해 보통 작업
최고 20kg의 물건을 들어 올리고, 10kg 정도의 물건을 빈번히 들어 올리거나 운반하는 정도

작업강도 기준

구분	내용
아주 가벼운 작업	최고 4kg의 물건을 들어 올리고, 때때로 장부, 대장, 소도구 등을 들어 올리거나 운반
가벼운 작업	최고 8kg의 물건을 들어 올리고, 4kg 정도의 물건을 빈번히 들어 올리거나 운반
보통 작업	최고 20kg의 물건을 들어 올리고, 10kg 정도의 물건을 빈번히 들어 올리거나 운반
힘든 작업	최고 40kg의 물건을 들어 올리고, 20kg 정도의 물건을 빈번히 들어 올리거나 운반
아주 힘든 작업	40kg 이상의 물건을 들어 올리고, 20kg 이상의 물건을 빈번히 들어올리거나 운반

55 **인구통계에서 "성비 105"의 의미는?**

① 남녀 임금차이가 105%란 의미이다.
② 총인구 중 남자 100명당 여자 105명이란 의미이다.
③ 총인구 중 여자 100명당 남자 105명이란 의미이다.
④ 경제활동에 남자가 5% 더 많이 참가하고 있다는 의미이다.

답 ③

해 '성비 105'란, 여자 100명당 남자 105명이라는 의미 기준을 여성으로 함

56 **한국직업정보시스템(고용24 직업·진로)에서 '나의 특성에 맞는 직업 찾기' 방법이 아닌 것은?**

① 지식으로 찾기
② 업무수행능력으로 찾기
③ 학력수준으로 찾기
④ 통합 찾기

답 ③

해 '학력 수준으로 찾기' 서비스는 모든 방법에서 없음

나의 특성에 맞는 직업 찾기 방법
→ '내게 맞는 직업찾기'로 변경
내게 맞는 직업찾기는 10개 분야로 나눠짐

대표적인 분야분야별 찾기(10개)
- 지식선택
- 흥미선택
- 업무수행능력선택
- 환경선택
- 통합찾기 등

57 **다음 중 한국표준직업분류 제 8차 개정의 주요 특징이 대한 설명으로 옳지 않는 것은?**

① 방역활동 강화에 따라 '방역원' 등을 신설하였다.
② 반려동물 대상 서비스 확대로 의료진료 전문가와 별도로 수의사를 소분류로 분리하고 소분류인 동물관련 서비스 종사자 신설하였다.
③ 플랫폼 노동 확대로 택배원과 별도로 늘찬배달원 신설하였다.
④ 소분류인 금형·주조 및 단조원, 제관원 및 판금원, 용접원을 '금속성형 관련 기능 종사자'로 신설하였다.

답 ④

해 소분류인 금형·주조 및 단조원, 제관원 및 판금원, 용접원을 '금속성형 관련 기능 종사자'로 신설이 아닌 "통합"하였다.

58 **한국고용직업분류의 대분류에 해당하지 않는 것은?**

① 군인
② 건설·채굴직
③ 설치·정비·생산직
④ 연구직 및 공학 기술직

답 ①

해 군인은 대분류에 해당하지 않는다.

59 **한국직업전망에서 정의한 고용변동 요인 중 불확실성 요인에 해당하는 것은?**

① 인구구조 및 노동인구 변화
② 정부정책 및 법·제도 변화
③ 과학기술 발전
④ 가치관과 라이프스타일 변화

답 ②

해 정부정책 및 법·제도 변화는 상황에 따라 변하는 불 확실성 요인에 해당한다.

60 **직업정보에 대한 설명으로 틀린 것은?**

① 직업정보는 경험이 부족한 내담자들에게 다양한 직업을 접할 기회를 제공한다.
② 직업정보는 수집→체계화→분석→가공→축적→평가 등의 단계를 거쳐 처리한다.
③ 직업정보를 수집할 때는 항상 최신의 자료인지 확인한다.
④ 동일한 정보라 할지라도 다각적인 분석을 시도하여 해석을 풍부히 한다.

답 ②

해 직업정보 처리과정
수집 → 분석 → 가공 → 체계화 → 제공 → 축적→ 평가

제4과목 노동시장

61 **다음 중 보상임금격차의 예로 가장 적합한 것은?**

① 사회적으로 명예로운 직업의 보수가 높다.
② 대기업의 임금이 중소기업의 임금보다 높다.
③ 정규직 근로자의 임금이 일용직 근로자의 임금보다 높다.
④ 상대적으로 열악한 작업환경과 위험한 업무를 수행하는 광부의 임금은 일반 공장근로자의 임금보다 높다.

답 ④

해 보상적 임금격차란 작업 환경의 열악함을 경제적 보상으로 상쇄시켜 주는 것을 의미한다. 예를 들면, 탄광촌 광부의 임금은 도시근로자의 임금보다 많아야 한다는 것이다.

62 **최저임금제의 도입이 근로자에게 유리하게 될 가능성이 높은 경우는?**

① 노동시장이 수요독점 상태일 경우
② 최저임금과 한계요소비용이 일치할 경우
③ 최저임금이 시장균형 임금수준보다 낮을 경우
④ 노동시장이 완전경쟁상태일 경우

답 ①

해 노동시장이 수요독점 상태일 경우에는 근로자의 임금은 최저임금 밑으로 하락할 수 있음으로 이때 최저임금제를 도입하면 근로자에게 유리하게 된다.

63 **노동공급의 탄력성 값이 0인 경우 노동공급 곡선의 형태는?**

① 수평이다.
② 수직이다.
③ 우상향이다.
④ 후방굴절형이다.

답 ②

해 노동공급의 탄력성 값이 0인 경우 노동공급곡선의 형태는 수직이다.

완전탄력성	완전비탄력성
그래프 수평 탄력성 값(E) = ∞	그래프 수직 탄력성 값(E) = 0

64 **다음 현상을 설명하는 실업의 종류와 대책을 연결한 것으로 옳은 것은?**

> 성장산업에서는 노동에 대한 초과수요로 인하여 노동력의 부족현상이 야기되고 사양산업에서는 노동에 대한 초과공급으로 인하여 노동력의 과잉 현상이 야기되고 있다.

① 마찰적 실업 - 구인, 구직정보망 확충
② 경기적 실업 - 유효수요의 증대
③ 구조적 실업 - 인력정책
④ 기술적 실업 - 기술혁신

답 ③

해 구조적 실업은 인력정책이 필요하다.

- 구조적 실업
  성장산업에서는 노동력의 부족 현상이 야기되고 사양산업에서는 노동에 대한 초과 공급으로 인하여 발생하는 실업으므로 교육훈련투자 및 이주금보조 등의 인력정책이 필요하다.
- 마찰적 실업
  직업정보의 부족으로 일시적으로 발생하는 실업이므로 사이버 정보시스템의 확충과 원활한 흐름이 필요하다.
- 경기적 실업
  경기불황으로 발생하는 실업이므로 유효 수요의 증대, 재정지출의 확대 등이 필요하다.
- 기술적 실업
  기술혁신 및 노동절약적 신기술의 도입이 원인이므로 취업자나 구직자들로 하여금 새로운 산업분야에 취업할 수 있도록 직업훈련이나 교육훈련이 필요하다.

65 **완전경쟁하에서 노동의 수요곡선을 우하향하게 하는 주된 요인은 무엇인가?**

① 노동의 한계생산력
② 노동의 가격
③ 생산물의 가격
④ 한계비용

답 ①

해 노동의 한계생산이 체감하는 것을 의미하며 체감 할 경우 우하향의 그래프를 갖게 된다.

66 **임금관리의 주요 구성요소와 가장 거리가 먼 것은?**

① 기본급과 수당 등의 임금 체계
② 임금 지급 시기
③ 노동생산성 수준에 따른 임금 수준
④ 정규 노동자

답 ②

해 임금 지급 시기는 임금관리의 구성요소와 관계가 없다.

67 **최저임금제도와 근로장려세제(EITC : earned income tax credit)에 관한 설명으로 틀린 것은?**

① EITC는 저소득근로계층을 수혜대상으로 한다.
② EITC는 이론적으로 저생산성 저임금근로자의 실업을 유발하지 않는다.
③ 최저임금제도하에서는 최저임금 이하를 받는 근로자에게 그 혜택이 주어진다.
④ EITC와 최저임금제 실시는 공통적으로 사중손실(dead weight loss) 발생으로 총경제후생(economic surplus)을 축소 시킨다.

답 ④

해 EITC와 최저임금제 실시는 총경제후생을 증가시킨다.

- **사중손실** : 사중손실은 본래 재화나 서비스의 균형이 파레토 최적이 아닐 때 발생하는 경제적 효용의 순손실을 의미한다. 최저임금제와 근로장려세제가 사중손실을 발생한다는 것은 알 수가 없다.

68 **경제활동인구조사에서 종사상 지위별 취업자 분류에 해당하지 않는 것은?**

① 자영업자 ② 무급가족종사자
③ 임시근로자 ④ 관리자

답 ④

해 관리자는 포함이 안된다.

경제활동인구조사에 종사상 지위별 취업자분류
- 임금근로자 = 상용근로자 + 임시근로자 + 일용근로자
- 비임금근로자 = 자영업자 + 일용근로자
- 무급가족종사자

69 **다른 조건이 동일한 상태에서 만약 여성의 경제활동참가가 높아진다면 노동시장에서 균형 임금과 균형고용량은 어떻게 달라지는가?**

① 균형임금 상승, 균형고용량 증가
② 균형임금 상승, 균형고용량 하락
③ 균형임금 하락, 균형고용량 증가
④ 균형임금 하락, 균형고용량 하락

답 ③

해 여성의 경제활동참가가 높아진다면 노동시장에서 균형 임금은 하락하고 균형고용량은 증가한다.
(여성의 경제활동참가가 높아지면 일할 사람이 많아져 임금은 내려가고 고용량(일자리의 량)은 증가한다.)

70 **연공급(seniority-based pay)의 장점이 아닌 것은?**

① 정기 승급을 실시함에 따라 생활의 안정감과 장래에 대한 기대를 가질 수 있다.
② 위계질서의 확립이 용이하다.
③ 동기부여 효과가 강하다.
④ 근로자에 대한 교육훈련의 효과를 높일 수 있다.

답 ③

해 연공급은 동기부여 효가가 미약하다.
대표적인 연공급제도는 공무원 임금제도이다.

71 **기혼 여성의 경제활동참가율을 높이는 요인과 가장 거리가 먼 것은?**

① 시장임금의 상승
② 노동절약적 가계생산기술의 향상
③ 배우자의 소득 증가
④ 육아 및 유아교육시설의 증설

답 ③

해 배우자의 소득이 증가하면 기혼여성의 경제활동참가율은 낮아진다.

72 **노동수요곡선 자체를 이동시키는 요인이 아닌 것은?**

① 산출물 가격
② 기술진보
③ 다른 요소 공급의 변화
④ 임금의 상승

답 ④

해 임금의 상승(변화)은 노동수요 곡선상에서 상하로만 움직인다.
노동수요곡선 자체가 좌우로 이동하지는 않는다.

73 **이윤극대화를 추구하는 기업이 이직률을 낮추기 위해 효율성임금(efficiency wage)을 지불할 경우 발생할 수 있는 실업은?**

① 마찰적 실업 ② 구조적 실업
③ 경기적 실업 ④ 지역적 실업

답 ②

해 효율성임금제도는 고임금제도이므로 인적자본량이 많은 근로자에게 해당한다.
그러므로 인적자본량이 낮은 근로자는 당연히 도태될 수밖에 없다.
이는 산업구조를 변화시키는 구조적실업과 관련이 있다.

74 **정보의 유통 장애와 가장 관련이 높은 실업은?**

① 마찰적 실업 ② 경기적 실업
③ 구조적 실업 ④ 잠재적 실업

답 ①

해 정보의 유통 장애로 발생하는 실업은 마찰적 실업이다.

75 **가계생산(household production)과 가계소비(household consumption)에 관한 설명으로 틀린 것은?**

① 가계생산함수에서는 남편과 아내의 소비에 대한 효용이 결합적으로 도출된다고 가정한다.
② 가계생산함수에서는 가족들이 소비하는 재화의 많은 부분은 가족 내에서 생산된다고 가정한다.
③ 기혼남성의 임금이 오를 경우 시간 집약적 상품의 소비를 줄이게 된다.
④ 기혼여성의 임금이 오를 경우 생산과 소비 양면에서 소득효과가 발생한다.

답 ④

해 기혼여성의 임금이 오를 경우 소득효과와 대체효과 어느 쪽이 큰지 알 수 없으며, 오히려 기혼여성의 임금이 오를 경우 생산과 소비 양면에서 소득 효과가 아닌 대체효과가 발생할 확률이 높다.
왜냐하면 기혼여성의 임금이 오르면 경제활동참가가 증가하여 가정 내 전업주부보다 노동공급을 선택하는 대체효과가 발생할 확률이 높기 때문이다.
결국 임금이 오르면 개인의 입장에 따라 개인차가 발생하여(가계생산과 가계소비와의 변수) 소득효과가 나타날지 대체효과가 나타날지 알 수 없다.

76 **경쟁노동시장 경제모형의 가정으로 틀린 것은?**

① 모든 노동자는 동질적이다.
② 노동자의 단결조직과 사용자의 단결조직은 없다.
③ 모든 직무의 공석은 내부노동시장을 통해서 채워진다.
④ 노동자와 고용주는 완전정보를 갖는다

답 ③

해 완전경쟁시장의 경제모형은 모든 직무의 공석은 외부 노동시장을 통하여 채워진다.

77 **다음 중 1차 노동시장의 특성과 가장 거리가 먼 것은?**

① 고용의 안정성
② 승진기회의 평등
③ 자유로운 직업간 이동 보장
④ 고임금

답 ③

해 자유로운 직업 간 이동 보장은 2차 노동시장의 특성에 해당된다.

1차 노동시장	2차 노동시장
• 고용의 안정성 • 승진 기회의 평등 • 고임금	• 고용의 불안정성 (잦은 이동) • 열악한 근로조건 • 높은 이직률(고용기간이 짧음)

78 **다음 중 노동에 대한 수요가 유발수요(derived demand)인 것을 가장 잘 나타내는 것은?**

① 사무자동화로 사무직에 대한 수요가 감소하고 있다.
② 자동차회사 노동자의 임금상승은 자동차 조립라인에서의 로봇에 대한 수요를 증가시킨다.
③ 휘발유 가격의 상승은 경소형차에 대한 수요를 증가시킨다.
④ 자동차 생산을 증가시킨다는 경영진의 결정은 자동차공장 노동자에 대한 수요를 증가시킨다.

답 ④

해 자동차(최종생산물) 생산을 증가시킨다는 경영진의 결정은 자동차 공장 노동자에 대한 수요를 증가시킨다.
이 의미는 노동에 대한 수요가 유발수요(derived demand)인 것이다.

유발수요 또는 파생수요
노동수요(일자리)는 기업에서 생산된 최종 생산물에 의해 크게 영향을 받는다는 의미이다.

79 **최저임금제의 기대효과와 가장 거리가 먼 것은?**

① 산업 간, 직업 간 임금격차 해소
② 경기활성화에 기여
③ 산업구조의 고도화
④ 청소년 취업 촉진

답 ④

해 최저임금 올렸다고 청소년취업이 촉진되지는 않는다.

80 **내부노동시장이 형성되는 요인과 가장 거리가 먼 것은?**

① 숙련의 특수성　② 교육수준
③ 현장훈련　④ 관습

답 ②

해 교육수준은 아니다.
내부노동시장 형성요인
• 숙련의 특수성
• 현장훈련
• 관습

제5과목 고용노동관계법규

81 직업안정법상 구인·구직의 신청에 관한 설명으로 옳은 것은?

① 국외 취업희망자의 구직신청의 유효기간은 1년으로 한다.
② 직업안정기관의 장은 관할 구역의 읍·면·동사무소에 구인신청서와 구직신청서를 갖추어 두어 구인자·구직자의 편의를 도모해야 한다.
③ 직업안정기관의 장은 접수된 구인신청서 및 구직신청서를 3년간 관리·보관하여야 한다.
④ 수리된 구인신청의 유효기간은 3개월이다.

답 ②

해 ① 구직신청의 유효기간은 3개월, 국외 취업 희망자는 6개월이다.
③ 구인신청서와 구직신청서는 1년간 보관한다.
④ 수리될 구인신청의 유효기간은 15일 이상 2개월 이내에서 구인업체가 정한다.

82 고용보험법 적용 제외 근로자에 해당하는 자는?

① 60세에 새로 고용된 근로자
② 1개월 미만 동안 고용되는 일용근로자
③ 사립학교교직원 연금법의 적용을 받는 자
④ 1일 6시간씩 주3일 근무하는 자

답 ③

해 사립학교교직원 연금법의 적용을 받는 자는 고용보험법 적용 제외 근로자에 해당 된다.

고용보험법 적용 제외 근로자

- 65세에 이후에 새로 고용된 근로자이거나 자영업을 개시한 자
- 국가공무원법과 지방공무원법에 따른 공무원
- 사립학교교직원 연금법의 적용을 받는 자
- 외국인 근로자(단 출입국관리법령에 따라 체류자 격을 가진 자는 적용대상에 포함)
- 별정우체국법에 따른 별정우체국 직원

83 국민평생직업능력개발법상 용어의 정의에 관한 설명으로 틀린 것은?

① 직업능력개발훈련이란 근로자에게 직업에 필요한 직무수행능력을 습득·향상시키기 위하여 실시하는 훈련을 말한다.
② 근로자란 직업의 종류와 관계없이 임금을 목적으로 사업이나 사업장에 근로를 제공하는 자를 말한다.
③ 직업능력개발사업이란 직업능력개발훈련, 직업능력개발훈련 과정·매체의 개발 및 직업능력개발에 관한 조사·연구 등을 하는 사업을 말한다.
④ 지정직업훈련시설이란 직업능력개발훈련을 위하여 설립·설치된 직업전문학교 등의 시설로서 고용노동부장관이 지정한 시설을 말한다.

답 ②

해 근로자직업능력개발법상 근로자란 직업의 종류와 관계없이 임금을 목적으로 근로를 하는 사람과 구직할 의사가 있는 사람도 포함한다.

84 남녀고용평등과 일·가정 양립지원에 관한 법률상 사업주가 동일한 사업 내의 동일 가치의 노동에 대하여 동일한 임금을 지급하지 아니한 경우 벌칙규정은?

① 5년 이하의 징역 또는 3천만원 이하의 벌금
② 3년 이하의 징역 또는 3천만원 이하의 벌금
③ 1천만원 이하의 벌금
④ 500만원 이하의 벌금

답 ②

해 3년 이하의 징역 또는 3천만원 이하의 벌금이다.

85 구직자 취업촉진 및 생활안정지원에 관한 법률상 취업지원서비스 수급 요건에 해당하는 자는?

① 15세 이상 34세 이하인 사람으로 가구단위의 월평균 총소득이 기준 중위소득의 100분의 120 이하인 자
② 생계급여 수급자
③ 구직급여를 받고 있거나 구직급여를 마지막으로 받은 날의 다음 날부터 6개월이 지나지 아니한 사람
④ 재정지원 일자리사업 중 대통령령으로 정하는 사업에 참여하고 있거나 참여기간의 마지막 날의 다음 날부터 6개월이 지나지 아니한 사람

답 ①

해 취업지원서비스 수급자격

① 근로능력과 구직의사가 있음에도 취업하지 못한 상태일 것
② 취업지원을 신청할 당시 15세 이상 64세 이하일 것
③ 가구단위의 월평균 총소득이 기준 중위소득의 100분의 100 이하일 것
다만, 15세 이상 34세 이하인 사람은 가구단위의 월평균 총소득이 기준 중위소득의 100분의 120 이하 이어야 함
④ 월평균 총소득이 기준 중위소득의 100분의 60 이내의 범위에서 최저 생계비 및 구직활동에 드는 비용 등을 고려하여 대통령령으로 정하는 수준 이하일 것
⑤ 가구원이 소유하고 있는 토지·건물·자동차 등 재산의 합계액이 6억원 이내의 범위에서 대통령령으로 정하는 금액 이하일 것
⑥ 취업지원 신청일 이전 2년 이내의 범위에서 대통령령으로 정하는 기간 이상 취업한 사실이 있을 것

86 다음 중 4주 동안을 평균하여 1주 동안의 소정근로 시간이 15시간 미만인 근로자에게 적용되는 것은?

①「근로기준법」에 따른 주 휴일
②「근로기준법」에 따른 휴게시간
③「근로기준법」에 따른 연차 유급 휴가
④「근로자퇴직 급여 보장법」에 따른 퇴직급여제도

답 ②

해 15시간 미만인 근로자에게도 휴게시간은 적용되나 주휴일, 연차유급휴가 및 퇴직급여제도는 적용을 아니 할 수 있다.

87 최저임금에 대한 설명으로 옳은 것은?

①「선원법」의 적용을 받는 선원과 선원을 사용하는 선박의 소유자는 최저임금법을 적용하지 않는다.
② 정신장애나 신체장애로 근로능력이 현저히 낮은 사람도 최저임금을 적용 받는다.
③ 근로자가 자기의 사정으로 소정근로시간 또는 소정의 근로일의 근로를 하지 않았을 경우에도 사용자는 임금을 무조건 지급해야 한다.
④ 최저임금법은 근로자를 사용하는 모든 사업 또는 사업장에 적용한다. 이때 동거하는 친족만을 사용하는 사업과 가사(家事) 사용인에게도 동일하게 적용한다.

답 ①

해 ② 정신장애나 신체장애로 근로능력이 현저히 낮은 사람은 최저임금의 '적용제외' 조항의 영향을 받는다.
③ 근로자가 자기의 사정으로 소정근로시간 또는 소정의 근로일의 근로를 하지 아니한 경우 사용자가 임금을 지급할 것을 강제하는 것은 아니다.
④ 최저임금법은 근로자를 사용하는 모든 사업 또는 사업장에 적용한다. 다만, '동거하는 친족만을 사용하는 사업과 가사(家事) 사용인에게는 적용하지 아니한다.'

88 고용보험법상 피보험자격의 취득일과 상실일에 관한 설명으로 틀린 것은?

① 피보험자가 사망한 경우에는 사망한 날의 다음 날에 피보험자격을 상실한다.
② 적용 제외 근로자였던 자가 고용보험법의 적용을 받게 된 경우 그 사업에 고용된 날에 피보험자격을 취득한 것으로 본다.
③ 보험료징수법에 따른 보험관계 성립일 전에 고용된 근로자의 경우 그 보험관계가 성립한 날 피보험자격을 취득한 것으로 본다.
④ 피보험자가 적용 제외 근로자에 해당하게 된 경우 그 적용 제외 대상자가 된 날 피보험자격을 상실한다.

답 ②

해 적용 제외 근로자였던 자가 고용보험법의 적용을 받게 된 경우 그 사업에 고용된 날이 아니라 그 적용을 받게 된 날에 피보험자격을 취득한 것으로 본다.

89 **헌법상 근로의 권리에 관한 내용으로 틀린 것은?**

① 국가의 고용증진의무
② 근로조건기준의 법정주의
③ 여자와 연소자의 근로의 특별보호
④ 국가유공자 등에 대한 근로기회의 평등보장

답 ④

해 국가유공자 등의 근로 기회는 법률이 정하는바 우선적으로 근로의 기회를 부여 받는다.

90 **근로기준법의 기본원칙에 관한 설명으로 틀린 것은?**

① 근로기준법에서 정하는 근로조건은 최저기준이므로 근로관계 당사자는 이 기준을 이유로 근로조건을 낮출 수 없다.
② 근로조건은 근로자와 사용자가 동등한 지위에서 사용자의 의사에 따라 결정하여야 한다.
③ 근로자와 사용자는 각자가 단체협약, 취업규칙과 근로계약을 지키고 성실하게 이행할 의무가 있다.
④ 사용자는 근로자에 대하여 남녀의 성(性)을 이유로 차별적 대우를 하지 못하고, 국적·신앙 또는 사회적 신분을 이유로 근로조건에 대한 차별적 처우를 하지 못한다.

답 ②

해 근로기준법 [제 4조] 근로조건의 결정
근로조건은 근로자와 사용자가 동등한 지위에서 자유의사에 따라 결정하여야 한다.

91 **직업안정법상 유료직업소개사업을 하는 자가 사업소별로 고용해야 하는 직업상담원의 자격으로 틀린 것은?**

①「국가기술자격법」에 따른 직업상담사 1급 또는 2급
②「사회복지사업법」에 따른 사회복지사
③「고등교육법」에 따른 교원으로서 교원 근무 경력이 1년 이상인 사람
④「공인노무사법」에 따른 공인노무사

답 ③

해 교원근무 경력이 2년 이상인 사람
해당 자격증이 없는 경우 해당실무경력은 2년이상을 요구함
- 상담 업무에 2년 이상 종사한 경력이 있는 사람
- 행정 분야에 2년 이상 근무한 경력이 있는 자
- 교원 근무 경력이 2년 이상인 사람

92 **다음 중 채용절차의 공정화에 관한 법률의 내용으로 가장 옳지 않은 것은?**

① 구인자는 정당한 사유 없이 채용광고의 내용을 구직자에게 불리하게 변경하여서는 아니된다.
② 구인자는 구직자에 대하여 그 직무의 수행에 필요하지 아니한 출신 지역 등 개인정보를 기초심사자료 기재하도록 요구하거나 입증자료로 수집하여서는 아니 된다.
③ 구인자는 채용심사를 목적으로 구직자에게 채용서류 제출에 드는 비용을 부담시키지 못한다.
④ 누구든지 채용의 공정성을 침해하는 부당한 청탁, 압력, 강요 등의 행위를 할 수 없다.

답 ③

해 구인자는 채용심사를 목적으로 구직자에게 채용서류 제출에 드는 비용 이외의 일체의 금전적 비용을 부담시키지 못한다. 채용심사비용에서 채용서류 제출에 드는 비용은 구직자가 부담하는 것이 원칙이다.

93 **다음 중 개인정보 보호법상 개인정보처리자가 원칙적으로 처리할 수 없는 고유식별정보에 해당하지 않는 것은?**

①「여권법」에 따른 여권번호
②「도로교통법」에 따른 운전면허의 면허번호
③「출입국관리법」에 따른 외국인등록번호
④「자동차관리법」에 따른 자동차등록번호

답 ④

해 「자동차관리법」에 따른 자동차등록번호는 해당하지 않는다.
개인정보처리자가 원칙적으로 처리할 수 없는 고유식별정보
- 「주민등록법」에 따른 주민등록번호
- 「여권법」에 따른 여권번호
- 「도로교통법」에 따른 운전면허의 면허번호
- 「출입국관리법」에 따른 외국인등록번호

94 **남녀고용평등과 일·가정 양립 지원에 관한 법률상 직장 내 성희롱에 대한 설명으로 틀린 것은?**

① 사업주는 직장 내 성희롱 발생이 확인된 경우 7일 이내에 행위자에 대하여 징계나 그 밖에 이에 준하는 조치를 하여야 한다.
② 사업주는 직장 내 성희롱과 관련하여 피해를 입은 근로자 또는 성희롱 피해 발생을 주장하는 근로자에게 해고나 그 밖의 불리한 조치를 하여서는 아니 된다.
③ 사업주는 직장 내 성희롱을 예방하고 근로자가 안전한 근로환경에서 일할 수 있는 여건을 조성하기 위하여 직장 내 성희롱의 예방을 위한 교육을 실시하여야 한다.
④ 사업주는 직장 내 성희롱 예방을 위한 교육을 연 1회 이상 하여야 한다.

답 ①

해 ① 7일 이내가 아닌 '지체없이' 해야 함

95 **근로기준법상 경영상 이유에 의한 해고에 대한 설명으로 틀린 것은?**

① 사용자가 경영상 이유에 의하여 근로자를 해고하려면 긴박한 경영상의 필요가 있어야 한다.
② 사용자는 해고를 피하기 위한 노력을 다하여야 하며, 합리적이고 공정한 해고의 기준을 정하고 이에 따라 그 대상자를 선정하여야 한다.
③ 사용자는 해고를 피하기 위한 방법과 해고 기준 등에 관하여 그 사업 또는 사업장에 근로자의 과반수로 조직된 노동조합이 있는 경우에는 그 노동조합에 해고를 하려는 날의 50일 전까지 통보하고 성실하게 협의하여야 한다.
④ 사용자는 일정한 규모 이상의 인원을 해고하려면 고용노동부장관의 승인을 얻어야 한다.

답 ④

해 사용자는 일정한 규모 이상의 인원을 해고하려면 고용노동부장관에게 신고하여야 한다.

96 **남녀고용평등과 일·가정 양립 지원에 관한 법률상 상시 500명 이상의 근로자를 고용하는 사업의 사업주에게 부과하는 적극적 고용 개선조치에 대한 설명으로 틀린 것은?**

① 고용 기준에 미달하는 사업주에 대하여 고용노동부장관이 적극적 고용개선조치 시행계획을 수립하여 제출할 것을 요구할 수 있다.
② 적극적 고용개선조치 시행계획을 제출한 자는 그 이행실적을 고용노동부장관에게 제출하여야 한다.
③ 국가와 지방자치단체는 적극적 고용개선 조치 우수기업에 행정적·재정적 지원을 하여야 한다.
④ 고용노동부장관은 적극적 고용개선조치 이행실적이 부진한 사업주에게 시행계획의 이행을 촉구할 수 있다.

답 ③

해 행정적·재정적 지원을 하여야 한다. → 행정적·재정적 지원을 할 수 있다.

97 **최저임금법에 대한 내용으로 (　　) 안에 들어갈 말로 알맞는 것은?**

> 최저임금은 근로자의 생계비, 유사 근로자의 임금, 노동생산성 및 소득분배율 등을 고려하여 정한다. 이 경우 (　　)로 구분하여 정할 수 있다.

① 지역별　　② 사업의 종류별
③ 기업별　　④ 연령별

답 ②

해 사업의 종류별로 구분하여 정한다.

98 **구직촉진수당에 대한 설명으로 틀린 것은?**

① 구직촉진수당등을 지급받거나 반환받을 권리는 3년간 행사하지 아니하면 시효로 소멸한다.
② 구직촉진수당등을 지급받을 권리는 양도 또는 압류하거나 담보로 제공할 수 없다.
③ 수당수급계좌의 예금에 관한 채권은 압류할 수 없다.
④ 구직촉진수당등의 지급결정 취소를 받은 수급자는 그 결정이 있은 날부터 3년 이내의 범위에서 대통령령으로 정하는 기간에 취업지원을 신청할 수 없다.

답 ④

해 '5년' 이내의 범위에서 대통령령으로 정하는 기간에 취업지원을 신청할 수 없다.

99 **남녀고용평등과 일·가정양립지원에 관한 법령상 육아기 근로시간 단축에 관한 설명으로 틀린 것은?**

① 사업주는 육아기 근로시간 단축을 하고 있는 근로자의 명시적 청구가 있으면 단축된 근로시간 외에 주 12시간 이내에서 연장근로를 시킬 수 있다.
② 원칙적으로 사업주는 근로자가 초등학교 2학년 이하의 자녀를 양육하기 위하여 근로시간의 단축을 신청하는 경우에 이를 허용하여야 한다.
③ 사업주가 근로자에게 육아기 근로시간 단축을 허용하는 경우 단축 후 근로시간은 주당 15시간 이상이어야 하고 35시간을 넘어서는 아니 된다.
④ 육아기 근로시간 단축을 한 근로자에 대하여 평균임금을 산정하는 경우에는 그 근로자의 육아기 근로시간 단축 기간을 평균임금 산정기간에서 제외한다.

답 ②

해 25년 01월 01일부터 시행되는 육아기 근로시간 단축 대상은 만 12세 이하 또는 초등학교 6학년 이하의 자녀를 양육하기 위하여 근로자가 신청하는 경우 이를 허용하여야 한다.
육아기 근로시간 단축의 기간은 1년 이내이다.

100 **국민 평생 직업능력 개발법 개발법령에 관한 설명으로 틀린 것은?**

① 「제대군인지원에 관한 법률」에 따른 제대군인 및 전역예정자의 직업능력 개발훈련은 중요시되어야 한다.
② 「산업재해보상보험법」에 따른 근로복지공단은 직업능력개발훈련시설을 설치할 수 없다.
③ 이 법에 "근로자"란 사업주에게 고용된 사람과 취업할 의사가 있는 사람을 말한다.
④ 직업능력개발훈련은 훈련의 목적에 따라 양성훈련, 향상훈련, 전직훈련으로 구분한다.

답 ②

해 「산업재해보상보험법」에 따른 근로복지공단은 직업능력개발훈련시설을 설치할 수 있다.
직업능력개발훈련시설을 설치 할 수있는 공공기업훈련시설
- 한국산업인력공단
- 한국장애인고용공단
- 근로복지공단

2회 모의고사

제1과목 직업심리

01 수퍼(Super)의 진로발달이론에 대한 설명으로 가장 적합한 것은?

① 반두라(Bandura)의 사회학습이론에 근거하여 성차에 대한 설명이 보다 많이 시도되고 있다.
② 진로발달을 환상적 직업선택, 시험적 직업선택, 현실적 직업선택 단계로 나누어 설명하였다.
③ 사회경제적인 상황과 노동시장 등은 다루지 않고 있다.
④ 이론의 기저를 이루고 있는 것은 '자아개념'으로 인간은 자신의 이미지와 일치하는 직업을 선택한다는 주장이다.

답 ④

해 ① 사회학습이론에 근거하지 않음
긴즈버그의 진로발달이론을 비판하면서 시작함
② 진로발달을 성장기, 탐색기, 확립기, 유지기, 쇠퇴기로 나누어 설명
③ 사회경제적인 상황뿐 아니라 가정, 성역할, 개인과 사회의 상호작용 등 전반적인 영역을 다룸

02 내담자의 인지적 명확성을 위한 직업상담 과정으로 가장 적합한 것은?

① 내담자와의 관계 → 진로와 관련된 개인 적 사정 → 직업선택 → 정보통합과 선택
② 직업탐색 → 내담자와의 관계 → 정보 통합과 선택 → 직업선택
③ 내담자와의 관계 → 인지적 명확성/동기 에 대한 사정 예/아니오 → 개인상담/직 업상담
④ 개인상담/직업상담 → 내담자와의 관계 → 인지적 명확성/동기에 대한 사정 → 예/아니오

답 ③

해 내담자와의 관계에서 인지적 명확성의 여부(예/아니오)에 따라 개인상담/직업상담으로 전개되어야 한다.

03 Ginzberg의 진로발달 단계 중 현실기의 하위 단계가 아닌 것은?

① 탐색
② 구체화
③ 전환
④ 정교화

답 ③

해 해설 전환은 아니다.
Ginzberg의 현실기의 하위단계
- 탐색기
- 구체화기
- 특수화기(정교화기)

04 진로 및 직업선택에 관한 설명으로 틀린 것은?

① 흥미와 능력은 항상 일치하는 것은 아니다.
② 직업선택 결정에서 적성 및 지능검사의 결과에만 의존하지는 않는다.
③ 직업흥미가 아동기 초기 경험으로부터 결정된다는 관점은 환경적응론이다.
④ 직업적 흥미는 성격특성과 자아개념에 따라 변화한다.

답 ③

해 Roe(로)의 욕구이론에서 직업흥미가 아동기 초기 경험(특히 12세 이하 부모님과의 관계)에서 많은 영향을 받는다고 봄

05 특성-요인 이론에서 파슨스(Parsons)가 구체화한 3요소 직업지도모델에 포함되지 않는 것은?

① 내담자 특성의 객관적인 분석
② 직업세계의 분석
③ 과학적 조언을 통한 매칭(Matching)
④ 주변 환경의 분석

답 ④

해 파슨스의 직업지도모델 3요소
- 자기자신에 대한 분석
- 직업세계에 대한 분석
- 합리적이고 과학적인 매칭

06 직업적응이론을 제시한 학자는?

① Tuckman
② R. Dawis와 L.Lofquist
③ R. Gibson과 M. Mitchell
④ J.Krumboltz와 L. Michel

답 ②

해 직업적응이론을 제시한 학자
R. Dawis와 L. Lofquist(롭퀴스트와 데이비스)

07 다음의 설명에 해당하는 심리검사 용어는?

> 대표 집단의 사람들에게 실시한 검사점수를 일정한 분포도로 작성한, 특정검사점수의 해석에 필요한 기준이 되는 자료

① 규준 ② 표준
③ 준거 ④ 참조

답 ①

해 규준의 핵심 용어 - 기준
특정검사점수의 해석에 필요한 기준이 되는 자료

08 일반적성검사(GATB)에서 측정하는 직업적성이 아닌 것은?

① 손가락 정교성 ② 언어적성
③ 사무지각 ④ 과학적성

답 ④

해 '과학적성'과 '기계적성'은 적성요인은 없다.
직업적성검사 GATB 9개 영역 적성

- 지능
- 언어적성
- 수리능력
- 사무지각
- 공간적성
- 형태지각
- 운동반응
- 손가락 정교성(기교도)
- 손의 정교성

09 직업선호도 검사에 관한 설명으로 틀린 것은?

① 직업흥미검사, 성격검사, 생활사검사로 구성되어 있다.
② 직업흥미검사는 Holland의 모형을 기초로 개발한 검사이다.
③ 생활사 검사는 개인의 과거 또는 현재의 생활특성을 파악한다.
④ 직업흥미 유형을 크게 현실형, 사회형, 탐구형, 예술형, 인내형, 진취형으로 구분한다.

답 ④

해 인내형은 없다.
홀랜드의 직업흥미 유형
현실형, 탐구형, 예술형, 사회형, 진취형, 관습형

10 심리검사에 관한 설명으로 옳은 것은?

① CMI는 태도척도와 능력척도로 구성되며 진로선택 내용과 과정이 통합적으로 반영되었다.
② MBTI는 외향성·호감성·성실성·정서적 불안정성·경험개방성의 5요인으로 구성되어 있다.
③ MMPI에서 한 하위척도의 점수가 70이라는 것은 규준집단에 비추어볼 때 평균보다 한 표준편차 아래인 것을 의미한다.
④ 진로발달 검사의 경우 인간이 가진 보편적인 경향성을 측정하는 것이므로 미국에서 작성된 기존 규준을 우리나라에서 그대로 사용해도 무방하다.

답 ①

해 CMI(Career Maturity Inventory)
'진로성숙도검사'로 태도척도와 능력척도로 구성되어 있는 표준화된 진로발달 검사도구임
진로선택 내용과 과정이 통합적으로 반영됨

11 직무 스트레스를 촉진시키거나 완화하는 조절요인이 아닌 것은?

① A/B 성격유형
② 통제의 소재(Locus of Control)
③ 사회적 지원
④ 반복적이고 단조로운 업무

답 ④

해 반복적이고 단조로운 직무는 스트레스 조절요인이 아니라 스트레스원이다.
스트레스 매개(조절)변인

- A/B 성격유형
- 통제의 소재(Locus of control)
- 사회적 지원

12 **검사의 구성타당도 분석방법으로 적합하지 않은 것은?**

① 기대표 작성
② 확인적 요인분석
③ 관련 없는 개념을 측정하는 검사와의 상 관계수 분석
④ 유사한 특성을 측정하는 기존 검사와의 상관계수 분석

답 ①

해 기대표 작성은 '준거타당도'의 검사방법이다.

기대표
- 새로운 연구점수의 범주와 준거점수와의 범주를 표로 작성한 이원분류표
- 기대표 작성으로 준거타당도는 점수화가 가능한 타당도이다.

② 요인분석
③ 변별타당도
④ 수렴타당도

13 **다음에서 설명하고 있는 것은?**

> 상담에서는 기본적으로는 내담자의 감정, 경험 및 잠재력에 대해 긍정적인 존중과 관심을 전달하는 것이고, 궁극적으로는 내담자를 한 인간으로서의 가치와 자유인으로서의 잠재력에 대해 매우 깊은 긍정적인 존중을 전달하는 것

① 공감　② 반영적 경청
③ 내용의 재진술　④ 수용적 존중

답 ④

해 '긍정적 존중'을 전달하는 것이 '수용적 존중'이다.

14 **생애진로사정(Life Career Assessment)에 관한 설명으로 옳은 것은?**

① 직업상담에서 생애진로사정은 초기단계보다는 중·말기 단계 면접법에서 사용된다.
② 생애진로사정은 아들러(Adler)의 개인심리학에 부분적으로 기초를 둔다.
③ 생애진로사정은 객관적인 사실 확인에 중점을 둔다.
④ 생애진로사정에서 여가생활, 친구관계 등과 같이 일(Work) 과 직접적으로 관련이 없는 주제는 제외된다.

답 ②

해 ① 생애진로상담은 초기 구조화된 면접법임

15 **상담 윤리강령의 역할 및 기능과 가장 거리가 먼 것은?**

① 내담자의 복리 증진
② 지역사회의 경제적 기대 부응
③ 상담자 자신의 사생활과 인격 보호
④ 직무수행 중의 갈등 해결 지침 제공

답 ②

해 지역사회의 경제적 기대 부응과는 거리가 멀다.

16 **상담의 진행단계별 특징에 대한 설명으로 옳은 것은?**

① 초기 단계의 주요 작업은 상담에 대한 구조화이다.
② 중기 단계의 주요 작업은 내담자와 상담자 간의 촉진적인 관계 형성이다.
③ 종결 단계의 주요 작업은 문제 해결단계이다.
④ 초기 단계의 주요 작업은 과정적 목표의 설정과 달성이다.

답 ①

해
- 초기 단계 : 관계형성, 문제파악(진단), 구조화, 목표설정, 생애진로사정
- 중기 단계 : 과정적 목표설정, 문제해결 시도
- 종결 단계 : 평가와 종결

17 **홀랜드(Holland)의 진로발달이론이 기초하고 있는 가정에 관한 설명 중 틀린 것은?**

① 사람들의 성격은 6가지 유형 중의 하나로 분류될 수 있다.
② 직업 환경은 6가지 유형의 하나로 분류될 수 있다.
③ 개인의 행동은 성격에 의해 결정된다.
④ 사람들은 자신의 능력을 발휘하고 태도와 가치를 표현할 수 있는 환경을 찾는다.

답 ③

해 개인의 행동은 성격과 환경에 의해 결정된다.

18 상담내용에 대한 비밀을 지키지 않아도 되는 상황을 모두 고른 것은?

ㄱ. 내담자가 자신이나 다른 사람을 위험에 빠뜨릴 가능성이 클 때
ㄴ. 내담자의 법적 보호자가 내담자의 정보를 구할 때
ㄷ. 법적으로 정보의 공개가 요구되는 경우
ㄹ. 내담자가 감염성이 있는 치명적인 질병에 걸린 경우

① ㄱ, ㄴ, ㄷ　② ㄱ, ㄴ, ㄹ
③ ㄴ, ㄷ, ㄹ　④ ㄱ, ㄷ, ㄹ

답 ④

해 내담자의 법적 보호자가 내담자의 정보를 구할 때는 상담내용에 대한 비밀을 지켜야 한다.

19 개인의 변화를 목표로 하는 이차적 스트레스 관리전략에 해당하지 않는 것은?

① 이완훈련　② 바이오피드백
③ 직무재설계　④ 스트레스관리훈련

답 ③

해 '직무 재설계'는 일차적 스트레스 관리 전략이다.

스트레스 관리전략
- 일차적 관리전략(출처지향적 관리)
- 이차적 관리전략(반응지향적 관리)
- 삼차적 관리전략(증후지향적 관리)

20 고트프레드슨 (Gottfredson)은 9~13세 시기에 개인에게서 어떤 직업적 포부가 발달한다고 보았는가?

① 힘과 크기 지향　② 성역할 지향
③ 사회적 가치 지향　④ 고유한 자기 지향

답 ③

해 사회적 가치 지향성은 9~13세에 사회계층에 대한 개념이 생기면서 자아에 대한 개념이 생겨난다.

Gottfredson의 직업포부 발달이론
- 힘과 크기 지향성(3세~5세)
- 성역할 지향성(6세~8세)
- 사회적 가치 지향성(9세~13세)
- 내적고유한 자기 지향성(14세 이상~)

제2과목 직업상담 및 취업지원

21 다음 중 협업을 결정하기 바람직한 상황은?

① 성과 달성, 비용 절감의 효과가 예측되는 상황
② 시간이 촉박한 상황
③ 관리옹호자의 관리역량이 충분하지 않은 상황
④ 협업 대상에 대한 신뢰가 높지 않은 상황

답 ①

해 린덴의 협업이 바람직하지 않은 7가지 상황
① 시간이 촉박할 때
② 담당자에게 보다 중요한 일들이 산적해 있을 때
③ 협업대상에 대한 신뢰가 높지 않을 때
④ 과제 옹호자(진행주체자)가 충분한 관리역량을 갖추지 못한 경우
⑤ 협업의 비용이 편익을 초과할 때
⑥ 고객들의 관심이 저조하거나 충족될 수 있는 니즈(needs)보다 더 시급한 니즈를 가지고 있을 때
⑦ 시기가 적절하지 않을 때

22 직업상담의 모든 사무는 문서로부터 시작하고 문서로 끝난다고 하여도 과언이 아니다. 다음 중 직업상담의 문서 처리의 원칙에 해당하는 것은?

ㄱ. 즉일 처리 원칙　ㄴ. 책임 처리 원칙
ㄷ. 적법성의 원칙　ㄹ. 전자처리 원칙

① ㄱ, ㄴ, ㄷ　② ㄱ, ㄴ, ㄹ
③ ㄴ, ㄷ, ㄹ　④ ㄱ, ㄴ, ㄷ, ㄹ

답 ①

해 직업상담의 문서 처리에서는 전자처리 원칙은 적용되고 있지 않다.(일반 문서처리에는 적용)

23 다음 보기가 설명하는 행사 유형을 고르시오.

<보기>
- 멘토를 통한 자기존중감 및 자기효능감 상승
- 질의응답을 통한 궁금증 해소

① 잡콘서트　② 취업박람회
③ 진로캠프　④ 기업탐방

답 ①

해 잡콘서트에 대한 설명이다.

모의고사 | 2회

24 **내담자의 정보 및 행동을 이해하기 위해 사용하는 전이된 오류의 기법에 해당하지 않는 것은?**

① 논리적 오류　② 한계의 오류
③ 한정된 오류　④ 정보의 오류

답 ③

해 한정된 오류는 포함되지 않는다.

25 **조앤(Joann)의 직업정보의 활용 단계 중 (　　)안에 들어갈 내용은?**

···
4단계 : 직업목록에 관한 직업정보의 수집
5단계 : (　　)
6단계 : 선택 직업 진입을 위한 실천 행동

① 직업선택의 인식
② 선택 직업의 결정
③ 적합한 직업의 목록화
④ 개인의 직업특성 평가

답 ②

해 정보를 수집하고 결정해야 실천행동을 할 수 있다.

조앤(Joann)의 직업정보의 활용 6단계
1단계 : 직업선택의 인식
2단계 : 개인의 직업특성 평가
3단계 : 적합한 직업의 목록화
4단계 : 직업목록에 관한 직업정보의 수집
5단계 : 선택 직업의 결정
6단계 : 선택 직업 진입을 위한 실천 행동

26 **내담자 중심 직업상담에서 상담자가 지녀야 할 태도 중 내담자로 하여금 개방적 자기탐색을 촉진하여 그가 지금-여기에서 경험하는 감정을 자각하도록 하는 요인은?**

① 일치성　② 일관성
③ 공감적 이해　④ 무조건적 수용

답 ①

해 일치성(진실성)은 상담자의 진솔한 태도는 내담자로 하여금 개방적 자기탐색을 촉진하여 그가 지금-여기에서 경험하는 감정을 자각하게 한다.

27 **구직역량 파악을 위한 내담자 파악시 해당되는 요소가 아닌 것은?**

① 강점과 약점
② 구직욕구 분석
③ 구직역량 분석
④ 스트레스 회복탄력성 분석

답 ④

해 스트레스 회복탄력성 분석은 해당하지 않는다.

28 **다음 중 목표설정에 대한 설명으로 옳지 않은 것은?**

① 구직자가 명확하고 구체적인 목표를 설정하도록 돕기 위해 상담자는 목표설정에 개입할 수 있다.
② 상담자는 상담 진행 과정 중 구직자와 설정한 목표를 수정할 수 없다.
③ 구직자의 취업 목표 실현 가능성을 염두에 두고 목표를 설정해야 한다.
④ 상담자는 구직자가 취업 가능한 직종들에 대한 직업정보에 왜곡이 있다면 직업정보망을 알려주고 확인시킨다.

답 ②

해 상담 진행 과정 중 구직자에게 변화나 새로운 문제가 발생할 경우 목표도 변화하거나 수정할 수 있다.

29 **AI 면접에 대한 설명으로 틀린 것은?**

① '기본 면접→ 성향 분석→ 심층 면접→ 보상 선호→ AI 게임→ 상황 대처'로 구성된다.
② 대인 면접에서 드러나지 않는 업무 스타일이나 성향 판단이 가능하다.
③ 태도에 대한 판단, 의사결정 유형, 집중력 등을 분석할 수 있다.
④ 신뢰성이 중요하므로 일관성 있는 답변이 중요하다.

답 ①

해 '심층면접'은 가장 마지막에 실시한다.

AI 면접(AI 역량검사)의 수행 순서
기본 면접→ 성향 분석→ 상황 대처→ 보상 선호→ AI 게임 → 심층 면접

30 **고용노동부에서 실시하는 직업상담(취업지원)프로그램 중 취업을 원하는 결혼이민여성(한국어소통 가능자)을 대상으로 하는 것은?**

① Wici 취업지원 프로그램
② CAP+ 프로그램
③ allA 프로그램
④ Hi 프로그램

답 ①

해 결혼이민여성을 대상으로 하는 취업프로그램은 Wici 취업지원 프로그램이다.

31 **인적자원 관리 영역에 해당하지 않는 것은?**

① 인적자원 개발영역
② 인적자원 환경영역
③ 인적자원 활용영역
④ 인적자원 투자영역

답 ④

해 인적 자원 관리 영역은 '개발', '환경', '활용'으로 구분된다.

32 **고트프레드슨의 진로 선택 대안에서 '진로 선택 대안들을 좁히는 것'은 무엇에 대한 설명인가?**

① 제한 ② 타협
③ 흥미 ④ 명성

답 ①

해 ① 제한 - 진로 선택 대안들을 좁히는 것
② 타협 - 개인적 선호와 고용 현실 간의 조정

33 **내담자의 동기와 역할을 사정(assessment) 하는데 가장 많이 사용되는 방법은?**

① 개인상담 ② 직업상담
③ 자기보고 ④ 심리치료

답 ③

해 사정기법(동기·가치·흥미·성격 등)에서 가장 많이 사용하는 방법은 '자기보고식' 방법이며 자기보고법이 적합한 내담자는 인지적 명확성이 높은 내담자여야 한다.

34 **Harren이 제시한 진로의사결정 유형 중 의사결정에 대한 개인적 책임을 부정하고 외부로 책임을 돌리는 경향이 높은 유형은?**

① 합리적 유형 ② 투사적 유형
③ 직관적 유형 ④ 의존적 유형

답 ④

해 개인적 책임을 부정하고 외부로 책임을 돌리는 경향이 높은 유형은 의존적 유형이다.(항상 의존적 유형만 출제)

합리적 유형	의존적 유형	직관적 유형
• 정보를 수집 단계별로 체계적인 의사결정 • 시간을 가지고 주의깊게 생각	• 개인적 책임을 부정 • 외부로 책임을 돌리는 경향	• 욕구에 따른 빠른 의사결정 • 즉각적인 느낌과 감정에 따름

35 **포괄적 직업상담에 관한 설명으로 틀린 것은?**

① 논리적인 것과 경험적인 것을 의미 있게 절충시킨 모형이다.
② 진단은 변별적이고 역동적인 성격을 가지고 있다.
③ 상담의 전반적인 진행에서 특성-요인 이론과 행동주의 이론으로 접근한다.
④ 검사의 역할을 중시하며 검사를 효율적으로 사용한다.

답 ③

해 포괄적 직업상담은 모든 상담이론으로 접근한다.

36 **발달적 직업상담에서 직업정보가 갖추어야 할 조건이 아닌 것은?**

① 부모와 개인의 직업적 수준과 그 차이, 그리고 그들의 적성·흥미·가치들간의 관계
② 사회경제적 측면에서 수준별 직업의 유형 및 그러한 직업들의 특성
③ 근로자의 이직 시 직업의 이동 방향과 비율을 결정하는 요인에 대한 정보
④ 특정 직업분야의 접근가능성과 개인의 적성·가치관·성격특성 등의 요인들 간의 관계

답 ③

해 발달적 직업상담에서 근로자의 이직 시 직업의 이동 방향과 비율을 결정하는 요인에 대한 정보는 관계가 없다.

37 딘클라게(Dinklage)의 진로의사결정유형 중 효과적인 의사결정 유형의 내담자는 어떤 유형인가?

① 계획형 ② 운명론형
③ 지연형 ④ 마비형

답 ①

해

효과적인 유형	비효과적인 유형	
-계획형(가장 효과적) -직관형	-순응형 -충동형 -번민형	-운명론형 -지연형 -마비형

38 내담자 중심 상담이론의 특징이 아닌 것은?

① 동일한 상담 원리를 정상적 상태에 있는 사람이나 정신적으로 부적응 상태에 있는 사람 모두에게 적용한다.
② 상담은 모든 건설적인 대인관계의 실제 사례 중 단지 하나에 불과하다.
③ 실험에 기초한 귀납적인 접근 방법이며 실험적 방법을 상담과정에 적용한다.
④ 상담의 과정과 그 결과에 대한 연구조사를 통하여 개발되어 왔다.

답 ③

해 실험에 기초한 귀납적인 접근 방법은 행동주의의 상담기법이다.

39 우리나라 여성의 연령별 경제활동참가율은 남성과 달리 자녀의 출산·육아기에 현저한 차이를 보인다. 이를 잘 설명할 수 있는 형태는?

① U자형 ② 역U자형
③ M자형 ④ W자형

답 ③

해 출산·육아기에 현저한 차이를 나타내는 M자형이다.

40 융(Jung)이 제안한 4단계 치료과정을 순서대로 올바르게 나열한 것은?

① 고백 → 교육 → 명료화 → 변형
② 고백 → 명료화 → 교육 → 변형
③ 고백 → 변형 → 명료화 → 교육
④ 명료화 → 고백 → 교육 → 변형

답 ②

해 Jung(융)의 분석심리학 치료과정
고백 단계 → 명료화 단계 → 교육 단계 → 변형 단계

제3과목 직업정보

41 직업정보 제공과 관련된 인터넷사이트 연결이 틀린 것은?

① 직업훈련정보 : HRD-Net(hrd.go.kr)
② 자격정보 : Q-Net(q-net.or.kr)
③ 외국인고용관리정보 : EI넷(ei.go.kr)
④ 해외취업정보 : 월드잡플러스 (worldjob.or.kr)

답 ③

해 EI넷(ei.go.kr)은 고용보험 사이트이다.

42 한국표준산업분류(KSIC 9)의 대분류에 해당 하지 않는 것은?

① A 농업, 임업 및 어업
② D 전기, 가스, 증기 및 수도사업
③ L 부동산업 및 임대업
④ R 기타 공공, 수리 및 개인서비스업

답 ④

해 R은 '예술 스포츠 및 여가관련 서비스업' 이다.

43 구직자에게 일정한 금액을 지원하여 그 범위 이내에서 직업능력개발훈련에 참여할 수 있도록 하고, 훈련이력 등을 개인별로 통합관리하는 제도는?

① 훈련계좌발급제 ② 직업능력훈련제도
③ 국민내일배움카드 ④ 직업능력카드

답 ③

해 내일배움카드에 대한 설명이다.

44 한국표준직업분류의 대분류 항목과 직능수준과의 관계가 바르게 짝지어진 것은?

① 전문가 및 관련 종사자 - 제4직능 수준 필요
② 사무 종사자 - 제3직능 수준 필요
③ 단순노무 종사자 - 제2직능 수준 필요
④ 군인 - 제2직능 수준이상 필요

답 ④

해 ① 전문가 및 관련 종사자 - 제4직능 수준 혹은 제3직능 수준 필요
② 사무 종사자 - 제2직능 수준 필요
③ 단순노무 종사자 - 제1직능 수준 필요

45 **한국직업사전의 직업코드 기준은?**

① 한국고용직업분류의 대분류
② 한국고용직업분류의 중분류
③ 한국고용직업분류의 소분류
④ 한국고용직업분류의 세분류

답 ④

해 직업사전의 직업코드 기준은 '한국고용직업분류의 세분류 체계'로 표기하였다.

46 **고용24에서 제공하는 직업선호도검사 L형의 하위검사가 아닌 것은?**

① 흥미검사 ② 성격검사
③ 생활사검사 ④ 구직취약성적응도 검사

답 ④

해 직업선호도검사 L형의 하위검사
- 흥미검사
- 성격검사
- 생활사 검사

47 **한국직업사전 부가 직업정보의 직무기능에 대한 설명에서 (　　) 안에 공통적으로 들어갈 말은?**

> (　　)와/과 관련된 기능은 위계적 관계가 없거나 희박하다. 서비스제공이 일반적으로 덜 복잡한 (　　)관련 기능이며, 나머지 기능들은 기능의 수준을 의미하는 것은 아니다.

① 시스템 ② 사물
③ 자료 ④ 사람

답 ④

해 사람과 관련된 기능은 위계질서가 없거나 희박함
직업정보의 직무기능
- 자료(Date)
- 사람(people)
- 사물(Thing)

48 **한국표준산업분류의 분류구조 및 부호체계에 관한 설명으로 옳은 것은?**

① 부호처리를 할 경우에는 알파벳 문자와 아라비아 숫자를 함께 사용토록 했다.
② 권고된 국제분류 ISIC Rev.4를 기본체계로 하였으나, 국내실정을 고려하여 독 자적으로 분류항목과 분류부호를 설정 하였다.
③ 중분류의 번호는 001부터 999까지 부여 하였으며. 대분류별 중분류 추가여지를 남겨놓기 위해 대분류 사이에 번호 여백을 두었다.
④ 소분류 이하 모든 분류의 끝자리 숫자는 01에서 시작하여 99에서 끝나도록 하였다.

답 ②

해 ① 부호처리를 할 경우에는 아라비아 숫자 만을 사용토록 했다.
② ISIC Rev.4를 기본체계는 맞다.
③ 중분류의 번호는 01부터 99까지 부여하였다. (대분류 1자리 중분류 2자리)
④ 소분류는 001에서 시작하여 999에서 끝나도록 한다. (소분류 3자리 세분류 4자리)

49 **직업정보 가공 시의 유의점에 대한 설명으로 틀린 것은?**

① 직업정보의 이용자는 일반인이므로 이용자의 수준에 맞는 언어로 가공한다.
② 직업에 대한 장점만 제공하여 이용자들이 직업에 대한 비전을 갖도록 해야한다.
③ 가장 최신의 자료를 활용하되 표준화된 정보를 활용한다.
④ 객관성이 없는 정보는 활용하지 않도록 한다.

답 ②

해 직업정보의 가공은 긍정적인 정보를 제공하는 입장에서 출발하는 것이 아니라, 장단점을 편견 없이 객관적인 입장에서 출발해야 한다.

50 **고용조정지원을 위한 고용안정사업에 해당하는 것은?**

① 고용유지지원금 ② 정규직전환지원금
③ 고용촉진지원금 ④ 세대간상생고용지원금

답 ①

해 고용안정사업에 해당하는 것은 고용유지지원금이다.
고용창출 장려금(지원금)
② **정규직전환지원금** : 시간제근로자를 정규직으로 전환할 때 지원
③ **고용촉진지원금** : 취업희망풀에 등록된 구직자를 채용하는 것
④ **세대간상생고용지원금** : 임금피크제도입, 임금체계 개편 등

51 **한국표준산업분류의 산업분류 적용원칙에 관한 설명으로 틀린 것은?**

① 생산단위는 투입물과 생산공정을 제외한 산출물을 고려하여 그들의 활동을 가장 정확하게 설명된 항목에 분류해야 한다.
② 복합적인 활동단위는 우선적으로 최상급 분류단계를 정확히 결정하고, 순차적으로 중, 소, 세, 세세분류 단계 항목을 결정하여야 한다.
③ 산업활동이 결합되어 있는 경우에는 그 활동단위의 주된 활동에 따라서 분류하여야 한다.
④ 수수료 또는 계약에 의하여 활동을 수행하는 단위는 자기계정과 자기책임 하에서 생산하는 단위와 동일 항목에 분류되어야 한다.

답 ①

해 생산단위는 투입물과 생산공정을 '제외'가 아니라 '함께' 고려해야 함
(생산단위는 산출물뿐만 아니라 투입물과 생산공정 등을 함께 고려하여 그들의 활동을 가장 정확하게 설명된 항목에 분류)

한국표준산업분류의 분류기준
- 산출물의 특성
- 투입물의 특성
- 생산활동의 일반적인 결합형태

52 **다음 중 국가기술자격종목을 모두 고른 것은?**

ㄱ. 전산회계운용사1급
ㄴ. 감정평가사
ㄷ. 국제의료관광코디네이터
ㄹ. 문화재수리기능자

① ㄱ, ㄴ, ㄹ ② ㄱ, ㄷ
③ ㄴ ④ ㄷ, ㄹ

답 ②

해 국가기술자격 : 전산회계운용사1급, 국제의료관광코디네이터
국가전문자격 : 감정평가사, 문화재수리기능자

53 **고용24(구직)에서 채용정보 검색조건에 해당하지 않는 것은?**

① 희망임금 ② 학력
③ 경력 ④ 연령

답 ④

해 연령은 해당하지 않음

54 **한국표준산업분류의 주요 개정 내용으로 옳은 것은?**

① 콩나물 재배업은 기타 시설작물 재배업으로 통합하였다.
② 국제 기준을 반영하여 사회보장보험업 및 연금업을 대분류 'O'에서 'K'로 이동하였다.
③ '건물용기계 및 장비 설치 공사업'과 '승강설비 설치 공사업'을 건설용 기계 · 장비 설치 공사업으로 통합하였다.
④ '선박관리업'과 '기타 수상 운송지원 서비스업'을 기타 수상 운송지원 서비스업으로 통합하였다.

답 ①

해 ② 국제 기준을 반영하여 사회보장보험업 및 연금업을 대분류 'K'에서 'O'로 이동하였다.
③ 건설용 기계 · 장비 설치 공사업을 '건물용기계 및 장비 설치 공사업'과 '승강설비 설치 공사업'으로 세분하였다.
④ 기타 수상 운송지원 서비스업이 '선박관리업'과 '기타 수상 운송지원 서비스업'으로 세분하였다.

55 **국가기술자격종목과 그 직무분야의 연결이 틀린 것은?**

① 가스산업기사 - 환경 · 에너지
② 건설안전산업기사 - 안전관리
③ 광학기기산업기사 - 전기 · 전자
④ 방수산업기사 - 건설

답 ①

해

주요직무분야	중직무분야	주요자격종목
25 안전관리	251 안전관리	산업위생관리, 가스, 건설안전, 기계안전, 산업안전, 인간공학 등

56 **다음 ( )에 알맞은 것은?**

국제표준직업분류(ISCO-08)에서 ( )은(는) '자영업을 포함하여 특정한 고용주를 위하여 개별 종사자들이 수행하거나 또는 수행해야 할 일련의 업무와 과업(tasks and duties)'으로 설정하고 있다.

① 직무 ② 직업
③ 직위 ④ 직군

답 ①

해 직무의 핵심용어는 '특정한 고용주', '일련의 업무와 과업(tasks and duties)'이다.

57 민간직업정보의 일반적인 특징과 가장 거리가 먼 것은?

① 한시적으로 정보가 수집 및 가공되어 제공된다.
② 객관적인 기준을 가지고 전체 직업에 관한 일반적인 정보를 제공한다.
③ 직업정보 제공자의 특정한 목적에 따라 직업을 분류한다.
④ 통상적으로 직업정보를 유료로 제공한다.

답 ②

해 객관적인 기준을 가지고 전체 직업에 관한 일반적인 정보를 제공하는 것은 공공직업정보의 특징이다.

구분	공공직업정보	민간직업정보
기준	객관적	자의적·임의적
해당 분야 및 직종	포괄적	제한적
시기적 속성	지속적	한시적
구성	기초적	완결적
비용	무료	유료

58 한국표준산업분류의 통계단위는 생산활동 과 장소의 동질성의 차이에 따라 다음과 같이 구분된다. (   )에 알맞은 것은?

구분	학습자 참여도	접근성
하나 이상 산업활동	XXX	XXX
단일 산업활동	( )	XXX

① 기업집단 단위　② 지역 단위
③ 기업체 단위　④ 활동유형 단위

답 ④

해 하나 이상의 장소에서 단일 산업활동 하는 것은 활동유형단위이다.

구분	하나 이상 장소	단일 장소
하나 이상 산업활동	기업집단 단위	지역 단위
	기업체 단위	
단일 산업활동	활동유형 단위	사업체 단위

59 다음 설명에 해당하는 직업훈련지원제도는?

> 훈련인프라 부족 등으로 인해 자체적으로 직업 훈련을 실시하기 어려운 중소기업들을 위해, 대기업 등이 자체 보유한 우수 훈련 인프라를 활용하여 중소기업이 필요로 하는 기술인력을 양성·공급하고 중소기업 재직자의 직무능력향상을 지원하는 제도이다.

① 국가인적자원개발컨소시엄
② 사업주지원훈련
③ 국가기간전략산업직종훈련
④ 청년취업아카데미

답 ①

해 우수 훈련 인프라를 활용하는 직업훈련지원제도는 국가인적자원개발컨소시엄이다.

60 직업정보 수집 시 2차 자료(secondary data) 유형을 모두 고른 것은?

> ㄱ. 한국고용정보원에서 발행하는 직종별 직업 사전
> ㄴ. 통계청에서 실시한 지역별 고용조사 결과
> ㄷ. 한국산업인력공단에서 제공하는 국가기술자격통계연보
> ㄹ. 고용24에서 제공하는 직업별 탐방기(테마별 직업여행)

① ㄱ, ㄷ　② ㄱ, ㄴ, ㄹ
③ ㄴ, ㄷ, ㄹ　④ ㄱ, ㄴ, ㄷ, ㄹ

답 ④

해 모두 해당된다.

제4과목 노동시장

61 성별 임금격차의 발생 원인과 가장 거리가 먼 것은?

① 여성이 저임금 직종에 몰려 있어서
② 여성의 학력이 남성보다 낮기 때문에
③ 여성의 직장 내 승진기회가 남성보다 적어서
④ 여성의 노조가입률이 높아서

답 ④

해 여성의 노조가입률이 높으면 임금격차가 발생하지 않는다.

62 기업이 인력운영의 유연성을 확보하기 위하여 채택하는 인적자원관리정책이 아닌 것은?

① 성과급제와 연봉제의 도입
② 정규직 중심의 인력채용
③ 사내직업훈련의 강화
④ 고용형태의 다양화

답 ②

해 정규직 중심의 인력채용은 인력운영의 유연성을 확보 확보하기 위한 인적자원관리정책이 아니다.

63 다음 중 실망노동력인구(discouraged labor force)는 어디에 해당하는가?

① 취업자 ② 실업자
③ 경제활동인구 ④ 비경제활동인구

답 ④

해 실망노동력인구는 비경제활동인구에 해당한다.

64 고전학파의 임금론인 임금생존비설과 마르크스의 노동력재생산비설의 유사점은?

① 노동수요측면의 역할을 중요시한다는 점
② 임금수준은 노동자와 그 가족의 생활필수품의 가치에 의해 결정된다는 점
③ 맬더스의 인구법칙에 따른 인구의 증감에의해 임금이 생존비수준에 수렴한다는 점
④ 임금의 상대적 저하 경향과 자본에 의한 노동의 착취를 설명하는 점

답 ②

해 임금생존비설과 마르크스의 노동력 재생산비설의 유사점은 임금수준은 노동자와 그 가족의 생활필수품의 가치에 의해 결정된다는 점이다.

65 노동시장이 생산물시장과 다른 점에 대한 설명으로 틀린 것은?

① 노동시장에서 거래되는 노동력 상품은 노동자와 분리가 될 수 없기 때문에 노동 시장에서는 노동조건을 둘러싼 노사관계 등 사회적 관계가 개입된다.
② 노동은 사용자의 입장에서 보면 생산요소이며 노동자의 입장에서 보면 소득의 원천이 되는 한편, 국민경제적 관점에서는 인적자원이 된다.
③ 일반 상품과 달리 노동력 상품은 비교적 동질적이며 따라서 노동시장은 단일한 시장으로 존재하는 경우가 많다.
④ 노동력은 인적자원이기 때문에 화폐소득 이외의 사용되는 장소, 일의 성격 등에 의하여 노동공급이 영향을 받는다.

답 ③

해 노동시장은 단일한 시장으로 존재하는 경우가 아니라, 상호관련이 있는 여러 가지 유형의 노동시장이 존재 한다.

66 후방굴절형(backward-bending) 노동공급곡선에서 후방으로 굴절된 부분은?

① 임금변동에 따른 대체효과만이 존재하는 부분이다.
② 임금변동에 따른 소득효과만이 존재하는 부분이다.
③ 임금변동에 따른 대체효과가 소득효과보다 큰 부분이다.
④ 임금변동에 따른 소득효과가 대체효과보다 큰 부분이다.

답 ④

해 후방굴절 구간은 임금변동에 따른 소득효과가 대체효과보다 큰 부분이다.
즉, 소득효과가 커서 여가를 선택하는 구간이다.
(소득효과 > 대체효과)

67 유보임금(reservation wage)에 관한 옳은 설명으로만 짝지어진 것은?

ㄱ. 유보임금의 상승은 실업기간을 연장한다.
ㄴ. 유보임금의 상승은 기대임금을 하락시킨다.
ㄷ. 유보임금은 기업이 근로자에게 제시한 최고의 임금이다.
ㄹ. 유보임금은 근로자가 받고자 하는 최저의 임금이다.

① ㄱ, ㄷ ② ㄴ, ㄷ
③ ㄴ, ㄹ ④ ㄱ, ㄹ

답 ④

해 ㄱ. 유보임금의 상승은 실업기간을 연장한다.
ㄹ. 유보임금은 근로자가 받고자 하는 최저의 임금이다.
(유보임금 = 희망임금 = 의중임금 = 보상요구임금)

68 성과배분제의 형태 중 스캔론(scanlon) 방식의 생산성 측정수단에 해당하는 것은?

① 노동시간 ② 인건비/이윤
③ 인건비/매출액 ④ 인건비/부가가치

답 ③

해 스캔론 플랜(Scalon Plan)은 판매가치(매출액)로 성과 배분의 기준을 정한다.
그러므로 인건비/매출액에 해당한다

69 임금이 10% 상승할 때 노동수요량이 20% 하락했다면 노동수요의 탄력성은?

① 0.5 ② 1.0
③ 1.5 ④ 2.0

답 ④

해 노동수요 탄력성
=노동수요량의 변화율 ÷ 임금의 변화율
=20(%) ÷ 10(%) = 2.0

70 다음 중 고정적 임금의 구성으로 가장 적합한 것은?

① 기본급 + 성과급
② 기본급 + 초과급여 + 고정적 상여금
③ 기본급 + 제수당 + 고정적 상여금
④ 기본급 + 초과급여 + 성과급

답 ③

해 고정적 임금의 구성
= 기본급 + 제수당 + 고정적 상여금

71 실업률을 하락시키는 변화로 옳은 것을 모두 고른 것은? (단, 취업자 수 및 실업자 수는 0보다 크다.)

ㄱ. 취업자가 비경제활동인구로 전환
ㄴ. 실업자가 비경제활동인구로 전환
ㄷ. 비경제활동인구가 취업자로 전환
ㄹ. 비경제활동인구가 실업자로 전환

① ㄱ, ㄴ ② ㄱ, ㄹ
③ ㄴ, ㄷ ④ ㄷ, ㄹ

답 ③

해 ㄴ. 실업자가 비경제활동으로 전환될 경우 실업자 수의 감소로 인해 실업률이 하락한다.
ㄷ. 비경제활동인구가 취업자로 전환될 경우 취업자 수의 증가로 인해 실업률이 하락한다.

72 디지털 카메라의 등장으로 기존의 필름산업이 쇠퇴하여 필름산업 종사자들이 일자리를 잃을 때 발생하는 실업은?

① 구조적 실업 ② 계절적 실업
③ 경기적 실업 ④ 마찰적 실업

답 ①

해 구조적 실업은 사양산업이 사라져 산업구조가 변하면서 발생하는 실업이다.
대책으로는 교육훈련투자와 이주비 보조 등이 필요하다.

73 내부노동시장에 대한 설명으로 틀린 것은?

① 근로자의 단기적 생산성과 임금이 연관된다.
② 기업비용부담으로 기업차원의 교육훈련이 체계적으로 실시된다.
③ 내부 승진이 많다.
④ 장기적 고용관계로 직장안정성이 높다.

답 ①

해 내부노동시장은 단기적 생산성과 임금이 연관되는 것이 아니라, 숙련의 특수성과 연관된다.

74 다음 중 소득재분배 정책과 가장 거리가 <u>먼</u> 것은?

① 최저임금제의 실시 ② 누진세의 적용
③ 간접세의 강화 ④ 고용보험의 실시

답 ③

해 소득재분배 정책은 간접세보다는 직접세를 강화해야 한다.

직접세
- 납세의무자가 곧 조세부담자
- 소득세·법인세·상속·증여세·취·등록세·주민·재산세 등

간접세
- 납세의무자와 조세부담자가 다름
- 부가가치세·개별소비세·주세·인지세·증권거래세 등

75 다음 ( ) 안에 들어갈 알맞은 것은?

> 우하향하는 기울기를 갖는 등량곡선이 근본적으로 보여주는 바는 ( )의 원리이다. 이는 일정한 산출량 수준을 유지하는데 있어서 한 투입요소를 더 이용하면 기업은 다른 투입요소를 줄여야 함을 의미한다.

① 대체 ② 상쇄
③ 보완 ④ 상극

답 ①

해 우하향하는 기울기를 갖는 등량곡선은 대체의 원리이다. 예를 들어 노동이 오르면 자본이 내리고 자본이 오르면 노동이 내리는 관계를 '대체관계'라고 한다.

76 다음 표에서 실업률은?

총인구	생산가능인구	취업자	실업자
100만명	60만명	36만명	4만명

① 4.0% ② 6.7%
③ 10.0% ④ 12.5%

답 ③

해 실업률 $= \frac{\text{실업자수}}{\text{경제활동인구}} \times 100$

경제활동인구 = (취업자수 + 실업자수)

$$= \frac{4\text{만}}{(36\text{만} + 4\text{만})} \times 100 = \frac{4\text{만}}{40\text{만}} \times 100 = 10\%$$

77 한국의 임금 패리티(parity) 지수는 100이고 일본의 임금 패리티 지수를 80이라 가정할 때의 설명으로 옳은 것은?

① 국민소득을 감안한 한국의 임금수준이 일본보다 높다.
② 한국의 생산성과 삶의 질이 일본보다 낮다.
③ 국민소득을 감안한 한국의 임금수준이 일본보다 낮다.
④ 한국의 생산성과 삶의 질이 일본보다 높다.

답 ①

해 임금 패리티(parity) 지수
국민 총생산(GNP)을 고려하여 한국을 100으로 하였을 때 각국의 임금수준이 한국의 임금수준에서 차지하는 비율을 표시한 것이다.
그러므로 한국의 임금 패리티(parity) 지수는 100이고 일본의 임금 패리티 지수를 80이면 국민소득을 감안한 한국의 임금수준이 일본보다 높다는 뜻이다.

78 노동시장의 유연성을 높일 수 있는 방안과 가장 거리가 <u>먼</u> 것은?

① 신속한 고용조정능력을 갖춘다.
② 전직실업자의 신속한 재취업능력을 높인다.
③ 국제노동기구와의 연대를 모색한다.
④ 노동수요측면의 능력위주 인사관행을 확립한다.

답 ③

해 국제노동기구와의 연대와 노동시장의 유연성과는 상관관계가 없다.

79 근로자의 직무수행능력을 기준으로 하여 각 근로자의 임금을 결정하는 임금체계는?

① 직무급 ② 직능급
③ 부가급 ④ 성과배분급

답 ②

해 직무수행능력을 기준으로 하는 임금체계는 '직능급'이다.

80 **노동수요의 탄력성에 관한 설명으로 틀린 것은?**

① 생산물에 대한 수요가 탄력적일수록 노동수요도 탄력적으로 된다.
② 총생산비에 대한 노동비용의 비중이 클수록 노동수요는 비탄력적으로 된다.
③ 노동을 다른 생산요소로 대체하는 것이 용이할수록 노동수요는 탄력적으로 된다.
④ 노동 이외 생산요소의 공급탄력성이 작을수록 노동수요는 비탄력적으로 된다.

답 ②

해 노동수요탄력성을 '힉스-마샬의 법칙'이라고 한다.

- 노동의 대체가능성이 클수록 노동수요탄력성은 커진다.
- 다른생산요소의 공급탄력성이 클수록 노동수요탄력성은 커진다.
- 최종생산물의 수요의 탄력성이 클수록 노동수요탄력성은 커진다.
- 총 비용중 노동이 차지하는 비중이 클수록 노동수요 탄력성은 커진다.

제5과목 고용노동관계법규

81 **최저임금법령상 수습 중에 있는 근로자에 대한 최저임금의 내용이다. 보기의 빈칸에 들어갈 내용을 순서대로 올바르게 나열한 것은?**

> (ㄱ)년 이상의 기간을 정하여 근로계약을 체결하고 수습 중에 있는 근로자로서 수습을 시작한 날부터 (ㄴ)개월 이내인 사람에 대하여는 시간급 최저임금액에서 100분의 (ㄷ)을 뺀 금액을 그 근로자의 시간급 최저임금액으로 한다.

① ㄱ:1, ㄴ:3, ㄷ:5
② ㄱ:1, ㄴ:3, ㄷ:10
③ ㄱ:1, ㄴ:6, ㄷ:5
④ ㄱ:1, ㄴ:6, ㄷ:10

답 ②

해 1년 이상의 기간을 정하여 근로계약을 체결하고 수습 중에 있는 근로자로서 수습을 시작한 날부터 3개월 이내인 사람에 대하여는 대통령령으로 정하는 바에 따라 다른 최저임금액과 다른 금액으로 최저임금액을 정할 수 있다.

82 **국민평생직업능력개발법령상 원칙적으로 직업능력개발훈련의 대상 연령은?**

① 13세 이상　② 15세 이상
③ 18세 이상　④ 20세 이상

답 ②

해 국민 평생 직업능력 개발법상 원칙적으로 직업능력개발훈련의 대상 연령이 생산가능인구이다.

83 **근로기준법의 기본원리와 가장 거리가 먼 것은?**

① 강제 근로의 금지
② 근로자단결의 보장
③ 균등한 처우
④ 공민권 행사의 보장

답 ②

해 근로기준법 기본원리
강제 근로의 금지, 균등한 처우, 공민권 행사의 보장, 최저근로조건 보장, 근로조건 노사대등결정원칙, 폭행금지, 중간착취의 배재, 공민권 행사의 보장, 직장 내 괴롭힘 금지
② 근로자 '단결권'은 근로3권에 해당한다.

84 **고용보험법령상 고용보험기금의 용도에 해당하지 않는 것은?**

① 일시 차입금의 상환금과 이자
② 실업급여의 지급
③ 보험료의 반환
④ 국민건강 보험료의 지원

답 ④

해 고용보험기금의 용도
국민연금 보험료의 지원, 일시 차입금의 상환금과 이자, 실업급여의 지급, 보험료의 반환
④ '국민건강 보험료'가 아닌 '국민연금 보험료'의 지원은 해당된다.

85 **고용보험법령상 구직급여의 수급요건으로 틀린 것은? (단, 기타 사항은 고려하지 않음)**

① 근로의 의사와 능력이 있음에도 불구하고 취업하지 못한 상태에 있을 것
② 이직 사유가 수급자격의 제한 사유에 해당하지 아니할 것
③ 재취업을 위한 노력을 적극적으로 할 것
④ 건설일용근로자로서 수급자격 인정신청일 이전 7일간 연속하여 근로내역이 없을 것

답 ④

해 건설일용근로자로서 수급자격 인정신청일 이전 '7일간'이 아닌 '14일간' 연속하여 근로 내역이 없을 것이다.

86 **고용보험법령상 다음 사례에서 구직급여의 소정 급여일수는?**

장애인 근로자 A씨(40세)가 4년간 근무하던 회사를 퇴사하여 직업안정기관으로부터 구직급여 수급자격을 인정받았다.

① 120일　② 150일
③ 180일　④ 210일

답 ④

해 구직급여 소정급여일수

구분		피보험기간				
		1년 미만	1년 이상 3년미만	3년 이상 5년미만	5년 이상 10년 미만	10년 이상
이직일 현재 연령	50세 미만	120일	150일	180일	210일	240일
	50세 이상 및 장애인	120일	180일	210일	240일	270일

87 **개인정보보호법령상 개인정보 보호위원회(이하 "보호위원회"라 한다)에 관한 설명으로 틀린 것은?**

① 대통령 소속으로 보호위원회를 둔다.
② 보호위원회는 상임위원 2명을 포함한 9 명의 위원으로 구성한다.
③ 보호위원회의 회의는 재적위원 과반수의 출석으로 개의하고, 출석위원 과반수의 찬성으로 의결한다.
④ 「정당법」에 따른 당원은 보호위원회 위 원이 될 수 없다.

답 ①

해 국무총리 소속으로 보호위원회를 둔다.

88 **근로기준법령상 사용자가 3년간 보존하여야 하는 근로계약에 관한 중요한 서류로 명시 되지 않은 것은?**

① 임금대장
② 휴가에 관한 서류
③ 고용·해고·퇴직에 관한 서류
④ 퇴직금 중간정산에 관한 증명서류

답 ④

해 '퇴직금 중간 정산에 관한 증명서류'는 근로자가 퇴직한 후 '5년'이 되는 날까지 관련 증명 서류를 보존하여야 한다.

89 **직업안정법령상 직업소개사업을 겸업할 수 있는 자는?**

① 식품접객업 중 유흥주점영업자
② 숙박업자
③ 경비용역업자
④ 결혼중개업자

답 ③

해 직업상담사업소 겸업금지
- 결혼 중개업
- 공중위생관리법상 숙박업
- 식품접객업 중 대통령령으로 정하는 영업
  - 다류(茶類)
  - 단란주점영업
  - 유흥주점영업

90 근로기준법령상 고용노동부 장관에게 경영상의 이유에 의한 해고계획의 신고를 할 때 포함해야 하는 사항이 아닌 것은?

① 퇴직금 ② 해고 사유
③ 해고 일정 ④ 근로자대표와 협의한 내용

답 ①

해 '퇴직금'은 포함되지 않는다.

91 근로기준법령상 여성의 보호에 관한 설명으로 옳은 것은?

① 사용자는 임신 중의 여성이 명시적으로 청구하는 경우 고용노동부장관의 인가를 받으면 휴일에 근로를 시킬 수 있다.
② 여성은 보건·의료, 보도·취재 등의 일시적 사유가 있더라도 갱내(坑內)에서 근로를 할 수 없다.
③ 사용자는 여성 근로자가 청구하면 월 3일의 유급 생리휴가를 주어야 한다.
④ 사용자는 여성을 휴일에 근로시키려면 근로자대표의 서면 동의를 받아야 한다.

답 ①

해 사용자는 임신 중의 여성이 명시적으로 청구하는 경우 고용노동부장관의 인가를 받으면 휴일에 근로를 시킬 수 있다.

'명시적'이란 내용이나 뜻을 분명하게 드러내 보이는 것으로 임신 중의 여성의 '명시적 청구'란 임신 중인 여성이 야간근로와 휴일근로를 하고 싶다는 뜻을 사용자에게 명확하게 전달하는 것을 의미한다.

92 채용절차의 공정화에 관한 법령상 500만원 이하의 과태료 부과행위에 해당하는 것은?

① 채용서류 보관의무를 이행하지 아니한 구인자
② 구직자에 대한 고지의무를 이행하지 아니한 구인자
③ 시정명령을 이행하지 아니한 구인자
④ 지식재산권을 자신에게 귀속하도록 강요한 구인자

답 ④

해 300만원 이하 과태료
- 채용서류 보관의무를 이행하지 아니한 구인자
- 구직자에 대한 고지의무를 이행하지 아니한 구인자
- 채용심사비용 등 시정명령을 이행하지 아니한 구인자

93 국민 평생 직업능력 개발법령상 고용노동부장관이 반드시 지정직업훈련시설의 지정을 취소해야 하는 경우에 해당하는 것은?

① 시정명령에 따르지 아니한 경우
② 변경지정을 받지 아니하고 지정 내용을 변경하는 등 부정한 방법으로 지정직업훈련시설을 운영한 경우
③ 훈련생을 모집할 때 거짓 광고를 한 경우
④ 거짓으로 지정을 받은 경우

답 ④

해 '거짓으로 지정을 받은 경우' 지정직업훈련시설 지정 취소 또는 1년 이내의 기간을 정하여 훈련의 정지를 명할 수 있다.

94 헌법상 노동기본권 등에 관한 설명으로 틀린 것은?

① 국가는 근로자의 고용의 증진과 적정임금의 보장에 노력하여야 한다.
② 여자의 근로는 특별한 보호를 받으며 고용·임금 및 근로조건에 있어서 부당한 차별을 받지 아니한다.
③ 국가는 법률이 정하는 바에 의하여 최저임금제를 시행하여야 한다.
④ 공무원인 근로자는 자주적인 단결권·단체교섭권 및 단체행동권을 가진다.

답 ④

해 공무원인 근로자는 법률이 정하는 자에 한하여 단결권·단체교섭권 및 단체행동권을 가진다.

95 남녀고용평등과 일·가정 양립 지원에 관한 법령상 배우자 출산휴가에 관한 설명으로 맞는 것은?

① 사업주는 근로자가 배우자 출산휴가를 청구하는 경우에 10일의 휴가를 주어야 한다.
② 사용한 배우자 출산휴가기간은 유급으로 한다.
③ 배우자 출산휴가는 근로자의 배우자가 출산한 날부터 30일이 지나면 청구할 수 없다.
④ 배우자 출산휴가는 1회에 한정하여 나누어 사용할 수 있다.

답 ②

해 2025.01.01. 시행되는 남녀고용평등법에서는
① 사업주는 근로자가 배우자 출산휴가를 청구하는 경우 '20일'의 휴가를 주어야 한다.
③ 배우자 출산휴가는 근로자의 배우자가 출산한 날부터 '120일'이 지나면 청구할 수 없다.
④ 배우자 출산휴가는 '3회'에 한정하여 나누어 사용할 수 있다.

96 **근로기준법령상 임금채권의 소멸시효기간은?**

① 1년 ② 2년
③ 3년 ④ 5년

답 ③

해 임금채권의 소멸시효는 '3년'이다.

97 **직업안정법상 유료직업소개사업에 관한 설명으로 틀린 것은?**

① 국외 유료직업소개사업을 하려는 자는 고용노동부장관에게 등록하여야 한다.
② 유료직업소개사업을 하는 자는 고용노동부장관이 결정·고시한 요금 외의 금품을 받아서는 아니 되나 고용노동부령으로 정하는 고급·전문인력을 소개하는 경우에는 당사자 사이에 정한 요금을 구인자로부터 받을 수 있다.
③ 유료직업소개사업을 하는 자는 구직자에게 제공하기 위하여 구인자로부터 선급금을 받아 구직의 편의를 도모할 수 있다.
④ 유료직업소개사업을 하는 자는 구직자의 연령을 확인하여야 하며, 18세 미만의 구직자를 소개하는 경우에는 친권자나 후 견인의 취업동의서를 받아야 한다.

답 ③

해 유료직업소개사업을 하는 자는 선급금을 받을 수 없다.
(선급금 = 월급을 미리 받는 것)

98 **남녀고용평등 및 일·가정 양립 지원에 관한 법령상 육아기 근로시간 단축에 관한 설명이다. (　　)에 들어갈 내용으로 옳은 것은?**

> 사업주가 근로자에게 육아기 근로시간 단축을 허용하는 경우 단축 후 근로시간은 주당 (ㄱ)시간 이상이어야 하고 (ㄴ) 시간을 넘어서는 아니 된다.

① ㄱ : 10, ㄴ : 15 ② ㄱ : 10, ㄴ : 20
③ ㄱ : 15, ㄴ : 30 ④ ㄱ : 15, ㄴ : 35

답 ④

해 ㄱ : (15시간), ㄴ : (35시간)
사업주는 육아기 근로시간 단축을 하고 있는 근로자의 근로시간은 주당 '15시간' 이상 ' 35시간'을 넘어서는 안된다.
단, 근로자가 명시적으로 청구할 경우 사업주는 '12시간 이내'에서 연장근로를 시킬 수 있다.

99 **구직자 취업지원 기본계획의 수립·시행에 관한 설명으로 틀린 것은?**

① 고용노동부장관은 관계 중앙행정기관의 장과 협의하여 구직자의 취업을 지원하기 위한 구직자 취업지원 기본계획을 3년마다 수립하고 시행하여야 한다.
② 기본계획은 「고용정책 기본법」에 따른 고용정책심의회의 심의를 거쳐 확정한다.
③ 고용노동부장관은 기본계획을 세우기 위하여 필요하면 관계 중앙행정기관의 장 및 지방자치단체의 장에게 필요한 자료의 제출을 요청할 수 있다.
④ 기본계획에는 구직자 취업지원의 기본목표 및 추진방향, 구직자 취업지원에 관한 사업계획 및 추진방법, 구직자 취업지원 체계의 구축 및 운영, 구직자 취업지원의 성과분석 및 개선방안의 사항이 포함되어야 한다.

답 ①

해 고용노동부장관은 관계 중앙행정기관의 장과 협의하여 구직자의 취업을 지원하기 위한 구직자 취업지원 기본계획을 5년마다 수립하고 시행하여야 한다.

100 **다음 중 채용절차의 공정화에 관한 법률상 보기의 빈칸에 들어갈 내용으로 옳은 것은?**

> 이 법은 (　　)의 근로자를 사용하는 사업 또는 사업장의 채용절차에 적용한다. 다만, 국가 및 지방자치단체가 공무원을 채용하는 경우에는 적용 하지 아니한다.

① 상시 5명 이상 ② 상시 10명 이상
③ 상시 20명 이상 ④ 상시 30명 이상

답 ④

해 이 법은 상시 30명 이상의 근로자를 사용하는 사업 또는 사업장의 채용 절차에 적용한다.
다만, 국가 및 지방자치단체가 공무원을 채용하는 경우에는 적용하지 아니한다.

3회 모의고사

제1과목 직업심리

01 직업상담에서 특성-요인 이론에 관한 설명으로 옳은 것은?

① 대부분의 사람들은 여섯 가지 유형으로 성격 특성을 분류할 수 있다.
② 각각의 개인은 신뢰할 만하고 타당하게 측정될 수 있는 고유한 특성의 집합이다.
③ 개인은 일을 통해 개인적 욕구를 성취하도록 동기화되어 있다.
④ 직업적 선택은 개인의 발달적 특성이다.

답 ②

해 특성요인이론을 제안한 파슨스(Parsons)는 각각의 개인은 신뢰할 만하고 타당하게 측정될 수 있는 고유한 특성의 집합이다.

02 스트레스에 관한 설명으로 옳은 것은?

① 스트레스 수준과 수행은 U형 관계를 가진다.
② B유형 행동은 관상동맥성 질환과 밀접한 관련이 있다.
③ 외적통제자는 스트레스 상황에 노출되더라도 크게 위험을 느끼지 않는다.
④ 코티졸은 부신피질에서 방출하는 스트레스 통제 호르몬이다.

답 ④

해 코티졸은 부신피질에서 방출하는 스트레스 통제 호르몬이다. 일명 스트레스 호르몬 이라고도 한다.

- 17-OHCS
  부신피질에서 분비되는 호르몬 가운데 전해질대사나 당질대사에 관여하는 호르몬을 총칭하는 것으로서, 대표적인 코티졸이 이 호르몬에 포함된다.

03 솔직하고, 성실하며, 말이 적고, 고집이 세면서 직선적인 사람들은 홀랜드(Holland)의 어떤 작업환경에 잘 어울리는가?

① 탐구적(I) ② 예술적(A)
③ 현실적(R) ④ 관습적(C)

답 ③

해 솔직하고, 성실하며, 말이 적은 유형은 현실형이다.

04 K-WAIS 검사에서 동작성 검사의 측정 내용이 아닌 것은?

① 숫자외우기 ② 빠진곳찾기
③ 차례맞추기 ④ 토막짜기

답 ①

해 K-WAIS 검사는 언어성 능력과 동작성 능력으로 구분하여 분석하는 대표적인 지능 검사

언어성 검사(6)	동작성 검사(5)
• 기본지식 • 어휘문제 • 이해문제 • 공통성 문제 • 숫자외우기 • 산수문제	• 빠진 곳 찾기 • 차례 맞추기 • 토막짜기 • 모양 맞추기 • 바꿔쓰기

05 크롬볼츠(Krumboltz)의 사회학습이론에 관한 설명으로 틀린 것은?

① 진로결정에 영향을 미치는 요인으로 유전적 요인, 환경적 조건, 학습경험, 과제접근 기술 등 4가지를 제시하고 있다.
② 강화이론, 고전적 행동주의이론, 인지적 정보처리이론에 기원을 두고 있다.
③ 진로결정 요인들이 상호작용하여 자기관찰 일반화와 세계관 일반화를 형성한다.
④ 학과 전환 등 진로의사결정과 관련된 개인의 행동에 대해서는 관심을 두지 않고 있다.

답 ④

해 Krumboltz의 사회학습이론은 학과 전환 등 진로의사 결정과 관련된 개인의 행동에 대하여 많은 관심을 두고 있다.

06 초기상담의 유형 중 정보지향적 면담에 관한 설명으로 옳지 않은 것은?

① 재진술과 감정의 반향 등이 주로 이용된다.
② '예', '아니오' 와 같은 특정하고 제한된 응답을 요구한다.
③ '누가, 무엇을, 어디서, 어떻게'로 시작 되는 개방형질문이 사용된다.
④ 상담의 틀이 상담사에게 초점을 맞추어 진행된다.

답 ①

해 재진술과 감정의 반향 등이 주로 이용되는 면담기법은 정보지향적 면담이 아니라, 관계지향적 면담기법이다.

07 타이드만(Tiedman)은 어떤 발달단계를 기초로 진로발달이론을 설명하였는가?

① 피아제의 인지발달단계
② 에릭슨의 심리사회발달단계
③ 콜버그의 도덕발달단계
④ 반두라의 인지사회발달단계

답 ②

해 타이드만은 에릭슨의 심리사회발달단계를 기초로 진로발달이론을 설명하였다.

08 내담자의 적성과 흥미 또는 성격이 직업적 요구와 달라 생긴 직업적응문제를 해결하는데 가장 적합한 방법은?

① 스트레스 관리 방안 모색
② 직업 전환
③ 인간관계 개선 프로그램 제공
④ 갈등관리 프로그램 제공

답 ②

해 내담자의 적성과 흥미, 성격이 직업적 요구와 달라 생긴 문제라면 재취업의 현실성을 고려 후 직업전환 방향을 권유하는 것이 바람직하다.

09 미네소타 욕구 중요도 검사(MIQ)에 관한 설명으로 틀린 것은?

① 특질 및 요인론적 접근을 배경으로 개발되었다.
② 20개의 근로자 욕구를 측정한다.
③ 주 대상은 13세 이상의 남녀이며 초등학교 고학년 이상의 독해력이 필요하다.
④ 6개의 가치요인을 측정한다.

답 ③

해 미네소타 욕구 중요도 검사(MIQ)는 11세 이상이 대상이다.

10 Seeman의 개념적 틀을 이용하여 Blauner가 규정한 비소외적 상태에 해당되지 않는 것은?

① 목적 ② 자유와통제
③ 사회적통합 ④ 자기실현

답 ④

해 자기실현은 Blauner가 규정한 비소외적 상태와 관련이 없다.

Blauner가 규정한 비소외적 상태
- 자유와 통제
- 목적
- 사회적 통합
- 자기 몰입

11 특성요인이론에 관한 설명으로 맞는 것을 모두 고른 것은?

ㄱ. 대표적인 학자로 파슨스, 윌리엄슨 등이 있다.
ㄴ. 직업선택은 인지적인 과정으로 개인의 특성과 직업의 특성을 짝짓는 것이 가능하다고 본다.
ㄷ. 개인차에 관한 연구에서 시작하였고, 심리측정을 중요하게 다루지 않는다.

① ㄱ, ㄴ ② ㄱ, ㄷ
③ ㄴ, ㄷ ④ ㄱ, ㄴ, ㄷ

답 ①

해 ㄱ. ㄴ이다.
ㄷ. 심리측정을 중요하게 다룬다.

12 갓프레드슨(L. Gottfredson)의 진로발달이론에서 제시한 진로포부발달 단계가 아닌 것은?

① 내적 자아 확립단계
② 서열 획득단계
③ 안정성 확립단계
④ 사회적 가치 획득단계

답 ③

해 안정성 확립단계는 아니다.

13 규준점수에 관한 설명으로 틀린 것은?

① Z점수 0에 해당하는 웩슬러(Wechsler) 지능검사 편차 IQ는 100이다.
② 백분위 50과 59인 두 사람의 원점수 차이는 백분위 90과 99인 두 사람의 원점 수 차이와 같다.
③ 평균과 표준편차가 60, 15인 규준집단에서 원점수 90의 T 점수는 70이다.
④ 백분위 50에 해당하는 스테나인(stanine) 의 점수는 5이다

답 ②

해 백분위 50과 59인 두 사람의 원점수 차이는 백분위 90과 99인 두 사람의 원점수 차이가 같은지 알 수 없다.
백분위점수는 상대적인 위치일 뿐 원점수를 알 수 없다

14 적성검사에서 높은 점수를 받은 사람이 입사 후 업무수행이 우수한 것으로 나타났다면, 이 검사는 어떠한 타당도가 높은 것인가?

① 구성타당도(construct validity)
② 내용타당도(content validity)
③ 예언타당도(predictive validity)
④ 공인타당도(concurrent validity)

답 ③

해 적성검사 점수가 높은 사람이 업무수행이 우수하다고 나타났다면 적성검사를 통해 상관관계를 잘 예언하였기 때문에 예언타당도가 높은 것이다.

15 직업상담의 초기면담을 마친 후에 상담사가 면담을 정리하기 위해 검토해야 할 사항과 가장 거리가 먼 것은?

① 사전자료를 토대로 내렸던 내담자에 대한 결론은 얼마나 정확했는가?
② 상담에 대한 내담자의 기대와 상담사의 기대는 얼마나 일치했는가?
③ 내담자에 대하여 어떤 점들을 추가적으로 평가해야할 것인가?
④ 내담자에게 적절한 직업을 추천하였는가?

답 ④

해 내담자에게 적절한 직업을 추천하였는가?는 상담초기와 거리가 멀다.
상담 중기 이후에 하여야 한다.

16 신뢰도의 종류 중 검사 내 문항들 간의 동질성을 나타내는 것은?

① 동등형 신뢰도
② 내적일치 신뢰도
③ 검사-재검사 신뢰도
④ 평가자 간 신뢰도

답 ②

해 검사 내 문항들 간의 동질성을 나타내는 것은 '내적일치 신뢰도' 이다.

- 검사-재검사 신뢰도
  동일한 수검자에게 동일한 검사를 일정 시간간격을 두고 두 번 실시하여 얻은 두 검사의 상관계수에 의해 신뢰도를 추정하는 방법
- 동형검사 신뢰도
  동일한 수검자에게 첫번째 실시한 검사와 동일한 유형의 검사를 실시하여 두 검사점수의 상관계수에 의해 신뢰도를 추정하는 방법
- 반분신뢰도
  하나의 검사를 반으로 나누어 두 검사 간의 동질성과 일치성을 비교하는 방법
- 문항 내적 합치도
  한 검사 내 개개의 문항들을 독립된 검사로 보고 문항들 간의 동질성이나 합치성을 신뢰도로 규정

17 **스트레스에 관한 설명으로 옳은 것은?**

① 스트레스에 대한 일반적응증후는 경계, 저항, 탈진 단계로 진행된다.
② 1년간 생활변동 단위(life change unit)의 합이 90인 사람은 대단히 심한 스트레스를 겪는 사람이다.
③ A유형의 사람은 B유형의 사람보다 스트레스에 더 인내력이 있다.
④ 사회적 지지가 스트레스의 대처와 극복에 미치는 영향력은 거의 없다.

답 ①

해 스트레스에 대한 일반적응증후는 경계, 저항, 탈진 단계로 진행된다.

18 **내담자가 수집한 대안 목록의 직업들이 실현 불가능할 때 사용하는 상담 전략으로 가장 적합한 것은?**

① 직업상담사의 개인적 경험을 적극 활용한다.
② 내담자에게 가장 알맞아 보이는 직업을 골라준다.
③ 브레인스토밍 과정을 통해 내담자의 대안 직업 대다수가 부적절한 것임을 명확히 한다.
④ 내담자가 그 직업들을 시도해 본 후 어려움을 겪게 되면 개입한다.

답 ③

해 내담자가 수집한 대안 목록 직업이 실현 불가능할 때 사용하는 상담 전략과 주의점

- 브레인스토밍 과정을 통해 내담자의 대안 직업 대다수가 부적절한 것을 명확히 함
- 최종 의사결정은 내담자가 해야 함을 확실히 함
- 내담자가 그 직업들을 시도하여 어려움을 겪기 전에 개입해야 함

19 **새로 입사한 70명의 신입사원들에 대한 적성검사의 타당도 계수가 0.50이었다. 만일, 입사하지 못한 사람들도 포함해서 모든 응시자를 대상으로 한다면, 이 검사의 타당도 계수는?**

① 높아진다.
② 낮아진다.
③ 동일하다.
④ 변하지만 그 방향은 예측할 수 없다.

답 ①

해 표본의 크기가 확대되어서 타당도 계수가 높아진다.

20 **정신건강에 문제가 있는 사람을 측정하고 구별하기 위해 사용하는 검사는?**

① MBTI ② MMPI
③ 16PFI ④ CPI

답 ②

해 MMPI는 수검자의 검사태도를 측정하는 4가지 타당도 척도와 비정상 행동을 측정하는 10가지 임상척도로 이루어지는 성격검사이다.

제2과목 직업상담 및 취업지원

21 진로자본의 핵심역량이 아닌 것은?

① 진로성숙역량 ② 진로포부역량
③ 전문지식역량 ④ 인적관계역량

답 ②

해 진로자본 핵심역량은 진로성숙역량, 전문지식역량, 인적관계역량이다.
진로포부역량은 아니다.

22 직업상담 시 내담자의 표현을 분류하고 재구성하기 위해 사용하는 역설적 의도의 원칙이 아닌 것은?

① 재구성 계획하기 ② 저항하기
③ 시간 제한하기 ④ 변화 꾀하기

답 ①

해 재구성 계획하기는 역설적 의도의 원칙이 아니다.

23 효과적인 집단상담을 위해 고려해야 할 사항이 아닌 것은?

① 집단발달과정 자체를 촉진시켜 주기 위하여 의도적으로 게임을 활용할 수 있다.
② 매 회기가 끝난 후 각 집단 구성원에게 경험보고서를 쓰게 할 수 있다.
③ 집단 내의 리더십을 확보하기 위해 집단 상담자는 반드시 1인이어야 한다.
④ 집단상담 장소는 가능하면 신체 활동이 자유로운 크기가 좋다.

답 ③

해 상담사가 2~3명 정도 되어도 좋다.

24 집단상담의 요구도 조사 중 아래 보기에서 설명하는 것은 어떤 조사에 대한 설명인가?

> 자료조사를 통해 대상의 특성을 파악하고 면담을 실시하여 요구도를 분석한 후 해당 분야의 전문가 협의를 거쳐 집단상담 프로그램의 내용과 절차에 대한 타당성을 확보한다.

① 전문가 협의회 ② 면담
③ 자료조사 ④ 설문조사

답 ①

해 전문가 협의회에 대한 설명이다.

25 집단상담프로그램 개발시 목표설정 유의점에 대한 설명으로 틀린 것은?

① 목표는 대상의 요구도를 잘 반영하고 있어야 한다.
② 목표는 범위가 좁고 구체적이어야 한다.
③ 목표는 이해하기 쉽고 명확해야 한다.
④ 하나의 프로그램에는 여러가지 목표 달성을 원칙으로 한다.

답 ④

해 하나의 프로그램에는 하나의 목표 달성을 원칙으로 한다.

26 엘리스(Ellis)가 개발한 인지적-정서적 상담에서 정서적이고 행동적인 결과를 야기하는 것은?

① 선행사건 ② 논박
③ 신념 ④ 효과

답 ③

해 정서적이고 행동적인 결과(행동)를 야기 하는 것은 신념(B)이다.
불편한 정서와 이상한 행동을 야기하는 것은 비합리적인 신념에서 오는 것이다.

27 대안개발과 의사결정 시 사용하는 인지적 기법으로 다음 설명에 해당하는 인지치료 과정의 단계는?

> 상담자는 두 부분의 개입을 하게 된다. 첫 번째는 낡은 사고에 대한 평가이며, 두 번째는 낡은 사고나 새로운 사고의 적절성을 검증하는 실험을 해보는 것이다. 의문문 형태의 개입은 상담자가 정답을 제시하기 보다는 내담자 스스로 해결 방법에 다가가도록 유도하다.

① 2단계 ② 3단계
③ 4단계 ④ 5단계

답 ③

해 대안개발과 의사결정시 사용하는 인지적 기법
(=낡은 사고의 평가와 실험)
- 1단계 : 내담자가 느끼는 속성(감정)을 확인
- 2단계 : 내담자의 감정과 연결된 사고, 신념, 태도 등을 확인
- 3단계 : 내담자의 현상태를 요약·정리
- 4단계 : 상담자 개입
- 5단계 : 과제 부여와 적절성 검증

28 **진로상담시 사용하는 가계도(genogram)에 관한 설명으로 틀린 것은?**

① 가족의 미완성된 과제를 발견할 수 있으며 그것은 개인에게 심리적인 압박으로 작용할 것이다.
② 3세대 내에 포함된 가족들이 가장 선호한 직업이 내담자에게도 무난한 직업이 될 것이다.
③ 가족은 개인이 직업을 선택하는 방식이나 자신을 지각하는데 영향을 미칠 것이다.
④ 가계도는 직업선택과 관련된 무의식적 과정을 밝히는 데 도움이 될 것이다.

답 ②

해 3세대 내에 포함된 가족들의 '실제 직업'이 내담자에게도 무난한 직업이 될 것이다.

29 **진로상담의 몰입이론 모델 유형 중 일상의 몰입 경험은 높지만 삶의 의미가 낮은 집단에 해당 하는 집단은?**

① 통합·분화 발달 집단
② 통합 발달, 분화 미발달 집단
③ 통합 미발달, 분화 발달 집단
④ 통합·분화 미발달 집단

답 ③

해 몰입 경험에 따른 진로문제 유형

구 분	통합·분화	삶의 의미	몰입경험
제1유형	통합발달·분화발달	↑	↑
제2유형	통합미발달·분화발달	↓	↑
제3유형	통합발달·분화미발달	↑	↓
제4유형	통합미발달·분화미발달	↓	↓

30 **갈등관리의 공식적인 해결방법 단계가 올바른 것은?**

① 명령단계 → 중재단계 → 청문단계
② 명령단계 → 청문단계 → 중재단계
③ 중재단계 → 청문단계 → 명령단계
④ 청문단계 → 중재단계 → 명령단계

답 ①

해 명령단계 → 중재단계 → 청문단계이다.

31 **카운슬러 윤리강령을 기반으로 한 직업상담사의 기본윤리로 가장 적합한 것은?**

① 상담자는 내담자가 이해하고 수용할 수 있는 한도 내에서 상담기법을 활용한다.
② 상담자는 내담자 개인이나 사회에 위험이 있다고 판단이 될지라도 개인의 정보를 보호해 줄 수 있는 포용력이 있어야 한다.
③ 상담자는 내담자가 도움을 받지 못하는 상담임이 확인된 경우라도 초기 구조화 한대로 상담을 지속적으로 진행하여야 한다.
④ 내담자에 대한 정보가 교육장면이나 연구장면에서 필요한 경우 내담자와 합의한 후 개인정보를 밝혀 활용하면 된다.

답 ①

해 상담자는 내담자가 이해하고 수용할 수 있는 한도 내에서 상담기법을 활용한다.

32 **다음 중 피터슨과 셀리그만의 강점 분류체계(VIC)에서 '정의'의 핵심 덕목에 포함되는 성격 강점은?**

① 창의성　② 공정성
③ 개방성　④ 신중성

답 ②

해 강점 분류체계(VIC)

지혜 및 지식	용기	자애
창의성, 호기심, 개방성, 학구열, 지혜	용감성, 끈기, 활력, 진실성	사랑, 친절, 사회지능

절제	정의	초월성
용서, 겸손, 신중성, 자기조절	시민의식, 리더십, 공정성	감상력, 낙관성, 감사, 영성, 유머 감각

33 **6개의 생각하는 모자(six thinking Hats) 기법에서 모자의 색상별 역할에 관한 설명으로 옳은 것은?**

① 청색 - 낙관적이며, 모든 일이 잘 될 것이라고 생각한다.
② 적색 - 직관에 의존하고, 직감에 따라 행동한다.
③ 흑색 - 본인과 직업들에 대한 사실들만을 고려한다.
④ 황색 - 새로운 대안들을 찾으려 노력하고, 문제들을 다른 각도에서 바라본다.

답 ②

해 적색 - 직관에 의존하고, 직감에 따라 행동한다.

6개의 생각하는 모자(six thinking hats) 기법

- 백색(하양) : 사실적 표현들을 제시
- 적색(빨강) : 직관에 의존하고, 직감에 따라 행동
- 흑색(검정) : 비관적.비판적 의견을 제시
- 녹색(초록) : 창의적의견을 표현
- 청색(파랑) : 합리적으로 생각(사회자의 역할)
- 굵은점 황색(노랑) : 긍정적으로 사고

34 아들러(Adler)의 개인심리학적 상담의 목표로 옳지 않은 것은?

① 사회적 관심을 갖도록 돕는다.
② 내담자의 잘못된 목표를 수정하도록 돕는다.
③ 패배감을 극복하고 열등감을 감소시킬 수 있도록 돕는다.
④ 전이해석을 통해 중요한 타인과의 관계 패턴을 알아차리도록 돕는다.

답 ④

해 전이해석은 '프로이드'의 정신분적 상담기법이다.

아들러의 개인심리학적 상담목표

- 패배감(열등감)을 극복
- 우월성의 추구
- 사회적 관계를 강조하며 사회적 관심을 갖도록 돕는다.
- 행동수정보다는 동기수정에 관심을 두고 잘못된 동기와 목표를 수정하도록 돕는다.

35 직업상담 행정의 기술에 해당하지 않는 것은?

① 사무처리기술 ② 인화적 기술
③ 구상적 기술 ④ 창의적 기술

답 ④

해 행정의 기술에 창의적 기술은 해당하지 않는다.

직업상담 행정의 기술

- 사무처리기술
- 인화적 기술
  타인과 원활하게 일할 수 있도록 하는 기술
- 구상적 기술
  상황파악적 기술

36 인간 발달의 생물학적·심리학적·사회경제적 결정인자로 직업발달론을 설명하는 이론 "아치문 모델"을 주장한 학자는?

① Super ② Ginzberg
③ Tiedeman ④ Gottfredson

답 ①

해 "아치문 모델"을 주장한 학자는 Super(수퍼)이다.

37 딘클라게(Dinklage)의 진로의사결정유형 중 '결정을 해야 하는 당위성은 인정하나 결정을 위한 어떤 것도 하지 못하는 상태'의 내담자는 어떤 유형인가?

① 계획형 ② 번민형
③ 지연형 ④ 마비형

답 ④

해 ① 계획형(매우 효과적인 유형)
결정할 내용을 명확히 하고, 이를 위해 자료를 모으며, 대안을 검토하고, 최종적으로 결정하는 유형

② 번민형
자료를 모으고 대안을 분석하는데 많은 시간과 생각이 소요되지만 오히려 혼돈과 고민에 빠져 최종결정단계에 이르지 못하는 유형

③ 지연형
문제에 대한 생각, 행동을 뒤로 미루는 유형

38 상담 종결 단계에서 다루어야 할 사항이 아닌 것은?

① 상담 종결 단계에 대한 내담자의 준비도를 평가하고 상담을 통해 얻은 학습을 강화시킨다.
② 남아 있는 정서적 문제를 해결하고 내담자와 상담사 간의 의미 있고 밀접했던 관계를 적절하게 끝맺는다.
③ 상담사와 내담자가 협력하여 앞으로 나아갈 방향과 상담목표를 설정하고 확인해 나간다.
④ 학습의 전이를 극대화하고 내담자의 자기 신뢰 및 변화를 유지할 수 있는 자신감을 증가시킨다.

답 ③

해 상담방향과 상담목표를 설정하고 확인해 나가는 것은 상담초기에 이루어져야 한다.

39 직업상담사의 요건 중 '상담업무를 수행하는데 가급적 결함이 없는 성격을 갖춘 자'에 대한 사례와 가장 거리가 먼 것은?

① 지나칠 정도의 동정심
② 순수한 이해심을 가진 신중한 태도
③ 건설적인 냉철함
④ 두려움이나 충격에 대한 공감적 이해력

답 ①

해 지나칠 정도의 동정심은 직업상담사의 요건과 거리가 멀다.

40 포괄적 직업상담에서 초기, 중간, 마지막 단계 중 중간 단계에서 주로 사용하는 접근법은?

① 발달적 접근법
② 정신역동적 접근법
③ 내담자 중심 접근법
④ 행동주의적 접근법

답 ②

해 포괄적 직업상담에서 중간단계 상담기법은 정신역동적 접근법이다.

초기(진단)	중기(명료화)	마무리(문제해결)
발달적 접근법 내담자중심 접근법	정신역동적 접근법	특성-요인 접근법 행동주의적 접근법
내담자의 문제의 원인에 대한 토론을 촉진	내담자의 문제원인을 명료히 밝혀 이를 제거	내담자의 문제해결에 개입

제3과목 직업정보

41 직업상담사의 업무와 가장 거리가 먼 것은?

① 구인·구직접수, 취업알선, 채용여부 확인 등의 직업소개업무
② 구직자에게 적성, 흥미검사 등을 실시하여 직업정보 제공
③ 제반 노동관계법 등을 검토하여 준수여부를 확인
④ 채용박람회와 같은 채용행사의 기획·실행

답 ③

해 제반 노동관계법 등을 검토하여 준수여부를 확인하는 것은 직업상담사의 업무와 거리가 멀다.

42 한국표준직업분류)의 "대분류 2. 전문가 및 관련 종사자"에 속하지 않는 직업은?

① 기상예보관 ② 경찰관
③ 웹마스터 ④ 운동경기 코치

답 ②

해 경찰관은 "대분류 4. 서비스 종사자"에 속한다.

43 직업정보 수집시의 유의점으로 틀린 것은?

① 명확한 목표를 세운다.
② 직업정보는 계획적으로 수집하여야 한다.
③ 자료를 수집하면 자료의 출처와 저자, 발행연도와 수집일자를 기입해야 한다.
④ 수집한 모든 자료는 별도 보관하여 활용하도록 한다.

답 ④

해 불필요한 자료는 폐기하며 최신의 상태를 유지하도록 노력한다.

44 한국표준직업분류에서 "빵을 굽는 제빵원이 빵을 제조하고 이를 판매하였다면 판매원으로 구분하지 않고 제빵원으로 분류한다."가 해당되는 직업분류 원칙은?

① 생산업무 우선 원칙
② 최상급 직능수준 우선 원칙
③ 최초 업무 우선 원칙
④ 주된 업무 우선 원칙

답 ①

해 포괄적인 업무 중 생산업무 우선 원칙에 해당된다.

45 **다음에 해당하는 NCS 수준 체계는?**

> • 정의 : 독립적인 권한 내에서 해당분야의 이론 및 지식을 자유롭게 활용하고, 일반적인 숙련으로 다양한 과업을 수행하고, 타인에게 해당 분야 지식 및 노하우를 전달할 수 있는 수준
> • 지식기술 : 해당분야의 이론 및 지식을 자유롭게 활용할 수 있는 수준 / 일반적인 숙련으로 다양한 과업을 수행할 수 있는 수준
> • 역량 : 타인의 결과에 대하여 의무와 책임이 필요한 수준 / 독립적인 권한 내에서 과업을 수행할 수 있는 수준

① 8수준 ② 7수준
③ 6수준 ④ 5수준

답 ③

해 6수준에 설명이다.

46 **직업정보 수집을 위한 설문지 작성에 관한 설명으로 틀린 것은?**

① 폐쇄형 질문의 응답범주는 포괄적(exhaustive)이어야 한다.
② 응답자의 이해능력을 고려하여 설문문항이 작성되어야 한다.
③ 폐쇄형 질문의 응답범주는 상호배타적(mutually exclusive)이지 않아야 된다.
④ 이중질문(double-barreled question)은 배제되어야 한다.

답 ③

해 폐쇄형 질문(객관식 문항)은 상호배타적이어야 한다.

47 **한국직업사전의 부가 직업정보 중 숙련기간에 대한 설명으로 틀린 것은?**

① 정규교육과정을 이수한 후 해당 직업의 직무를 평균적인 수준으로 스스로 수행하기 위하여 필요한 각종 교육기간, 훈련기간 등을 의미한다.
② 해당 직업에 필요한 자격·면허를 취득하는 취업 전 교육 및 훈련기간뿐만 아니라 취업 후에 이루어지는 관련 자격·면허 취득 교육 및 훈련기간도 포함된다.
③ 자격·면허가 요구되는 직업은 아니지만 해당 직무를 평균적으로 수행하기 위한 각종 교육·훈련, 수습교육, 기타 사내교육, 현장훈련 등의 기간이 포함된다.
④ 5수준의 숙련기간은 4년 초과~10년 이하이다.

답 ④

해 숙련기간의 수준 5수준 : 6개월 초과~1년 이하이다.

48 **다음은 무엇에 대한 설명인가?**

> 각 생산주체의 산업활동에 관련된 통계자료의 수집, 분 석 등 각종 통계목적에 모든 통계작성기관이 통일적으 로 사용할 수 있도록 표준화한 것

① 표준생산분류 ② 표준산업분류
③ 표준직업분류 ④ 표준직무분류

답 ②

해 산업활동에 관련된 통일적으로 사용할 수 있도록 표준화한 것은 표준산업분류이다.

49 **한국표준산업분류의 분류구조 및 부호체계에 대한 설명으로 틀린 것은?**

① 부호 처리를 할 경우에는 아라비아 숫자만을 사용하도록 했다.
② 권고된 국제분류 ISIC Rev.4를 기본체계로 하였으나, 국내 실정을 고려하여 국제 분류의 각 단계 항목을 분할, 통합 또는 재룹화하여 독자적으로 분류 항목과 분류 부호를 설정하였다.
③ 분류 항목 간에 산업 내용의 이동을 가능한 억제하였으나 일부 이동 내용에 대한 연계분석 및 시계열 연계를 위하여 부록에 수록된 신구 연계표를 활용하도록 하였다.
④ 중분류의 번호는 001부터 999까지 부여 하였으며, 대분류별 중분류 추가 여지를 남겨놓기 위하여 대분류 사이에 번호 여백을 두었다.

답 ④

해 중분류의 번호는 01부터 99까지 부여하였다,

50 **한국표준직업분류상 일의 계속성에 대한 설명으로 틀린 것은?**

① 매일, 매주, 매월 등 주기적으로 행하는 것
② 계절적으로 행하는 것
③ 명확한 주기는 없으나 계속적으로 행해 지는 것
④ 취업한 후 계속적으로 행할 의지와 가능성이 있는 것

답 ④

해 한국표준직업분류상 '일의 계속성'은 취업한 후가 아닌 '현재 하고 있는 일'을 계속적으로 행할 의지와 가능성이 있는 것을 의미한다.

51 **고용24 구인·구직 및 취업 동향에서 사용하는 용어 해설로 틀린 것은?**

① 제시임금 : 구인자가 구직자에게 제시하는 임금
② 희망임금 : 구직자가 구인업체에게 요구하는 임금
③ 희망임금충족률 : (제시임금 ÷ 희망임금) ×100
④ 구인배율 : 신규구직건수 ÷ 신규구인인원

답 ④

해 구인배율 $= \frac{\text{신규구인인원}}{\text{신규구직건수}}$

52 **한국고용직업분류(KECO)에 대한 설명으로 틀린 것은?**

① 10진법 중심의 분류이다.
② 직능유형(skill type) 중심이다.
③ 대분류보다는 중분류 중심체계이다.
④ 직업분류의 기본 원칙인 포괄성과 배타성을 고려하여 분류하였다.

답 ③

해 한국고용직업분류(KECO)는 기존에 중분류 체계였는데 2018년부터 개정되어 사용자가 직관적으로 쉽게 직업을 분류할 수 있도록 대분류 체계 10개 항목으로 간소화 하였다.

한국고용직업분류의 특징
- 10진법 중심의 분류
- 직능유형(skill type) 중심
- 대분류 중심체계
- 포괄성과 배타성을 고려

53 **다음 중 직업별 임금관련 정보를 제공하지 않는 것은?**

① 한국직업전망 ② Job Map
③ 한국직업사전 ④ 한국직업정보시스템

답 ③

해 한국직업사전은 임금정보를 제공하지 않는다.

54 **고용24(직업, 진로)에서 학과정보를 계열별로 검색하고자 할 때 선택할 수 있는 계열이 아닌 것은?**

① 문화관광계열 ② 교육계열
③ 자연계열 ④ 예체능계열

답 ①

해 문화관광계열은 아니다.

55 **일자리 안정자금에 대한 설명으로 틀린 것은?**

① 최저임금 인상에 따른 소상공인 및 영세 중소기업의 경영부담을 완화하고 노동자의 고용 불안을 해소하기 위한 지원사업이다.
② 일자리 안정자금의 지급방식은 직접 지급 또는 사회보험료 대납 중 선택할 수 있다.
③ 노동자를 30인 미만을 고용하는 사업주에 대해 지원하나 공동주택 경비·청소원 고용사업주에 대해서는 30인 이상인 경우에도 지원한다.
④ 고용보험 가입대상자는 고용보험에 가입하여야 지원하고, 법률상 고용보험 적용대상이 아닌 경우에는 지원에서 제외된다.

답 ④

해 일자리 안정자금은 고용보험 가입대상자는 고용보험에 가입하여야 지원하고, 법률상 고용보험 적용대상이 아닌 경우에는 고용보험에 가입하지 않아도 지원한다.

56 **한국표준산업분류에서 통계단위의 산업결정 방법에 관한 설명으로 틀린 것은?**

① 생산단위의 산업활동은 그 생산단위가 수행하는 주된 산업활동의 종류에 따라 결정된다.
② 단일사업체의 보조단위는 그 사업체의 일개 부서로 포함 한다.
③ 계절에 따라 정기적으로 산업을 달리하는 사업체의 경우에는 조사시점에 경영하는 사업으로 분류된다.
④ 휴업 중 또는 자산을 청산중인 사업체의 산업은 영업 중 또는 청산을 시작하기 전의 산업활동에 의하여 결정한다.

답 ③

해 조사시점에서 경영하는 사업과는 관계없이 조사대상 기간 중 경영하는 사업으로 분류 된다.

57 **서울시 마포구 주민 중 일부를 사전에 조사 대상으로 선정하고, 이들을 대상으로 6개월 혹은 1년 단위로 고용현황 등 직업정보를 반복하여 수집하는 조사방법은?**

① 코호트조사 ② 횡단조사
③ 패널조사 ④ 사례조사

답 ③

해 전에 조사대상으로 선정하고 6개월 혹은 1년 단위로 직업정보를 반복하여 수집하는 조사방법을 패널조사라고 한다.

58 **다음은 직업정보 수집을 위한 자료수집방법을 비교한 표이다. (　　)에 알맞은 것은?**

기준	(ㄱ)	(ㄴ)	(ㄷ)
비용	높음	보통	보통
응답 자료의 정확성	높음	보통	낮음
응답률	높음	보통	낮음
대규모 표본관리	곤란	보통	용이

① ㄱ : 전화조사, ㄴ : 우편조사, ㄷ : 면접조사
② ㄱ : 면접조사, ㄴ : 우편조사, ㄷ : 전화조사
③ ㄱ : 면접조사, ㄴ : 전화조사, ㄷ : 우편조사
④ ㄱ : 전화조사, ㄴ : 면접조사, ㄷ : 우편조사

답 ③

해 ㄱ : 면접조사 ㄴ : 전화조사 ㄷ : 우편조사

자료수집방법의 비교

기준	면접조사	전화조사	우편조사
비용	높음	보통	보통
응답 자료의 정확성	높음	보통	낮음
응답률	높음	보통	낮음
대규모 표본관리	곤란	보통	용이

59 **한국표준직업 분류상 특정 직종의 분류 요령 에 대한 설명으로 틀린 것은?**

① 행정 관리 및 입법기능을 수행하는 자는 '대분류 1 관리자'에 분류된다.
② 반장 등과 같이 주로 수행된 일의 전문, 기술적인 통제 업무를 수행하는 감독자는 그 감독되는 근로자와 동일직종으로 분류된다.
③ 연구 및 개발업무 종사자는 '대분류 2 전문가 및 관련종사자'에서 그 전문분야에 따라 분류된다.
④ 관공서의 기관장은 직급에 따라 관리자 직군으로 분류된다.

답 ④

해 관공서의 기관장은 행정 관리직이므로 직급과 상관없이 관리자로 구분한다.

60 **Q-net에서 제공하는 국가기술자격 종목별 정보를 모두 고른 것은?**

ㄱ. 자격취득자에 대한 법령상 우대현황
ㄴ. 수험자 동향(응시목적별, 연령별 등)
ㄷ. 연도별 검정현황(응시자수, 합격률 등)
ㄹ. 시험정보(수수료, 취득방법 등)

① ㄱ, ㄴ　　② ㄷ, ㄹ
③ ㄱ, ㄴ, ㄹ　　④ ㄱ, ㄴ, ㄷ, ㄹ

답 ④

해 ㄱ, ㄴ, ㄷ, ㄹ 모두 해당된다.

제4과목 노동시장

61 소득정책의 효과에 대한 설명으로 틀린 것은?

① 성장산업의 위축을 초래할 수 있다.
② 행정적 관리비용을 절감할 수 있다.
③ 임금억제에 이용될 가능성이 크다.
④ 급격한 물가상승기에 일시적으로 사용하면 효과를 거둘 수 있다.

답 ②

해 소득정책은 행정적 관리비용이 증가한다.

소득정책
높은 고용수준과 물가를 안정시키고 인플레이션 억제를 위해 임금이나 이자 등의 여러 분야에 정부가 관여하고 규제하는 정책

62 생산물시장과 노동시장이 완전경쟁일 때 노동의 한계생산량이 10개이고 생산물 가격이 500원이며 시간당 임금이 4,000원이라면 이윤을 극대화하기 위한 기업의 반응으로 옳은 것은?

① 임금을 올린다.
② 노동을 자본으로 대체한다.
③ 노동의 고용량을 증대시킨다.
④ 고용량을 줄이고 생산을 감축한다.

답 ③

해 이윤극대화 시점은 '한계생산물가치 = 시장임금'임
한계생산물가치 = 노동의 한계생산량 × 생산물 가격 = 10개 × 500원 = 5,000원
임금 = 4,000원
∴ 노동의 고용량을 증대시킨다.

63 다음 중 적극적 노동시장정책(active labor market policy)과 가장 거리가 먼 것은?

① 실업보험 ② 직업훈련
③ 고용지원 ④ 장애인 고용촉진

답 ①

해 실업보험은 소극적 노동시장정책이다.

64 잠재적 실업에 관한 설명으로 가장 거리가 먼 것은?

① 노동의 한계 생산물이 거의 0에 가까운 실업을 말한다.
② 표면적으로 취업상태에 있지만 실질적으로 실업상태에 있는 농촌의 과잉인구 등이 해당된다.
③ 구직의 가능성이 높았더라면 노동시장에 참가하여 적어도 구직활동을 했을 사람이 그와 같은 전망이 없거나 낮다고 판단 하여 비경제활동인구화 되어 있는 경우 를 말한다.
④ 불법체류 외국인 취업에 따른 실업이 해당된다.

답 ④

해 잠재적 실업은 불법체류 외국인취업에 따른 실업과 관계없다.

잠재적 실업
표면적으로는 취업인 상태이지만 실질적으로는 실업상태와 마찬가지인 상태로 한계생산력이 Zero에 가까운 상태를 의미한다.

65 다음 사례에 해당하는 것은?

> A는 대형마트에서 주당 20시간 근무하고 있는 단시간근로자(파트타임근로자)이다. 시간당 임금이 7천원에서 9천원으로 인상되어 A는 주당 근로시간을 30시간으로 확대하기로 하였다.

① 수요효과 ② 공급효과
③ 소득효과 ④ 대체효과

답 ④

해 임금이 7천원에서 9천원으로 인상되어 근로시간(노동공급)을 확대하는 것은 대체효과이다.

- 대체효과
  임금인상 시 올라간 임금으로 인해 기회비용이 상승되어 여가를 포기하고 노동공급을 선택하는 것을 의미한다.
- 소득효과
  임금인상시 올라간 임금을 인하여 노동공급을 포기하고 여가를 선택하는 것을 말한다.

66 **성공적인 제안제도를 실시하기 위한 요건과 가장 거리가 먼 것은?**

① 제안은 반드시 관리자 또는 감독자와의 협의를 거치도록 한다.
② 심사를 거쳐 채택된 제안에 대해서는 충분한 보상을 한다.
③ 제안을 장려·지도하는 방식을 제도화한다.
④ 제안을 신속하고 공평하게 처리·심사한다.

답 ①

해 제안은 관리자 또는 감독자와의 협의를 거치면 줄어든다.

67 **보상적 임금격차의 발생 원인에 해당되지 않는 것은?**

① 비금전적 차이
② 직장탐색 비용의 차이
③ 금전적 위험(불안정)
④ 교육훈련의 차이

답 ②

해 직장탐색 비용의 차이는 아니다.

보상적 임금격차의 발생 원인
- 금전적 요인(작업의 쾌적함)
- 금전적 위험(불안정, 고용의 안정성 여부)
- 교육훈련의 차이
- 성공·실패 가능성·책임의 정도

68 **개인의 노동공급시간 결정이 소득과 여가 간의 무차별곡선과 예산선 간의 관계에서 이루어질 때, 다음 설명 중 틀린 것은?**

① 예산선의 기울기는 시간당 임금률이다.
② 무차별곡선의 기울기는 여가를 한 단위 증가시키기 위해 노동자가 기꺼이 포기하고자 하는 소득의 양을 의미한다.
③ 무차별곡선과 예산선이 접하는 점에서 노동시장이 결정된다는 것은 이 점에서 시장임금률과 노동자의 의중임금이 일치 함을 의미한다.
④ 여가-소득평면상의 모든 점에서 무차별곡선의 기울기(절대값)가 예산선의 기울기(절대값)보다 작은 경우 노동공급을 포기한다.

답 ④

해 여가-소득평면상의 모든 점에서 무차별곡선의 기울기(절대값)가 예산선의 기울기(절대값)보다 작은 경우 노동공급을 증대한다.

무차별곡선은 만족도곡선으로, 이 곡선의 기울기가 작으면 노동공급을 증대한다.

69 **직무급을 도입하기 위한 전제조건과 가장 거리가 먼 것은?**

① 직무의 표준화와 전문화가 이루어져야 한다.
② 노동조합의 허가가 있어야 한다.
③ 인사-노무관리가 발전되어야 한다.
④ 직종 간 고용의 유동성이 있어야 한다.

답 ②

해 직무급의 도입과 노동조합의 허가는 거리가 멀다.

70 **실업률을 낮추기 위한 대책과 가장 거리가 먼 것은?**

① 직업훈련 기회의 제공 ② 재정지출의 축소
③ 금리 인하 ④ 법인세 인하

답 ②

해 실업률을 낮추기 위해서는 정부에서 돈을 많이 풀어 경기가 좋아지도록 해야 하므로 재정지출을 확대해야 한다.

71 **어느 국가의 생산가능인구의 구성비가 다음 과 같을 때 이 국가의 실업률은?**

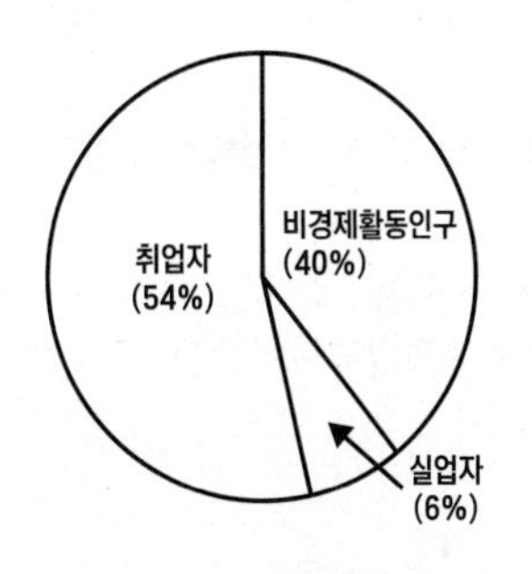

① 6.0% ② 10.0%
③ 11.1% ④ 13.2%

답 ②

해 $\text{실업률} = \dfrac{\text{실업자수}}{\text{경제활동인구}}$

경제활동인구 = 실업자 + 취업자

$\therefore \dfrac{6}{60} \times 100 = 10\%$

72 다음은 어떤 형태의 능률급인가?

> • 1886년 미국의 토웬(Henry R. Towen)이 제창
> • 경영활동에 의해 발생한 이익을 그 이익에 관여한 정도에 따라 배분하는 제도
> • 기본취지는 작업비용으로 달성된 이익을 노동자에게 환원하자는 것

① 표준시간제 ② 이익분배제
③ 할시제 ④ 테일러제

답 ②

해 이익분배제
경영활동에 의해 발생한 이익을 그 이익에 관여한 정도에 따라 배분하는 제도이다.

73 노동공급의 탄력성 결정요인이 아닌 것은?

① 산업구조의 변화
② 노동이동의 용이성 정도
③ 여성의 취업기회의 창출 가능성 여부
④ 다른 생산요소의 노동의 대체 가능성

답 ④

해 다른 생산요소의 노동의 대체 가능성은 노동수요의 탄력성 결정요인이다.

74 인적자본론의 노동이동에 관한 설명으로 틀린 것은?

① 임금률이 높을수록 해고율은 높다.
② 사직률과 해고율은 경기변동에 따라 상반되는 관련성을 갖고 있다.
③ 사직률과 해고율은 기업특수적 인적자본과 음(-)의 상관관계를 갖는다.
④ 인적자본론에서는 장기근속자일수록 기업특수적 인적자본량이 많아져 해고율이 낮아진다고 주장한다.

답 ①

해 임금률이 높을수록 해고율은 낮아진다.
(효율성 임금제도에 입각하여 임금률이 높을수록 양질의 노동력이 제공되기 때문에 해고률이 낮아진다.)

75 다음은 근로자의 노동투입량, 시간당 임금 및 노동의 한계수입생산을 나타낸 것이다. 기업이 노동투입량을 5,000시간에서 6,000시간으로 증가시킬 때 노동의 한계비용은?

노동투입량(시간)	시간당 임금(원)	한계수입생산(원)
3,000	4,000	20,000
4,000	5,000	18,000
5,000	6,000	17,000
6,000	7,000	15,000
7,000	8,000	14,000
8,000	9,000	12.000
9,000	10,000	11.000

① 42,000원 ② 12,000원
③ 6,000원 ④ 2,800원

답 ②

해 노동의 한계비용 $= \dfrac{\text{총노동비용의 증가분}}{\text{노동투입량의 증가분}}$

$$\frac{[(6,000\text{시간} \times 7,000\text{원}) - (5,000\text{시간} \times 6,000\text{원})]}{6,000\text{단위} - 5,000\text{단위}}$$

$$= \frac{12,000,000\text{원}}{1,000\text{단위}} = 12,000\text{원}$$

76 개인의 가용시간이 일정할 때 작업장까지의 통근시간 증가가 경제활동참가율과 총 근로 시간에 미치는 효과로 옳은 것은?

① 경제활동참가율 증가, 총 근로시간 증가
② 경제활동참가율 감소, 총 근로시간 증가
③ 경제활동참가율 증가, 총 근로시간 감소
④ 경제활동참가율 감소, 총 근로시간 감소

답 ④

해 통근시간이 증가하면 경제활동참가율은 감소하고 통근시간 증가로 인해 초과근무를 기피하므로 근로시간은 감소한다.

구분	경제활동 참가율	근로시간
육아시간, 통근시간 ↑	↓	↓
통근비용 ↑	↓	↑

77 **내국인들이 취업하기를 기피하는 3D 직종에 대해 외국인력의 수입 또는 불법 이민이 국내 내국인 노동시장에 미치는 영향으로 옳은 것은?**

① 임금과 고용이 높아진다.
② 임금과 고용이 낮아진다.
③ 임금은 높아지고 고용은 낮아진다.
④ 임금과 고용의 변화가 없다.

답 ②

해 외국인력의 수입이나 불법이민으로 노동공급이 증가되어 임금과 고용이 낮아진다.
특히 비숙련공의 고용과 임금의 영향(하락)을 더 받는다.

78 **다음 중 직종별 임금격차의 발생 원인과 가장 거리가 먼 것은?**

① 비경쟁집단
② 보상적 임금격차
③ 과도적 임금격차
④ 직종간 자유로운 노동이동

답 ④

해 직종간 자유로운 노동이동은 직종별 임금격차의 발생 원인과 거리가 멀다.
직종간 자유로운 노동이동이 있으면 정보공유로 인해 임금격차가 줄어든다.

79 **1998~1999년의 경제위기 기간에 나타난 우리노동시장의 특징과 가장 거리가 먼 것은?**

① 해고분쟁의 증가
② 외국인 노동자 대량유입
③ 근로자의 평균근속기간 감소
④ 임시직·일용직 고용비중의 증가

답 ②

해 1998~1999년의 경제위기 기간은 IMF 금융위기 시절로 오히려 외국인 노동자 수가 급감했다.

80 **효율임금이론에서 고임금이 고생산성을 가져오는 원인에 관한 설명으로 틀린 것은?**

① 고임금은 노동자의 직장상실 비용을 증대시켜 노동자로 하여금 스스로 열심히 일하게 한다.
② 대규모 사업장에서는 통제상실을 사전에 방지하는 차원에서 고임금을 지불하여 노동자가 열심히 일하도록 유도할 수 있다.
③ 고임금은 노동자의 사직을 감소시켜 신규노동자의 채용 및 훈련비용을 감소시킨다.
④ 균형임금 지불하여 경제 전반적으로 동일 노동, 동일 임금이 달성되도록 한다.

답 ④

해 효율임금이론에서는 균형임금을 지불하지 않고 고임금을 지불한다.

제5과목 고용노동관계법규

81 다음 중 채용절차의 공정화에 관한 법령상 채용서류의 반환 등에 대한 내용으로 가장 옳은 것은?

① 구인자는 확정된 채용대상자가 채용서류의 반환을 청구하는 경우에는 본인임을 확인한 후 대통령령으로 정하는 바에 따라 반환하여야 한다.
② 구직자로부터 채용서류의 반환 청구를 받은 구인자는 구직자가 반환 청구를 한 날 부터 14일 이내에 구직자에게 해당 채용 서류를 발송하거나 전달하여야 한다.
③ 채용서류의 반환 청구기간은 구직자가 채용서류를 접수한 날 이후 14일부터 180일까지의 기간의 범위에서 구인자가 정 한 기간으로 한다.
④ 채용서류의 반환에 소요되는 비용은 원칙적으로 구직자가 부담한다.

답 ②

해 구직자로부터 채용서류의 반환 청구를 받은 구인자는 구직자가 반환 청구를 한 날부터 14일 이내에 구직자에게 해당 채용서류를 발송하거나 전달하여야 한다.
① 구인자는 구직자의 채용 여부가 확정된 이후 구직자가 채용서류의 반환을 청구하는 경우에는 본인임을 확인한 후 대통령령으로 정하는 바에 따라 반환하여야 한다. 다만, 확정된 채용대상자는 제외한다.
③ 채용서류의 반환 청구기간은 구직자의 채용 여부가 확정된 날 이후 14일부터 180일까지의 기간의 범위에서 구인자가 정한 기간으로 한다.
④ 채용서류의 반환에 소요되는 비용은 원칙적으로 구인자가 부담한다.

82 다음 중 보기의 빈 칸에 들어갈 내용을 순서대로 올바르게 나열한 것은?

(㉠)은/는 개인정보의 보호와 정보주체의 권익 보장을 위하여 (㉡)마다 개인정보 보호 기본계획을 관계 중앙행정기관의 장과 협의하여 수립한다.

① ㉠ : 행정안전부장관 ㉡ : 3년
② ㉠ : 행정안전부장관 ㉡ : 4년
③ ㉠ : 개인정보 보호위원회 ㉡ : 3년
④ ㉠ : 개인정보 보호위원회 ㉡ : 4년

답 ③

해 개인정보보호위원회는 개인정보의 보호와 정보주체의 권익 보장을 위하여 3년마다 개인정보 보호 기본계획을 중앙행정기관의 장과 협의하여 수립한다.

83 다음 중 개인정보 보호법에 관한 법률상의 용어에 대한 설명으로 옳지 않은 것은?

① 개인정보 - 성명이나 주민등록번호, 법인 또는 단체의 소재지 주소 등을 통하여 알아볼 수 있는 자연인, 법인 또는 단체에 관한 정보
② 처리 - 개인정보의 수집, 생성, 연계, 연동, 기록, 저장, 보유, 가공, 편집, 검색, 출력, 정정, 복구, 이용, 제공, 공개, 파기 등의 행위
③ 정보주체 - 처리되는 정보에 의하여 알 아볼 수 있는 사람으로서 그 정보의 주체가 되는 사람
④ 개인정보처리자 - 업무를 목적으로 개인 정보파일을 운용하기 위하여 스스로 또 는 다른 사람을 통하여 개인정보를 처리 하는 공공기관, 법인, 단체 및 개인 등

답 ①

해 개인정보 보호법상 개인정보는 살아 있는 개인에 관한 정보이다. 따라서 개인정보의 주체는 자연인이어야 하며, 법인 또는 단체에 관한 정보는 개인정보에 해당하지 않는다.

84 남녀고용평등과 일·가정 양립 지원에 관한 법령의 내용으로 틀린 것은?

① 적극적 고용개선조치란 현존하는 남녀 간의 고용차별을 없애거나 고용평등을 촉진하기 위하여 잠정적으로 특정성을 우대하는 조치를 말한다.
② 동거하는 친족만으로 이루어지는 사업에 대하여는 이 법의 전부를 적용하지 아니 한다.
③ 상시 5명 미만의 근로자를 고용하는 사업에 대하여는 교육·배치 및 승진에 관한 규정을 적용한다.
④ 사업주는 직장 내 성희롱 예방을 위한 교육을 분기별로 1회 이상 하여야 한다.

답 ④

해 ④ 사업주는 직장 내 성희롱 예방을 위한 교육을 년 1회 이상 하여야 한다.

85 다음 (　　)에 알맞은 것은?

> 근로기준법상 사용자는 근로자가 사망 또는 퇴직한 경우에는 그 지급 사유가 발생한 때부터 (　　) 이내에 임금, 보상금, 그 밖의 일체의 금품을 지급하여야 한다. 다만, 특별한 사정이 있을 경우에는 당사자 사이의 합의에 의하여 기일을 연장할 수 있다.

① 14일　② 30일
③ 60일　④ 90일

답 ①

해 근로기준법 사용자는 근로자가 사망 또는 퇴직한 경우에는 그 지급 사유가 발생한 때부터 14일 이내에 임금 보상금 그 밖의 일체의 금품를 지급하여야 한다.

86 고용보험법상 (　　)에 알맞은 것은?

> 육아휴직 급여를 지급받으려는 사람은 육아 휴직을 시작한 날 이후 1개월부터 육아휴직이 끝난 날 이후 (　　)개월 이내에 신청하여야 한다.

① 1　② 3
③ 6　④ 12

답 ④

해 육아휴직이 끝난 날 이후 '12개월 이내'에 신청하여야 한다.

87 직업안정법령상 직업정보제공사업자의 준수 사항으로 틀린 것은?

① 구인자의 업체명이 표시되어 있지 아니한 구인광고를 게재하지 아니할 것
② 직업정보제공매체의 구인·구직의 광고에는 구인·구직자의 주소 또는 전화번호를 기재하지 아니할 것
③ 구직자의 이력서 발송을 대행하거나 구직자에게 취업추천서를 발부하지 아니할 것
④ 직업정보제공사업의 광고문에 "취업추천 "·"취업지원" 등의 표현을 사용하지 아니할 것

답 ②

해 직업정보제공매체의 구인·구직의 광고에는 구인·구직자의 주소 또는 전화번호를 기재한다.
단, 직업정보매체의 주소 또는 전화번호를 기재하면 안된다.

88 고용보험법령상 피보험자격의 신고에 관한 설명으로 틀린 것은?

① 사업주가 피보험자격에 관한 사항을 신고 하지 아니하면 근로자가 신고할 수 있다.
② 사업주는 그 사업에 고용된 근로자의 피보험자격의 취득 및 상실 등에 관한 사항을 고용노동부장관에게 신고하여야 한다.
③ 자영업자인 피보험자는 피보험자격의 취득 및 상실에 관한 신고를 하지 아니한다.
④ 피보험자격의 취득 및 상실 등에 관한 신고는 그 사유가 발생한 날로부터 14일 이내에 하여야 한다.

답 ④

해 피보험자격의 취득 및 상실 등에 관한 신고는 그 사유가 발생한 날이 속하는 달의 다음달 15일까지 신고한다. 단, 근로자가 그 기일 이전에 신고할 것을 요구할 경우에는 지체없이 신고하여야 한다.

89 취업지원서비스의 정의 및 목적에 대한 설명으로 틀린 것은?

① 취업지원 : 수급자의 취업활동에 도움이 될 수 있는 규정에 따른 지원("취업지원서비스") 및 구직촉진수당을 지급하는 것
② 수급자격자 : 취업지원서비스 또는 구직촉진수당의 수급 요건을 갖추어 수급자격이 인정된 사람
③ 수급자 : 수급자격자 및 수급자격 예정자로서 취업지원서비스 또는 구직촉진수당을 받게될 사람
④ 목적 : 근로능력과 구직의사가 있음에도 불구하고 취업에 어려움을 겪고 있는 국민에게 통합적인 취업지원서비스를 제공하고 생계를 지원함으로써 이들의 구직활동 및 생활안정에 이바지함

답 ③

해 ③ 수급자 : 수급자격자로서 취업지원서비스 또는 구직촉진수당을 받는 사람

90 근로기준법령상 근로시간 및 휴게시간의 특례 사업에 해당하지 않는 것은?

① 수상운송업
② 항공운송업
③ 육상운송 및 파이프라인 운송업
④ 노선(路線) 여객자동차운송사업

답 ④

해 노선(路線) 여객자동차운송사업은 해당하지 않는다.

91 **최저임금법상 최저임금의 결정기준과 적용범위에 관한 설명으로 틀린 것은?**

① 근로자를 사용하는 모든 사업 또는 사업장에 적용한다.
② 최저임금은 근로자의 생계비, 유사 근로자의 임금, 노동생산성 및 소득분배율 등을 고려하여 정한다.
③ 최저임금위원회의 심의를 거쳐 경제부장관이 정한다.
④ 이 법은 「선원법」의 적용을 받는 선원과 선원을 사용하는 선박의 소유자에게는 적용하지 아니한다.

답 ③

해 최저임금위원회의 심의를 거쳐 고용노동부장관이 정한다.

92 **근로기준법령상 임금에 관한 설명으로 틀린 것은?**

① 고용노동부장관은 체불사업주의 명단을 공개할 경우 체불사업주에게 3개월 이상의 기간을 정하여 소명 기회를 주어야 한다.
② 단체협약에 특별한 규정이 있는 경우에는 임금의 일부를 공제하거나 통화 이외의 것으로 지급할 수 있다.
③ 사용자는 도급으로 사용하는 근로자에게 근로시간에 따라 일정액의 임금을 보장하여야 한다.
④ 사용자는 고용노동부장관의 승인을 받은 경우 통상임금의 100분의 70에 못 미치는 휴업수당을 지급할 수 있다.

답 ④

해 사용자는 '노동위원회'의 승인을 받은 경우 '평균임금'의 100분의 70에 못 미치는 휴업수당을 지급할 수 있다.

93 **남녀고용평등과 일·가정 양립 지원에 관한 법률상 임금에 관한 설명으로 옳은 것은?**

① 사업주는 다른 사업 내의 동일 가치 노동에 대하여는 동일한 임금을 지급하여야 한다.
② 임금차별을 목적으로 사업주에 의하여 설립된 별개의 사업은 별개의 사업으로 본다.
③ 동일 가치 노동의 기준은 직무 수행에서 요구되는 성, 기술, 노력 등으로 한다.
④ 사업주가 동일 가치 노동의 기준을 정할 때에는 노사협의회의 근로자를 대표하는 위원의 의견을 들어야 한다.

답 ④

해 사업주가 동일 가치 노동의 기준을 정할 때에는 노사협의회의 근로자를 대표하는 위원의 의견을 들어야 한다. 만약, 근로자에게 불리한 기준을 정할 때는 노사협의 회의 근로자를 대표하는 위원의 동의를 얻어야 한다.

94 **노동기본권에 관한 설명으로 틀린 것은?**

① 모든 국민은 근로의 권리를 가진다.
② 공무원인 근로자는 법률이 정하는 자에 한하여 노동3권을 가진다.
③ 고용·임금 및 근로조건에 있어서 모든 근로자는 성별에 관계없이 평등하다.
④ 법률이 정하는 주요방위산업체에 종사하는 근로자의 단체행동권은 법률이 정하는 바에 의하여 이를 제한하거나 인정하지 아니할 수 있다.

답 ③

해 여자의 근로는 특별한 보호를 받는다.

95 **직업안정법령상 근로자공급사업의 허가를 받을 수 있는 자는?**

① 파산선고를 받고 복권되지 아니한 자
② 미성년자, 피성년후견인 및 피한정후견인
③ 이 법을 위반한 자로서, 벌금형이 확정된 후 2년이 지나지 아니한 자
④ 근로자공급사업의 허가가 취소된 후 7년이 지난 자

답 ④

해 근로자공급사업의 허가가 취소된 후 5년이 지나지 아니한 자는 근로자공급사업의 허가를 받을 수 없다.
5년이 지나면 허가를 받을 수 있다.

96 **국민평생직업능력개발법령상 근로자의 정의로서 가장 적합한 것은?**

① 1주 동안의 소정근로시간이 그 사업장에서 같은 종류의 업무에 종사하는 통상 근로자의 1주 동안의 소정근로시간에 비하여 짧은 자
② 직업의 종류와 관계없이 임금을 목적으로 사업이나 사업장에 근로를 제공하는 사람
③ 직업의 종류를 불문하고 임금·급료 기타 이에 준하는 수입에 의하여 생활하는 자
④ 사업주에게 고용된 사람과 취업할 의사가 있는 사람

답 ④

해 근로자란 사업주에게 고용된 자와 취업할 의사가 있는 자를 말한다.

'근로자'의 정의

1. 사업주에게 고용된 사람과 취업할 의사가 있는 사람
   - ▶국민평생 직업능력 개발법상
   - ▶남녀고용평등과 일가정 양립 지원에 관한 법률
   - ▶고용정책 기본법
2. 직업의 종류와 관계없이 임금을 목적으로 사업이나 사업장에 근로를 제공하는 사람
   - ▶근로기준법
   - ▶최저임금법

97 근로기준법상 미성년자의 근로계약에 관한 설명으로 틀린 것은?

① 원칙적으로 15세 이상 18세 미만인 사람의 근로시간은 1일에 7시간, 1주에 35시간을 초과하지 못한다.
② 미성년자는 독자적으로 임금을 청구할 수 없다.
③ 고용노동부장관은 근로계약이 미성년자에게 불리하다고 인정하는 경우에는 이를 해지할 수 있다.
④ 친권자나 후견인은 미성년자의 근로계약을 대리할 수 없다.

답 ②

해 미성년자는 독자적으로 임금을 청구할 수 있다.

98 직업안정법령상 유료직업소개사업의 등록을 할 수 있는 자에 해당되지 않는 것은?

① 지방공무원으로 2년 이상 근무한 경력이 있는 자
② 조합원이 100인 이상인 단위노동조합에서 노동조합업무전담자로 2년 이상 근무한 경력이 있는 자
③ 상시사용근로자 300인 이상인 사업장에서 노무관리업무전담자로 1년 이상 근무한 경력이 있는 자
④ 「공인노무사법」에 의한 공인노무사 자격을 가진 자

답 ③

해 상시사용근로자 300인 이상인 사업장에서 노무관리업무전담자로 2년 이상 근무한 경력이 있는 자 경력은 해당되는 업무에 '2년 이상'을 요구한다.

99 직업안정법령상 근로자공급사업에 관한 설명으로 틀린 것은?

① 누구든지 고용노동부장관의 허가를 받지 아니하고는 근로자공급사업을 하지 못한다.
② 국내 근로자공급사업은 「노동조합 및 노동관계조정법」에 따른 노동조합만이 허가를 받을 수 있다.
③ 국외 근로자공급사업을 하려는 자는 1천만원 이상의 자본금만 갖추면 된다.
④ 근로자공급사업 허가의 유효기간은 3년으로 한다.

답 ③

해 국외 근로자공급사업을 하려는 자는 '1천만원'이 아닌 '1억원' 이상의 자본금을 갖추어야 한다.

100 근로기준법령상 취업규칙에 관한 설명으로 틀린 것은?

① 상시 10명 이상의 근로자를 사용하는 사용자는 취업규칙을 작성하여 고용노동부장관에게 신고하여야 한다.
② 사용자는 취업규칙의 작성 시 해당 사업장에 근로자의 과반수로 조직된 노동조합이 있는 경우에는 그 노동조합의 동의를 받아야 한다.
③ 고용노동부장관은 법령이나 단체협약에 어긋나는 취업규칙의 변경을 명할 수 있다.
④ 취업규칙에서 정한 기준에 미달하는 근로조건을 정한 근로계약은 그 부분에 관하여는 무효로 한다.

답 ②

해 사용자는 취업규칙의 작성 시 해당 사업장에 근로자의 과반수로 조직된 노동조합이 있는 경우에는 그 노동조합의 동의가 아닌 '의견'를 받아야 한다.
다만, 취업규칙을 근로자에게 불리하게 변경하는 경우에는 그 노동조합(근로자 과반수)의 '동의'를 받아야 한다.

4회 모의고사

제1과목 직업심리

01 검사 결과로 제시되는 백분위 "95"에 관한 의미로 옳은 것은?

① 검사 점수를 95% 신뢰할 수 있다는 의미이다.
② 전체 문제 중에서 95%를 맞추었다는 의미이다.
③ 내담자의 점수보다 높은 사람들이 전체의 95%가 된다는 의미이다.
④ 내담자의 점수보다 낮은 사람들이 전체의 95%가 된다는 의미이다

답 ④

해 검사 결과로 제시되는 백분위 "95"는 내담자의 점수보다 낮은 사람들이 전체의 95%가 된다는 의미이다.

02 Holland의 직업분류에 관한 설명과 가장 거리가 먼 것은?

① 개인의 직업선택은 타고난 유전적 소질과 문화적 요인 간 상호작용의 산물이다.
② 직업적응 방식을 6가지 종류로 구분하고 직업환경을 3가지 차원으로 구분한다.
③ 어떤 직업을 수용 혹은 거부할 것인지 자기와 계속 비교해 보는 것이 진로선택에서 중요하다.
④ 관습형은 탐구형보다 현실형과 공통점을 더 많이 가지고 있다.

답 ②

해 직업환경은 3가지 차원이 아니라 6가지 차원이다.
현실형 - 탐구형 - 예술형 - 사회형 - 진취형 - 관습형

03 Holland 이론의 6각형 모형에서 서로간의 거리가 가장 가깝고, 유사한 직업성격끼리 짝지은 것은?

① 사회적(S) - 진취적(E) - 예술적(A)
② 현실적(R) - 관습적(C) - 사회적(S)
③ 관습적(C) - 사회적(S) - 탐구적(I)
④ 탐구적(I) - 진취적(E) - 사회적(S)

답 ①

해 사회적(S) - 진취적(E) - 예술적(A)
서로 간의 거리가 가장 가깝고 유사한 직업성격끼리 짝지어져 있다. (일관성이 높다는 의미이다.)

04 상담자가 자신의 바람은 물론 내담자의 느낌, 인상, 기대 등을 이해하고 이를 상담과 정의 주제로 삼는 상담기법은?

① 직면 ② 계약
③ 즉시성 ④ 리허설

답 ③

해 내담자의 느낌, 인상, 기대 등을 이해하고 즉시 상담에 반영하여야 한다.

05 웩슬러(Wechsler) 지능검사의 소검사 중 피검자의 상태에 따라 변동·손상되기 가장 쉬운 검사는?

① 상식 ② 산수
③ 공통성 ④ 숫자 외우기

답 ④

해 피검자의 상태에 따라 변동·손상되기 가장 쉬운 검사는 숫자 외우기이다.

06 **직업적응이론에서 개인의 만족, 조직의 만족, 적응을 매개하는 적응유형 변인은?**

① 우연(happenstance)
② 타협(compromise)
③ 적응도(adaptability)
④ 인내력(perseverance)

답 ④

해 개인의 만족, 조직의 만족, 적응을 매개하는 적응유형 변인은 인내력(perseverance)이다.

07 **직업선택 과정에 관한 설명으로 옳은 것은?**

① 직업에 대해 정확한 정보만 가지고 있으면 직업을 효과적으로 선택할 수 있다.
② 주로 성년기에 이루어지기 때문에 어릴 때 경험은 영향력이 없다.
③ 개인적인 문제이기 때문에 가족이나 환경의 영향은 관련이 없다.
④ 일생동안 계속 이루어지는 과정이기 때문에 다양한 시기에서 도움이 필요하다.

답 ④

해 직업선택 과정은 일생동안 계속 이루어지는 과정이기 때문에 다양한 시기에서 도움이 필요하다.

08 **다음은 어떤 학자와 가장 관련이 있는가?**

학습경험을 강조하는 동시에 개인의 타고난 재능의 영향을 강조하였다. 이 이론에 따라 개발된 진로신념검사는 개인의 진로를 방해하는 사고를 평가하는 데 목적이 있다.

① 오하라(R. O'Hara)
② 스키너 (B. Skinner)
③ 반두라 (A. Bandura)
④ 크럼볼츠(J. Krumboltz)

답 ④

해 크럼볼츠(J. Krumboltz)에 대한 설명이다.

09 **Bandura가 제시한 것으로, 어떤 과제를 수행하는데 있어서 자신의 능력에 대한 믿음이 과제 시도의 여부와 과제를 어떻게 수행하는지를 결정한다는 것은?**

① 자기통제 이론　② 자기판단 이론
③ 자기개념 이론　④ 자기효능감 이론

답 ④

해 Bandura가 제시한 것으로, 자신의 능력에 대한 믿음을 '자기효능감'이라고 한다.

자기효능감이론
자신의 능력에 대한 믿음 즉, 자기 효능 감이 과제를 어떻게 수행하는지를 결정한다는 이론

10 **심리검사에서 규준에 대한 설명으로 옳은 것은?**

① 한 집단의 특성을 가장 간편하게 표현하기 위한 개념으로 그 집단의 대푯값을 말한다.
② 한 집단의 수치가 얼마나 동질적인지를 표현하기 위한 개념으로 점수들이 그 집단의 평균치로부터 벗어난 평균거리를 말한다.
③ 서로 다른 체계로 측정한 점수들을 동일한 조건에서 비교하기 위한 개념으로 원점수에서 평균을 뺀 후 표준편차로 나눈 값을 말한다.
④ 원점수를 표준화된 집단의 검사점수와 비교하기 위한 개념으로 대표집단의 검사점수 분포도를 작성하여 개인의 점수를 해석하기 위한 것이다.

답 ④

해 ① 평균
② 표준편차
③ 표준점수

11 **특성 - 요인이론과 관련된 내용과 가장 거리가 먼 것은?**

① 특성 - 요인 직업상담은 정신역동적 가설에서 비롯되었다.
② Parsons는 이 이론의 기반이 되는 3요소 직업지도모델을 구체화하였다.
③ 특성의 안정성과 지속성은 의문을 제기하는 학자들이 있어 논쟁이 되고 있다.
④ 특성 - 요인이론에 따른 직업상담 방법들은 합리적이고 인지적인 특성을 가진다.

답 ①

해 특성 - 요인 직업상담은 정신역동적 가설과는 관계 없다.

12 **다음 사례에서 검사-재검사 신뢰도 계수는?**

> 00명의 학생들이 특정 심리검사를 받고 한 달 후에 동일한 검사를 다시 받았는데 두 번의 검사에서 각 학생들의 점수는 동일했다.

① -1.00　　② 0.00
③ +0.50　　④ +1.00

답 ④

해 동일한 검사의 신뢰도 계수는 +1.00이다.

13 **직업상담 장면에서 활용 가능한 성격검사에 관한 설명으로 옳은 것은?**

① 특정 분야에 대한 흥미를 측정 한다.
② 어떤 특정 분야나 영역의 숙달에 필요한 적응능력을 측정한다.
③ 대개 자기보고식 검사이며, 널리 이용되는 검사는 다면적 인성검사, 성격유형 검사 등이 있다.
④ 비구조적 과제를 제시하고 자유롭게 응답 하도록 하여 분석하는 방식으로 웩슬러 검사가 있다.

답 ③

해 성격검사는 대개 자기보고식 검사이며, 널리 이용되는 검사는 다면적 인성검사, 성격유형 검사 등이 있다.
① 흥미검사
② 적성검사

14 **스트레스에 대처하기 위한 포괄적인 노력과 가장 거리가 먼 것은?**

① 과정중심적 사고방식에서 목표 지향적 초고속 사고로 전환해야 한다.
② 가치관을 전환해야 한다.
③ 스트레스에 정면으로 도전하는 마음가짐이 있어야 한다.
④ 균형 있는 생활을 해야 한다.

답 ①

해 목표 지향적 초고속 사고에서 과정 중심적 사고방식으로 전환해야 한다.

15 **원점수가 가장 높은 사람부터 낮은 사람까지 순서대로 나열한 것은?**

> ㄱ. 원점수 65점
> ㄴ. 백분위 점수 70점
> ㄷ. 표준점수(Z점수) 1점
> ㄹ. T점수 75점
> ※ 평균 50, 표준편차 10

① ㄴ-ㄱ-ㄹ-ㄷ　　② ㄴ-ㄷ-ㄱ-ㄹ
③ ㄹ-ㄱ-ㄷ-ㄴ　　④ ㄹ-ㄴ-ㄱ-ㄷ

답 ③

해 ㄹ = 2.5 〉 ㄱ = 1.5 〉 ㄷ = 1 〉 ㄴ = 0.5

$$Z점수 = \frac{원점수 - 평균}{표준편차}$$

$$T점수 = 10 \times Z점수 + 50$$

ㄱ. 원점수 65점
$Z점수 = \frac{65 - 10}{10} = 1.5$

ㄴ. 백분위 점수 70
Z점수 0을 백분위로 환산하면 50%,
백분위 70%는 그 중간값인 0.5로 가정

ㄷ. 표준점수(Z점수) 1점
Z점수 = 1

ㄹ. T점수 75점
T점수 = 10 × Z점수 + 50
75점 = 10 × Z점수 + 50
Z점수 = 2.5

16 **직무만족에 관한 2요인 이론의 설명으로 틀린 것은?**

① 낮은 수준의 욕구를 만족하지 못하면 직무 불만족이 생기나 그 역은 성립되지 않는다.
② 자아실현에 의해서만 욕구만족이 생기나 자아실현의 실패로 직무 불만족이 생기는 것은 아니다.
③ 동기요인은 높은 수준의 성과를 얻도록 자극하는 요인이다.
④ 위생요인은 직무 불만족을 가져오는 것이며 만족감을 산출할 힘도 갖고 있는 것이다.

답 ④

해 위생요인은 만족감은 산출할 수 없다.
허즈버그의 직무만족에 대한 2요인 이론은 직무만족은 동기이론, 직무불만족은 위생이론이다.

17 **상담 장면에서 인지적 명확성이 부족한 내담자를 위한 개입방법이 아닌 것은?**

① 잘못된 정보를 바로 잡아줌
② 구체적인 정보를 제공함
③ 원인과 결과의 착오를 바로 잡아줌
④ 가정된 불가피성에 대해 지지적 상상을 제공함

답 ④

해 가정된 불가피성에 대해 지지적 상상을 제공하는 것은 인지적 명확성이 부족한 내담자의 생각을 지지함으로 더 혼랍스럽게 하는 결과를 초래한다.

18 **직업상담에서 내담자가 검사 도구에 대해 비현실적 기대를 가지고 있을 때 상담사가 취할 수 있는 행동으로 가장 적합한 것은?**

① 즉시 검사를 실시한다.
② 검사 사용 목적에 대하여 내담자에게 설명한다.
③ 추천되는 검사를 상담사가 정해준다.
④ 심리검사는 상담관계를 방해하므로 실시 하지 않는다.

답 ②

해 검사 사용 목적에 대하여 내담자에게 설명해 줌으로서 내담자의 기대를 한정시키거나 생각을 전환시킬 수 있다.

19 **다음은 인지적 명확성이 부족한 내담자와의 상담내용이다. 상담사가 주로 다루고 있는 내담자의 특성으로 가장 적합한 것은?**

> 내담자 : 사람들이 요즘 취직을 하기가 어렵다고들 해요.
> 상담사 : 어떠한 사람들을 이야기하시는지 짐작이 안되네요.
> 내담자 : 모두 다예요. 제가 상의할 수 있는 상담사, 담당 교수님들, 심지어는 친척들까지도요. 정말 그런가요?
> 상담사 : 그래요? 그럼 사실이 어떤지 알아보도록 하죠.

① 파행적 의사소통　② 구체성의 결여
③ 가정된 불가능　④ 강박적 사고

답 ②

해 "사람들이 요즘 취직을 하기가 어렵다고들 해요. 모두 다예요."는 구체성이 결여된 인지적 명확성이 부족한 내담자 유형이다.

20 **Crites가 개발한 직업성숙도검사(CMI)에서 태도척도에 해당되지 않는 것은?**

① 성실성　② 독립성
③ 지향성　④ 결정성

답 ①

해 성실성은 아니다.

직업성숙도검사(CMI)에서 태도척도
- 결정성
- 참여도
- 독립성
- 성향(지향성)
- 타협성

제2과목 직업상담 및 취업지원

21 다음 중 진로 SWOT 분석에서 강점을 활용해 외부환경의 위협 요소를 최소화하는 전략에 해당하는 것은?

① SO전략 ② WO전략
③ ST전략 ④ WT전략

답 ③

구분	긍정적 요소	부정적 요소
내부	SO 공격적인 전략	ST 다양화 전략
외부	WO 방향전환 전략	WT 방어적 전략

해 ① SO 전략
분석 대상의 강점을 가지고 기회를 살리기 위한 강점을 발굴하는 전략
② WO 전략
외부 환경의 기회를 활용해 자신의 약점을 보완할 수 있는 전략
③ WT 전략
약점을 보완하여 외부환경의 위협 요소를 최소화하는 전략

22 다음 중 고능력·저의지를 가진 구직자에게 가장 적합한 서비스는?

① 집단상담 프로그램 등 의욕 증진 서비스
② 심층상담 등 밀착 서비스
③ 직업정보 제공
④ 직업훈련, 취업특강 등 구직기술 향상 서비스 제공

답 ①

해

고능력·고의지	고능력·저의지
직업정보 제공 등의 지원	집단상담 프로그램 등 의욕 증진 서비스 제공
저능력·저의지	**저능력·고의지**
심층상담 등 밀착 서비스 필요	직업훈련, 취업특강 등 구직기술 향상 서비스 제공

23 상담의 목표설정 과정에 관한 설명으로 틀린 것은?

① 전반적인 목표는 내담자의 욕구들에 의해 결정된다.
② 현존하는 문제를 평가하고 나서 목표설정 과정으로 들어간다.
③ 상담자는 목표설정에 개입하지 않는다.
④ 내담자의 목표를 끌어내기 위한 기법에는 면접안내가 있다.

답 ③

해 내담자로 하여금 명확하고 구체적인 목표를 설정하도록 돕기 위해 상담자의 개입이 필요하다.

24 취업활동 계획에서 고려해야 할 직업정보 분석이 선행되어야 하는 정보가 아닌 것은?

① 개인에 대한 정보
② 직업에 대한 정보
③ 미래에 대한 정보
④ 개인과 직업의 매칭에 대한 정보

답 ④

해 개인과 직업의 매칭에 대한 정보는 아니다.
파슨스의 직업지도모델3 요소와 구별
- 자신에 대한 이해
- 직업세계에 대한 이해
- 합리적이고 과학적인 선택

25 직업상담사의 역할과 가장 거리가 먼 것은?

① 조언자의 역할
② 자료제공자의 역할
③ 내담자의 보호자 역할
④ 기관/단체들과의 협의자 역할

답 ③

해 내담자의 '보호자 역할'과 '직무분석 수행'과는 거리가 멀다.

26 실직자 위기상담의 직접적인 목표로 가장 적합한 것은?

① 긴장감 제거와 적응능력의 회복
② 직업적성에 대한 정확한 이해
③ 변화하는 직업세계에 대한 이해
④ 직업 흥미에 대한 정확한 이해

답 ①

해 실직자 위기상담의 직접적인 목표는 위기로 인한 긴장감 제거와 문제해결을 위한 적응능력의 회복에 있다.

27 **파머(Farmer)의 여성의 진로장벽 중 외적 장벽에 대한 하위영역이 아닌 것은?**

① 차별
② 가정 사회화
③ 가정과 진로의 갈등
④ 자녀 양육과 같은 자원의 활용가능성

답 ③

해 파머의 여성 진로장벽

내적 장벽	외적 장벽
• 성공 공포 • 성역할 지향성 • 위험 감수 행동 • 가정과 진로의 갈등 • 낮은 학문적 자존감 • 대리 성취 동기 • 여성과 일에 대한 신화실패 두려움	• 차별 • 가정 사회화 • 자녀 양육과 같은 자원의 활용가능성

28 **여성의 직업복귀 동기에 영향을 미치는 요인이 아닌 것은?**

① 성역할과 직업적 고정관념
② 낮은 자기효능감
③ 일과 가정의 다중 역할
④ 국가의 책임성

답 ④

해 국가의 책임성은 제대군인의 직업복귀지원의 필요성에 대한 내용이다.

여성의 직업복귀 동기에 영향을 미치는 요인
- 성역할과 직업적 고정관념
- 낮은 자기효능감
- 일과 가정의 다중 역할
- 수학에 낮은 흥미와 회피

29 **진로논점 수행 순서를 올바르게 나열한 것은?**

ㄱ. 내담자의 언어적 메시지를 다양한 관점에서 해석
ㄴ. 진로를 방해하는 심리적인 요인이 없는지 확인
ㄷ. 내담자의 행동이나 표현을 관찰하면서 전이된 오류가 있는지 확인하고 이를 정정
ㄹ. 내담자와 함께 진로 논점의 중요도 순서 정하기
ㅁ. 몰입 유형에 따라 진로 논점의 중요도 순위를 검토

① ㄱ → ㄴ → ㄷ → ㄹ → ㅁ
② ㄱ → ㄴ → ㄹ → ㅁ → ㄷ
③ ㄴ → ㄱ → ㄷ → ㄹ → ㅁ
④ ㄴ → ㅁ → ㄱ → ㄷ → ㄹ

답 ①

해 진로논점 수행순서
- 해석 → (문제)확인 → 정정 → 순서 정하기 → 순위 검토

30 **Roe는 가정의 정서적 분위기, 즉 부모와 자녀간의 상호작용을 세 가지 유형으로 구분하였는데 이에 해당하지 않는 것은?**

① 정서집중형 ② 반발형
③ 회피형 ④ 수용형

답 ②

해 반발형은 아니다.

Roe의 부모와 자녀간의 상호작용 3가지 유형
- 정서집중형
- 회피형
- 수용형

31 **내담자의 직무역량, 적합한 분야 및 전공, 미래사회의 직업변화 등을 고려한 훈련과정 선택에 대한 내용으로 옳지 않는 것은?**

① 내담자가 다양한 훈련과정 중 적합한 훈련과정을 선택하도록 지원해야 한다.
② 내담자가 선택한 훈련과정의 훈련 내용을 확인하도록 해야 한다.
③ 내담자에게 훈련과정의 자격 및 취업 등의 정보들을 확인하도록 해야 한다.
④ 내담자에게 맞는 훈련과정을 선택 해 주어야 한다.

답 ④

해 내담자에게 훈련과정을 비교하여 스스로 선택하도록 해야 한다.

32 **모린과 카도레트(Morin & Cadorette)의 직업전환의 과정에 대한 설명으로 틀린 것은?**

① 직업전환은 탐색 → 새로운 시작 → 종료의 단계로 진행된다.
② 탐색 단계에는 새로운 기회로 전환할 수 있는 가능성을 갖는 단계이다.
③ 새로운 시작 단계에서는 미래에 대한 가능성과 합리적인 수용과 새로운 역할을 선택한다.
④ 종료 단계에서는 감정적인 문제가 매우 크게 부각된다.

답 ①

해 직업전환은 '종료 → 탐색 → 새로운 시작'의 단계로 진행된다.

33 **인간중심적 상담에 적합한 내담자인지 알아 보기 위해 상담사가 우선적으로 고려해야 할 점은?**

① 상담자의 적극적인 개입 없이도 자신의 방식을 찾아갈 수 있는 내담자의 역량은 어느 정도 인가?
② 무의식적인 방어의 강도가 어느 정도이며 주로 사용하는 방어기제의 종류는 무 엇인가?
③ 개인과 환경 간의 상호작용에 의해 만들어진 성격유형은 무엇인가?
④ 내담자의 기억에서 우세하게 나타나는 주제의 내용과 양상은 무엇인가?

답 ①

해 인간중심적 상담(내담자중심)은 비지시적인 상담으로 상담자의 적극적인 개입 없이도 내담자가 자신의 방식을 찾아갈 수 있는 역량이 있는가를 우선적으로 파악해야 한다.

34 **미취업자 사후관리에 대한 설명으로 틀린 것은?**

① 취업이 안 된 구직자는 주기적으로 관리해 주어야 한다.
② 취업 후 적응에 실패했을 경우 재상담은 불가능하다.
③ 입사 후 직무 만족에 대하여 수시로 점검한다.
④ 직장 적응에 실패한 경우 전직 프로그램을 안내한다.

답 ②

해 취업 후 적응에 실패한 구직자를 대상으로 상담을 다시 실시한다.
취업 후 부적응으로 바로 퇴사한 경우 참여 가능한 다른 프로그램을 추천할 수 있다.

35 **협업은 관계의 집중도에 따라 단계별 중 관계의 집중도가 가장 낮은 협업수준에 해당하는 것은?**

① 통합　　② 협력
③ 의사소통　　④ 협업

답 ③

해

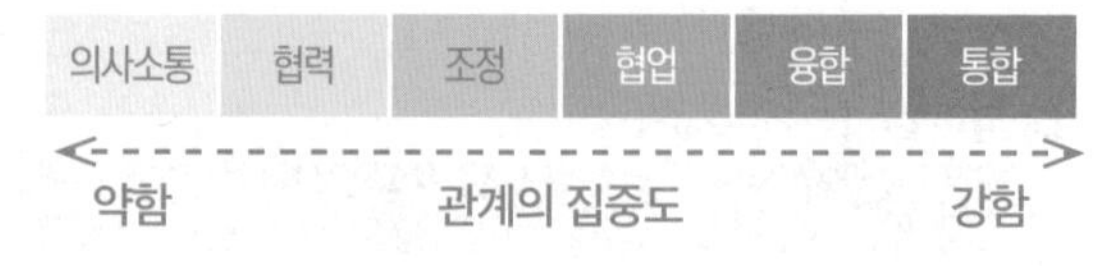

36 **기안문 작성 시 유의사항에 대한 설명으로 틀린 것은?**

① 정확성 - 육하원칙에 따라 작성한다.
② 신속성 - 가급적이면 먼저 결론을 쓰고 그 다음에 이유나 설명 작성한다.
③ 용이성 - 한자나 전문용어를 사용한다.
④ 성실성 - 성의가 있고 진실하게 작성하며 적절한 경어를 사용한다.

답 ③

해 ③ 용이성 - 읽기 쉽고 알기 쉬운 말을 쓰며, 한자나 어려운 전문용어는 피해야 한다.

37 **공식적 네트워크에 대한 설명으로 틀린 것은?**

① 수직관계 지향
② 전체적 질서 촉구
③ 개인적 요구, 동기 중시
④ 능률 추구

답 ③

해 개인적 요구, 동기를 중시하는 것은 '비공식적 네트워크'에 대한 설명이다.

38 **홍보 방법 중 '언론 보도를 위한 자료의 작성과 제공'하는 홍보 방식은 무엇인가?**

① 인터뷰　　② 기자 간담회
③ 뉴스 릴리스　　④ 기자회견

답 ③

해 뉴스릴리스에 대한 설명이다.

39 **특성-요인 상담의 목표가 아닌 것은?**

① 내담자가 잠재적인 모든 개성을 발달시키는데 주력한다.
② 내담자가 자기 자신의 가능성을 확인하고 그 가능성을 활용할 수 있게 한다.
③ 내담자가 자신이 필요로 하는 정보를 수집, 분석, 종합할 수 있도록 한다.
④ 내담자가 자신의 문제를 해결하도록 한다.

답 ①

해 내담자의 잠재적인 개성을 발달시키는데 주력하는 것은 인간중심상담이며, 특성-요인 이론은 발달되어 있는 특성과 요인을 파악하여 합리적이고 과학적으로 매칭해 주는 것이다.

40 **효과적인 문제해결 과정 순서를 바르게 나열 한 것은?**

ㄱ. 문제 인식(locate)
ㄴ. 문제 정의(define)
ㄷ. 문제 해결안 발견(find)
ㄹ. 해결안 선택(select)
ㅁ. 실행(action)
ㅂ. 평가(evaluate)
ㅅ. 적용(apply)

① ㄱ→ㄴ→ㄷ→ㄹ→ㅁ→ㅂ→ㅅ
② ㄴ→ㄱ→ㄷ→ㄹ→ㅁ→ㅂ→ㅅ
③ ㄷ→ㄹ→ㅁ→ㅂ→ㅅ→ㄱ→ㄴ
④ ㄹ→ㅁ→ㅂ→ㅅ→ㄱ→ㄴ→ㄷ

답 ①

해 효과적인 문제해결 과정
문제 인식(locate) → 문제 정의(define) → 문제 해결안 발견(find)→ 해결안 선택(select) → 실행(action) → 평가(evaluate) → 적용(apply)

제3과목 직업정보

41 **한국직업사전에는 각 직업별로 환경조건을 분석하여 제시한다. 다음의 직업명세 항목 가운데 작업환경에 해당하는 것은?**

① 작업강도　② 손사용
③ 위험내재　④ 정밀작업

답 ③

해 작업환경은 '고온, 저온, 다습, 소음진동, 위험내재, 대기환경미흡' 이다.

42 **한국표준직업분류에서 다음에 해당하는 직업분류 원칙은?**

교육과 진로를 겸하는 의과대학 교수는 강의, 평가, 연구 등과 진료, 처치, 환자상담 등의 직무내용을 파악하여 관련 항목이 많은 분야로 분류한다.

① 취업 시간 우선 원칙
② 최상급 직능수준 우선 원칙
③ 조사 시 최근의 직업 원칙
④ 주된 직무 우선 원칙

답 ④

해 포괄적인 업무에 대한 직업분류 원칙 중 '주된 직무 우선 원칙'에 해당한다.

43 **다음 고용안정사업 중 고용조정지원에 해당하지 않는 것은?**

① 고용유지 지원금　② 전직지원 장려금
③ 재고용 장려금　④ 교대제전환 지원금

답 ④

해 교대제전환지원금은 '고용창출지원 사업'이다.

44 **한국표준산업분류의 분류기준이 아닌 것은?**

① 산출물의 특성
② 투입물의 특성
③ 생산단위의 활동형태
④ 생산활동의 일반적인 결합형태

답 ③

해 한국표준산업분류의 분류기준
- 산출물의 특성
- 투입물의 특성
- 생산활동의 일반적인 결합형태

45 **고용24(직업·진로)에서 제공하는 정보가 아닌 것은?**

① 학과정보 ② 직업동영상
③ 직업심리검사 ④ 국가직무능력표준(NCS)

답 ④

해 고용24(직업·진로)에서는 국가직무능력표준(NCS)를 제공하지 않는다.

46 **한국직업사전에서 제공하는 부가 직업정보 에 대한 설명으로 틀린 것은?**

① 정규교육은 해당 직업의 직무를 수행하는데 필요한 일반적인 정규교육 수준을 의미하는 것으로 해당 직업 종사자의 평균 학력을 나타낸다.
② 숙련기간은 정규교육과정을 이수한 후 해당 직업의 직무를 평균적인 수준으로 스스로 수행하기 위하여 필요한 각종 교 육기간, 훈련기간 등을 의미한다.
③ 작업강도는 해당 직업의 직무를 수행하는데 필요한 육체적 힘의 강도를 나타내며, 심리적·정신적 노동강도는 고려하지 않았다.
④ 관련직업은 본직업명과 기본적인 직무에 있어서 공통점이 있으나 직무의 범위, 대상 등에 따라 나누어지는 직업이다.

답 ①

해 정규교육은 해당 직업 종사자의 평균 학력을 나타내는 것은 아니다.

47 **직업상담 시 제공하는 직업정보의 기능과 역할에 대한 설명으로 틀린 것은?**

① 여러 가지 직업적 대안들의 정보를 제공한다.
② 내담자의 흥미, 적성, 가치 등을 파악하는 것이 직업정보의 주기능이다.
③ 경험이 부족한 내담자에게 다양한 직업들을 간접적으로 접할 기회를 제공한다.
④ 내담자가 자신의 선택이 현실에 비추어 부적당한 선택이었는지를 점검하고 재조정해 볼 수 있는 기초를 제공한다.

답 ②

해 내담자의 흥미, 적성, 가치 등을 파악하는 것은 심리 검사의 주기능이다.

48 **고용24에서 제공하는 청소년 직업흥미검사의 하위척도가 아닌 것은?**

① 활동 ② 자신감
③ 직업 ④ 봉사

답 ④

해 봉사, 가치관 척도는 없다.
고용24 청소년 직업흥미검의 하위척도
- 활동 척도
- 자신감 척도
- 직업 척도

49 **고용24에서 제공하는 성인용 직업적성검사의 적성요인과 하위검사의 연결로 틀린 것은?**

① 언어력 - 어휘력 검사, 문장독해력 검사
② 수리력 - 계산능력 검사, 자료해석력 검사
③ 추리력 - 수열추리력 1·2 검사, 도형추리력 검사
④ 사물지각력 - 조각맞추기 검사, 그림맞추기 검사

답 ④

해 사물지각력은 사물지각력 검사를 통해 파악한다.

50 다음의 주요 업무를 수행하는 사업주 직업능력개발훈련 기관은?

- 훈련과정 인정
- 실시신고 접수 및 수료자 확정
- 비용 신청서 접수 및 지원
- 훈련과정 모니터링

① 전국고용센터 ② 한국고용정보원
③ 근로복지공단 ④ 한국산업인력공단

답 ④

해 한국산업인력공단에 대한 설명이다.

51 사업주 직업능력개발훈련 수행기관 중 '전국고용센터'의 업무에 해당하지 않는 것은?

① HRD-Net 사용인증
② 지정 훈련 시설 인·지정
③ 훈련과정 지도·점검
④ 위탁훈련(상시심사 제외) 과정 심사

답 ④

해 위탁훈련 과정심사는 고용노동부에서 진행한다.

52 한국표준산업분류에서 생산단위의 활동형태에 관한 설명으로 틀린 것은?

① 모 생산단위의 생산품을 포장하기 위한 캔, 상자 및 유사제품의 생산은 보조단위로 본다.
② 주된 산업활동이란 산업활동이 복합형태로 이루어질 경우 생산된 재화 또는 제공된 서비스 중 부가가치(액)가 가장 큰 활동을 의미한다.
③ 부차적 산업활동은 주된 산업활동 이외의 재화 생산 및 서비스 제공 활동을 의미한다.
④ 보조활동에는 회계, 운송, 구매, 판매 촉진, 수리 서비스 등이 포함된다.

답 ①

해 모생산단위가 생산하는 생산품의 구성부품이 되는 재화를 생산하는 경우, 예를 들면 모생산단의 생산품을 포장하기 위하여 캔, 상자 및 유사제품의 생산활동은 보조단위로 보아서는 안되고 별개의 생산활동으로 보아야 한다.

53 제 8차 한국표준직업분류의 주요 개정 방향 및 특징에 대한 설명으로 틀린 것은?

① 지난 개정 이후 시간 경과를 고려하여 전면 개정하였다.
② 포스트 코로나, 저출산·고령화 등 환경 변화에 대응하기 위한 보건 및 돌봄 관련 인력 확대의 영향으로 중분류「보건 전문가 및 관련직」,「돌봄 및 보건 서비스직」등을 각각 분리하여 전문가, 서비스직 등을 세분화하였다.
③ 노동시장 변화에 맞춰 고용비중이 확대되는「신재생 에너지 관련 관리자」,「전기자동차 조립원」,「늘찬배달원」등의 분류항목 신설하였다.
④ 자동화·직무전환 등의 영향으로 노동시장 규모축소에 따라 금형·주조 및 단조원, 제관원 및 판금원, 용접원을「금속 성형 관련 기능종사자」로, 인쇄 필름 출력원 이하 세세분류를「인쇄 관련 기계조작원」에 통합하여 분류 항목을 유지하였다.

답 ④

해 ④ 통합하여 분류 항목을 축소하였다.

54 국가기술자격 종목 중 임산가공기사, 임업종묘기사, 산림기사가 공통으로 해당하는 직무분야는?

① 농림어업 ② 건설
③ 안전관리 ④ 환경·에너지

답 ①

해 임산가공기사, 임업종묘기사, 산림기사가 공통으로 해당하는 직무분야는 농림어업에 해당한다.

55 한국표준직업분류에서 직업에 대한 설명으로 가장 거리가 먼 것은?

① 유사성을 갖는 직무를 계속하여 수행하는 계속성을 가져야 한다.
② 노력이 전제되지 않는 자연발생적인 이득의 수취나 우연하게 발생하는 경제적인 과실에 전적으로 의존하는 활동은 직업으로 보지 않는다.
③ 경제성은 비윤리적 영리행위나 반사회적인 활동을 통한 경제적인 이윤추구는 직업 활동으로 인정되지 못한다는 것이다.
④ 직업 활동은 사회 공동체적인 맥락에서 의미 있는 활동 즉, 사회적인 기여를 전제조건으로 하고 있다.

답 ③

해 경제성이 아니라 윤리성 혹은 사회성에 대한 설명이다.

56 질문지를 사용한 조사를 통해 직업정보를 수집하고자 한다. 질문지 문항 작성방법에 대한 설명으로 틀린 것은?

① 객관식 문항의 응답 항목은 상호배타적이어야 한다.
② 응답하기 쉬운 문항일수록 설문지의 앞에 배치하는 것이 좋다.
③ 신뢰도 측정을 위해 짝(pair)으로 된 문항들은 함께 배치하는 것이 좋다.
④ 이중(double - barreled)질문과 유도질문은 피하는 것이 좋다.

답 ③

해 신뢰도 측정을 위해 짝으로 된 문항들은 분리해서 배치해야 한다.

57 고용24(직업·진로)에서 제공하는 학과정보가 아닌 것은?

① 관련학과/교과목 ② 개설대학
③ 진출직업 ④ 졸업자 평균연봉

답 ④

해 졸업자의 평균연봉은 제공하지 않는다.

58 다음 중 적극적인 노동시장 정책으로 볼 수 없는 것은?

① 실업급여 제공 ② 실직자 취업상담
③ 실직자 재취직훈련 ④ 일자리 창출

답 ①

해 실업급여는 소극적인 노동시장 정책이다.

59 다음 표를 이용하여 실업률을 계산하면 약 얼마인가? (단위 : 만명)

총인구	15세 미만 인구	비경제활동인구	취업자수
5,000	1,000	800	3,000

① 5.00% ② 6.25%
③ 6.33% ④ 6.67%

답 ②

해 • 15세 이상 생산가능인구
= 총인구수 - 15세 미만 인구수
= 5,000만명 - 1,000만명 = 4,000만명

• 경제활동인구
= 생산가능인구 - 비경제활동인구
= 4,000만명 - 800만명 = 3,200만명

• 실업자수
= 경제활동인구 - 취업자수
= 3,200만명 - 3,000만명 = 200만명

• 실업률(%) $= \frac{\text{실업자수}}{\text{경제활동인구}} \times 100$
$= \frac{200\text{만 명}}{3200\text{만 명}} \times 100$
$= 6.25\%$

60 직업정보의 일반적인 평가 기준과 가장 거리가 먼 것은?

① 어떤 목적으로 만든 것인가
② 얼마나 비싼 정보인가
③ 누가 만든 것인가
④ 언제 만들어진 것인가

답 ②

해 얼마나 비싼 정보인가는 거리가 멀다.

제4과목 노동시장

61 보상요구임금(Reservation wage)에 관한 설명으로 틀린 것은?

① 노동을 시장에 공급하기 위해 노동자가 요구하는 최소한의 주관적 요구 임금수준이다.
② 의중임금 또는 눈높이 임금으로 불리운다.
③ 시장에 참가하여 효용극대화를 달성하는 근로자의 의중임금은 실제임금과 일치한다.
④ 전업주부의 의중임금은 실제임금보다 낮다.

답 ④

해 전업주부의 유보임금은 실제임금보다 높다.
유보임금(Reservation wage)
(= 보상요구임금, 의중임금, 희망임금, 눈높이 임금)
- 근로자가 받고자 하는 최저의 임금이다.
- 유보임금의 상승은 실업기간을 연장하게 한다.
- 전업주부의 유보임금은 실제임금보다 높다.

62 실업률과 물가상승률간 역의 상관관계를 나 타내는 곡선은?

① 래퍼곡선 ② 필립스곡선
③ 로렌즈곡선 ④ 테일러곡선

답 ②

해 필립스곡선은 실업률과 물가상승률간의 상관관계 이다.

63 다음 중 최저임금제가 고용에 미치는 부정적 효과가 가장 큰 상황은?

① 노동수요곡선과 노동공급곡선이 모두 탄력적일 때
② 노동수요곡선과 노동공급곡선이 모두 비탄력적일 때
③ 노동수요곡선이 탄력적이고 노동공급곡선이 비탄력적일 때
④ 노동수요곡선이 비탄력적이고 노동공급곡선이 탄력적일 때

답 ①

해 노동수요곡선과 노동공급곡선이 모두 탄력적일 때이다.

64 고정급제 임금형태가 아닌 것은?

① 시급제 ② 연봉제
③ 성과급제 ④ 일당제

답 ③

해 성과급제는 고정급이 아니라 개인의 성과에 따라 추가로 지급받는 성과급이다.

65 사용자의 부가급여 선호 이유가 아닌 것은?

① 절세(節稅)효과 ② 근로자 유치
③ 장기근속 유도 ④ 퇴직금 부담 감소

답 ④

해 사용자의 부가급여 선호 이유
- 절세효과 - 조세 및 보험료 부담 감소
- 근로자 유치
- 근로자 장기근속 유도
- 생산성 향상
- 정부의 임금규제 회피

66 노동시장이 초과공급을 경험하고 있을 때 나타나는 현상은?

① 임금이 하락압력을 받는다.
② 임금상승으로 공급량은 증가한다.
③ 최종 산출물가격은 상승한다.
④ 노동에 대한 수요는 감소한다.

답 ①

해 노동시장이 초과공급을 경험하고 있을 때는 일하고자 하는 노동자가 많다는 의미로 임금이 하락압력을 받게 된다.

67 다음 중 경제활동참가에 영향을 주는 요인을 모두 고른 것은?

ㄱ. 여가에 대한 상대적 가치 ㄴ. 비근로소득의 발생 ㄷ. 단시간 노동의 기회

① ㄱ, ㄴ ② ㄱ, ㄷ
③ ㄴ, ㄷ ④ ㄱ, ㄴ, ㄷ

답 ④

해 ㄱ, ㄴ, ㄷ 모두 해당된다.

68 다음 (　　)에 알맞은 것은?

> 아담 스미스(A. Smith)는 노동조건의 차이, 소득 안정성의 차이, 직업훈련비용의 차이 등 각종 직업상의 비금전적 불이익을 견딜 수 있기에 필요한 정도의 임금 프리미엄을 (　　)(이)라고 하였다.

① 직종별 임금격차　② 균등화 임금격차
③ 생산성 임금　④ 헤도닉 임금

답 ②

해 균등화 임금격차 = 보상적 임금격차

69 인력수요예측의 근거와 가장 거리가 먼 것은?

① 고용전망　② 성장률
③ 출생률　④ 취업계수

답 ③

해 출생률은 인력공급예측과 거리가 멀다.

70 인플레이션을 유발하지 않으면서 실업문제를 해결하기 위한 정책은?

① 재정정책　② 금융정책
③ 인력정책　④ 소득정책

답 ③

해 인력정책은 국민경제의 노동력의 효율적 활용을 위해 양적 이용에서 질적 이용을 하고자 교육과 훈련을 실시하는 것으로 인플레이션을 유발하지 않으면서 실업문제를 해결할 수 있다는 장점이 있다.

71 전체 근로자의 20%가 매년 새로운 일자리를 찾고 있으며 직업탐색기간이 평균 3개월이라면 마찰적 실업률은?

① 1%　② 5%
③ 6%　④ 10%

답 ②

해 연간 실업률 = 3개월 ÷ 12개월 × 20% = 5%

72 일부 사람들이 실업급여를 계속 받기 위해 채용될 가능성이 매우 낮은 곳에서만 일자리를 탐색하며 실업상태를 유지하고 있다. 다음 중 이러한 사람들이 실업자가 아니라 일할 의사가 없다는 이유로 비경제활동인구로 분류될 때 나타나는 현상으로 옳은 것은?

① 실업률과 경제활동참가율 모두 높아진다.
② 실업률과 경제활동참가율 모두 낮아진다.
③ 실업률은 낮아지는 반면, 경제활동참가율은 높아진다.
④ 실업률을 높아지는 반면, 경제활동참가율은 낮아진다.

답 ②

해 실업률과 경제활동참가율 모두 낮아진다.

73 기술발전과 노동이 대체 생산요소라고 할 때 기술발전이 노동시장 균형에 미치는 효과로 옳은 것은? (단, 다른 조건은 일정하며 노동공급곡선은 우상향함)

① 균형 고용수준 상승, 균형임금 상승
② 균형 고용수준 상승, 균형임금 하락
③ 균형 고용수준 하락, 균형임금 상승
④ 균형 고용수준 하락, 균형임금 하락

답 ④

해 노동공급 곡선이 우상향하면 임금이 상승하기 때문에 고용수준도 하락하고 임금도 하락한다.

74 임금이 하락할 경우 장기노동수요곡선에 대한 설명으로 옳은 것을 모두 고른 것은?

> ㄱ. 장기노동수요곡선은 단기노동수요곡선에 비해 비탄력적이다.
> ㄴ. 장기에는 대체효과 외에 추가 자본투입에 의한 산출량 효과로 인해 추가적으로 노동수요가 증가한다.
> ㄷ. 장기에는 대체효과 및 소득효과로 인해 노동수요가 증가한다.

① ㄱ　② ㄴ
③ ㄱ, ㄴ　④ ㄱ, ㄴ, ㄷ

답 ②

해 ㄱ 장기노동수요곡선은 단기노동수요곡선에 비해 탄력적이다.
ㄷ 장기에는 대체효과 및 소득효과로 인한 노동수요를 알 수 없다.

75 다음 중 노동공급의 결정요인을 모두 짝지은 것은?

A. 인구수
B. 경제활동 참가율
C. 노동 시간
D. 일에 대한 노력의 강도
E. 노동인구의 교육정도

① A, B ② A, B, C
③ A, B, C, D ④ A, B, C, D, E

답 ④

해 노동공급의 결정요인
① 인구수 - 인구의 규모와 구조(연령별 · 지역별 · 질적 구조)
② 경제활동참가율
③ 노동시간
④ 일에 대한 노력의 강도
⑤ 노동인구의 교육정도
⑥ 임금지불방식 - 개별 · 집단 성과급제도 등
⑦ 동기부여와 사기

76 어느 지역의 노동공급상태를 조사해 본 결과 시간당 임금이 3000원일 때 노동공급량은 270이었고, 임금이 5000원으로 상승했을 때 노동공급량은 540이었다. 이 때 노동공 급의 탄력성은?

① 1.28 ② 1.50
③ 1.00 ④ 0.82

답 ②

해 $\text{노동공급의 탄력성} = \dfrac{\text{노동공급량의 변화율}}{\text{임금의 변화율}}$

$$\text{임금변화율} = \frac{(5,000 - 3,000)}{3,000} \times 100 = 66.7$$

$$\text{노동공급량변화율} = \frac{(540 - 270)}{270} \times 100 = 100$$

$$\text{노동공급의 탄력성} = \frac{100}{66.7} = 1.499$$

77 다음 중 내부노동시장이 강화될 가능성이 가장 높은 상황은?

① 고용형태가 다양화되고 있다.
② 구조조정이 급속히 이루어지고 있다.
③ 기업특수적 인적자원의 형성이 중시된다.
④ 급속한 기술변화로 제품의 수명이 단축되고 수요가 안정적이지 않다.

답 ③

해 내부노동시장은 기업특수적 인적자본 형성 중시될 때 강화될 가능성이 높다.

78 다음 중 노동시장 유연성(labor market flexibility)에 관한 설명으로 틀린 것은?

① 노동시장 유연성이란 일반적으로 외부환경변화에 인적자원이 신속하고 효율적으로 재분배되는 노동시장의 능력을 지칭한다.
② 외부적 수량적 유연성이란 해고를 좀 더 자유롭게 하고 다양한 형태의 파트타임직을 확장시키는 것을 포함한다.
③ 외부적 수량적 유연성의 예로는 변형시간 근로제, 탄력적 근무시간제 등이 있다.
④ 기능적 유연성이란 생산과정변화에 대한 근로자의 적응력을 높이는 것을 의미한다.

답 ③

해 변형시간근로제, 탄력적 근무시간제는 내부적 수량적 유연성의 예이며 외부적 수량적 유연성의 예는 신규채용축소, 명예퇴직, 희망퇴직 등이다.

79 다음 사례에서 기업의 채용 이유에 해당하는 것은?

국내 시장만을 상대하는 어떤 내수기업에서 영어에 능통한 A를 채용했다. 그런데 A의 업무는 영어를 전혀 필요로 하지 않는다. 그러나 이 회사는 A가 영어에 능통하다는 사실이 그만큼 A가 성실하고 유능하다는 것을 의미한다고 보고 채용한 것이다.

① 보상적 임금격차 ② 임금경쟁원리
③ 신호기능 ④ 효율임금

답 ③

해 스펜서(Spencer)의 신호모형에 대한 설명이다.
신호모형(싸인모형)
고학력자의 임금이 높은 것은 교육이 생산성을 높이는 역할을 하는 것이 아니라 처음 부터 생산성이 높다는 것을 교육을 통해 보여주는 것이 라는 견해이다.
즉, 교육이 생산성을 향상시키는 것이 아니라 단지 우수한 인재를 선별하기 위한 신호의 역할만 한다고 주장하는 것이다.

80 기혼여성의 경제활동참가율은 70%이고 실업률은 20%일 때, 기혼여성의 고용률은?

① 50% ② 56%
③ 80% ④ 86%

답 ②

해

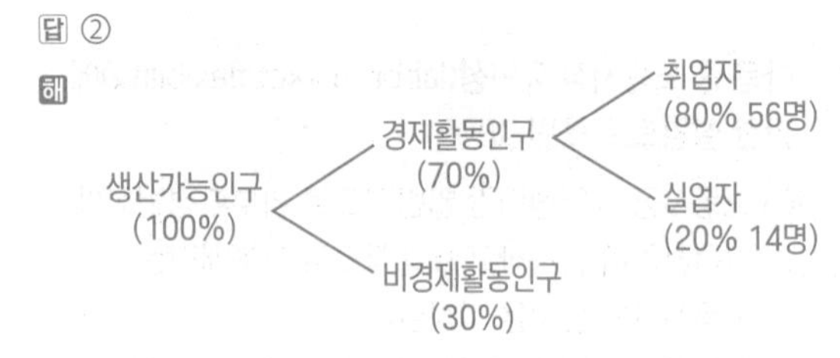

$$고용률 = \frac{취업자}{생산가능인구} \times 100$$

$$= \frac{56}{100} \times 100$$

$= 56\%$

제5과목 고용노동관계법규

81 다음 중 노동법의 성격에 가장 적합한 원칙은?

① 계약자유의 원칙
② 자기책임의 원칙
③ 소유권 절대의 원칙
④ 당사자의 실질적 대등의 원칙

답 ④

해 노동법의 특징은 당사자의 실질적 대등의 원칙이다.

노동법의 특징
- 계약 공정의 원칙
- 소유권 상대의 원칙
- 무과실 책임의 원칙

82 헌법상 근로기본권에 관한 설명으로 틀린 것은?

① 국가는 사회적·경제적 방법으로 근로자의 고용의 증진과 적정임금의 보장에 노력하여야 한다.
② 국가는 법률이 정하는 바에 의하여 최저임금제를 시행하여야 한다.
③ 국가유공자·상이군경 및 전몰군경의 유가족은 법률이 정하는 바에 의하여 우선적으로 근로의 기회를 부여받는다.
④ 여자의 근로는 고용·임금 및 근로조건에 있어서 부당한 차별을 받지 아니하며 특별한 보호를 받지 아니한다.

답 ④

해 여자의 근로는 고용·임금 및 근로조건에 있어서 부당한 차별을 받지 아니하며 특별한 보호를 받는다.

83 단결권에 관한 설명으로 틀린 것은?

① 단결권은 근로조건의 유지·개선과 근로자의 사회적·경제적·정치적 지위의 향상을 직접적인 목적으로 한다.
② 근로자 개인의 단결권과 노동조합의 단결권은 서로 불가분의 관계에 있으나 때로는 대립하는 경우도 있다.
③ 독일의 기본법은 단결권만 명시하고 있으나 여기에 단체교섭권과 단체행동권까지 포함되는 것으로 해석된다.
④ 단결권은 시민법 하의 형식적 평등관계를 시정하고 실질적인 노사대등관계의 형성을 목적으로 한다.

답 ①

해 단결권은 근로조건의 유지·개선과 근로자의 사회적·경제적 지위의 향상을 직접적인 목적으로 한다.
'정치적 지위의 향상'은 해당이 안된다.

84 근로기준법상 근로자의 정의로 옳은 것은?

① 직업의 종류와 관계없이 임금을 목적으로 사업이나 사업장에 근로를 제공하는 자
② 직업의 종류와 관계없이 임금, 급료 기타 이에 준하는 수입에 의해 생활하는 자
③ 사업주에게 고용된 자와 취업할 의사를 가진 자
④ 사업주의 지휘 감독하에서 상시 근로를 제공하고 그 대가로 임금형태의 금품을 지급 받는 자

답 ①

해 근로기준법상 근로자란 직업의 종류와 관계없이 임금을 목적으로 사업이나 사업장에 근로를 제공하는 자를 말한다.

85 근로기준법령상 상시 4명 이하의 근로자를 사용하는 사업 또는 사업장에 적용하는 법규정을 모두 고른 것은?

ㄱ. 근로기준법 제9조(중간착취의 배제)
ㄴ. 근로기준법 제18조(단시간근로자의 근로조건)
ㄷ. 근로기준법 제21조(전차금 상계의 금지)
ㄹ. 근로기준법 제60조(연차 유급휴가)
ㅁ. 근로기준법 제72조(갱내근로의 금지)

① ㄱ, ㄷ, ㄹ　② ㄴ, ㄹ
③ ㄷ, ㅁ　④ ㄱ, ㄴ, ㄷ, ㅁ

답 ④

해 연차유급휴가는 4명 이하의 근로자를 사용하는 사업 또는 사업장에서 제외된다.

86 근로기준법상의 임금의 지급방법에 관한 원칙으로만 연결된 것은?

① 통화불의 원칙, 직접불의 원칙, 정액불의 원칙, 일시불의 원칙
② 통화불의 원칙, 직접의 원칙, 전액불의 원칙, 매월1회 이상 정기불의 원칙
③ 통화불의 원칙, 정액불의 원칙, 전액불의 원칙, 일시불의 원칙
④ 직접불의 원칙, 정액불의 원칙, 전액불의 원칙, 매월1회 이상 정기불의 원칙

답 ②

해 임금의 지급방법에 관한 원칙
- 통화불의 원칙
- 직접불의 원칙
- 전액불의 원칙

매월1회 이상 정기불의 원칙이다.

87 근로기준법령상 휴게시간이 반드시 부여되어야 하는 근로자는?

① 사회복지사업에 종사하는 근로자
② 고용노동부장관의 승인을 받아 단속(斷續)근로에 종사하는 근로자
③ 기밀업무를 취급하는 근로자
④ 양잠사업에 종사하는 근로자

답 ①

해 제63조 근로시간, 휴게와 휴일에 관한 규정은 다음 각 호의 어느 하나에 해당하는 근로자에 대하여는 적용하지 아니한다.
1. 토지의 경작·개간, 식물의 식재(植栽)·재배·채취 사업, 그 밖의 농림 사업
2. 동물의 사육, 수산 동식물의 채취·포획·양식 사업, 그 밖의 축산, 양잠, 수산 사업
3. 감시(監視) 또는 단속적(斷續的)으로 근로에 종사하는 사람으로서 사용자가 고용노동부장관의 승인을 받은 사람
4. 대통령령으로 정하는 업무에 종사하는 근로자

88 근로기준법상 재해보상에 관한 설명으로 틀린 것은?

① 사용자는 요양 중에 있는 근로자에게 그 근로자의 요양 중 평균임금의 100분의 60의 휴업보상을 하여야 한다.
② 근로자가 업무상 사망한 경우에는 사용자는 근로자가 사망한 후 지체 없이 그 유족에게 평균임금 360일분의 유족보상을 하여야 한다.
③ 근로자가 업무상 사망한 경우에는 사용자는 근로자가 사망한 후 지체 없이 평균임금 90일분의 장의비를 지급하여야 한다.
④ 요양보상을 받는 근로자가 요양을 시작한지 2년이 지나도 부상 또는 질병이 완치되지 아니하는 경우에는 사용자는 그 근로자에게 평균임금 1,340일분의 일시보상을 하여 그 후의 이 법에 따른 모든 보상책임을 면할 수 있다.

답 ②

해 유족보상은 평균임금의 1000일분이다.

89 **고용보험법상 구직급여의 수급 요건에 해당하지 않는 것은?**

① 이직일 이전 18개월 간 피보험 단위기간이 합산하여 180일 이상일 것
② 근로의 의사와 능력이 있음에도 불구하고 취업하지 못한 상태에 있을 것
③ 전직 또는 자영업을 하기 위하여 이직한 경우
④ 재취업을 위한 노력을 적극적으로 할 것

답 ③

해 전직 또는 자영업을 하기 위하여 이직한 경우에는 수급 요건에 해당하지 않는다.

90 **최저임금위원회의 구성으로 옳은 것은?**

① 위원회는 근로자위원, 사용자위원, 공익위원을 각 10명씩 둔다.
② 위원의 임기는 3년으로 하되, 연임할 수 있다.
③ 위원은 임기가 끝나면 더 이상 직무를 할 수 없다.
④ 위원의 자격과 임명·위촉 등에 관하여 필요한 사항은 고용노동부령으로 정한다.

답 ②

해 ① 위원회는 근로자위원, 사용자위원, 공익위원을 각 9명씩 둔다.
③ 위원은 임기가 끝났더라도 후임자가 임명되거나 위촉될 때까지 계속하여 직무를 수행한다.
④ 위원의 자격과 임명·위촉 등에 관하여 필요한 사항은 대통령령으로 정한다.

91 **최저임금제에 대한 설명으로 옳은 것은?**

① 고용노동부장관은 근로자의 생계비와 임금실태 등을 2년에 한번 조사하여야 한다.
② 정부는 근로자와 사용자에게 최저임금제도를 원활하게 실시하는 데에 필요한 자료를 제공하거나 그 밖에 필요한 지원을 하도록 최대한 노력하여야 한다.
③ 고용노동부차관은 이 법의 시행에 필요한 범위 이외의 사항도 근로자나 사용자에게 임금에 관한 사항을 보고하게 할 수 있다.
④ 고용노동부장관의 권한은 대통령령으로 정하는 바에 따라 그 일부를 지방고용노동관서의 장에게 위임할 수 없다.

답 ②

해 고용노동부장관은 근로자의 생계비와 임금실태 등을 매년 조사하여야 한다.
② 정부는 근로자와 사용자에게 최저임금제도를 원활하게 실시하는 데에 필요한 자료를 제공하거나 그 밖에 필요한 지원을 하도록 최대한 노력하여야 한다.
③ 고용노동부장관은 이 법의 시행에 필요한 범위에서 근로자나 사용자에게 임금에 관한 사항을 보고하게 할 수 있다.
④ 고용노동부장관의 권한은 대통령령으로 정하는 바에 따라 그 일부를 지방고용노동관서의 장에게 위임할 수 있다.

92 **직업안정법상 직업소개의 원칙으로 틀린 것은?**

① 구직자 능력에 알맞은 직업의 소개
② 구인자의 구인조건에 적합한 구직자 소개
③ 구직자에게 임금수준이 높은 직업의 소개
④ 구직자 통근 가능한 지역 내 직업 소개

답 ③

해 무조건 높은 임금수준이 높은 직업이 아닌 구직자의 능력에 맞는 직업을 소개해 주어야 한다.

93 **직업안정법상 고용노동부장관의 허가를 받아야 하는 것은?**

① 국외 취업자모집　② 직업정보제공사업
③ 근로자공급사업　④ 유료직업소개사업

답 ③

해 근로자공급사업은 고용노동부장관의 허가를 받아야 한다.

94 **고용보험법상 둘 이상의 사업에 일용근로자가 아닌 자로 동시에 고용되어 있는 경우 피보험자격을 취득하는 순서로 옳은 것은?**

A. 보험료징수법에 따른 월평균보수가 많은 사업
B. 근로자가 선택한 사업
C. 월 소정근로시간이 많은 사업

① A → B → C　② A → C → B
③ B → C → A　④ C → A → B

답 ②

해 피보험자격의 취득기준

1. 고용산재보험료징수법에 따른 월평균보수(제21조의3에 따른 고용유지지원금을 받은 근로자의 경우에는 그 지원금 지급이 개시된 연도의 직전 연도의 보수총액을 기준으로 산정한 월평균보수를 말한다)가 많은 사업
2. 월 소정근로시간이 많은 사업
3. 근로자가 선택한 사업

95 고용보험법령상 육아휴직 급여에 관한 설명이다. (　　) 안에 들어갈 내용이 옳게 연결된 것은?

> 육아휴직 시작일을 기준으로 한 월 통상임금의 100분의 (ㄱ)에 해당하는 금액

① ㄱ : 70　　② ㄱ : 80
③ ㄱ : 90　　④ ㄱ : 100

답 ④

해 25년 01월 01일부터 시행되는 육아휴직 급여는 월 통상임금의 100분의 100에 해당하는 금액을 월별 지급액으로 한다.
해당 금액의 상한선은 육아휴직 시작일부터 6개월까지는 아래와 같고 해당금액이 70만원 보다 적은 경우에는 70만원으로 한다.

- 육아휴직 시작일 ~ 3개월 : 250만원
- 육아휴직 4개월 ~ 6개월 : 200만원
- 육아휴직 7개월 ~ 육아휴직 종료일 : 160만원

96 국민평생직업능력 개발법령상 공공직업훈련시설을 설치할 수 있는 공공단체에 해당하지 않는 것은?

① 한국산업인력공단　　② 한국장애인고용공단
③ 근로복지공단　　④ 한국직업능력개발원

답 ④

해 한국직업능력개발원은 공공직업훈련시설을 설치할 수 있는 공공단체에 해당하지 않는다.

공공직업훈련시설을 설치할 수 있는 공공단체

- 한국산업인력공단
- 한국장애인고용공단
- 근로복지공단

97 국민평생직업능력 개발법령상 직업에 필요한 기초적 직무수행능력을 가지고 있는 사람에게 더 높은 직무수행 능력을 습득시키거나 기술발전에 맞추어 지식·기능을 보충하게 하기 위하여 실시하는 직업능력개발훈련은?

① 양성훈련　　② 향상훈련
③ 전직훈련　　④ 집체훈련

답 ②

해 더 높은 직무수행능력을 습득시키는 직업능력개발 훈련은 향상훈련이다.

98 남녀고용평등과 일·가정 양립 지원에 관한 법률이 규정하고 있는 내용이 아닌 것은?

① 육아휴직급여
② 출산전후 휴가에 대한 지원
③ 배우자 출산휴가
④ 직장어린이집 설치 및 지원

답 ①

해 육아휴직급여에 대한 법령은 '고용보험법'에 해당한다.

99 취업지원서비스 수급 요건에 해당하지 않는 사람은?

① 근로능력과 구직의사가 있음에도 취업하지 못한 상태
② 취업지원을 신청할 당시 15세 이상 64세 이하일 것
③ 가구단위의 월평균 총소득이 「국민기초생활보장법」에 따른 기준 중위소득의 100분의 100 이하
④ 취업지원 신청 당시 학업, 군복무, 심신장애 및 간병 등 대통령령으로 정하는 사유로 즉시 취업이 어려운 사람

답 ④

해 취업지원 신청 당시 학업, 군복무, 심신장애 및 간병 등 대통령령으로 정하는 사유로 즉시 취업이 어려운 사람은 구직촉진수당 수급자격을 인정하지 않는다.

100 **구직촉진수당에 대한 설명으로 틀린 것은?**

① 구직촉진수당 등을 지급 받거나 반환받을 권리는 3년간 행사하지 아니하면 시효로 소멸한다

② 구직촉진수당 등을 지급받을 권리는 양도 또는 압류하거나 담보로 제공할 수 없다.

③ 수당수급계좌의 예금에 관한 채권은 압류할 수 없다.

④ 구직촉진수당 등의 지급결정 취소를 받은 수급자는 그 결정이 있은 날부터 3년 이내의 범위에서 대통령령으로 정하는 기간에 취업지원을 신청할 수 없다.

답 ④

해 '5년' 이내의 범위에서 대통령령으로 정하는 기간에 취업지원을 신청할 수 없다.